Rhedeg yr Yrfa
fel Gweinidog yr Efengyl

a
Chyfrol o Bregethau

gan
D. Ben Rees

ⓗ 2023 D. Ben Rees / Cyhoeddiadau'r Gair

Argraffwyd o fewn yr Undeb Ewropeaidd.

Cedwir pob hawl. Ni chaniateir copïo unrhyw ran o'r deunydd hwn mewn unrhyw ffordd oni cheir caniatâd y cyhoeddwyr.

Cyhoeddwyd gan
Cyhoeddiadau'r Gair, Ael y Bryn, Chwilog, Pwllheli LL53 6SH
ar ran yr awdur.

Cynnwys

1	Gwasanaeth Gwas yr Arglwydd: Hunangofiant Pregethwr a Bugail: Byd Pregethu	9
2	Galwad i Gymoedd Glo y De	32
3	Symud i Fyd y Sgowsers	47
4	Beichiau'r Degawdau	75
5	Pregethau 1-34	88
6	Pregethau ar gyfer achlysuron arbennig 35-41	221
7	Pregethau Saesneg 1-2	251
8	Myfyrdodau	259
9	Siars i'r eglwysi (eglwysi Cymraeg Manceinion) a hynny wrth dderbyn y Parchedig R J Evans yn Weinidog yn 1983	265
10	Atodiad: Cofio fy Nhad yn y Ffydd: Y Parchedig J. Ellis Williams, Bethesda, Llanddewi Brefi	268

Cyflwynir y gyfrol hon

i'r Parchedig Robert Parry a'i deulu annwyl,

olynydd i mi yn eglwysi Cymraeg
Bethania, gogledd Lerpwl
a
Bethel, Heathfield Road; Auckland Road, de Lerpwl

Rhagair

O'm llencyndod fe'm trwythwyd i gredu mai pregethu oedd calon pob oedfa grefyddol, yn wir fod pregethu mor bwysig ag oedfa Gymun. Gellid dadlau yn hir am hyn ond byddwn yn sylwi bod litwrgi'r Ymneilltuwyr wedi ei lunio o amgylch y bregeth. Ceid rhannau arweiniol fel y gelwid ef, gweddi agoriadol, emyn, darlleniad o'r Ysgrythur, emyn, gweddi a Gweddi'r Arglwydd. Torri wedyn ar rediad y cyfan gyda'r cyhoeddiadau ac yn aml gellid difetha'r awyrgylch yn y pum munud o wrando ar yr hyn a gymerai le yn yr wythnos a ddilynai! Yna'r offrwm, ac weithiau ceid gweddi ar yr haelioni neu'r diffyg ohono. Ac wedyn uchafbwynt y cyfan gyda'r cennad yn codi ei destun ac yn mynd ati i gyflwyno'r cefndir a'r neges a geid yn yr adnod. Yr hyn a geid bob amser yn nyddiau fy ieuenctid, y pedwar a'r pum degau oedd y pregethwr ran amlaf yn gadael i'r Beibl gael ei le. Ceid dyfyniadau mynych yn y bregeth o lyfrau'r Beibl ac o'r Llyfr Emynau ac weithiau o awduron cyfoes neu gyfarwydd, yn rhy aml o lawer o'r byd Saesneg neu Americanaidd. Dod o hyd i wirioneddau a fyddai'n cysuro'r gwrandawyr a chryfhau hynny gydag eglurebau cofiadwy. Hawdd cofio y rhain yn well na dim byd arall.

Gofalai ein Gweinidog (a bu gennym Weinidog arnom fel teulu ar hyd y blynyddoedd) roddi sylw arbennig i galendr yr Eglwys a'r flwyddyn Gristnogol ac yr oedd hyn yn fraint bwysig. Byddai'r Nadolig, y Pasg, Sulgwyn a Diolchgarwch yn cael lle dyladwy ond ni chofiaf ei fod yn nodi dim arall. Ni chlywais am Sul y Drindod, a pherthyn i'm cenhedlaeth i yw Sul y Mamau, Sul y Tadau, Sul Gŵyl Ddewi, Sul y Beibl a Sul Heddwch. Ond da o beth yw cynnal oedfaon ar y Sul i ddilyn y themâu hyn. Erbyn heddiw sylweddolaf fod angen dilyn yr Adfent gymaint ag y medrwn i werthfawrogi neges Gŵyl y Geni a bod hynny yn wir am Ŵyl y Pasg. Dylid ar bob cyfrif ddilyn y Grawys, hyd y mae'n bosibl er mwyn i'r gwrandawyr ddeall yn well neges ddirdynnol y Pasg, a'n harwain i enedigaeth yr Eglwys Gristnogol ei hun yn y Pentecost. Tasg sydd yn gofyn ein gorau, fel y dywedodd un o'r Piwritaniaid a gerddodd ddaear Cymru, Richard Baxter:

I earnestly beseech you all, in the name of God and for the sake of your people's souls, that you will not slightly slubber over this work, but do it vigorously and with all your might and make it your great and serious business.

Y mae paratoi dwy bregeth newydd am ddau Sul bob mis fel y byddwn i yn ei gyflawni, yn ogystal â'r anerchiadau a'r darlithiau, yn galw am ddisgyblaeth a darllen eang. Yr oeddwn yn ceisio gorffen un bregeth erbyn canol yr wythnos a'r llall erbyn pnawn Sadwrn. Tasg oedd yn golygu oriau o waith, fel bod y cyfan yn fyw yn fy nghof ac felly yn rhydd o hualau darllen sgript. Gan fy mod yn meddu ar ddiddordeb i lenydda nid oedd hi'n anodd o gwbl i osod y neges ar bapur. Gofalwn ysgrifennu ddwywaith y bregeth, ysgrifennu yn fanwl yn y bregeth gyntaf ac yna'n ailosod y cyfan ar gerdyn. Byddai un cerdyn yn ddigon. Defnyddiwn y ddwy ochr gan amcanu am bregeth a fyddai'n cymryd ar y mwyaf hanner awr i'w thraddodi. Yr oedd y gynulleidfa bob amser yn gwerthfawrogi oedfa o awr, ond yr oedd tri chwarter yn rhy brin iddynt. Deuai offeiriad eglwysig atom i bulpud Bethel o dro i dro a byddai ef yn aml wedi cwblhau'r cyfan mewn tri chwarter awr. Clywn gwyno gan rai oedd wedi dod bellter ffordd fod y brawd wedi ein hamddifadu ni o'r hyn a ddisgwylid.

Ond gwelwyd yn hanes y pulpud Cymraeg *ddibrisio* ar bregeth hanner awr, ac yn sicr ar bregeth o awr, fel y clywyd yn gyson o enau'r Dr Martin Lloyd-Jones. Pobl a phregethwyr yw'r rhain sydd yn dibrisio'r pregethau poblogaidd a fu yn rhan amlwg o hanes pregethu yn y Gymraeg gan genedlaethau. Ond sylwaf o hyd fod mwy o bobl yn dod allan i oedfa os ydynt yn gwybod fod yna 'bregethwr poblogaidd' ar ymweliad y Sul nesaf. Y mae'r ymdrech i gryfhau pregethu a rhoddi mwy o sylw i dechnoleg (*PowerPoint* ac ati) yn iawn yn ei le, ond nid i gymryd lle'r hyn a greodd Eglwys yr Arglwydd Iesu. Pregethwr poblogaidd oedd Iesu ei hun. Tyrrai'r bobl gyffredin i wrando arno yn ddiolchgar. A'r pregethwyr poblogaidd a fu yn offeryn yn enw Duw i ennill y werin bobl. Pregethwr poblogaidd oedd Daniel Rowland o Langeitho yn y ddeunawfed ganrif. Nid oedd Daniel Rowland yn amharod i gyfieithu i'r Gymraeg bregethau John Wesley a'i frawd Charles, a hefyd eraill llai adnabyddus, fel gwaith Henry Smith a William Carter. Ond y siom fwyaf bellach yw mai ychydig iawn o bregethau'r Tadau Methodistaidd sydd ar gof a chadw. Ond nid yw hyn yn syndod o gwbl gan fod y cenhadon enwog, Howell Harris, Daniel Rowland, William Williams, Pantycelyn, yn pregethu o leiaf dair a phedair gwaith y dydd, a hynny gan amlaf yn yr awyr agored, a'r tywydd yn anwadal ac yn aml yn angharedig yn ei wlybaniaeth a'i oerni. Y peth mawr i'r pregethwyr poblogaidd hyn oedd ennill disgyblion i'r Deyrnas, argyhoeddi, a phuro'r gwrandäwr o'i gymhellion hunanol a phechadurus. Pregethu oeddynt heb bapur na nodyn o'u blaen, er bod Daniel Rowland yn meddu, yn ôl un o'i gyfranwyr, 'Ychydig nodiadau ar bapur bychan, gymaint â chledr llaw... mewn talfyriadau ac arwyddnodau na ddeallid gan neb arall.' Dyna pam y cawn fersiwn mor wahanol ar bapur. Yno gwelwn ei fod ef wedi golygu'r cyfan, ac felly ni chawn ddod yn agos i'r bregeth feddai ar dân ac emosiwn. Dywed un y bûm yn ei astudio yn drwyadl fel Pregethwr y Bobl, Dr Owen Thomas, Llundain a Lerpwl am bregethau Daniel Rowland, 'eu bod yn darllen yn dda' er nad ydynt yn y gyfrol o bregethau, 'ond darluniad tra amherffaith o'r hyn oedd Mr Rowland yn y pulpud'.

Dangosodd Dr Derec Llwyd Morgan yn ei astudiaeth o bregethu'r Tadau Methodistaidd fod cryn wahaniaeth rhyngddynt a bu hynny'n wir am bawb ohonom. Cofiaf un flwyddyn bregethu yng Nghyfarfod Pregethu Brynsiencyn gyda'r cyfaill, y Parchedig Huw Jones y Bala (un a fu yn garedig ataf – ef a'i briod Megan). Yn y bore traddododd ef ei bregeth ar yr un testun a roddais i allan yn y pnawn a chafodd y rhai a fu yn bresennol yn y ddwy oedfa wledd o weld pa mor wahanol oedd ymdriniaeth y ddau ohonom o'r un adnod anghyfarwydd fel testun. Dyna ogoniant pregethu ar ei orau. Sonnir am Howel Davies, apostol Sir Benfro adeg y Diwygiad Methodistaidd. Dyma gasgliad Dr Morgan ar ôl darllen ei bregeth mewn cymhariaeth â phregeth Daniel Rowland ar yr un testun:

'Ni cheir yr un coethder nag ychwaith yr un synwyrusrwydd cyfewin ym mhregeth brint Howel Davies. Mae Llais y Priodfab; neu Jechydwriaeth wrth y Drws (1768) ar yr un testun â phregeth 1762. Rowland, Llais y Durtur... Pregeth dyn llai ydyw. Holi, ebychu sy'n ei nodweddu, nid pwyll hyderus. Ac yn ei chanol, pentyrrir ofnadwyaeth uffern mewn modd na welir mohono ym mhregethau Rowland'.

A daw Dr Morgan i'r casgliad: 'Ni thyfai gwŷr o athrylith fel efo (D. R.) ar gred, hyd yn oed yn y dyddiau tra gwlithog hynny'.

Dyna sydd yn nodweddu'r pregethwr poblogaidd; a gwelodd Cymru fel Lloegr nifer o'r rhain. Clywais hwy â fy nghlustiau fy hun yn arbennig pan awn fel myfyriwr yn gyson i Lundain a chael cyfle i wrando ar Dr Leslie Weatherhead, City Temple, Dr Donald Soper, Kingsway Hall, Dr Martin Lloyd Jones, Westminster Chapel a Dr Howard Williams (a anwyd yn Abercynon) yn Bloomsbury Baptist Church. Meddyliwn y byd o bob un ohonynt ac o'r Cymry, yn arbennig y Parchedig D. S. Owen. Yr oeddwn yn yr oedfa olaf a gymerodd ef yng nghanolfan Grays Inn Road a hwythau ar fin ailymuno yng Nghapel Jewin Crescent a fomiwyd yn yr Ail Ryfel Byd.

Dysgais yn fore iawn fod pregeth mor wahanol i bob math arall o annerch. Nid traethawd nac ysgrif na phryddest mohono, na chwaith anerchiad. Wrth eistedd i lawr yn fy llyfrgell, byddaf yn dychmygu fy nghynulleidfa, yn eu gweld hwy, un ac oll o flaen fy llygaid. Ac wrth wneud hynny, caf fy arbed rhag dweud yr hyn a ddywedais o'r blaen wrthynt, gan gofio nad oes angen i mi fod yn amherthnasol ond bod gennyf gyfle i fentro gwneud rhyw sylw nad oeddwn wedi bwriadu ei roddi. Dyna gyfle'r Ysbryd Glân, ac yn aml iawn yr *aside* hwnnw yw'r hyn a gofir gan relyw o'r gynulleidfa fis yn ddiweddarach. Dywedir bod huodledd y Rhufeiniaid yn meddu ar dair rheol: *placere*, *docere*, *movere*. Yn gyntaf, i blesio yn yr ystyr o gadw diddordeb y gwrandawyr o'r cychwyn cyntaf, i ddysgu a hyfforddi gan anghofio llefaru shibolethau, i geisio cyrraedd cydwybod y rhai sydd yn eistedd yn astud yn y seddau caled. Gofalwn hefyd fod yna gasgliadau amlwg, ymarferol i'w gosod o flaen y gynulleidfa, sef dwyn Duw i fywydau cymhleth ein saint. Cofiwn fod enw'r Iesu i'w seinio yn gyson, a chofiwn ein bod ni yno i gyflwyno ein ffrindiau sydd wedi ein galw i'w plith i gwmni Duw yng Nghrist Iesu. Gwyddom ein bod wedi methu os aiff y gynulleidfa adref yn ddi-gyfeiriad, gan ddweud yn dawel wrthynt hwy eu hunain 'Beth oedd gyda'r pregethwr yna y bore 'ma ar ein cyfer ni?' Digwyddodd hyn am ein bod ni heb ofyn wrth baratoi'r bregeth: 'Beth yw amcan a phwrpas y bregeth hon?' Y mae angen nod a thema i redeg trwy'r cyfan, a chofio y dylem ni roddi ein holl ddawn ar waith i gyflwyno'r neges i feddyliau'r gwrandawyr. Ac y mae hi'n hynod o bwysig beth yw'r paragraff cyntaf a welir yn y bregeth. Dyna sydd yn cadw'r gwrandawyr i'ch dilyn. Y mae'n hanfodol bwysig fod diweddglo'r bregeth yn gofiadwy, gyda naill ai pennill o emyn, stori, neu ddyfyniad cofiadwy o'r Ysgrythur fel Ioan, pennod 3, adnod 16.

Diolchaf am y cynulleidfaoedd niferus a'm gwahoddodd i'w plith am bron i 60 mlynedd ac am yr hyfrydwch o gael byw i draddodi pregethau trwy gyfrwng *Zoom*. Gwahoddwyd Dr Patricia Williams, a glywodd lawer o'r pregethau dros y blynyddoedd i fynegi barn a dileu camsillafu ac ati. Teipiwyd y gyfrol gan Mrs Gwenllïan J. Rowlinson o Ynys Môn, a'm holynydd yn Lerpwl, y Parchedig Robert Parry.

D. Ben Rees
1 Awst, 2022

Pennod 1

Gwasanaeth Gwas yr Arglwydd: Hunangofiant Pregethwr a Bugail: Byd Pregethu

Y Paratoi

Mewn sgwrs beth amser yn ôl gyda'r meibion, cefais fy siarsio i ystyried paratoi cyfrol o bregethau. Yr wyf wedi ysgrifennu cyfrol ar Bregethu a Phregethwyr ond heb erioed gyhoeddi cyfrol o bregethau, a minnau yn 2022 yn dathlu 60 mlynedd fel gweinidog ordeiniedig yn Eglwys Bresbyteraidd Cymru. A dyma benderfynu mentro gwneud hynny mewn oes lle y mae cannoedd ar gannoedd o ddynion a merched yn dal i bregethu o'n capeli a'n heglwysi o Sul i Sul. Bu hi mor wahanol o fis Mawrth 2020 hyd Fedi 2021, pan gafwyd y mwyafrif o'r pregethau hyn ar *Zoom*, ffordd gyfleus iawn o gyflwyno'r neges am Waredwr a'r angen am ymgysegriad llwyr i'r Iesu mewn bywyd bob dydd.

Yr Alwad

Yn y cyflwyniad hwn yr wyf am ddilyn fy atgofion, a mentro awgrymu rhai pethau pwysig a thanlinellu'r profiadau braf a ddaeth i'r pregethwr hwn, a'r alwad sydd ynghlwm â'r gwaith sydd heddiw yn ddigon di-sôn-amdano. Credaf mai yr hyn a'm cymhellodd yn anad dim i fod yn bregethwr ddoe, heddiw ac yfory oedd cerdd rymus y cyfreithiwr o Rosllannerchrugog, I. D. Hooson, 'Seimon fab Jona', ac yn arbennig y geiriau, 'Clywais ei lef a rhaid a rhaid oedd ei ddilyn Ef.' Dyna sy'n crynhoi orau yr alwad a gefais yn nyddiau yr Ysgol Uwchradd, pan oedd y cyfaill Dafydd Henry Edwards yn y Dosbarth Uwch yn cynnal oedfaon, a minnau yn cael ei glywed. Un o Ffair Rhos ydoedd, fel y Parchedig W. J. Gruffydd, un arall y meddyliwn yn uchel ohono. Ond gofalodd Dafydd Henry roddi i ni bregethau y daliaf i'w cofio, fel y bennaf ohonynt – 'Gofalwch am yr hen lwybrau'.

Nid yw'r alwad wedi newid o gwbl o ddyddiau'r Iesu yng Ngalilea yn galw disgyblion iddo i ymateb ac i ddod gydag Ef i bregethu, i addysgu ac i iacháu pobl o'u hanhwylderau. Ond pregethu oedd y dasg bennaf, ac ym mhumdegau'r ugeinfed ganrif, yr oedd pregethu yn destun siarad ar aelwydydd aelodau'r capeli – nid yn gymaint y bregeth a'r neges ond y pregethwr a'i ddull o gyflwyno'r neges.

Cyfarfodydd Pregethu Blynyddol

Yr oedd huodledd yn hynod o bwysig a cheid cyfarfodydd arbennig yn flynyddol gan bron pob capel i roddi cyfle i arbenigwyr ar y grefft gyflwyno i gynulleidfaoedd bregethau grymus a gwefreiddiol. Yng Nghapel Bethesda, Llanddewi Brefi, capel y byddem fel teulu yn ei fynychu yn selog, cynhelid yr Ŵyl Bregethu ar benwythnos gyntaf yn mis Awst. Cynhelid oedfa ar Nos Sadwrn gydag un pregethwr ac yna fore Sul gyda dau bregethwr, oedfa yn y prynhawn ac yna oedfa'r hwyr ar gyfer y ddau gennad. Felly, byddai pob un o'r ddau bregethwr wedi cyflwyno tair pregeth. Byddwn i fel llawer eraill yn bresennol ym mhob un o'r oedfaon. Yr wythnos cyn yr Ŵyl, byddem fel cymuned yn siarad am y cenhadon, gorau oll, os oedd o leiaf un ohonynt heb fod yn ein plith erioed o'r blaen. Y gynulleidfa oedd yn gyfrifol am y dewis a hynny mewn Seiat ar ddiwedd oedfa tua mis Mawrth neu Ebrill. Yr oedd cryn bwysigrwydd yn cael ei roddi ar y dewis. Un o'r blaenoriaid, W. Morgan Davies, Bryn Teifi, Pont Llanio oedd yn adnabod y mwyafrif o'r pregethwyr nerthol a byddai ef bob amser o blaid un o'r enwau ac yn mynnu cael ei ffordd ar yr enw hwnnw. Pan fyddai'n edrych fel petai ei ddewis ddyn ef yn cael ei anwybyddu, byddai Morgan Davies yn cael y gair olaf wrth ddweud o'r set fawr: 'Mi wnaf i ei letya a thalu am ei wasanaeth.' A phwy o'r Cardis oedd yn bresennol a fyddai'n gwrthod cynnig o'r fath?

I fachgen wyth a naw oed yr oedd rhamant arbennig i gael clywed pregeth afaelgar, wedi'i saernïo yn gelfydd, yn cynnwys storïau ac eglurebau cofiadwy a'r cyflwyniad yn gwella fel yr oedd ei bregeth yn mynd yn ei blaen. Yr oedd yr eglurebau o fywyd bob dydd, o'r ardaloedd y bu'r cennad yn gweinidogaethu ynddynt, ac yn aml ceid yr hwyl Gymreig yn ymddangos yn ei gogoniant. Teimlwn fel neidio mewn gorfoledd ond nid oedd yr amaethwyr parchus yn tueddu i wneud hynny. Yr oeddynt fel pobl wedi newid cymaint yn yr ardaloedd lle y bu gorfoleddu mawr. Pam fod hynny wedi digwydd oedd yn ddirgelwch i mi yn ddiweddarach, pan ddeuthum i ysgrifennu ar Fethodistiaeth Galfinaidd yn hanes bröydd Llangeitho a Llanddewi. Onid yn Eglwys Dewi Sant yr argyhoeddwyd Daniel Rowland ei hun o dan weinidogaeth yr addysgwr o Anglican, Griffith Jones, Llanddowror. Tyrrodd cannoedd i wrando arno yn Eglwys Dewi Sant, ac ar ôl i'r Eglwys Anglicanaidd yn ei dallineb ei yrru ef, y ciwrad Daniel Rowland, o'r gorlan, cerddai miloedd o werin bobl o bob rhan o Gymru i dderbyn y sacrament o Swper yr Arglwydd o'i ddwylo yn Llangeitho unwaith y mis. A buan y bu gorfoleddu, a dawnsio, a chodi dwylo mewn gorfoledd, a theimlwn yn fy llencyndod fod y pregethau a glywn bob Sul yn haeddu cymeradwyaeth a chefnogaeth. Cyflwynwyd y pregethau hyn mor aml gydag angerdd ac mewn Cymraeg cyhyrog. I lawer ohonom yng nghefn gwlad Ceredigion, yr oedd y pregethwyr a ddeuai o Ogledd Cymru yn fwy grymus na'r pregethwyr a ddeuai o dde Cymru, ac yr wyf yn siŵr fod pobl yn y Gogledd yn cael eu swyno yr un fath gyda chewri'r pulpud a anwyd ac a dreuliodd eu blynyddoedd yn ne Cymru.

Pregethwyr Dawnus

Yr wyf yn bwriadu cynnwys pennod a ysgrifennais am fy hen Weinidog yn y gyfrol hon. Er ei holl brysurdeb fel gŵr cyhoeddus, bardd, eisteddfodwr, cynghorydd sir, nid esgeulusodd ei bulpud. Paratoai'n fanwl ac i bwrpas. Er nad oedd mor hwyliog â rhai o'r pregethwyr a ddeuai yn gyson i'n pulpud, fel Currie Hughes, Aberteifi, serch hynny yr oedd ei genadwri yn Feiblaidd, yn ffres a derbyniol. Credai mewn cefnogi pobl ieuainc oedd yn ffyddlon i'r oedfaon ac i'r Cyfarfodydd Gweddi a'r Seiat. Cynhaliai ar ein cyfer y Gobeithlu a dosbarth Beiblaidd lle y byddai'n gosod tasgau ar ein cyfer. Byddai yntau yn marcio'r llithiau a'r atebion. Bu hyn yn ffordd dda i baratoi ar gyfer arholiad Maes Llafur yr Ysgol Sul, Henaduriaeth De Aberteifi. Ceid nifer dda yn sefyll yr arholiad a chofiaf lawenydd y Gweinidog pan gefais y wobr gyntaf a derbyn y Fedal nifer o weithiau, o leiaf dair gwaith. Cyflwynwyd y wobr inni yng Ngŵyl yr Ysgol Sul a gynhelid ar bnawn Sadwrn yng Nghapel Tabernacl, Aberaeron.

Cyfraniad y Parchedig J. Ellis Williams

Y mae'r ddau arall a godwyd o dan gyfaredd John Ellis Williams yn bobl y deuthum i'w hadnabod yn dda, sef y Parchedigion Lewis Dewi Richards ac Eben Ebenezer. Un o Dregaron oedd Eben Ebenezer yn wreiddiol ond aeth i'r weinidogaeth ar ôl iddo gartrefu yng Nghwm-nant. Gweithiai yn y Siop Gydweithredol yn ymyl fy nghartref a mynychai Gapel Bethesda. Ordeiniwyd ef yn 1944 a chafodd ei sefydlu ar 7 Medi yn Hermon a Libanus, Dowlais. Meddai ar dinc hyfryd efengylaidd a bu'n gymeradwy yn Nowlais a Llan-non o 1948 hyd ddiwedd ei oes. Cyfoeswr iddo oedd y Parchedig Lewis Dewi Richards a anwyd yn 1916, a bu ei frawd John a'i briod Maud yn gymdogion inni. Clywais aml i sgwrs ar bregethwyr yn y gegin pan ddeuai John Richards i'n gweld, a bu L. D. Richards yn Weinidog ymroddedig yn Y Barri,

Cilfynydd a Chwmafan, Jerwsalem, Pont-rhyd-y-fen a Bethel, Ton-mawr. Yng Ngorffennaf 1983, fe'i hurddwyd yn Llywydd y Gymanfa Gyffredinol, yr unig un o'r capel lleol i gael yr anrhydedd ar wahân i'r Parchedig John Morgan Jones, Caerdydd, cynnyrch y bedwaredd ganrif ar bymtheg, ac a symudodd yn ifanc i'r De .

Myfi oedd yr olaf o Fethesda i anturio i'r Weinidogaeth a threuliais 59 o flynyddoedd yn y tresi, 53 mlynedd yn Lerpwl a chwe blynedd a hanner yn Abercynon, Penrhiw-ceibr a Merthyr Vale. Ymddeolodd J. E. Williams yn 1957 a bu farw cyn i mi gael fy ordeinio yn Llangeitho yn Hydref 1962. Y mae'n drist iawn mewn cyfnod o 60 mlynedd (1962-2022) nad oes neb arall wedi mynegi unrhyw ddiddordeb i gyflwyno ei hun yn gorff, meddwl ac ysbryd i'r alwedigaeth odidocaf ar wyneb y ddaear. Llwyddodd J. E. Williams yn anhygoel i ysbrydoli bechgyn i'r gwaith arwrol; ni fu neb arall yn yr un byd ag ef yn yr eglwysi o amgylch, yn Nhregaron a Llangeitho. Wedi'r cyfan aeth ei fab ei hun Dewi Wyn i offeiriadaeth yr Eglwys Anglicanaidd a phriododd ei ferch Eluned Ellis weinidog gyda'r Annibynwyr Cymraeg a dod ei hun yn bregethwr lleyg cydnabyddedig yng Ngwynedd.

Gofalai Williams, fel y'i gelwid ef yn y fro, wneud un peth pwysig y mae'n angenrheidiol i Weinidog ar eglwysi Cymraeg ei gyflawni, sef hyrwyddo diwylliant Cristnogol Cymraeg. Gwnaeth hyn mewn sawl ffordd: drwy'r gymdeithas lenyddol, y cyfarfodydd cystadleuol, yr eisteddfod, y darlithiau a'r cyngherddau, a cheisiais innau efelychu ei ddulliau. Dewch gyda mi ar noson a gofiaf yng ngaeaf 1950 yn Festri'r capel. Y noson honno darllenwyd tri phapur. Soniodd Kitty Lloyd Williams, Glanteifi (merch i un o'r blaenoriaid), am deithiau drwy Gymru; cyfeiriodd Henllys Jones, Llwyn, at yr emynyddes Ann Griffiths o Ddolwar Fach a'r cyn-löwr John Davies, Maesyfelin, yn trafod stori fer o waith y gwleidydd William Llywelyn Williams, awdur *Gŵr y Dolau*. Yr oedd y cyfle i baratoi fel hyn yn amhrisiadwy, fel y profais fy hun. Afraid dweud bod eraill yn cael dangos eu gallu drwy ganu unawdau, canu'r delyn, adrodd darn o farddoniaeth, ac arwain cyfarfod gydag arddeliad. Yr oedd dau leygwr yn sefyll allan yn y maes hwnnw heblaw am ein Gweinidog amryddawn. Y cyntaf oedd M. O. Rowlands, Llwynhyfryd, a'r ail Ben James, Tŷ'r Ysgol. Bu M. O. Rowlands am flynyddoedd yn brif oruchwyliwr Bwrdd Marchnata Llaeth Pontllanio. Gŵr o Lanberis oedd, ond ganwyd ein Gweinidog yn ei ymyl, yng Nghwm-y-glo. *Dynamo* o ddyn oedd Rowlands, gŵr a fu'n gefn i'r Gweinidog yn y gwaith pwysig o lywyddu yr eisteddfodau yn ddeheuig. Ef fyddai'r cyntaf, mi wn, i ddweud mai aelod o dîm oedd yntau hefyd. Bu ei symud o Bontllanio a'i gartref Llwynhyfryd yn golled i'r pentref. Ymdaflodd Ben James i fywyd cymdeithasol ei gapel a'i blwyf. Yr oedd ef yn brifathro a fedrai roddi'r gansen inni, ond arweiniodd ni yn ddeheuig yn ei wersi, a bu'n gyfrifol gydag eraill o'r athrawon i nifer ohonom lwyddo yn arholiad yn unarddeg oed i gael mynediad i Ysgol Uwchradd Tregaron.

Bu Bethesda yn garedig i'w Gweinidog. Estynnwyd iddo yn 1944 dysteb anrhydeddus ar achlysur dathlu ohono chwarter canrif o weinidogaeth. Gwnaethpwyd hynny eto ar achlysur ei ymddeoliad ym Medi 1957. Symudodd i fyw i Benmorfa ac yno bu farw ar 17 Hydref 1959. Yr oedd ef wrth ei fodd i mi benderfynu dilyn ei gyngor a gofyn am ganiatâd i gael fy ystyried yn ymgeisydd am y Weinidogaeth gyda'r Eglwys Bresbyteraidd cyn iddo orffen ym Methesda.

Ef, felly, fu yn fy ngosod ar ben y ffordd, ef a fu yn fy hyfforddi, fy ngwahodd yn wythnosol i'w lyfrgell i astudio'r Maes Llafur ar gyfer cael fy nerbyn neu fy ngwrthod yn ymgeisydd. Yn y Mans y gwelais am y tro cyntaf erioed ystafell bron yn llawn o lyfrau. Erbyn hynny, yr oedd gennyf awch am lyfrau. Cartref di-lyfrau oedd fy nghartref ar wahân i'r Beibl, y Llyfr Emynau ac esboniad blynyddol yr Ysgol Sul. Byddai Mr Williams yn caniatáu i mi gael cyfrol ar fenthyg a chyflwynodd aml i gyfrol imi, fel cyfrol y bardd o fugail o Flaencaron, Richard Davies (Isgarn), cyfrol a drysoraf am fod llofnod John Ellis Williams o fewn ei chloriau. Bardd a adnabu J. E. Williams yn dda oedd Isgarn a medrai gynganeddu'n rhwydd ar bynciau'r dydd. Cefais gefnogaeth gyda'r paratoi yn 1956-7 gan Weinidog Capel Gwynfil, Llangeitho, y Parchedig Heber Alun Evans, hen lanc yn byw gyda'i chwaer yn Nhregaron, a chawn groeso mawr ar yr aelwyd i drafod y maes llafur. Yr oedd ef wedi rhoddi blynyddoedd i lywio Pwyllgor Urdd Bobl Ieuainc Sasiwn y De ac yn deall y drefn Bresbyteraidd gystal â neb. Benthycais ddwy gyfrol oedd yn trafod y maes llafur, oherwydd yr hyn a ddisgwylid yn arholiadau Bwrdd Ymgeiswyr am y Weinidogaeth oedd gwybodaeth drwyadl o'r Ysgrythurau o'r ddau Destament. Bu'r Dosbarth Beiblaidd, yr Ysgol Sul a sefyll arholiadau Henaduriaeth De Aberteifi yn ffordd i wybod yr Ysgrythurau. Disgwylid inni fel plant ddweud ein hadnodau yn y Seiat bob wythnos, a cheisiwn ddysgu adnodau o gyfrolau hanes yr Hen Destament. Byddai'r Gweinidog yn gwrando arnom, rhyw hanner dwsin ohonom yn adrodd ein hadnodau, ac yna yn eu trafod fesul un, ac yn holi weithiau ambell i gwestiwn. Ffordd dda i'n cael i fynegi ein hunain a magu hyder sydd mor bwysig i gyw bregethwr.

Sefyll yr Arholiad
Cynhaliwyd yr arholiad am fod yn Ymgeisydd am y weinidogaeth yn Nhŷ Capel Bwlchgwynt, Tregaron, ystafell y Gweinidog a'r Blaenoriaid. Y Gweinidog a

ofalai am yr arholiad oedd bugail Bwlchgwynt, y Parchedig J. Melville Jones. Yr oedd yn ŵr tal, bonheddig a charedig ei ysbryd, a theimlwn yn gartrefol yn ei gwmni bob amser ac yn arbennig y diwrnod hwnnw. Cefais fy mhlesio yn y cwestiynau ac yr oeddwn yn gyfarwydd gyda'r cefndir. Ni fu pall ar yr ysgrifennu a theimlwn yn ddigon ffyddiog y cawn gymeradwyaeth yr arholwr a'r Bwrdd.

Perthynai Capel Bethesda i Ddosbarth o ryw ddeg o gapeli a da dweud eu bod hwy i gyd ond un yn dal i dystio. Disgwylid i mi baratoi pregeth er mwyn teithio o amgylch y deg capel, sef Llwynpiod, Peniel, Blaenpennal, Bwlchgwynt, Tregaron, Bwlch-llan, Abermeurig, Llwyngroes, Capel Gwynfil Llangeitho, Llanddewi Brefi, ond ni fu'n rhaid mynd i gapel pellenig Soar-y-Mynydd. Serch hynny, fel pregethwr ar brawf bûm yn hynod o ffyddlon flwyddyn ar ôl blwyddyn yn y Soar fynyddig pan oeddwn yn y Coleg Diwinyddol.

Pregeth Brawf

Cofiaf yn dda i mi fynd ati i baratoi pregeth brawf heb gyfarwyddyd un dyn byw. Penderfynais ganolbwyntio ar un o benodau godidog Llyfr Eseia, sef Pennod 40, a'r testun 'Cysurwch, cysurwch fy mhobl, medd eich Duw'. Ac yna y darn hwn a ddysgais ar fy nghof fel yr elo yn rhan o'r genadwri:

'Oni wyddost, oni chlywaist? Duw tragwyddol yw'r Arglwydd a greodd gyrrau'r ddaear; ni ddiffygia ac ni flina, ac y mae ei ddeall yn anchwiliadwy. Y mae'n rhoi nerth i'r diffygiol, ac yn ychwanegu cryfder i'r dirym. Y mae'r ifainc yn diffygio ac yn blino, a'r cryfion yn syrthio'n llipa: ond y mae'r rhai sy'n disgwyl wrth yr Arglwydd yn adennill eu nerth; y maent yn magu adenydd fel eryr, yn ehedeg heb flino, ac yn rhodio heb ddiffygio'.

Daeth y ddeugeinfed bennod o Eseia yn bwysig i mi, er na wyddwn ddim byd o'r cefndir. Y mae'r geiriau hyn o eiddo yr Ail-Eseia, y proffwyd a fu yn alltud ym Mabilon, wedi bod yn gysur mawr ar hyd y maith flynyddoedd. Yr oedd angen cysur arnynt hwy fel y mae angen cysur arnom ninnau ym mhob cenhedlaeth.

Eisteddfod Genedlaethol Aberdâr yn newid fy mywyd

Yn ystod y cyfnod hwn, a hynny yn Eisteddfod Genedlaethol Aberdâr ym mis Awst 1956, cyfarfyddais â Meinwen Llewellyn o Abercwmboi, un o ferched talentog Cymru Cwm Cynon. Yr oedd hi ar y maes gyda'i ffrind Gaynor Morgan Rees o'r un pentref ac un a gyfoethogodd sgrin deledu S4C a'r theatrau gyda'i dawn fel actores amryddawn. Trodd yr eisteddfod yn anhygoel o brofiad, o ganu emynau ger cerflun Caradog ar sgwâr Aberdâr o dan faton Tawe Griffiths o Lundain, i gyfarfod â ffrindiau Meinwen a minnau ar y maes. Doedd hi ddim yn hawdd troi'n ôl i Geredigion ond gwnaeth y ddau ohonom adduned y byddem yn cadw cysylltiad â'n gilydd. Ond y sioc fwyaf a gafodd Meinwen oedd fy mod yn awyddus i ddilyn llwybrau ei thad, y Parchedig Arthur George Llewellyn, gweinidog ers 1932 ym Methesda, Capel y Bedyddwyr Cymraeg, Abercwmboi, a'r unig gapel sydd bellach yn addoli yn yr iaith Gymraeg yn y Cwm. Siom felly oedd clywed ym Mis Medi 2021 gan y cyfaill Eurfryn Davies, Llandegfan, fod Bethesda a Nebo Cwmdâr yn bwriadu cau'r drysau cyn diwedd y flwyddyn. O'r fath siom a gawsom fel teulu. Etifeddiaeth ei thad annwyl, didwyll a dawnus oedd hynny am flynyddoedd lawer i raddau helaeth. Ond gwyddai Meinwen erbyn Hydref 1962 fy mod ar brawf yng ngwaelod y Cwm a hithau wedi dweud lawer gwaith wrth ei ffrindiau mai priodi gweinidog fyddai'r olaf ar ei rhestr! Ond dyna ddigwyddodd ar ddydd olaf mis Gorffennaf 1963 a bu Meinwen yn cyd-ysgwyddo aml i faich, ac yn ei doethineb, yn fy nghyfarwyddo. Gwyddai hi, fel merch y Mans, yr hyn a ddisgwylid oddi wrth weinidog, a diolchais filoedd o weithiau am gael cymar mor arbennig yn yr alwedigaeth oedd yn fy nyddiau cynnar yn disgwyl cymaint o ymroddiad. Cofier fe ddaeth yn alwad i mi ym mlodau fy nyddiau ac nid ar ôl dilyn galwedigaeth arall fel sy'n digwydd mor aml oddi ar 1990, a hwythau yn hanner cant oed ac yn credu eu bod yn aberthu llawer!!

Oedfaon Siloam, Cwmystwyth

Cofiaf yn dda'r bregeth gyntaf i mi ei phregethu y tu allan i Ddosbarth Tregaron, a hynny yng Nghapel Cwmystwyth ym mis Chwefror 1957. Yr oedd fy ffrind yn y Brifysgol, Cynwil Williams o Gwrtycadno, â'i lygad am y weinidogaeth ac yn meddu ar fotor-beic pwerus. Cynigiodd i'm helpu. Yr oedd ef yn pregethu rywle yn y cyffiniau, efallai Pontrhydfendigaid neu Ysbyty Ystwyth, ac yn barod i fynd allan o'i ffordd i'm cludo i Siloam, Cwmystwyth. Ond y bore Sul hwnnw, cawsom sioc ein bywydau; yr oedd iâ ac eira yn gorchuddio'r palmentydd yn Aberystwyth. Beth fyddai hi yng Nghwmystwyth yng nghanol y mynyddoedd? Yr oedd Cynwil ddim am dorri ei gyhoeddiad ac yr oeddwn i yn ddigon parod i eistedd y tu ôl iddo ar yr anghenfil o feic. Dyna ddigwyddodd. Yr oedd hi'n wirioneddol ddrwg ym Mhontrhydygroes a Chwmystwyth. Cyrhaeddwyd yn ddiogel er gwaethaf y tywydd gaeafol ac yr oeddwn yn y tŷ capel am hanner awr wedi naw. Yr oeddynt yno, y fam a'r mab, wedi eu rhyfeddu fy mod i wedi cyrraedd, yn wir ein bod ni ein dau wedi mentro ar y daith yn y lle cyntaf.

A daeth mwy o siom i mi yn ei frawddeg nesaf: 'Fydd na bron neb yma bore ma.' Ac yr oedd ef yn llygaid ei le. Yn oedfa'r bore, dim ond dau oedd yn bresennol, mab y Tŷ Capel ac athrawes ysgol Cwmystwyth. Pregethais 'Cysurwch, cysurwch...' fel testun!! Yn ôl i'r Tŷ Capel ar ôl yr oedfa i ddisgwyl cinio ac yna aros trwy'r pnawn yn y parlwr yn darllen fy Llyfr Emynau a mynd dros fy mhregeth ar gyfer oedfa'r hwyr, a dim ond dau, credwch neu beidio, a ddaeth i'r oedfa honno. Ni chofiaf o gwbl pa destun oedd gennyf ar gyfer oedfa'r hwyr, ond y mae'n rhaid fy mod wedi paratoi un arall. Ac yna, ar ddiwedd yr oedfa, aros am ryw hanner awr i fy ffrind, W. I. Cynwil ddod i'm cludo o fangre digon diflas o ran ymdrech y gynulleidfa ac ar ddiwrnod enbyd o galed. Ond gwelaf y profiad erbyn hyn fel proffwydoliaeth o'r sefyllfa enbyd yr ydym ynddi fel Cristnogion Cymraeg, a di-Gymraeg o ran hynny. Daeth cynulleidfa o ddau yn dderbyniol 60 mlynedd yn ddiweddarach a hynny yn y Gymru gyfoes. A gallwn gysuro fy hun na fyddai raid i mi wynebu sefyllfa fel yna yn y cyhoeddiadau eraill a dderbyniais weddill y flwyddyn yng ngogledd Ceredigion.

Ymddangos ger bron Bwrdd y Weinidogaeth

Yr oedd un profiad arall yn fy nisgwyl sef ymddangos ger bron Bwrdd y Weinidogaeth Cymdeithasfa'r De o Eglwys Bresbyteraidd Cymru a hynny yng Nghapel Triniti, Llanelli. Ni fûm erioed yn Llanelli, tref y sosban fach a thîm rygbi gwych Phil Bennett ac yr oedd hi, fel y sylwais, yn gryn siwrnai o Aberystwyth. Deliais y trên gydag ychydig o funudau i'w sbario a theithio'r holl ffordd i Gaerfyrddin trwy wlad y gwyddwn yn dda amdani; heibio gorsafoedd rheilffordd gydag enwau difyr fel Florida ac Olmarch Arms a Maesycrugiau. Ar ôl cyrraedd Caerfyrddin, newid y trên i drên Llundain, a chofio dod allan yn Llanelli, tref y deuwn yn gyfarwydd iawn â hi, gan i mi bregethu ym mhob un o'i chapeli Presbyteraidd yn ystod tymor y paratoi.

Deuthum allan o'r orsaf a gofyn yn Gymraeg i wraig a oedd ar y palmant, 'Fedrwch chi ddweud wrtha i ble mae Capel Triniti?' 'O,' meddai, 'y mae o fewn rhyw bedwar can llath i chwi.' Yr oedd hynny'n gywir. Euthum i mewn i'r Festri a chyfarfod â dau fachgen ysgol o ddyffryn Aman a oedd fel finnau i ymddangos ger bron y Bwrdd y diwrnod hwnnw.

Y cyntaf i'm cyfarch oedd John Ellis Wynne Davies o Benygroes a'r llall oedd T. J. Griffiths o Lanaman. Dyma'r unig dro i mi weld T. J. Griffiths, gan na ddaeth ef ar gyfyl y Coleg Diwinyddol. Deuthum yn dra chyfarwydd â J. E. Wynne Davies; yn wir bûm yn ei gartref ym Mhenygroes fwy nag unwaith ac yn arbennig pan fûm yn gwasanaethu yng nghapel Jerwsalem. Ac yr oedd ei ddarpar wraig Mary yn yr un dosbarth anrhydedd Cymraeg yn Aberystwyth gyda Meinwen. Cyflawnodd ef ddiwrnod da o waith yn ei enwad fel pregethwr, hanesydd a llywydd pwyllgorau a llysoedd. Galwyd ni fesul un i ymddangos ger bron y Bwrdd o dan gadeiryddiaeth yr hynafgwr, y Parchedig R. J. Rees. Yr oedd bellach bron yn ddall ond yn glir ei feddwl ac yn gynnes ei groeso. Ni wyddwn yr adeg honno ei fod yn un o'r arloeswyr a groesawodd Keir Hardie i annerch yr Athrawon Sosialaidd yn Neuadd y Dref yn Aberystwyth yn 1911. Yr oedd o leiaf hanner cant o weinidogion a lleygwyr amlycaf Sasiwn y De yn bresennol yng Nghapel Triniti a chofiaf i mi weld y Parchedig T. J. Davies, Betws, a ddaeth yn ysgogydd arbennig yn fy hanes. Gwnaeth R. J. Rees i mi deimlo'n gartrefol yn eu plith a llwyddais i ateb y cwestiynau am fy ffydd a'm cred. Sibrydwyd wrthyf wrth ymadael y byddai popeth yn iawn ac felly y bu.

Yn wir, yn fuan daeth y Prifathro Goronwy Rees i gysylltiad â mi, yn egluro fod ei dad wedi'i blesio'n arw ynof ac yn teimlo y dylai'r Brifysgol (y peth diwethaf mae'n sicr) ymfalchïo yn fy ymgeisyddiaeth. Awgrymodd y dylem gyfarfod ac felly y bu, fel yr adroddais yn fy hunangofiant, *Di-Ben-Draw*.

Yr ymgeisydd yn y cyfarfod cynnar

Golygai fy nerbyn yn ymgeisydd swyddogol fod yna groeso i mi dderbyn cyhoeddiadau a ddeuai i mewn i'r Coleg Diwinyddol. Byddwn yn galw o adeiladau y Brifysgol i weld ble y gallwn wasanaethu'r Sul canlynol, a threfnu gyda rhai myfyrwyr eraill, i logi tacsi Evans yr Hendy, yn wreiddiol o Flaenpennal, a gadwai siop clociau ar y ffordd i Benglais. Byddai ef yn mynd â rhyw bedwar neu bump ohonom yn ei gar mawr i gapeli yng ngogledd y Sir ar fore Sul ac yn ein casglu yn ôl gyda'r nos. Mwynheais y siwrniau hyn gyda'r to oedd o'm blaen am y Weinidogaeth, fel Einion Willams a Tom Leonard Williams. Y dewis arall oedd mynd am benwythnos, dechrau nos Sadwrn gyda bws ac yn ôl bore Llun. Ar ôl i mi gael fy nerbyn yn 1959 i'r Coleg Diwinyddol, dechreuodd y sefyllfa newid, gan i mi gyfarfod â chriw o fyfyrwyr o Lŷn, ac yn arbennig Emlyn Richards. Byddai ef yn mynd yn ôl i Lŷn bob wythnos yn ei gar a threfnodd i mi gael nifer o gyhoeddiadau yn y capeli o amgylch Pwllheli, fel Berea Efailnewydd, Rhydyclafdy, lle y pregethodd un o'm harwyr Tom Nefyn Williams ei bregeth olaf, Bethel, Penrhos, Babell, Llanaelhaearn, Llithfaen a Phistyll, Capel Isaf, Abererch ac Ebeneser y Ffôr. Bu hyn yn brofiad da.

Cyrhaeddai Emlyn sgwâr Pwllheli am oddeutu dau o'r gloch a byddai gennyf yr holl brynhawn a chyda'r nos i gicio sodlau. Golygai dipyn o drefnu a threfnu ymlaen llaw. Cofiaf i'r llyfrbryf Bob Owen ddweud wrthyf mewn llythyr fod yna lawer o lyfrau gwerthfawr y Parchedig A. J. George, un o ysgolheigion y Bedyddwyr a fu'n gweinidogaethu yn ardal Y Ffôr, ar gael imi yn rhad ac am ddim, pe bawn yn galw yn y tŷ lle y lletyai yr hen lanc a fagwyd yng nghapel Balliol Road, Bootle. Awgrymodd fy mod yn galw i ddechrau ar R. W. Roberts, Y Ffôr, saer coed a Bedyddiwr selog a thad priod Harri Parri, cyfaill arall yn y Coleg. Pan alwais ar Mr Roberts, fe atebodd fel hyn: 'Beth? Bob Owen. Fe fu yma rhai wythnosau yn ôl ac y mae wedi mynd â'r llyfrau prin a feddai A. J. George i gyd. Ond y mae croeso i chi eu gweld.' Dyna fu. Yr oedd ei eiriau yn wir. Yr oedd Bob Owen wedi cael y blaen arnaf, yn wir wedi fy nghamarwain. Deuthum i wybod am y Parchedig Robert Roberts, gweinidog yng Nghricieth a radical yn ei syniadau, gyda chalon gynnes i feddylwyr Rwsia. Gan fy mod innau yn coleddu safbwynt y chwith, pleser o'r mwyaf oedd cael cwmni Robert Roberts pan fyddwn yn galw arno ambell i fore Sadwrn. Byddwn byth yn gadael heb gyfrol a gyhoeddwyd ym Moscow yn fy nwylo. Cadwodd ef ei eglwys yn ddiddig er mai ychydig ohonynt oedd yn gwybod llawer am ei ddiddordeb eang mewn athroniaeth, llenyddiaeth a gwleidyddiaeth yr Undeb Sofietaidd. Radical arall y deuthum i'w adnabod yn dda yng Ngwynedd yng nghyfnod y Coleg Diwinyddol oedd y Parchedig Gwilym O. Roberts, Pontllyfni. Bûm yn aros ar aelwyd Gwilym a'i briod a Mari y ferch pan oeddwn yn pregethu yng Nghapel Brynaerau, lle y deuthum i adnabod nifer o ffrindiau Gwilym. Braf oedd cael ysgwyd llaw gyda Syr Ifor Williams, ysgolhaig pennaf yr iaith Gymraeg a blaenor ym Mrynaerau.

Nid oedd diwedd ar syniadau Gwilym a braf oedd cael ei gyfarwyddyd a dilyn ei ymresymiad ym myd Seicoleg. Bu allan yn yr Unol Daleithiau a bu ei erthyglau yn *Y Cymro* yn agoriad llygad. Darllenwn hwy yn awchus ac ar ôl i mi ddechrau fy ngweinidogaeth, cedwais fy nghysylltiad gydag ef hyd ei farwolaeth. Gofidiaf na fyddwn wedi cadw ei lythyron personol gan nad oedd neb tebyg iddo am lythyru. Weithiau, byddwn yn treulio oriau ym Mhwllheli yn y sinema leol ac yna gyda'r nos, cymeryd y bws allan i'r Ffôr neu i Rydyclafdy, a chael fy lletya dros y penwythnos gyda phobl garedig a oedd yn fawr eu cefnogaeth i'r capel lleol. Un o'r lletywyr unigryw a gefais oedd Adam Hughes oedd yn byw bron gyferbyn â chapel Pistyll. Hwn oedd y capel y magwyd Tom Nefyn Williams o'i fewn a'i dad blaengar yn gofalu am y ddiadell.

Pregethu yn Ne Cymru

Derbyniwn wahoddiadau i bregethu yn Ne Cymru, yn arbennig mewn ardaloedd o amgylch Aberdâr, Pontypridd, Maesteg a Phort Talbot. Cofiaf y tro cyntaf i mi fynd i bregethu i Faesteg. Ar brynhawn Sadwrn daliais y bws o Aberystwyth, y *Western Welsh*, i Rydaman, ac ar ôl cyrraedd y dref Gymreig honno yr adeg hynny, byddai gennyf awr i aros am fws arall i Gastell Nedd. Cicio sodlau am ryw awr arall yng Nghastell Nedd cyn cael bws i Benybont-ar-Ogwr, newid eto, a bws arall i ganol tref Maesteg. Teimlwn yn falch o'm brwdfrydedd. Nid baich mohono ond anrhydedd a phleser. Yr oedd gennym ddau gapel ym Maesteg, sef Moriah a'r Garth, a'r Sul cyntaf i mi gyrraedd y dref lofaol, yr oeddwn yn aros mewn tŷ teras yn ymyl Capel reit lewyrchus y Garth. Llewyrchus oherwydd fod ganddynt y dyddiau hynny gnewllyn o bobl ifanc oedd yn awyddus i dystio. Ac rwyf yn cofio un o'r trigolion yng nghanol Neuadd y Dref, Maesteg, yn dangos i mi lle yr oeddwn yn aros ac yn amcanu cyrraedd yno erbyn naw o'r gloch y nos. Yr oedd angen cerdded dipyn o ffordd a ffeindio'r cartref oedd yn fy lletya ac o fewn tri chwarter awr yr oeddwn o fewn y cartref a fyddai yn lletya dieithryn am y penwythnos. Golygai taith bregethu gyflawni hyn yn gyson a dyna pam y bu'n rhaid i mi ystyried modd i deithio heb ddibynnu ar fws na thacsi na thrên. Wedi'r cyfan, bu fy nghefnder David Parry Benjamin, a fu farw yn Aberystwyth yn 2018, yn garedig iawn tuag ataf pan oeddwn gartref ar fy ngwyliau ac am gadw cyhoeddiad, dyweder ym Mhontarddulais neu Ddyffryn Nedd neu Gwm Aberdâr. Byddai Parry yn barod i'm hebrwng ond golygai hynny fod y bobl garedig oedd yn ein croesawu ni'n dau am ginio a the, felly yn gorfod paratoi ar gyfer un ychwanegol. Yn eu caredigrwydd mawr, ni fyddai problem o gwbl. Ond o'r diwedd, clywais fod cyfaill i mi o Dregaron, Gildas Jones, am werthu ei sgwter, a dyma gysylltu ag ef yn Ffordd yr Orsaf. Yr oedd y *Lambretta* mewn cyflwr da a phrynais ef gyda help fy rhieni ac yr oedd gennyf ffrind da i'm cynnal, ac i'm cludo i'r cyhoeddiadau anodd eu cyrraedd heb orfod arnaf aros dros y penwythnos.

Ar gefn y sgwter

Golygai hyn brynu helmet, *goggles*, côt law dda ac yswirio'r *Lambretta* a chael hawl gyrrwr yn dysgu. Treuliais oriau hyfryd arno. Ffeindiais lety iddo ger Ffordd y Bont a oedd yn perthyn i werthwr glo yn Aberystwyth, aelod gweithgar yn yr Eglwys Fethodistaidd. Gallwn fynd lawr yn yr haf ar bnawn Mercher i weld fy rhieni, ac ar y Sul byddwn yn teithio i bob rhan o Geredigion o Aberystwyth. Arbedwn orfod mynd ar nos Sadwrn a dyna newid syfrdanol. Collai rhywun ddau ddiwrnod gwerthfawr er mwyn cadw cyhoeddiad ac yr oedd fy mywyd yn llawn gweithgareddau. Yr oedd y sustem yn fy amddifadu o nos Sadwrn, pan bregethwn yn Sir Aberteifi ond pnawn Sadwrn hefyd, os awn i Bontrhydyfen. Yr oedd hyn yn gryn golled, a rhoddaf enghreifftiau o droeon anodd a brofais yng ngogledd Ceredigion cyn rhyddid y sgwter. Rhoddaf ddwy enghraifft i brofi'r pwynt.

Profiad Ponterwyd

Derbyniwn wahoddiad i bregethu ym Mhonterwyd trwy ddwylo'r ffarmwr defaid, Geraint Howells, a ddaeth yn ddiweddarach yn Aelod Seneddol y Sir. Y tro hwn, nid oedd neb o'r myfyrwyr yn y cyffiniau i rannu tacsi â hwy. Felly, yr unig ddewis oedd mynd ar y bws olaf o ymyl gorsaf reilffordd Aberystwyth i Bonterwyd. Pan euthum i mewn i'r bws a adawai am naw o'r gloch y nos, yr unig un arall yn y bws oedd pregethwr pwerus gyda chefndir brith iddo, y Parchedig W. D. Davies. Nid oedddwn wedi siarad erioed ag ef a gwelwn ef yn gryn dipyn o ŵr syrbwch. Adnabyddir ef fel y Parchedig W. D. P. Davies, a'r P yn sefyll dros y gair Pechadur. Yr oedd wedi pechu o ddifrif yn y tridegau pan oedd yn Athro yn y Coleg Diwinyddol. Cymerodd nifer o fyfyrwyr y Coleg gydag ef i un o dafarnau yn y wlad i fwynhau'r ddiod gadarn. Ar y ffordd yn ôl i Aberystwyth, cafodd ddamwain, a'r car yn gorwedd ar ei ochr wrth ymyl y clawdd. Bu'n rhaid i'r Athro ymddiswyddo yn ddiymdroi o staff y Coleg Diwinyddol. Yr oedd teulu cyfoethog Llandinam wedi eu cythruddo ac ni allai y Prifathro Owen Prys gadw y Pechadur ar y staff er ei fod yn gryn dipyn o athrylith. Pechodd y Pechadur. Ni fu llawer o lewyrch ar ei fywyd personol byth oddi ar hynny, ond gwelwn ef yn gyson ar Ddydd Llun yn Aberystwyth pan oedd yn cadw caffi ger Pont Machynlleth. Medrai fod yn surbwch tuag atom ni fyfyrwyr y Coleg ac felly yr oedd y noson honno yn sedd flaen y bws. Cyfarchais ef ond prin y medrai gydnabod hynny ac ni fu gair rhyngom weddill y daith. Daeth y ddau ohonom allan o'r bws ym Mhonterwyd a dyma ef yn mynd i gyfeiriad y tŷ lle'r oeddwn i'n aros. Gadewais iddo ef fynd o'm blaen a gwelais ddrws y tŷ yn agor a gwraig y cartref yn ei groesawu'n garedig. Ychydig funudau ar ôl hynny, dyma finnau yn cnocio ar yr un drws. Daeth hi i'r drws a dweud 'Mae Mr W. D. Davies yma ar gyfer yfory. Dewch i mewn.'

Aeth y sgwrs yn syth i'r blerwch a oedd wedi digwydd a chymerai W. D. P. Davies yn ganiataol mai fi oedd ar fai ac nid ef. Nid oeddwn fel cyw bregethwr yn barod i ddadlau gyda un o Utgyrn Seion ond yr oeddwn yn gobeithio y cawn aros ar yr aelwyd. Ond na, nid oedd y pregethwr am fy ngweld o fewn y tŷ, er bod y wraig garedig wedi cynnig y medrwn rannu'r un gwely. Pan awgrymodd hi hynny aeth W. D. P. Davies yn wyllt. 'Na, fedr e ddim rhannu gwely gen i.'

Cofiais fod yna Weinidog caredig yn byw rhai milltiroedd o Bonterwyd, sef y Parchedig D. Lewis Evans, Trisant. Yr oeddwn wedi aros gydag ef a'i briod annwyl, ac ar ôl cael ei rif, euthum allan i'r ciosg lleol, i'w ffonio. Cefais ymateb gwych. Yr oedd y capel lle y gweinidogaethai (un ohonynt) yn wag y diwrnod canlynol a chawn bregethu yno ac aros gydag ef a'i briod. Dywedodd y byddai'n dod i'm casglu o'r ciosg. Euthum yn ôl ar fy union at W. D. P. Davies a gwraig y tŷ i ddweud fy mod yn iawn a bod llety ar fy nghyfer. Ffeindiais allan yr wythnos ar ôl hynny mai'r rheswm fod W. D. P. Davies wedi ffyrnigo am rannu gwely oedd am y rheswm syml nad oedd ef yn feddiannol ar byjamas. Ac wrth glywed hynny, maddeuais iddo am fod mor ddigydymdeimlad gyda gŵr ifanc yn ystyried dilyn ei lwybrau fel gweinidog. Collodd gryn lawer o'i lewyrch y noson honno ac er ei fod yn llawer mwy galluog na'r Parchedig D. Lewis Evans, nid oedd cymhariaeth rhyngddo ef a gweinidog Trisant a'r cyffiniau. Un ŷd y wlad oedd D Lewis Evans a chyflawnodd ef fwy y noson honno na'r ysgolhaig a enillodd brif wobrau Prifysgol Rhydychen yn yr ugeiniau.

Capel y cefais i gyfle i bregethu ynddo yn y cylchoedd mynyddig hyn oedd Capel Nantymoch lle'r oedd y ddau frawd gwerinol John a Jim James, yn cadw'r fflam yn fyw. Trist oedd gweld y cyfan yn diflannu pan adeiladwyd argae Nantymoch ond byddaf yn diolch i mi gael y cyfle i rannu'r Efengyl gyda'r ddau frawd a'r gynulleidfa a ddeuai ynghyd ar bnawn Sul.

Profiad aros penwythnos yn Llanafan

Capel arall digon agos i Aberystwyth ond yn anodd ei gyrraedd heb fodur neu fotor beic oedd Capel Presbyteraidd Llanafan. Ni ellid cerdded yno o Aberystwyth. Dyna leoliad Llanafan ac yn perthyn i'r Tŷ Capel oedd tŷ bychan i gartrefu'r pregethwr a ddeuai am y penwythnos. Erbyn fy nghyfnod i, yr oedd y pregethwyr hynny yn prinhau, ar wahân i fechgyn oedd yn dechrau ar y bererindod. Fel y digwyddodd hi, cyn mynd i Gapel Afan, anfonais gerdyn i'r Tŷ Capel yn nechrau'r wythnos i ddweud pa fws y byddwn arno o Aber, bws olaf nos Sadwrn ac yn cyrraedd Llanafan tua wyth o'r gloch. Pan gyrhaeddais y Tŷ Capel, gwelwn olau yn y tŷ bach a dyma finnau'n cnocio'r drws, a chael mynediad i'r ystafell lle y ceid tanllwyth o dan a matras y gwely o flaen y gwres ac yn hyrddio allan ohono fwg oedd yn arwyddo lleithder amlwg. Dyma gyfarchiad y wraig ysgyrniog, oll yn ei du: 'Rydach chi'n lwcus i chi anfon y cerdyn neu byddech chi wedi bod yn cysgu mewn gwely llaith. Does neb wedi bod yn aros yma ers hydoedd.'

Cofiwn fy mam yn sôn wrthyf am fwy nag un gweinidog a gollodd ei iechyd am iddynt orfod cysgu mewn gwely llaith, ac yn cael ei lethu yn y man gan afiechyd ac yn gorfod rhoi'r gorau i'w alwedigaeth neu farw ym mlodau ei ddyddiau. Ac ar ôl i'r wraig ddweud, 'Fe gaiff y fatras ei dwymo am ryw ddwy awr arall ac yn y cyfamser dof â'ch swper i chi, gadawodd fi ar fy mhen fy hun mewn tŷ dwy ystafell, ystafell ar y llawr cyntaf lle ceid bwrdd, tair cadair, cwpwrdd, cloc a charped bychan ger y tân. Ar ôl clirio llestri, dymunwyd yn dda i mi a chlywais geidwad y capel yn cloi drws y bwthyn dwy ystafell. Ni feddyliais ddim am y peth, ond wrth edrych yn ôl, meddyliais lawer gwaith beth pe byddai'r tŷ wedi mynd ar dân, neu fy mod i yn sâl, sut fedrwn i ddod allan o'm carchar dros nos. Yna, fore trannoeth am naw, deuwyd â'm brecwast, ac yna dod amdanaf cyn deg er mwyn cerdded ychydig gamau i'r capel. Ar ôl oedfa'r bore, yn ôl i ystafell y tŷ a disgwyl cinio. Diolch fod gennyf lyfr i'w ddarllen gan fod yr oriau yn hir a minnau wrthyf fy hun. Daeth dau o'r gloch er mwyn i mi fynd i'r Ysgol Sul. Dod yn ôl i de. Yr un drefn. Cario'r bwyd o'r Tŷ Capel i'r tŷ lle y lletyai'r pregethwr gwadd. Pregethu am chwech o'r gloch, a dychwelyd i'r tŷ ar gyfer swper a chlwydo er mwyn dal bws bore Llun yn ôl i Aberystwyth. Yr oedd yn waith blinderus i wraig y Tŷ Capel a rhyfeddwn fel y disgwylid i bregethwr ifanc ymateb i'r drefn a fodolai mewn ambell i ofalaeth wledig.

J. E. Williams yn ymddeol

Ar ôl cael y *Lambretta* yr oeddwn yn rhydd o hualau'r gaethiwed y soniais amdano. Loes calon i lawer ohonom oedd penderfyniad ein Gweinidog, y Parchedig John Ellis Williams, i roi'r gorau i'w weinidogaeth fugeiliol, a hynny ar ôl oes o wasanaeth cydwybodol. Gwnaeth gymaint dros yr ardal a bu'n fentor caredig a chefnogol. Siom fwy i mi oedd deall ei fod am symud i fyw i Benmorfa, ger Porthmadog, er mwyn bod yn nes at ei chwaer a'i ferch Eluned a'i phriod, y Parchedig Charles Jones. Gan fod bwthyn gwag gan ei chwaer drws nesaf iddi hi, yr oedd modd iddo ef a'i chwaer droi yn ôl i Arfon, y fro y canodd iddi:
    Bro pob gorawen, bro wen fy ngeni,
    Caraf pob erwig unig ohoni,
    Ei hen fynyddoedd, llynnoedd a llwyni,
    Ei phridd a'i mawnog, ei phraidd a'i meini,
    Bro dirion pob daioni – a thegwch,
    A Duw a'i heddwch fo'n nodded iddi.

Daeth cynulleidfa gref ynghyd i gyfarfod ymadawol ar achlysur ei ymddeoliad. Cefais y fraint o dalu teyrnged iddo, gan iddo fy nghyfarwyddo, fy swcro a'm goleuo yn fy adnabyddiaeth o'r Ysgrythurau. Ni lwyddodd neb yn nyffryn Teifi, o Ffair Rhos hyd dref Aberteifi, i godi mwy o weinidogion o'r un eglwys nag a wnaeth ef, ac yr oedd pob un o'r rhain yn wir ddyledus iddo – pregethwyr fel y Parchedigion W. D. Davies, y Tymbl, David Williams, Pontypridd (tad Alun Williams y BBC), ac eraill y soniais eisoes amdanynt fel David James Jones, Treforys, R. E. Lloyd, Caerfyrddin, Lewis Dewi Richards, Cwmafan, Eben Ebeneser, Llannon a minnau; saith ohonom. Ac yn ogystal â'r gweinidogion, fe fagodd lu o leygwyr a fu'n gaffaeliad mawr i eglwysi Cymraeg, yn arbennig yn Henaduriaeth Llundain. Wrth ymadael lluniodd gywydd a ddarllenwyd yn y cyfarfod. Dyma ddetholiad ohono:

> Ciliaf mewn hiraeth calon,
> O'r ardal ddihafal hon
> ****************
> Minnau'n hir fu yma'n hau
> Yn wirion er mwyn erwau,
> Treuliais gyfnod lled drylwyr
> Yn wir gaeth, ond daeth Duw ŵyr
> Derfyn a'm dyddiau'n darfod
> A rhyfedd, diwedd sy'n dod
> Bellach fy nerth a balla
> Ond daw'n union hinon ha'.

Olynydd yr Hen Weinidog – Vernon Higham

Dilynwyd J. E. Williams gan weinidog cwbl wahanol. Nid oedd cymhariaeth rhyngddynt. Efengylydd brwdfrydig oedd y Parchedig W. Vernon Higham a oedd ar y pryd yn Weinidog ar Gapel Hermon yng nghanol tref Pontarddulais. Magwyd ef yn Bolton a dysgodd Gymraeg o dan gyfarwyddyd ei fam. Sefydlwyd ef ar 1 Hydref 1958 a chafodd plant yr ysgol leol ddiwrnod i ffwrdd i fynychu'r cyfarfodydd.

Yn y blynyddoedd 1958 hyd at Orffennaf 1962, pan symudodd ef a'i briod i ofalu am Eglwys y Waun, Caerdydd, lle y daeth yn hynod o gymeradwy a chynulleidfaoedd cryf yn yr oedfaon, y cefais ei gwmni. Pregethai gydag argyhoeddiad gan bwysleisio ym mhob oedfa angen achubiaeth bersonol. Ychydig o ddylanwad a gafodd yn hynny o beth, er iddo adnewyddu a chryfhau ffydd nifer o'r chwiorydd oedd yn amlygu yn eu sgwrs eu bod wedi ymateb i'r sialens a roddai o oedfa i oedfa.

Ni chymerodd ddiddordeb ynof fel ymgeisydd am y Weinidogaeth ac nid oes cof gennyf o gwbl iddo fy ngwahodd am sgwrs i'r Mans, ac eithrio unwaith. Yr hyn a'm trawodd y tro hwnnw oedd mor ychydig o lyfrau oedd ganddo at ei ddefnydd o'i gymharu â llyfrgell ei ragflaenydd. Llyfrau *Banner of Truth* oedd y mwyafrif. Hwy oedd cyhoeddiadau Dr David Martyn Lloyd Jones, un o'i arwyr pennaf.

Yn ei anerchiad cyntaf i Eglwys Bethesda yn 1958, dywedodd,

> 'Ein braint fel Eglwys Crist yw cyhoeddi ei anchwiliadwy olud Ef, a'r posibilrwydd o fod yn aelod o Deyrnas Dduw drwy adnabyddiaeth bersonol o'r Arglwydd Iesu Grist'.

Dyna ei safbwynt, ac y mae hynny ar ganol llwybr yr Efengyl. O leiaf, cadwai Vernon Higham at yr hanfodion, ac yn ystod y gwyliau, byddwn yn edrych ymlaen at y Cyfarfodydd Gweddi a'r Seiadau. Plethai'r emynau Cymraeg ac adnodau'r Beibl i'w gilydd yn ei bregethau a'i anerchiadau yn y Seiat ac nid oes unrhyw amheuaeth y gwnaeth yn y tymor byr y bu yn ein plith argraff arhosol ar nifer o'r aelodau canol oed. Hiraethai yn wirioneddol am ddiwygiad ac am bwerau'r Ysbryd Glân a dyfynnai'n gyson y pennill:

> Nid aeth o'n cof dy wyrthiau gynt,
> Y sanctaidd dân a'r bywiol wynt;
> Gwyn fyd na ddeuant eto i lawr,
> O Dduw ein Iôr, pâr lwydd yn awr.

Galwad i'r Parchedig Thomas Roberts

Yn 1963, estynnodd yr aelodau ym Methesda alwad i Weinidog gwahanol eto i'w bugeilio, sef y Parchedig Thomas Roberts, Gweinidog Talybont a Thaliesin. Gŵr o Benrhyndeudraeth ydoedd yn wreiddiol a'i briod o Dalybont, a gwnaeth y ddau ohonynt le cynnes iddynt eu hunain ym Methesda o'r cychwyn cyntaf. Cefais lawer o'i gwmni ar fy ymweliadau â'r fro, a byddai yn bugeilio fy rhieni yn gydwybodol iawn. Meddai ar argyhoeddiadau cryf ar gadwraeth y Sul, heddwch a dirwest a bu'n gaffaeliad o'r mwyaf.

Blynyddoedd y Coleg Diwinyddol

Bu blynyddoedd y Coleg Diwinyddol yn hynod o werthfawr i mi fel paratoad ar gyfer y pulpud. Roedd yn y Coleg Brifathro ac athrawon o'r radd flaenaf. Prifathro'r Coleg oedd y Parchedig W. R. Williams, ysgolhaig disglair, ac un o arweinwyr yr Eglwysi Rhyddion yng Nghymru. Un o Bwllheli ydoedd o ran ei enedigaeth ond symudodd ei fam weddw ef i Aberystwyth er mwyn iddo gael gwell manteision addysgol. Llwyddodd y tu hwnt i bob disgwyliad a derbyniodd alwad o Brifysgol Rhydychen, lle y gwnaeth yn academaidd yn gampus cyn symud i ofalu am ein Capel Saesneg yn Abertawe. Yno y cyfarfu â'i ddarpar briod ac yn fuan iawn symudodd yn y dauddegau yn ddarlithydd i'r Coleg Diwinyddol lle y bu ar hyd ei oes. Ganwyd iddynt un mab, Richard, yntau wedi bod ym Mhrifysgol Rhydychen cyn cael ei alw i ofalaeth Wystog yng nghefn gwlad Sir Benfro. Bu'n garedig iawn wrthyf, gan fy hudo o leiaf ddwywaith i bregethu yn ei ofalaeth. Teithiwn ar y trên o Aberystwyth i Gaerfyrddin, ac yno newid trên am y trên a deithiai i Abergwaun. Deuwn allan yn Claberston Road a byddai Richard yn dod yno i'm casglu. Yna, taith hamddenol yn ei gar ar hyd ffyrdd cul cefn gwlad gogledd Penfro i Fans Wystog lle y byddwn yn cael gofal yr hen lanc oedd yn giamstar yn paratoi prydau bwyd. Nid oedd Richard mor rhagfarnllyd tuag ataf fel y gwelid yn ymddygiad ei dad tuag ataf a thu ag at Emlyn Richards. Er i'w dad gael ei eni a'i fagu mewn cartref digon cyffredin, heb foethusrwydd o gwbl, nid oedd ganddo iot o gydymdeimlad gyda'r werin bobl a phobl y chwith. Yn ei ddarlithiau ar athrawiaeth, byddai'n hynod o ddiog, gan amlaf yn darllen air am air baragraffau o gyfrol J. S. Whale, ac i lenwi amser byddai'n crwydro i fynegi ei farn ar y sefyllfa grefyddol yng Nghymru. Teimlwn mai rhywbeth ymylol iawn iddo oedd ein hyfforddi ni yn yr athrawiaeth Gristnogol gan ei fod wedi rhoddi ei fryd yn gyfan gwbl ar bwyllgorau'r enwad a byd eciwmeniaeth. Ef wedi'r cyfan oedd yn bennaf gyfrifol am ffurfio a sefydlu Cyngor Eglwysi Cymru yn 1956. Ei awgrym a'i arweiniad ef a sicrhaodd gyhoeddi Beibl Cymraeg Newydd ac ef oedd y pŵer i sefydlu cydbwyllgor i drefnu'r cyfieithu a'r cyhoeddi.

Ymgyrchoedd parhaus

Byddai'n gwylltio yn gacwn gyda'm gweithgarwch dros y chwith, yn sefydlu a chyd-olygu cylchgrawn sosialaidd i fyfyrwyr Cymru, *Aneurin*, er cof am un o'm harwyr Aneurin Bevan. Pan lwyddais i gael pobl unigryw fel Sidney Herbert o'r Brifysgol, T. E. Nicholas ('Niclas y Glais') i annerch, a chael mawrion fel Iarll Bertrand Russell a Michael Foot i annerch yn Neuadd y Brenin yr oedd y Prifathro wedi ei gythruddo yn iawn. Disgwyliai Niclas fy ngweld bob rhyw bythefnos am sgwrs ar y Mudiad Llafur. Byddwn yn closio at yr arloeswyr. Dyna pam y galwn i weld J. H. Williams, Canwy, mewn cartref gofal yn Ffestiniog, yr heddychwr y lluniodd R. Williams Parry soned wych iddo. Un arall a ddisgwyliai ymlaen i mi gysylltu ag ef oedd David Thomas, golygydd y *Lleufer*. Nid gorchwyl hawdd oedd cael Bertrand Russell, un o fawrion y byd athronyddol i ddod i'n cyfareddu gyda'i ddadansoddiad o beryglon y bomiau atomig. Llwyddais gan fy mod yn un o'r etholedigion, yn aelod o Gyngor Cant (*Committee of 100*), disgyblion Russell oedd yn barod, fel ef, i wynebu ar garchar. Daeth Emlyn Richards yn gwmni i mi wrth groesawu Michael Foot i orsaf Aberystwyth a'i gymryd i'w lety yn y *Cambrian* ar draws y ffordd, lle y cynhaliai Sosialwyr ifanc y Brifysgol eu cyfarfodydd llewyrchus.

Gwrthwynebu Apartheid

Ymgyrch arall y bûm yn arwain yn Aberystwyth oedd yn erbyn apartheid a dioddefaint arweinwyr yr ANC yn Ne Affrica, megis Nelson Mandela. Trefnais Rali Fawr trwy strydoedd Aberystwyth ar 4 Mawrth 1960 yn enw Cymdeithas Sosialwyr y Coleg Diwinyddol. Siomedig oedd ymateb myfyrwyr y Brifysgol o ran nifer ar y diwrnod arbennig hwn. Yr oedd bechgyn a merched y Brifysgol yn medru bod, fel pobl Aberystwyth, yn chwit-chwat. Ond yr roedd gen i yn y Coleg Diwinyddol fechgyn oedd yn brofiadol o'r byd, fel y cyn-löwr J. Elwyn Jenkins o Cross Hands a'r gwas fferm, Emlyn Richards, a wybu beth oedd cysgu mewn llofft stabl. Yr oeddynt hwy fel y dur, felly hefyd George Emlyn Jones, Harri Parri, Gareth Maelor a John M. Jôb. Lluniodd Gareth Maelor a George Emlyn faneri. Yr oedd Gareth Maelor o Flaenau Ffestiniog yn gryn artist ac fe gynhyrchodd y baneri hyn yn y Coleg gyda sloganau addas: 'Cyfiawnder nid Gorthrwm' a 'Brodyr i'w gilydd fo dynion pob oes', llinell o emyn heddwch cyfarwydd Eifion Wyn. Trefnais Gynhadledd Fawr y noson honno yn Neuadd y Dref gyda Juke Okat, brodor o Uganda, Keith Lyle o Lundain a'r Athro S. I. Enoch i'n hannerch, pob un o'r tri yn pledio arnom ni oll i fod yn gadarn dros y boicot. Bu'r ymgyrch gofiadwy hon yn destun ymddiddan yn Undeb Myfyrwyr y Brifysgol am ddyddiau a neilltuodd golygydd y *Courier* / *Llais y Lli* le i gystwyo'r myfyrwyr o'r Brifysgol am ddiffyg cefnogaeth ac i'n llongyfarch ni am ein dewrder a'n hanturiaeth. Braf oedd gweld llythyr yn y *Goleuad* gan un o fyfyrwyr Coleg y Bala, W. J. Edwards, Bow Street, yn ein canmol i'r entrychion. Cyfeiriodd at y ffaith fod 700 o aelodau ar lyfrau Capel Presbyteraidd Seilo, Aberystwyth, heb gyfrif aelodau capeli Salem, Tabernacl a Bath Street o'r un enwad, a meddyliai faint ohonynt oedd yn barod i ddangos eu hochr. Llond dwrn ar y mwyaf, tybiwn i.

Y mae bechgyn y Coleg Diwinyddol a drefnodd brotest yn erbyn agwedd anghristnogol Llywodraeth De Affrica i'w canmol. Er hynny, buasai'n well pe bai mwy o drigolion Aberystwyth wedi ymuno â nhw.

Cyfeillgarwch gyda S. I. Enoch

Yr oeddwn i ar delerau da gyda'r Parchedig S. I. Enoch, sosialydd o argyhoeddiad a meistr ar iaith a llenyddiaeth y Testament Newydd. Mab i weinidog gyda'r Annibynwyr ydoedd o ran cefndir ac wedi dod i'r Coleg ar ôl cyfnod llewyrchus fel Gweinidog ein Capel Saesneg, Trinity, yn Aberdâr; a daeth yn ffefryn y myfyrwyr. Yr oedd ganddo ddawn i gyfathrebu a phan dynnai ei sbectol i ffwrdd, gwelid yr hiwmor a fyrlymai o'i gyfansoddiad yn ei lygaid. Dotiwn at ei ddarlithiau a gwnaeth i mi ac eraill ymhyfrydu yn y Testament Newydd. Yn anffodus, ni fu ei fywyd priodasol yn fêl i gyd; yn y diwedd fe'i gadawyd ar ei ben ei hun yn y tŷ mawr yng nghysgod Constitution Hill yn Cliff Terrace. Pob tro y deuwn i Aberystwyth o'r De ac yna o Lerpwl, byddwn yn gwneud ymdrech dda i'w weld. Yn wir, yr oeddwn i yn un o'r rhai olaf i alw arno ac yntau yn araf ddirywio ac yn tynnu i ben y dalar. Cofiaf y noson honno tra fyddaf byw; tua deg diwrnod cyn ei ymadawiad galwais arno. Yn ffodus, yr oedd un o'i ofalwyr ar fin gadael a chefais fynediad felly i erchwyn y gwely, a chael cyfle i ddiolch iddo am y cyfan a wnaeth i'n cenhedlaeth, yn arbennig wrth baratoi ar gyfer y radd o B.D, gan i mi fwynhau yn aruthrol ei gyfarwyddyd. Ac yna cyn ymadael cael cyfle i weddïo ger ymyl yr annwyl Samuel Ifor Enoch a ffarwelio ag ef dros dro. Gwyddwn yn dda fel y gwyddai yntau mai dyma'r tro olaf y byddem yn seiadu yn y byd a'r bywyd hwn. Ond am flynyddoedd bu yn treulio noson ar ein haelwyd yn Garth Drive pan ddeuai i Ysbyty Broadgreen i dderbyn gofal y meddyg Dr Bailey, lle y gofalid amdano fel brenin gan y gweinyddesau. Gofalai Meinwen y byddai pryd o fwyd maethlon ar ei gyfer a gwydraid neu ddau o win llesol pan ddeuai i gyfoethogi ein cymdeithas fel teulu o Gymry.

Gallu yr Athro Rheinallt Nantlais Williams

Athro arbennig arall a'm cyfarwyddodd yn Athroniaeth Crefydd, pwnc yr arbenigais ynddo, oedd yr Athro Rheinallt Nantlais Williams, mab i'r Parchedig W. Nantlais Williams, Gweinidog Capel Bethany, Rhydaman am dros ddeugain mlynedd, ac un o fawrion Sasiwn y De. Cofiaf weld Nantlais yn Sasiwn Llanddewi Brefi yn nechrau mis Mehefin 1948; ef oedd un o *celebs* fy myd i yr adeg honno. Yr oeddwn yn dra chyfarwydd â'i emynau godidog.Yr oedd gan Rheinallt frawd yn y Weinidogaeth, sef y Parchedig Geraint Nantlais Williams, gŵr arall o ddifrif yng ngwaith y Deyrnas. Yr oedd hi'n bleser eistedd mewn Dosbarth gyda Rheinallt Nantlais Williams yn darlithio, gan fod ganddo, fel ei dad a'i frawd a'i feibion, argyhoeddiadau efengylaidd cryf ond cymedrol, a medrai ddadlau yn gelfydd dros fodolaeth

Duw. Cofiaf yn dda ddarllen ei glasur *Facing Faith*, sydd werth y byd o hyd fel amddiffyniad o'r ffydd Gristnogol. Penderfynais arbenigo yn ei bwnc ac elwa cymaint oddi wrtho. Magodd ef a'i briod (a fu'n flaenor yng Nghapel Morfa) ddau fab, y diwinydd a'r ysgolhaig y Parchedig Stephen Nantlais Williams sydd wedi rhoi oes o wasanaeth i fyfyrwyr yng Ngogledd Iwerddon a'u mab arall Paul a gafodd radd Dosbarth Cyntaf mewn Athroniaeth.

Bu perthynas agos rhwng Paul a mi gan iddo gael ei drosglwyddo yn ei salwch i ofal Ysbyty Brenhinol Lerpwl lle y cefais i'r fraint o alw yn feunyddiol i'w weld, a rhannu profiadau gŵr ifanc eiddil ond hynod o aeddfed a galluog, ac yntau ar ei wely angau. Tristwch o'r mwyaf oedd ei farwolaeth ym mlodau ei ddyddiau, a dyfodol disglair o'i flaen. Diolchodd ei rieni i mi am fy ngofal amdano yn ei wythnosau olaf. Meddyliais lawer gwaith ers hynny, pe bai'r Hollalluog a meddygon y ddaear wedi llwyddo i gadw angau draw beth fyddai cyfraniad Paul i fyd athroniaeth crefydd. Ni chafodd Paul, er dirfawr siom, y cyfle a gafodd rhai ohonom i gynrychioli yr Anfeidrol Geidwad ar y ddaear. Yn y nef y bu Paul Williams yn gweinidogaethu. Tristwch hefyd oedd yr hyn a ddigwyddodd i'r Athro ei hun, gŵr a gafodd ei glodfori gan yr hanesydd, y Prifathro R Tudur Jones, am wynebu'r anghredinwyr mor hyfryd ac effeithiol. Ie yn niwedd ei oes bu'n ofynnol i Rheinallt o bawb orfod byw gyda'r clefyd creulon *dementia*. Galwais i'w weld yn Ysbyty Tregaron a sylweddoli nad oedd y meddyliwr a fedrai ymgodymu gydag athronwyr di-gred bellach yn yr un byd â ni. Yr oedd ef a'r meddwl miniog yn ei chael hi'n anodd i gofio'r rhai a fu o dan ei ofal. Nid oeddwn yn ymwybodol iddo fy adnabod, un o'i fyfyrwyr y bu ef yn ei dywys yn ofalus i ddarganfod Kant, a Popper, gan ddangos pendraw athroniaeth ac yn ein dysgu ni (dri ohonom a wnai'r pwnc) i wybod beth yw ystyr bywyd yn y pendraw.

Ymroddiad y Dr R. Buick Knox

Yr Athro arall yr hoffwn ei gyflwyno a'i ganmol oedd yr Athro R. Buick Knox, cynnyrch Presbyteriaeth Gogledd Iwerddon, ac un a ddysgodd y Gymraeg yn ddigon rhugl i fedru cynnal oedfaon yng nghefn gwlad Ceredigion. Hen lanc oedd ef, a'i chwaer yn gofalu amdano yn Jasper House, ger Castell Aberystwyth, ond heb amheuaeth yr oedd yn Athro gwych yn Hanes yr Eglwys. Darlithiai mewn dull syml, gan bwysleisio gyda manyldeb hanes yr Eglwys Fore, a chynnydd a phroblemau cynyddol yr Eglwys dros y canrifoedd.

Yr oeddwn wedi cael fy nhrwytho mewn hanes yn Ysgol Uwchradd Tregaron, ac ar ôl hynny yng Ngholeg y Brifysgol gyda'r Dr A. J. Trott, y Dr Mary Clement, arbenigwr ar Ysgolion Cylchynol Griffith Jones, Llanddowror, yr anfarwol

Farcsydd o Gymro Dr Gwyn A. Williams, yr Athro R. Treharne a'r Athro David Williams, pob un yn agor ffenestri i mi. Derbyn pedair blynedd o ddarlithiau yn y Brifysgol a chant a hanner wedi ymgynnull i glywed Gwyn Alf neu yr Athro Cobb, arbenigwr pennaf ar y Chwyldro Ffengig. Fel gwobr ychwanegol cael yn awr dair blynedd o dan ofal y Protestant pybyr yr Athro Buick Knox. Ni allaf anghofio'r cyfarfod tanllyd yn Neuadd y Sir yn Aberystwyth yn 1961, adeg y refferendwm ar agor neu gau tafarndai Cymru ar y Sul. Yr oedd y bragwyr wedi anfon dau Aelod Seneddol Llafur o Gwm Rhondda i ddadlau dros agor y tafarnau. Dadleuodd Iorrie Thomas ac Elfed Davies fod angen i'r Cymry fwynhau Sul gwlyb yn hytrach na'r un sych a fu yn rhan o hanes Cymru ers 1881, pan basiwyd y Ddeddf Cau Tafarnau ar y Sul yng Nghymru, un o fesurau pwysig Llywodraeth Gladstone.

Aeth o leiaf 30 ohonom i'r cyfarfod yng nghwmni'r mwyaf argyhoeddedig ohonom oll, Dr R. Buick Knox. Bu'n gyfarfod tymhestlog; corddwyd y dyfroedd a dathlodd pawb ohonom yn y Coleg fuddugoliaeth fawr ar 9 Tachwedd. Cadwodd y siroedd ymneilltuol Cymraeg y Sul Cymreig; sef siroedd Môn, Caernarfon a Phenfro, Meirionnydd, Caerfyrddin, Ceredigion, Dinbych, Trefaldwyn ac ardaloedd fel Llanelli lle y bu James Griffiths yn fawr ei ymgyrchu. Dyma ddechrau ymgyrchu yn fy hanes ar y cwestiwn, a phan ddeuthum yn aelod amlwg o Gymdeithas Dydd yr Arglwydd yng Nghymru, bûm ar flaen y gad yn dadlau ar y radio, teledu ac mewn cyfarfodydd led led Cymru.

Mawr yw fy nyled i Dr R. Buick Knox a balch oeddwn pan benodwyd ef yn Athro yng Ngholeg Westminster, Caergrawnt, y Coleg y bûm i bron â mynd iddo, a phe bai hynny wedi digwydd, y mae'n siŵr y byddwn wedi dilyn llwybrau gwahanol. Methais gael cymorth-dal mewn pryd i fy helpu i dreulio dwy flynedd arall yn ddarpar ymgeisydd. Ond trwy Rheinallt Williams a'r Dr Buick Knox, llwyddais i arbenigo yn Hanes yr Eglwys ac Athroniaeth Crefydd i ennill gradd BD o'r safon uchaf gyda chymeradwyaeth ac ennill am y drydedd flwyddyn yn olynol y Wobr Pierce.

Myfyrwyr y BD

Pedwar ohonom a wynebodd y BD, sef William Ieuan Cynwil Williams, Emlyn Richards, Cledwyn Williams a minnau. Edmygwn yn fawr y tri ohonynt, ond yn bennaf Emlyn gan gofio ei gefndir, oherwydd yr oedd y tri arall ohonom wedi cael mynd yn syth o'r Ysgol Uwchradd i Brifysgol a heb orfod defnyddio caib a rhaw am fywoliaeth fel y bu'n rhaid i gymaint o fechgyn fy nghyfnod i.

Ymryson Areithio

Daeth cyfle i Cynwil, Emlyn a minnau wneud marc dros stiwdents diwinyddol y Coleg yn Ymryson Areithio'r BBC a drefnwyd gan Sam Jones o Fangor. Mwynheais bob munud o'r paratoi ar gyfer y gystadleuaeth am ddwy flynedd. Yn y flwyddyn gyntaf, Cynwil a minnau oedd aelodau'r tîm a lwyddwyd i ennill y Prysgyll gyda chymeradwyaeth uchel. Yr oedd gan bob Coleg Prifysgol, pob Coleg Diwinyddol a phob Coleg Hyfforddi Athrawon dimau ac felly nid ar chwarae bach oedd cael y gorau mewn gornest a oedd yn magu cymaint o ddiddordeb y cyhoedd. Gan fod arholiad y BD yn cymryd lle yn ystod yr ail flwyddyn, penderfynodd Cynwil na fedrai ef wynebu ar y ddau beth, sef straen yr areithio ac arholiadau BD. Nid oedd hynny yn fy mlino o gwbl ond yr oedd angen partner arnaf, fel y dywedodd Emlyn yn ei hunangofiant, *O'r Lôn i Fôn: Bywyd a Gwaith Emlyn Richards* (Caernarfon 2006):

> 'Roedd Cynwil a minnau yn gyfeillion da ers tair blynedd bellach, a chan fod siarad a phregethu yng ngoriad fy mogail, sut allwn wrthod y fath gyfle'?

Dyna a ddigwyddodd. A bu hi yn wych eto i deithio i Gaerdydd i gystadlu yn erbyn colegau eraill Cymru a hynny ar y teledu oedd yn dechrau ennill ei le yng nghartrefi'r werin bobl. Treuliwyd oriau lawer yn y stiwdio boeth a Sam Jones yn troi a throsi o'n hamgylch yn llawn nerfau a direidi yn y llygaid gwibiog o dan y sbectol. Ceid panel o feirniaid i'n tafoli a chynulleidfa gref i'n calonogi, er bod mwy o gefnogwyr gan y Colegau Hyfforddi. Wynebwyd ni yn y rownd derfynol gyda dau ddarpar athro o Goleg Hyfforddi Cyncoed, Caerdydd, Arwel Jones a Geraint Lloyd Owen. Mentrodd Emlyn i'r rostrwm heb sgrap o bapur, dipyn o gamp; yr oedd gen i dudalen o benawdau ac is-benawdau fel y bu gennyf ar hyd fy oes fel pregethwr. Erbyn 1962, yr oedd yna elfen arall y tro hwn, siaradwr unigol gorau, ac Emlyn oedd y cyntaf i'w dderbyn, a chredaf mai finnau oedd y cyntaf i ennill y Brysgyll fel aelod o dîm am ddwy flynedd yn olynol.

Daeth Sam Jones ei hun i'r Coleg Diwinyddol i gyflwyno'r Prysgyll i Cynwil, Emlyn a minnau i'w dderbyn ar ran y Coleg am y timau areithio gorau a'r siaradwr gorau. Nid oedd W. R. Williams yn meddwl cymaint o Emlyn a minnau; wedi'r cyfan yr oedd Cynwil yn un o'i ffefrynnau, ond y noson honno yr oedd yntau yn llawen am y sylw gwych a dderbyniodd y Coleg Diwinyddol. Yr oedd gan yr enwad i'r dyfodol dri o ddynion goleuedig a grymus o ran huodledd a hiwmor i lenwi'r pulpudau, ac nid rhyfedd bod yr eglwysi yn cynnig galwadau inni y flwyddyn olaf yn y Coleg.

Derbyniodd Cynwil alwad o Gapel Heol-y-Dŵr, Caerfyrddin. Bu Dinmael a Glan'rafon, lle y bu'r Parchedig R. O. G. Williams yn Weinidog yn ceisio perswadio Emlyn, ond yn y diwedd fe aeth i ben draw Sir Fôn, fel Gweinidog i Eglwys Bethesda, Cemaes, ac aros yno weddill ei ddyddiau.

Yr oeddwn i wedi derbyn gwahoddiad o Ystrad Mynach a Bargoed, a hefyd o Moriah a Garth yn nhref Maesteg ond wedi troi'r ddau i lawr gan fy mod yn awyddus i fynd am ragor o astudio diwinyddiaeth. Yr oeddwn wrth fy modd yn astudio'r pynciau pwysig y bûm yn ymgodymu â nhw am radd B.D. Ni ddaeth y freuddwyd honno i fodolaeth ond daeth llu o ddigwyddiadau i newid y cyfan. Ac yn y diwedd cefais fy ordeinio yng nghwmni Cynwil Williams, D. Wynford Jones, Dai Geraint Davies (pob un ohonynt wedi cael eu galw i'r drigfan nefol erbyn hyn) a hynny yn Llangeitho. Llywydd y ddefod oedd ein Prifathro W. R. Williams ac o fewn rhai wythnosau bu iddo ynteu ein gadael. Trefnais gydag un o'r cyn-fyfyrwyr, y Parchedig Robert Jones, Cwmaman i fynd o Gwm Cynon yr holl ffordd faith i'r cynhebrwng yn Aberystwyth.

Yr oedd hi'n anodd coelio; ni oedd yr unig ddau o'n cenhedlaeth a aeth i dalu'r gymwynas olaf i un a fu yn rhan bwysig o'n bywydau. Yr oedd y weddw a'r mab Richard yn hynod ddiolchgar, ac wrth ysgwyd llaw o gydymdeimlad gyda Mrs Williams, dywedodd eiriau i'n sobri ni'n dau: '*W. R. didn't know who his friends were.*' Yr oedd hi yn ddigon agos i'w lle gan iddo feirniadu Robert a minnau ac eraill fel Emlyn Richards laweroedd o weithiau. Y mae'n amlwg ddigon nad oedd yn un da am adnabod pobl; y mae honno yn ddawn ynddi ei hun.

Pennod 2

Galwad i Gymoedd Glo y De

Yr oedd hi'n naturiol i bawb gredu mai i un o gymoedd diwydiannol y De y byddwn i'n dechrau ar fy ngalwedigaeth. Yr oeddwn wedi codi storm ar dudalennau'r *Goleuad* yn sgil fy safbwynt radicalaidd ac wedi cyhoeddi llyfryn *Na Ladd* yn erbyn dienyddio ac wedi gwerthu pob copi ohono ar strydoedd Aberystwyth fel y gwnaem gydag *Aneurin*, cylchgrawn y chwith. Yn rhagluniaethol, cyn fy ordeinio, derbyniais alwad gan ddau gapel yng ngwaelod Cwm Cynon, Tabernacl, Abercynon a Hermon, Penrhiw-ceibr. Gan fod fy nyweddi Meinwen wedi cael swydd athrawes i ddysgu Cymraeg yn Ysgol Rhydywaun o dan David Hill yr oedd y cyfan yn gweithio fel y dymunem. Prifathro oedd Hill a Chyngorydd Llafur lleol a fethai gadw disgyblaeth ar blant yr ystâd fawr o dai a adeiladwyd i greu Rhydywaun, rhwng Trecynon a Hirwaun. Medrwn yn hawdd ei chludo yno bob bore o Abercwmboi, cyn troi yn ôl am Gwmbach ac i lawr i Abercynon am y dasg o fugeilio. Medrai gael cludiant yn ôl gan un o'r athrawon. Yr oedd popeth yn cydweithio er daioni. Felly, i ferw ardal ddiwydiannol a'i dau bwll glo gan gofio fod fy nhad, fel y bardd Hedd Wyn o'i flaen, wedi bod yn gweithio am sbel ym mhwll glo Abercynon. Bu ei frawd Bob ar hyd ei oes yn löwr yn y pentref nesaf, Cilfynydd ym mhwll glo enwog yr Albion. Y mae gen i gof plentyn yn mynd i'w angladd ef yng Nghilfynydd ac yna i fynwent Llanfabon ar ben y mynydd. Buom yn ffrindiau gyda theulu Wncwl Bob, a chofiaf yn dda ei weld yn dioddef o ddiffyg anadl oherwydd bod llwch y glo wedi difetha ei ysgyfaint.

Y Briodas yn Aberdâr

Bwriais iddi yn frwdfrydig gyda Meinwen wrth fy ochr ac ar ddiwrnod olaf Gorffennaf 1963 bu i'r ddau ohonom gyfnewid addunedau a phriodi yng Nghapel y Bedyddwyr Cymraeg Calfaria, Aberdâr. Gan fod Meinwen wedi colli ei thad yn 1960, yn ŵr ifanc, ni allai feddwl am briodi ym Methesda heb ei bresenoldeb ef yno. Wedi'r cyfan Arthur Llewellyn oedd Gweinidog Bethesda, Abercwmboi. Cawsom briodas i'w chofio: llond capel, llanwyd Plasdraw lle y cynhelid y wledd, a chael saith o weinidogion i gymryd rhan, yn cynnwys dau ffrind Coleg, Emlyn Richards, a ddaeth yr holl ffordd o Gemaes, ar Ynys Môn a John Tudno Williams o Ogledd Ceredigion. Bu hi yn ddiwrnod i gofio i Emlyn gan iddo fynd i fyny stryd na ddylai a derbyn dirwy, ond yr wyf yn meddwl inni lwyddo i liniaru'r ddedfryd wrth ysgrifennu ar ei ran i ddadlau nad oedd ef erioed wedi bod o'r blaen yn ne Cymru!! Nid stori gwneud oedd hynny chwaith.

Rhai o Weinidogion yr Henaduriaeth

Y gwaith pennaf oedd rhoi 'anadl einioes' yn y blychau ennaint ac argyhoeddi eraill a ddeallai yr iaith Gymraeg o'r gymdeithas lofaol i ystyried dod yn aelodau i'r capel. Yr oeddwn yn rhan o Henaduriaeth Dwyrain Morgannwg a braf oedd cael dod i gwmnïaeth a chyfeillgarwch gweinidogion o brofiad hir yn y cymoedd. Gweinidog fel y Parchedig D. J. Morgan, y Porth ond yn wreiddiol o Bronant yn Sir Aberteifi. Dau Gardi, er bod blynyddoedd lawer rhyngom o ran oedran. Ef oedd Gweinidog Calfaria, Y Porth, Moriah, Ynyshir ac o 1963, Seion, Pont-y-gwaith (y pentref lle bu fy mam-yng-nghyfraith, Sarah Ann Llewellyn, yn enedigol ohono). Diléit mawr D. J. Morgan yn ei gartref, meddai rhai o'i flaenoriaid wrthyf, oedd gwylio rhaglenni teledu ar *cowbois* ac *indiaid* gwylltion! Hen lanc o gorff cadarn ydoedd yn arbenigo ar fugeilio ei braidd yn nhref Y Porth ac i fyny Rhondda Fach. Un arall o Sir Aberteifi oedd fy nghymydog agosaf, y Parchedig E. Emrys Evans. Hen lanc oedd yntau ac yn gweinidogaethu yng Nghapeli Bethlehem, Aberpennar a Bethania, Aberdâr ac yn smociwr cyson fel fy rhagflaenydd yn Abercynon a Phenrhiw-ceibr, y Parchedig Elfed Evans. Ni fyddai ef byth yn cynnal oedfa yn hirach nag awr gan ei fod yn dyheu am ei smôc! Yr oedd Emrys Evans yn berson oedd wrth ei fodd gyda threfniadau'r enwad a gofynnwn yn aml am gyngor ganddo. Pan oedd angen bedyddio ein mab cyntaf Dafydd a anwyd cyn Nadolig 1966, Emrys a gafodd ei wahodd i weithredu ar fore Sul yn y Tabernacl. Ac yr oedd yn annwyl fel pe bai yn dad i lu o blant! Hen lanc yn gwneud y dasg yn hawdd. Deuai ef o'r un dyffryn, sef Dyffryn Teifi, cynnyrch Capel Maesyffynnon, Llangybi. Deuai yn ôl i'r ardal yn gyson a threuliai ei wyliau gyda'i chwaer a'r teulu ym Metws Bledrws. Yr oeddem ni yn adnabod yr un bobl yn Nyffryn Teifi a bu perthynas dda rhyngom ni'n dau.

Yr oeddem yn ymwybodol fod y dystiolaeth Ymneilltuol yn ddigon gwan, a bod cryn lawer o'n hamser yn cael ei dreulio ar yr angen i uno enwadau ac ail uno eglwysi o'r un enwad. Ymunodd Seion, Tregatwg, lle y deuthum i adnabod y llenor difyr Glyn Ashton, a oedd yn flaenor yno, gyda Penuel, Y Barri a dod o dan ofal y Parchedig D. J. Williams, Salem, Treganna, gŵr duwiol ei rawd gydag ysbryd tangnefeddus. Yr un adeg ymunodd Bryntirion â Bethesda, Llanilltud Faerdre a datgorfforwyd Capel Seion, Brynsadler cyn i mi gael yr hyfrydwch o bregethu yno. Ond yn y cyfnod cynnar, y bûm i yn gweinidogaethu, unwyd yr eglwysi hyn: Jerusalem a Seion i ymgynnull ym Mhenuel, Y Barri, Capel y Twyn, Caerffili (lle y cefais flas mawr ar bregethu un nos Sul) a Nazareth, Abertridwr; Hermon a Libanus, Dowlais; Penuel, Pontrhondda; a Bethania, Llwynypia; Nazareth, Trewilliam; a Pisgah, Pen-y-Graig, eto yn Rhondda Fawr; Ebeneser a Bethania, y ddau gapel ym Maerdy a adnabyddid, oherwydd Comiwnyddion fel Arthur Horner, yn Moscow Fach; Bethania, Treharris, a Disgwylfa, Merthyr Vale, a Hebron, Godreaman (dygwyd yr achos i ben yng Ngwanwyn 1966) ac i'r gynulleidfa ymuno o dan ofal fy nghyfaill Coleg, Robert Jones yn Soar, Cwmaman. Yn yr ad-drefnu mawr hyn, golygodd ehangu fy ngofalaeth i gynnwys Disgwylfa, Merthyr Vale er bod nifer selog o aelodau a arferai berthyn i Bethania, Treharris hefyd o dan fy ngofal. Felly, yr oedd gen i bump o bentrefi glofaol i'w bugeilio, Aberfan, Merthyr Vale, Treharris, Abercynon a Phenrhiw-ceibr.

Trasiedi Aberfan 1966

Ac am fy mod yng ngofal Disgwylfa, Merthyr Vale, cefais gyfle i weithredu yn greadigol yn Aberfan ar ôl Hydref 1966 hyd i mi adael am Lerpwl yn niwedd Mehefin 1968. Diolchwyd yn gyhoeddus i Weinidog ein Capel yn Aberfan, y Parchedig E. Peris Owen a minnau am 'wasanaeth hynod ymhlith y teuluoedd yn ystod y trychineb.' Anfonwyd y penderfyniad a ganlyn a baratoais i'r Henaduriaeth at y Prif Weinidog, Harold Wilson:

> 'Yr ydym ni fel trigolion De Cymru wedi ein syfrdanu gan brofiad chwerw Aberfan, ac yn erfyn ar y llywodraeth i ryddhau arian ar unwaith i sicrhau diogelwch holl byllau glo a bod deddfwriaeth yn cael ei threfnu i reoli a gwaredu'r ysbwriel hwn yn effeithiol.'

Ychydig o effaith a gafodd ar y pryd, ond bu newid fel yr âi'r blynyddoedd heibio.

Prysurdeb yn Abercynon

Bu'r blynyddoedd anodd yn flynyddoedd gweithgar yn fy hanes. Yr oedd rhywrai ar fy ôl byth a beunydd, yn arbennig y cyfryngau. Yr oeddwn wedi ymddangos mewn llu o raglenni yn ystod dyddiau'r Coleg, ond yn Abercynon ni fyddai wythnos bron yn mynd heibio heb deithio i'r stiwdio yng Nghaerdydd. Deuai gwahoddiadau cyson i Gyfarfodydd Pregethu yn ne Cymru, yn arbennig Gorllewin a Dwyrain Morgannwg. Yr oeddwn wedi cychwyn gwasg Cyhoeddiadau Modern Cymreig ac yn arbenigo ar lyfrau lliwgar i blant, llawer ohonynt wedi'u hargraffu yn Nwyrain Ewrop. Yr oedd gennyf bobl werinol i'm cynorthwyo. Y gŵr mwyaf hirben a galluog oedd Arthur Jones, hen golier a'i wreiddiau yn Llanllechid ger Bethesda. Bu'n gefn mawr i mi, a byddai'r ddau ohonom yn mynychu llysoedd yr enwad, yn arbennig yr Henaduriaeth gyda'n gilydd. Melys oedd y sgwrsio, a phleser oedd gwrando arno yn yr oedfa ac yn mynegi ei hun yn y seiat mewn Cymraeg cyhyrog.

Aelwyd garedig arall oedd un yr heddwas Evan Edwards. Un o Bontrhydfendigaid oedd ef ac ar ôl gadael yr heddlu fel rhingyll, derbyniodd swydd yn cadw golwg ar bwll glo Abercynon. Deuai ei briod o Lanbedr Pont Steffan ac am fy mod innau o'r un dyffryn, yr oedd gennym gymaint i'w drafod. Yn byw gyda hwy oedd y ferch Jean, a'i phriod Emrys Edwards, trysorydd y Tabernacl a weithiai yn swyddfa pwll glo Caerffili. Tyfodd cyfeillgarwch mawr rhyngom, ac yn arbennig rhwng Jean ac Emrys a ni ein dau. Ar ôl symud i Lerpwl, byddai'r ddau yn dod i aros atom, a chan eu bod yn ddi-blant, yr oeddynt wrth eu bodd gyda Dafydd a Hefin. Ar aml nos Sadwrn, byddai'r pedwar ohonom yn mynd gyda'n gilydd am bryd o fwyd i Benarth neu Borthcawl.

Heb fod yn bell oddi wrth Emrys a Jean, trigai Abram ac Olwen Evans (hi yn nyrs gymunedol wych fel y daethom i wybod o brofiad) a'r ddau yn Gymry deallus. Yr oedd cefndir y ddau yng nghefn gwlad y fro Gymreig, Abram o Lanafan yng ngogledd Ceredigion ac Olwen o Garno yn Sir Drefaldwyn. Y peth cyntaf a ddywedasant wrthyf oedd, 'Mae'n rhaid i chwi gwrdd â'r mab-yng-nghyfraith.' A dyma gychwyn fy mherthynas gyda Gwilym Prys Davies, y cyhoeddir cofiant iddo gan Wasg y Bwthyn yn Hydref 2022.

Yr oedd gennym adeilad yng Nglancynon, rhan o Abercynon a elwid yn Glancynon, yn perthyn i'r Tabernacl, lle y cynhelid Ysgol Sul lewyrchus i'r aelodau hynny a oedd yn byw yn y gymuned, lle y ceid Capel y Bedyddwyr Cymraeg, Calfaria. Penderfynais arbrofi a sefydlu Clwb Agored Ieuenctid a fu yn gryn lwyddiant. Yr oedd y mwyafrif o'r bechgyn a'r merched a ddeuai i'r Clwb hwn bob nos Wener yn ddi-Gymraeg ac yn ddi-gapel ac eglwys. Cyfrannwn yn y rhaglen agwedd addysgol yn ogystal â gweithgarwch ysgafn, gyda dawnsio, chwarae recordiadau a hefyd gwylio'r goreuon ohonynt ar y bwrdd tennis. Ambell i noson, yr oedd y sŵn yn fyddarol ond fel yr âi'r misoedd heibio, llwyddwn i ennill ymddiriedaeth y rhai mwyaf ystyfnig ohonynt. Synnai pobl Gymraeg Abercynon am y Clwb Ieuenctid a gwyddwn nad oedd neb arall o'm cyd-weinidogion oedd bron yn ddigon hen i fod yn dad imi yn ymwneud â'r fath weithgarwch.

O ran llwyddiant, daeth rhai ohonynt i gefnogi'r oedfaon, fel Haydn Carrington ac wrth sôn amdano ef, cofiaf yn dda fod organydd y Tabernacl, W. T. Humphreys wedi mynegi ei ddymuniad i ymddeol ar ôl bod yn chwarae'r offeryn am 60 mlynedd. Chwaraeai bob Sul. Byddai ef a'i chwaer yng nghyhyfraith yn mynd ar eu gwyliau am bythefnos bob Awst i Aberystwyth, ond byddai ef a Miss Thomas yn dod yn ôl ar ddiwedd yr wythnos gyntaf er mwyn chwarae yr organ fach. Yna dychwelyd fore Llun hyd y Sadwrn canlynol Dyna eu gwyliau. Dywedodd wrthyf ei fod ef am i mi ddewis un i'w olynu, ac yr wyf yn cofio dweud wrtho,

'Mr Humphreys, mae'r oes wedi newid. Mae'n amhosibl ffeindio rhywrai i rannu cyfrifoldeb am 52 o Suliau, bore a hwyr'.

Nid oedd yn hapus o gwbl. Yr oedd ef wedi gwneud hynny am 60 mlynedd! Pam na allai eraill ddangos yr un teyrngarwch. Ar ôl dipyn o fyfyrio gyda Meinwen ac ymweld â chartrefi yr aelodau cerddorol cefais addewid gan dri ohonynt i gymryd ei le ar un Sul y mis, sef Mrs Dewi Maddocks, Bethan James, athrawes ifanc, a Haydn Carrington o'r un cyff â'r cerddor adnabyddus o Goedpoeth. Dyma fi yn adrodd yn ôl i Mr Humphreys a'r blaenoriaid eraill. Haydn oedd i chwarae ar Sul cyntaf y drefn newydd. Yr oeddwn yn y sêt fawr am bum munud i ddeg yn disgwyl yn amyneddgar am y gŵr ifanc heb anghofio ei fod ef, y mae'n siŵr, wedi bod allan gyda'i ffrindiau'r noson gynt. Wedi'r cyfan deunaw oed ydoedd y llanc. Yr oedd y bum munud nesaf fel tragwyddoldeb. Ceid cynulleidfa dda o ryw saith deg ynghyd a gwelwn Mr Humphreys a gwên slei ar ei wyneb. Pan ddaeth hi yn ddeg o'r gloch, nid oedd dim amdani ond mynd yn ol i'w sedd a gofyn mewn sachliain a lludw iddo:

'Mr Humphreys, wn i ddim beth sydd wedi digwydd i Haydn Carrington, a wnewch chi ein cynorthwyo ni yn yr oedfa hon'?

Yr oedd yn ormod o ŵr bonheddig i ddweud, 'Ddywedais i wrthoch chi nad yw eich cynllun yn mynd i weithio.' Yn oedfa'r hwyr ymddangosodd Haydn. Yr oedd ef wedi cysgu'n hwyr y bore hwnnw, a'r unig ddewis oedd gennyf oedd pledio ar yr hen organydd ddigon musgrell i fod yn un o bedwar i chwarae'r offeryn, a dyna a fu. Ond yr oedd hi'n amlwg fod byd o wahaniaeth rhwng y cenedlaethau o'n blaen a'n cenhedlaeth ni ac yn arbennig yn eu teyrngarwch a'u hymroddiad i waith a threfniadau y capeli.

Gweithgarwch o blaid yr Iaith

Yr oedd yr iaith Gymraeg yn broblem gynyddol fel iaith ein haddoliad gyhoeddus, a bu'n rhaid trefnu Dosbarth Dysgwyr o fewn y gymuned, ac ymuno hefyd yn y mudiad cydenwadol i amddiffyn yr iaith Gymraeg. Cefais fy mherswadio i fod yn Ysgrifennydd Pwyllgor Cydenwadol Iaith Gymraeg Dwyrain Morgannwg. Bodlonodd y Gweinidog adnabyddus, T. Alban Davies, a weinidogaethai gyda'r Annibynwyr Cymraeg yn Nhon Pentre, i fod yn Gadeirydd. Ni ellid cael ei well. Yr oedd ef fel William Abrahan (Mabon), arweinydd glowyr, o'i flaen wedi syrthio mewn cariad gyda phobl Cwm Rhondda. Pan gafodd alwad i adael Ton Pentre, am Orllewin Cymru dychwelodd o fewn y flwyddyn gan fod cymaint o hiraeth arno am y 'cwm culach na cham ceiliog'. Daliodd ef ei afael arnaf hyd ddiwedd ei oes. Pan fyddai'n mynd i aros am ei wyliau at ei fab a'i ferch-yng-nghyfraith, Dr Gareth Alban Davies a ddarlithiai ym Mhrifysgol Leeds, byddai'n ffonio mwy nag unwaith ataf am sgwrs felys. Un o fawrion Ymneilltuaeth Gymraeg ydoedd ef, proffwyd a meddyliwr oedd yn barod i wynebu realiti'r gymdeithas gyfoes. Byddem yn cyfarfod yn festri Capel Penuel, Pontypridd lle'r oedd y Parchedig Ieuan James Owen yn fugail. A deuai rhai o Gymry amlycaf y cymoedd at ei gilydd i'r pwyllgorau. Yr oeddem yn gydwybod byw ar yr iaith o fewn yr enwadau ac yn ymwybodol fod llawer iawn o arweinwyr y capeli yn poeni nemor ddim am broblemau Cymru, am dranc yr iaith na diflaniad y capeli. Credai Alban a minnau os 'bydd marw y Gymraeg bydd diwedd ar eglwysi Cymraeg hefyd'. Ond nid oeddem yn hollol gywir. Erbyn hyn ym Morgannwg, y mae'r iaith i'w chlywed ond y mae'r capeli Cymraeg bron i gyd yn fud. Methwyd trosglwyddo presenoldeb plant yr ysgolion cynradd ac Uwchradd Cymraeg i weithgaredd Ysgolion Sul, y capeli gan fod mwyafrif helaeth o'r plant yn dod o gartrefi di-gapel a di-Gymraeg. Gwelais hynny gyda'm llygaid fy hunan pan euthum i sefydlu Ysgol Gymraeg yn Abercynon. Yr oedd 90 y cant o'n haelodau dros 50 oed ac nid rhieni gyda phlant oedran ysgol gynradd mo'r mwyafrif. Rhieni yn nhai Cyngor Ynysboeth lle na cheid capel ar gyfyl y gymuned ,dim ond Clwb Nos oedd y mwyaf brwd o blaid y symudiad i gael Ysgol Gymraeg. Heddiw, y mae Ysgol Gymraeg lewyrchus yn Abercynon, ond y mae'r pedwar capel Cymraeg a oedd yno yn fy nghyfnod i wedi cau eu drysau. Dameg gostus ar y naw yn fy nhyb i ond nid oedd neb yn swyddfa'r enwad a llysoedd yr Hen Gorff fel petaent yn barod i wrando. Daeth hi'n wahanol pan gafwyd arweiniad y Parchedig Dafydd H. Owen fel Ysgrifennydd Cyffredinol ond erbyn hynny yr oeddwn yn llafurio ger yr afon Mersi.

Bugeilio ym Mhenrhiw-ceibr
Ym Mhenrhiw-ceibr deuthum yn gyfaill da i ysgrifennydd Hermon, W. M.

Rees, prifathro wedi ymddeol. Byddwn yn ei gasglu o'i gartref yn fy *Ford Anglia* a'i gludo i Hermon ar y sul a noswaith waith ac i gyfarfodydd y Dosbarth. Gwraig arbennig arall oedd Prudence Parry, chwaer i daid Seimon Brooks, Porthmadog a meddyliwr ffres sydd yn fawr ei gyfraniad. Ymhyfrydaf yn ei gwmni a'r atgofion am ei deulu yn y pentref. Yr oedd gŵr Prudence, sef W. J. Parry, hen löwr, wedi colli ei iechyd yn llwyr. Y rheswm am hynny oedd iddo gael ei gaethiwo dan ddaear am bedair awr ar hugain mewn lifft. Sut daeth e drwyddi? 'Adrodd emynau Cymraeg a Saesneg', oedd yr ateb. Ond dioddefodd yn enbyd a bu'r dyfodol yn anodd yn ei hanes, pesychu cyson ac ymladd am ei anadl yn ei gornel yn y cartref a wynebai ar y deml hardd a elwid yn Hermon.

Astudiaeth gymdeithasegol

O'r stryd yn Teifi House (dyna enw'r Mans) gan mai John Jones, dyn o Ddyffryn Teifi, a'i adeiladodd, paratoais astudiaeth academaidd gymdeithasol o'r cwm o dan ofal dau ysgolhaig adnabyddus Dr George Thomason a'r Athro Michael Fogarty yn Adran Industrial Relations yng Ngholeg Prifysgol Cymru, Caerdydd. Trwy arweiniad y ddau dysgais gryn lawer ac ennill gradd radd MSc (Economeg). Yn ddiweddarach cyhoeddwyd y traethawd ymchwil gan Wasg y Ffynnon, o dan y teitl *Chapels in the Valley,* a hynny yn 1975. Gwelais yn glir pam yr oedd Ymneilltuaeth Gymraeg a Saesneg yn marw ar ei thraed yn y cymoedd glofaol. Yr oedd y mudiad wedi tyfu law yn llaw â'r diwydiant glo, ac yr oedd dirywiad y maes glo, cau'r pyllau a neuaddau'r glowyr yn hau hadau dirywiad y capeli. Credwn yn gydwybodol y byddai Ymneilltuaeth Gymraeg yn cymryd sylw o'm hymchwil ond fel arall y bu. Yr oedd arweinwyr fy enwad fy hun, heblaw arweinwyr Ymneilltuol eraill fel y Bedyddwyr a'r Annibynwyr, yn amharod i glywed y feddyginiaeth ac yn amharod i gynnal ysgolion undydd i drafod y casgliadau. Gwnaeth y byd academaidd sylw amlwg a cheir cyfeiriad at y gyfrol mewn ugeiniau o astudiaethau academaidd. Derbyniodd adolygiadau calonogol fel yr un a welwyd yn y cylchgrawn *New Society*. Deil i gael ei ddyfynnu gan y byd ond nid gan yr Eglwys gyfoes yng Nghymru, a hynny yn ei gwir angen.

Gwrando ar yr Utgyrn Arian

Un gorchwyl y cawn bleser mawr oedd presenoli fy hun yng Nghapeli Cymraeg Cwm Cynon o bob enwad ar nos Sadwrn i Gyfarfodydd Pregethu. Bu'n brofiad cyfoethog gan i mi gael y fraint o wrando ar genhadon na fyddwn wedi cael y cyfle i wneud hynny fel arall. Ar ben y rhestr fe osodwn un o blant Abercynon, y Parchedig Walter P. John, gweinidog Castle Street, Llundain. Symudodd i Lundain o'r Tabernacl, Pontarddulais yn 1938 ac yno y bu weddill ei ddyddiau. Daeth yn un o bregethwyr pennaf y Bedyddwyr Cymraeg, a gadawodd ddylanwad arbennig ar ei wrandawyr. Dywedodd un arall o bregethwyr dawnus yr enwad, y Parchedig J. M. Lewis, Noddfa, Treorci wrth Syr Ben Bowen Thomas am W. P. John:

'Mae dawn naturiol gan Walter i dywys dynion i addoli. Dawn brin yw hi. Welsoch chi ddwrgi yn slipo miwn i'r afon o'r lan? Dim crychyn ar y dŵr byth...Bydd lot ohonom, ni'r pregethwyr, yn baglu ac yn splasho wrth drio ca'l y dŵr. Ond byth Walter – miwn yn rhwydd, yn esmwyth, yn naturiol, dim crychyn'.

Dyma'r cennad, y pregethwr, yr edrychwn ymlaen at wrando arno oherwydd ei bersonoliaeth hardd, ei wead a'i gyflwyniad cyfoes. Fel y dywedodd un arall o weinidogion yr enwad, Rhydwen Williams, y cefais lawer o'i gwmni pan ymwelwn â Chwm Cynon, a hynny yn ei gartref yn Nhrecynon yn niwedd ei oes:

> Roedd ei neges mor hynafol â'r memrwn
> A adawodd Paul ar ei ôl yn Nharsus,
> A'i wirionedd mor gyfoes â thudalen
> Flaen unrhyw bapur dydd Sul.

Cyfrinach fawr Walter P. John oedd ei hoffter o lyfrau, a dyna gynhysgaeth y pregethwr mawr. Mewn llyfrau o'r safon uchaf a chylchgronau y porai, a byddai hefyd yn defnyddio'r radio, teledu, sinema, drama, cerfluniaeth i gasglu defnyddiau a fyddai yn taro deuddeg. Dywedodd y Parchedig Dewi Eirug Davies, a fu'n weinidog yn Llundain, fod mynd i siop lyfrau *Mowbray's* i fodio llyfrau yn anghenraid bywyd wythnosol i W. P. John. Cofiaf ei bregeth ar Iago yn Godreaman. Y testun: 'Wedi hynny, gwelwyd Ef gan Iago, yna gan yr holl Apostolion' (I Corinthiaid, 15. 7). Dotiwn at ei ragymadrodd, ac yn dilyn tri phen, sef trafferth Iago am flynyddoedd oedd ei fod yn rhy agos at Iesu Grist i'w weld, ac yn ail, aeth Iago yn rhy bell oddi wrth Iesu Grist i'w weld, ac yn drydydd fe'i gwelwyd gan Iago. Yr oedd yn amlwg i mi'r noson honno fod yr ysgrythurau a'r emynau Cymraeg ar flaenau ei fysedd. Medrai ddefnyddio dadl y cewri mewn brawddeg a goleuo ein hanghrediniaeth a'n gwneud i deimlo'n falch ein bod ymhlith disgyblion yr Arglwydd Iesu.

Ar ôl ei farwolaeth gynamserol, penderfynodd ei olynydd yn Castle Street, y Parchedig D. Hugh Matthews, gasglu ynghyd gyfrol o'i homilïau a phregethau yn Gymraeg a Saesneg o dan y teitl *Rhwydwaith Duw* (Gwasg Gomer, 1969). Deil yn gyfrol sy'n adlewyrchu pregethu Cymru ar ei orau. Diddorol darllen ei bregethau Saesneg gan eu bod yn ddifyr ryfeddol, ond y rhai Cymraeg sy'n gwbl gofiadwy.

Nid ef oedd yr unig bregethwr y dyhëwn am ei glywed. Ar aml i Sadwrn, byddwn yn gyrru i fyny i Hirwaun i gartref Mrs Lilian Davies, athrawes wedi ymddeol, ac un o gefnogwyr pennaf y Gymraeg i drafod buddiannau Cymdeithas Llyfrau Aberdar a'r Cylch. Hi a Meinwen a D. J. Rogers ac Idwal Rees (prifathro Ysgol Gymraeg Aberdar) oedd eraill a weithiai yn ddygn dros y Gymdeithas. Llwyddais gydag un o'i ddisgyblion, Eurfryn Davies, Llandegfan i Idwal Rees gael ei anrhydeddu gan yr Eisteddfod Genedlaethol wrth ei dderbyn i Orsedd y Beirdd. Hwy oedd y cefnogwyr a gofiaf orau ond yr oedd nifer o rai eraill yn weithgar gyda Chymdeithas Llyfrau Aberdâr, cymdeithas i hyrwyddo gwerthiant llyfrau Cymraeg yn y cwm. Pwrpas casglu Lilian Davies un Sadwrn oedd mynd â'r ddwy ohonynt i Gyfarfod Blynyddol y Cymdeithasau yn yr Amwythig. Yr oeddwn yn benderfynol fy mod am glywed y Parchedig Young Hayden, Bethabara, Sir Benfro yng Nghapel Calfaria, Abercynon, y noson honno am saith o'r gloch. Yr oedd hi bron yn amhosibl gan i'r pwyllgor fod yn un hirhoedlog. Ac yr oedd hi wedi pedwar arno yn gorffen. Gyrrais fel dyn gwyllt yn ôl o'r Amwythig i Hirwaun ac yna i lawr Cwm Cynon i Galfaria a chyrraedd rhyw ddwy funud cyn i'r oedfa ddechrau. Eistedd wedyn yn y sedd gefn gyda Meinwen a thrwy'r oedfa, cael y profiad rhyfeddaf: pan fyddwn yn cau fy llygaid, gwelwn y llinell wen yng nghanol y ffordd o'm blaen. Yr oeddwn yn dal yn y siwrnai ac yn y car ac yn y daith wyllt o'r Amwythig. Heddiw ni fyddwn yn dychmygu gwneud y gamp a gyflawnais pe bai cyfle gen i fynychu Oedfa Cyfarfod Pregethu. Ond o leiaf cefais y cyfle i wrando ar un o wehelyth teulu Jubilee Young. Yr oedd Young Hayden yn nai i'r brodyr a fu'n addurno pulpud y Bedyddwyr Cymraeg. Yr oeddynt yn rhan bwysig o'r hwyl Gymreig a meddai Young Hayden a'i gefnder John Young ar yr un ddawn â'u hewythrod. Clywsom Young Hayden y noson honno yn ei seinio hi yn ei ffordd ddihafal ei hun.Yr oeddwn yn falch o gael clywed un o'r 'doniau a daniwyd'. Yr hyn a'm trawodd y noson honno oedd bod cymaint o eglurebau Young Hayden yn tarddu o'r wlad, er mai ym Maesteg a Chwmtwrch y treuliodd ei blentyndod a'i lencyndod.

Un arall gwahanol a glywais yn y cwm mewn Cyfarfod Pregethu oedd y Parchedig Idwal Jones, Llanrwst, un o weinidogion mwyaf unigryw'r Annibynwyr Cymraeg. Yr oeddwn yn ddyledus iddo ef yn blentyn gyda'i gyfres ar Galw Gari Tryfan ar Radio Cymru. Cyhoeddwr, awdur, darlithydd, pregethwr, cyfunai Idwal gymaint o nodweddion y pregethwr Ymneilltuol ar ei orau. Ar ôl symud i'r gogledd, gwahoddais ef yn Ŵr Gwadd Gŵyl Dewi i'n capel yn Lerpwl ac ni chawsom ein siomi gan fod ganddo stôr o straeon a hiwmor i'n gwneud ni i chwerthin yn braf.

Fy mhrofiadau dyrys

Yr oedd digon o weinidogion o'm hamgylch yng Nghwm Cynon. Yn Abercynon trigai'r nofelydd George Breeze a ofalai am yr Eglwys Fethodistaidd Gymraeg. Byddai ef byth heb ei goler gron a'i ddiléit mawr oedd cael mynd gyda'i badell am sglodion a physgod o leiaf dair i bedair gwaith yr wythnos ar ei gyfer ef, ei briod a'i ferch. Yr oedd ganddo ferch o dan anfantais a lwyddai i gasglu peth cyflog wrth fynd o amgylch y tai am archebion i gwmni dillad a phob math o bethau gweddol rhad. Ym Mhenrhiw-ceibr gwasanaethwyd y Bedyddwyr Cymraeg gan y Parchedig Dudley Morgan. Gwyddwn ei fod ef yn ei chael hi'n anodd byw ar ei bitw o gyflog o Gapel Jerusalem, a'i fod ef yn dibynnu am fywoliaeth drwy ofalu am angladdau pobl ddi-gapel. Cofiaf i'r trefnydd angladdau Teifi Davies fy ffonio un tro i gynnig y cyfle i gymryd angladd pobl y tu allan i'r capel. Dywedais wrtho a dyna wnawn bron bob tro: 'Gofynnwch i Dudley'. Ond un diwrnod dyma Teifi yn dweud, 'Na gyfaill, rwyf am i chwi wasanaethu gan mai'r un anerchiad a gawn o enau Dudley i bob un ymadawedig ac y mae llawer un a ddaw i'r cynhebrwng wedi clywed y teyrngedau hyn o'r blaen!!'

A siarad am angladdau, cofiaf yn dda am angladd ym Mhenrhiw-ceibr. Trefnwyd yr angladd ar gyfer un o chwiorydd Hermon ar ddydd Mercher a hynny yn ystod yr wythnos yr oeddem wedi mynd fel teulu – ewythrod Idris a Bill a modryb Aunty Soph a chyfnither Meinwen, Renee Gimblett o Dreorci a mam Meinwen – am wythnos i Torquay. Chwith meddwl nad oes ond Meinwen a finnau ar dir y byw bellach o'r cwmni difyr hwnnw. Gan fy mod mor gydwybodol, pan ddaeth y gwahoddiad i mi (a hynny awr ar ôl inni gyraedd y gwesty) i gymryd yr angladd , derbyniais y cyfrifoldeb a phenderfynais ddod yn ôl yr holl ffordd Nos Fawrth i Abercynon ar gyfer trannoeth. Cofiaf yn dda fy mod ar orsaf rheilffordd New Mead Bryste am un o'r gloch y bore yn disgwyl trên Llundain i Gaerdydd. Ar ôl cyrraedd Caerdydd, trên arall i Abercynon, cerdded i'r Mans ac yr oedd hi yn naw o'r gloch y bore erbyn hynny. Cynhelid yr angladd am 12:30 yn y tŷ ac yna i gapel Hermon a'r fynwent. Yr oeddwn wedi blino cymaint, penderfynais fynd i'r gwely. Cysgais yn drwm a sydyn ddihuno a chwilio'r cloc a gweld ei bod hi'n tynnu at hanner awr wedi unarddeg. Neidiais allan o'r gwely ond methwn yn fy mhanig ddod o hyd i grys y goler gron, i drowsus y siwt bregethwrol, ond ar ôl tawelu dipyn fe ddeuthum o hyd i'r cyfan, cloi'r drws a rhedeg yr hanner milltir i ymyl Capel Moriah i ddal y bws i Benrhiw-ceibr.

A minnau gan llath o Foriah, gwelais y bws yn troi'r tro ac yn mynd yn ei flaen. Gwaeddais fel dyn ar foddi 'Stop,' a chlywodd rhywun neu'r dreifar, wn i ddim pwy, fy nghri a stopiodd y bws. Yr oeddwn wrth ymyl tŷ'r teulu galarus am 12:30 i'r funud. Cymerodd weddill y dydd a'r hwyr i gyrraedd yn ôl i Torquay. Dyna a olygai'r Weinidogaeth imi yn 1963 fel y gwna yn 2022, ymgysegriad llwyr, bod ar alwad pob aelod, yn arbennig pan oedd hi'n gyfyng ac yn argyfwng. Hwy, aelodau'r capel, oedd i gael y flaenoriaeth.

Yn wir, disgwyliai pobl Hermon am help oddi wrthyf yn gyson, yn arbennig pan oedd angen iddynt fynychu Ysbyty ym Merthyr neu Lanilltud Faerdre. Byddwn yn eu cludo ac yn aros gyda nhw ac yn eu gwarchod nes ei bod hi'n amser i ddychwelyd.

Yr oedd ambell i ysbyty yn medru ymddwyn yn ddigon digydymdeimlad â'm gwaith. Profais hynny yn Ysbyty Tywysog Charles ym Merthyr. Bu'n rhaid i mi aros hydoedd weithiau i gael gweld y claf, fel pe baent am ddysgu gwers i mi, ac ni welwn weinidog arall ran amlaf pan fyddwn yn galw yn Ysbytai Cwm Cynon a thref Merthyr a Bro Morgannwg. Yr oeddynt wedi cael eu llorio gan y fiwrocratiaeth a dyfodd o fewn y Gwasanaeth Iechyd Gwladol.

Derbyn galwadau

Cawn fy ngwahodd yn awr ac yn y man i ystyried galwad i gylch arall, a bu dwy ofalaeth yn apelio yn fawr ataf, sef Sgiwen, ger Castell Nedd a Glanaman yn Nyffryn Aman. Yr oedd gweinidog y ddau gapel a feddai yr enwad yn Sgiwen, y Parchedig W. Lloyd Jones yn ymddeol a derbyniais wahoddiad i'w ddilyn. Yr oedd W. Lloyd Jones yn ŵr sylweddol ysgolheigaidd, yn meddu ar ddwy radd M.A. a B.D. ac y mae'n rhyfedd meddwl na chlywaf neb heddiw yn sôn gair amdano yn unman. Ond yn ei ddydd, cyfrifid ef yn gryn arweinydd o fewn Sasiwn y De. Cofiaf yn dda i Meinwen a minnau fynd i gyfarfod blaenoriaid y ddau gapel a chael mynediad i Fans yr Ofalaeth. Yr oedd hynny yn brofiad rhyfedd, cerdded yr ystafelloedd, a sylwi ar yr hyn oedd gyda W. Lloyd Jones a'i briod fel dodrefn, yr hyn oedd yn hongian ar y muriau. Nid oedd plant ganddynt hwy ac yr oeddem ni yn syth y noson honno, yn gweld dau fwgan ar y ffordd. Yn gyntaf, yr aroglau afiach a ddeuai o'r gwaith mawr olew Llandarcy gerllaw ac yr oedd Meinwen wedi gorfod byw ar hyd ei hoes yn Abercwmboi gyda'r math hynny o aroglau mileinig. Yr ail oedd y tŷ, bynglo dipyn yn rhy fach i'r trugareddau yr oeddem ni yn eu casglu, a bod fy mam yng nghyfraith wedi dod i fyw gyda ni ac y byddem yn magu teulu. Mynegwyd wrthyf y siom a gafodd cyfeillion Sgiwen ar ôl iddynt dderbyn fy llythyr yn gwrthod y gwahoddiad.

Yr oeddwn yn fwy cyfarwydd â'r ofalaeth nesaf, sef dau gapel Presbyteraidd yng Nglanaman a fu am flynyddoedd yn cael eu bugeilio gan un o weinidogion annwyl yr enwad, y Parchedig Jenkin Lewis. Yr oedd ei frawd yn brifathro yn Chancery, ger Blaenplwyf ac yn dad i'r Parchedig Stanley Lewis, ffrind mawr i mi pan oedd yng Nghaergybi ac wedi ymddeol i Aberaeron. Bu bron i ni dderbyn galwad Glanaman gan fy mod yn gyfarwydd iawn â phregethu ym Mrynaman, Betws a Glanaman. Gwrthod fu hi eto. Yna, yn hydref 1967, cefais ffôn oddi wrth y Parchedig William Jones, Bootle, y deuthum i'w adnabod pan oedd ef yn Weinidog yn Bronant, Ceredigion. yn sôn am gylch na wyddwn ddim amdano.

Gair o Bootle

Ar ôl cyfarchiad byr, dyma William yn gofyn cwestiwn cyfarwydd pe baem yn byw yn ymyl ein gilydd: 'Ble rwyt ti'n pregethu Sul nesaf?' Yr oeddwn i'n meddwl ei fod yn gwestiwn rhyfedd hyd yn oed o enau William Jones, a dyma fi'n ateb, 'Tabernacl, Abercynon'. Ddwedodd e ddim fel 'Hwyl iti yn addysgu'r gynulleidfa' na dim o'r fath. Ac yr oedd y sgwrs drosodd. Bûm yn pendroni fwy nag unwaith ond anghofiais y cyfan hyd y nos Sul ganlynol pan welais tua phum munud i chwech gar moethus Rover yn parcio yn ymyl y festri. Yr oeddwn yn y pulpud yn ledio'r emyn cyntaf pan gyrhaeddodd tri gŵr bonheddig i mewn ac eistedd yn y sedd gefn. Sylwais yn aml arnynt yn gwrando'n astud a meddyliais mai pobl o Sir Aberteifi oeddynt. Byddwn yn cael weithiau rywrai ar eu ffordd o Gaerdydd yn galw i mewn i'r oedfa am eu bod yn gwybod amdanaf.

Euthum allan ar y diwedd i'r cyntedd i ysgwyd llaw â'r gynulleidfa, a dyma'r tri yn dod o flaen pawb. Dyma'r cyntaf yn ysgwyd llaw ac yn dweud 'Diolch'. Gofynnais i'r ail un, 'O ble yr ydach chi'n dod?' a bu bron iddo ddweud, ond cyn i'r geiriau ddod o'r genau, dyma'r trydydd yn ateb drostyn nhw i gyd, 'Diolch yn fawr i chi.' Ac i ffwrdd â nhw i'r nos ac fel oedd hi'n digwydd i siwrnai hir o ddau gan milltir bron i Lerpwl. O fewn ychydig wythnosau, derbyniais wahoddiad i fynd i Gapel Heathfield Road, Lerpwl ym mis Tachwedd ar brawf gan Ysgrifennydd yr Eglwys, Ifor Griffiths. Gŵr diddorol oedd ef. Ganwyd yn Lerpwl a pherthynai yn ei ieuenctid i Gapel Fitzclarence Street, ac ysgrifennai Gymraeg perffaith. Ni ellid cystadlu ag ef am gywirdeb ac oddi ar ymweliad y Gymanfa Gyffredinol â Chapel Heathfield Road yn 1962, bu Ifor Griffiths yn bennaf ffrindiau â'm cymydog, y Parchedig E. Emrys Evans. Byddai ef yn mynd bob blwyddyn i bregethu yn Heathfield Road ac yn aros gydag Ifor, ac y mae'n siŵr mai Emrys oedd yn gyfrifol fod fy enw wedi mynd ger eu bron. Erbyn hyn gwyddwn fod eraill wedi cael cyfle i gymerdwyo fy enw. Gwn fod Glyn Davies, Rhuthun, yr unig flaenor sydd ar ôl o'r blaenoriaid a'm croesawodd, wedi ysgrifennu at berthynas iddo, y Parchedig David Williams, gweinidog Capel Saesneg ein henwad yn nhref Port Talbot. Lluniodd hwnnw lythyr cymeradwyaeth gwerth ei ddarllen.

Mynd am Sul prawf i Lerpwl

Y tri a ddaeth fel ysbïwyr i Abercynon oedd Trysorydd yr Eglwys, Howell Vaughan Jones, cyfarwyddwr cwmni enwog o adeiladwyr J. W. Jones, y Parchedig Dafydd Hughes Parry a Vincent Roberts a fu bron â dweud o ble y deuai. Derbyniais y cyfle i deithio am y tro cyntaf erioed i Lerpwl gyda bws o Ferthyr i Edge Lane, lle y daeth dau o'r blaenoriaid, R. Glyn Williams a Goronwy Davies yng nghanol niwl trwchus i'm croesawu a'm cludo i Garthdale yn Allerton i aros ar aelwyd R. Glyn Williams a'i briod Hannah Williams, un o ferched Sir Fôn. Yr oedd R. Glyn Williams yn deall Cymraeg ond yn tueddu i sgwrsio yn Saesneg, ac yn fab i'r Parchedig R. J. Williams a fu am flynyddoedd yn Ysgrifennydd llawn-amser y Genhadaeth Dramor yn Falkner Street. Bu brawd i Glyn yn feddyg meddygol, Dr John Williams, am gyfnod byr ar y maes cenhadol yng ngogledd-ddwyrain yr India.

Bu'r Sul yn un braf, a mwynheais yn fawr y gwmnïaeth, y gwrando a'r gynulleidfa gref. Yr oedd llawer mwy o lewyrch ar Gapel Heathfield Road nag ar unrhyw gapel yn Henaduriaeth Dwyrain Morgannwg ar wahân i gapeli Ymneilltuol Caerdydd. Y mae sut yr aeth y sosialydd hwn i Lerpwl a adeiladwyd ar elw'r fasnach gaethweision yn dal yn ddirgelwch i bobl y chwith. Nid dyma'r unig wrtheb yn fy mywyd. Meddylier am enwau eraill a dadogwyd arnaf sef rebel, radical, ciciwr yn erbyn y tresi a dymchwelwr byrddau'r cyfnewidwyr arian. Yn wir, yn ôl organydd Capel Cymraeg Garston, *'I don't understand Heathfield Road Chapel. They have given a call to a bloody communist from South Wales!'* Ac eto ar ôl dod i Lerpwl gofalodd Mrs Pugh Davies fy mod mor archoffeiriadol fy ngwedd a'm gwisg â'r prif Rabi neu Esgob y ddinas. Wedi'r cyfan, Heathfield Road oedd yr unig gapel Cymraeg y gwyddom ni amdano oedd yn perthyn i'r hyn a alwaf yn Bresbyteriaeth glasurol. Disgwylid i Weinidog yr Eglwys ers dyddiau Dr R. Glynne Lloyd wisgo casog, darn bach gwyn Genefa o dan ei wddf, a gŵn du ar gyfer oedfaon y Sul, yr angladdau a'r priodasau. Yr oeddwn wrth fy modd yn y wisg Bresbyteraidd a roddwyd i'r Eglwys yn 1947 gan Mrs J. Pugh Davies a'i chwaer, a chan ei bod hi yn dal yn aelod, yr oedd hyn yn ei phlesio yn fawr. Disgwylid i Weinidog a ddeuai i bregethu ar y Sul wisgo clogyn yn y pulpud a byddai'r rhan fwyaf yn cytuno er ei fod yn brofiad mor wahanol iddynt hwythau. Sylwaf fod ein holynydd Robert Parry yn gwisgo gŵn ar gyfer oedfa'r Cymun ac angladd.

Derbyn yr Alwad

Sylweddolwn fy mod wedi derbyn yr alwad, ond nid heb gystadleuaeth. Yn ôl y cofnodion a welais, bu'r Pwyllgor Bugeilio yn brysur yn gohebu gyda thua deuddeg o weinidogion, ond yn y diwedd daeth hi'n rhestr fer o dri. Anfonwyd tri o bobl i wrando ar bob un ohonom. Cardi oedd un o'r ymgeiswyr, y Parchedig H. Gareth Alban o Lanrhystud ac a weinidogaethai ym Mhenmachno a Chwm Penmachno. Yr oedd ef yn Hebrëwr da ac wedi mynd i'r Coleg ar ôl blynyddoedd adref ar fferm y teulu. Gwn iddo ef gael siom na chafodd y gwahoddiad gan iddo ddweud hynny wrthyf wyneb yn wyneb pan oedd ef yn glaf yn Ysbyty Sefton ryw naw mis ar ôl imi gyrraedd Lerpwl. Euthum i'w weld, ryw naw mis ar ôl fy sefydlu ac nid un i siarad yn neis-neis oedd Gareth. Ei gyfarchiad cyntaf i mi oedd, 'Fi ddylai fod yn Weinidog yma, ac nid ti.' Chwerthais yn braf, oherwydd yr oeddwn yn medru gwneud hynny wrth y rhai a geisiai fy mrifo. Dyna oedd un arfogaeth oedd gennyf wyneb yn wyneb â phobl oedd yn llefaru brawddegau chwithig. 'Rwy'n siŵr dy fod ti'n iawn, Gareth, ond allaf i wneud dim byd am y peth.' Wn i ddim beth fyddai'r stori pe bai Gareth wedi cael yr alwad. Yn sicr, ni fyddai wedi bod yn *plain sailing* debygwn i, ac yn wir, bu ef, y mae'n rhaid imi gyfaddef, ar ei golled a minnau ar fy ennill.

Ni fûm erioed yn sgwrsio ar y pwnc gyda'r Trydydd, sef y Parchedig R. Leslie Jones, gan fod ganddo ef fantais arnom ni, Gareth a minnau, gan iddo fod yn aelod yn y capel pan wasanaethai yn Falkner Street am rai blynyddoedd fel Ysgrifennydd Cenhadol. Yr oedd Heathfield Road yn eglwys genhadol ei bryd, yn gwarchod hanes y dystiolaeth ac wedi magu pobl a fu yn genhadon, fel Mair Bowen (née Davies), Llanfairfechan a fu yn yr India gyda'r Bedyddwyr, a Nansi M Thomas (née Davies) chwaer Alwena Davies a weithiai mor galed yn y capel. Priododd Nansi y Parchedig Trebor Mai Thomas, un a aeth yn genhadwr o Stanley Road, Bootle. Gadawodd R. Leslie Jones Lerpwl i ofalu am gapel yn y Drenewydd a byddai dod yn ôl i Lerpwl yn siwtio ef yn iawn gan iddo fwynhau ei gyfnod yn y ddinas. Ond syrthiodd y coelbren arnaf i a gwn nad oedd pawb o blaid. Pan oeddwn yn y cyfnod o ddisgwyl eu dyfarniad, daeth yr Athro Dr David Alan Price Evans ar y ffôn i Abercynon. Eglurodd wrthyf ei fod yn aelod o'r Pwyllgor Bugeiliol, a bod rhywun wedi dweud yn y Pwyllgor Bugeiliol nad oedd fy mhriod yn medru gair o Gymraeg. Cefais y pleser mwyaf o ddweud wrth y gŵr gwybodus fod Meinwen yn raddedig yn Gymraeg o Brifysgol Aberystwyth ac yn Bennaeth Adran y Gymraeg yn Ysgol Gyfun Afan Taf a'i bod hi yn barod i roddi'r cyfan i fyny er mwyn symud gyda mi o'i chynefin i Lerpwl. Meddyliaf fel mai pethau wedi newid, ac anghofiais ddweud wrth Dr Price Evans ei bod hi yn ferch i weinidog. Y mae'n siŵr iddo gael pleser, a'i adnabod ef am hanner can mlynedd, gryn foddhad pan aeth ef yn ôl i'r Pwyllgor Bugeiliol. Yr oedd hyn yn ddechreuad a bu cryn lawer o gyfarfyddiadau rhyngom.

Ein croesawu i Lerpwl

Gwahoddwyd ni i ddod i fyny o Abercynon, Meinwen a minnau, ar Ddydd Gwener yn nechrau 1968 i gyfarfod â'r Pwyllgor Bugeiliol a chael gweld y Mans yn ogystal. Y trefniant oedd ein bod yn cyfarfod yn lle bwyta Knutsford ar yr M6 gyda Howell Vaughan Jones y gŵr a welais wrth ddrws y Tabernacl, Abercynon. yn fy nisgwyl. Byddai ef yn ein harwain oddi yno i'w gartref yn Allerton Beeches, ger Eglwys y Plwyf, All Hallows, Allerton. Y mae'n rhaid ein bod wedi cyfarfod tua 2 o'r gloch a llwyddais i gadw golwg arno'r holl ffordd dros Bont Runcorn-Widnes. Cofiaf Meinwen yn dweud wrth edrych ar yr holl ffatrïoedd o amgylch y Bont dros y Mersi am imi beidio ag aros yn rhy hir yn y rhanbarth ddiwydiannol hon. Cawsom groeso mawr yng nghartref Howell Vaughan Jones gyda'i briod Gwen, merch y llenor E. Tegla Davies, y gwyddwn yn dda am ei lyfrau. Yr oedd rhan fwyaf ohonynt yn fy llyfrgell. Y bwriad gyda'r nos oedd cael pryd o fwyd mewn gwesty Tsieineaidd yn Hanover Street gydag aelodau'r Pwyllgor Bugeiliol. Gwyddom na fyddai neb yn fy ngofalaeth yng Nghwmcynon yn meddwl am y fath drefniant ar gyfer eu darpar weinidog a'i briod. Ar ddechrau'r pryd bwyd, trodd y *waiter* at Howell Vaughan Jones i ofyn am y ddiod at ein gofynion. Trodd ef at Meinwen a gofyn: 'Beth fyddech chi'n hoffi i yfed?'

Nid atebodd yn ddiymdroi. Yr oedd hi'n meddwl fod yn rhaid iddi ystyried y gwahoddiad yn ofalus, ond cyn iddi hi gael cyfle i ddweud dim, dyma Owen Evans (tad yr Athro Price Evans) y prif ddirwestwr yn ateb ar ran pawb: dŵr wrth gwrs. Un o gynnyrch Capel Porthaethwy ydoedd ef yn nyddiau y seraff bregethwr Thomas Charles Williams ac yn bregethwr lleyg adnabyddus yn Lerpwl a'r cyffiniau. Ar ôl y pryd blasus, fe'n cludwyd yn ôl i Penny Lane. Euthum i'r Festri i gyfarfod â'r Pwyllgor Bugeiliol llawn tra cludwyd Meinwen yn ôl i gwmnïaeth Gwen Tegla Jones a'i merch fach fabwysiedig , Nia.

Pennod 3

Symud i Fyd y Sgowsers

Bore trannoeth aeth Howell Vaughan â mi yn ei gar o amgylch Parc Calderstones, un o'r parciau godidocaf ym Mhrydain i gyd, ac yr oedd hwnnw o fewn can llath i'n cartref. Yr hyn oedd rhyngom oedd Ysgol Quarry Bank, lle y bu rhai o enwau pwysicaf y cyfnod yn ddisgyblion, fel John Lennon, Peter Shore y gwleidydd, Bill Rogers un o sylfaenwyr plaid yr SDP. Deuthum i adnabod y Prifathro Pobjoy yn reit dda. Yr oedd ef yn ŵr deallus ond ni chredai mewn rhyw lawer o ddisgyblaeth nac mewn canu clod yr Ysgol na llwyddiant y disgyblion yn yr arholiadau. Bu ef yn hynod o bwysig yng ngyrfa John Lennon. Ef a'i cynghorodd i ddilyn cyrsiau yng Ngholeg y Celfyddydau yn Mownt Street ger Hope Street.

Yn y bore cawsom gyfarfod â dwy o arweinwyr y chwiorydd, Alwena Davies a Doris Thomas, dwy a fagwyd yn y capel ac yn meddwl y byd o'i orffennol a'i bresennol. Bu'r ddwy yn bwysig iawn i ni; a threuliwyd oriau yn dewis papur wal, lliw'r paent a gofynion o'r fath.

Yr oedd 32 Garth Drive yn golygu cymaint i Howell Vaughan Jones gan mai cwmni ei dad, J. W. Jones, oedd yn gyfrifol am adeiladu'r holl stryd tua 1910 a hefyd Stryd Tanat oedd yn cysylltu'r stryd ag Allerton Drive ac Allerton Road. J. W. Jones oedd yn gyfrifol am roddi enw Cymraeg i'r stryd, a gofalodd enwi Tanat ar ôl Dyffryn Tanat yn Sir Drefaldwyn gan fod ei briod yn enedigol o Lanrhaeadr ym Mochnant. Wedi'r cyfan, cafodd Howell Vaughan a'i frodyr Rowland, Trefor, Glyn a'i chwaer Gwladys, eu magu yn Garth Drive gan i'w rhieni fynd i fyw i'r tŷ mwyaf yn y stryd a'i alw yn Hiraethog. Sylweddolwyd yn weddol fuan na fyddem byth wedi medru rhentu tŷ cyffelyb â'r Mans. Bu dau Weinidog yn byw ynddo er 1942, pan brynodd y capel ef yn Fans ar gyfer Dr R. Glynne Lloyd a'i deulu a ddaeth yn Weinidog o Ferndale ym Morgannwg, ac ar ôl iddo ef symud i Utica yng Ngogledd America, daeth ei olynydd, y Parchedig E. Watkin Jones a'i briod o Gemaes, Môn i fyw yma am ddeunaw mlynedd. Nid oedd plant gan y ddau na char modur ac felly dibynnai'r Gweinidog a'i briod gryn dipyn ar y bysiau a'r trenau a charedigrwydd yr aelodau a oedd yn meddu ar gar modur. Yr oedd mwyafrif o'r aelodau yn ystod cyfnod E. Watkin Jones o 1949 i 1967 yn byw o fewn dwy filltir i'r Mans. Gallai ef dreulio pnawn cyfan yn ymweld â phobl a oedd yn byw o fewn hanner milltir iddo, yn Calderstones Road, Green Lane,

Garthdale, Rose Lane a phnawn arall oddeutu Menlove Avenue a Menlove Gardens North a South. Yn aml iawn, byddai'r ddau ohonynt yn bugeilio ac yn trefnu cyfarfod mewn tŷ arbennig, lle y gwyddent y caent luniaeth a'u cludo i'r Capel i'r cyfarfod a drefnwyd yno. Byddai hyn yn cymryd lle mewn maestref ychydig pellach i ffwrdd fel yn Woolton neu Childwall neu Aigburth. Deuai llaeth y dydd iddynt o siop a fferm Jenkin a Margaret James, Salisbury Farm, Woolton.

Yr oedd fy mam yn gwybod amdanynt cyn i mi gyrraedd Lerpwl. Un o Dregaron oedd Jenkin James a'i briod yn dod o Ystrad Dewi ger Pont Llanio ym mhlwyf Llanddewi Brefi. Bu eu cartref hwy, Salisbury Farm, fel ail gartref i ni, ond un peth a ofynnodd ef i mi oedd cael caniatâd i beidio â theithio tair milltir i osod potel o laeth ar stepen drws y Mans!! Cytunais gan ei fod yn afresymol, ers blynyddoedd, ei fod ef yn gwneud hynny ac o'i adnabod, go brin ei fod yn codi ceiniogau ar yr wyau a'r llaeth a adawyd i Weinidog Heathfield Road.

Caredigrwydd James y Fferm

Ar hyd y blynyddoedd cawsom fel capel garedigrwydd anhygoel ganddynt, yn arbennig ar ôl i'r ferch Megan a'i phriod Donald Miles agor siop yn Allerton Road yn gwerthu cigoedd, caws o bob math, a danteithion gwerthfawr. Ar gyfer swper Gŵyl Ddewi ac amgylchiadau eraill, y cwbl oedd angen i ni ei wneud oedd mynd â'r rhestr iddynt o'n hanghenion. Byddai'r cyfan yno at ein gwasanaeth. Yr oeddynt yn deulu nodedig, tad a mam, dwy o efeilliaid Mair a Megan, eu gwŷr Donald Miles a Peter Gray a'r plant. Gwasanaethais yn angladdau'r teulu hwn dros y blynyddoedd gan ddiolch am eu daioni.

Ar ôl colli ei briod, trefnais fy mod yn treulio awr bob nos Sul gyda Jenkin James yn Fferm Salisbury yn siarad Cymraeg. Lle bynnag y byddwn ar nos Sul, os yng Nghymru neu yn Lerpwl, gofalwn alw arno. Clywais am ei ysfa i ddod i Lerpwl yn ŵr ifanc i Tiber Street yn Lodge Lane i ofalu am wartheg ei ewythr ac yn gyfrifol am fynd â llaeth o amgylch y cwsmeriaid. Yna, priodi a symud i Woolton, gadael Capel Chatham Street am Gapel Heathfield Road, magu mab Donald a dwy ferch, a dangos haelioni i Gymry Lerpwl a Chymry o Geredigion a ddeuai i ysbytai Lerpwl. Cofiaf yn dda yn nechrau'r saithdegau fod un a fagwyd yn fy ymyl yng Nghwm Carfan, Ann Williams, wedi gorfod dod â'i phriod am driniaeth fawr i Ysbyty Broad Green. Ar ôl cyrraedd, hysbyswyd hi y byddai'n ofynnol iddi ffeindio lle i aros gan y byddai ei gŵr yno am rai wythnosau. Fe wnaeth hi hysbysu'r person a'i cynorthwya yn yr Ysbyty amdanaf fi, a dyma nhw yn fy ffonio. Ond fel y digwyddodd pethau, nid oeddem ni fel teulu gartref. Dyma hi yn cofio wedyn am Jenkin James. Ni wyddai hi ei gyfeiriad ond ei fod ef yn ffarmwr, ac fel y digwyddai pethau, felly yr adnabyddid ef yn y llyfr ffôn, Jenkin James, Farmer. Ffoniodd yr ysbyty'r rhif a chael ateb cadarnhaol. Nid oeddynt erioed wedi gweld Ann na chlywed dim amdani ond bu Ann yn aros gyda'r ddau yn Woolton am chwe wythnos, a byddent hwy yn trefnu ei chludo yno yn y bore ac yn ei chasglu yn ôl gyda'r hwyr, ddydd ar ôl dydd, wythnos ar ôl wythnos. Halen y ddaear yng ngwir ystyr y gair oedd y ddau a'r teulu oll.

Gŵyl y Cymry

Yn Lerpwl yn 1968, mewn cymdeithas lewyrchus o ran y Gymraeg, nid oedd y dirywiad a welwn o'm hamgylch ym Morgannwg wedi cyrraedd ei anterth. Ar ddiwedd Mehefin 1968 cynhaliwyd Gŵyl y Cymry a gynhelid ger Otterspool. Diwrnod i ddathlu Cymreictod ydoedd a chael cyfle i gymdeithasu gyda Chymry eraill o gymunedau ar draws yr afon yng Nghilgwri ac yn Bootle a Gogledd Lerpwl. Gwyddwn y medrwn gystadlu ar daflu pwysau gan fod profiad gennyf o wneud hynny ond buan y sylweddolais ym mlynyddoedd cynnar Gŵyl y Cymry nad oedd gobaith ennill y gystadleuaeth honno chwaith gan fod dau gystadleuydd medrus yn perthyn i Gapel Stanley Road, Bootle.

Y cyntaf oedd John P. Lyons, gŵr a symudodd o Gaernarfon gyda'i briod Marian, hithau o Fôn, i weithio i heddlu Lerpwl a dringo i fod yn Brif oruchwyliwr (*Chief Superintendent*). Gwnaed John yn flaenor yn Stanley Road, Bootle yn 1972 ac oddi ar hynny, bu'n gaffaeliad mawr a ffrind da; ef, ei briod a'i blant, dwy ferch a mab Marc a gysegrodd ei fywyd i waith Cristnogol. Chwith oedd gorfod ymadael ag ef ym mis Medi 2021 i bentref Rhydwyn, lle y magwyd ef fel ifaciwi o Ddwyrain Llundain. Bu farw ei briod hoff ddeunaw mis cyn hynny. Yr ail berson oedd David Williams, a gysegroddd ei hun i'r offeiriadaeth gyda'r Eglwys Anglicanaidd, ac sydd wedi rhoddi chwarter canrif o gyfraniad godidog fel Caplan i Ysbyty'r Plant, Alder Hey, un o ysbytai pwysicaf Gorllewin Ewrop. Ef oedd y taflwr pwysau peryglus arall. Weithiau deuwn yn ail rhwng John a David, neu yn drydydd ar eu hôl, ond o leiaf mwynhawn y gymdeithas gref gyda rhyw ddau gant o oedolion yn dod ynghyd ar lan Afon Mersi. O'r cychwyn cyntaf, bu Gweinidogion Cymraeg Lerpwl yn ffrindiau da.

Gweinidogion Dosbarth y De

Yr oedd gennyf ddau gyd-Weinidog yn y Dosbarth, sef y Parchedig W. D. Jones, a ofalai am gapeli Edge Lane a Garston, ac Emyr Owen, Gweinidog

Capel y Drindod yn Princes Road, Toxteth. Cofiwn Emyr Owen yn ei ofalaeth gyntaf yn Llangybi a Llwyngroes, ger Llanbedr Pont Steffan, a gwelwn ef bron bob nos Sadwrn yn cerdded strydoedd Llanbed yn ei esgidiau dal brain gyda chriw o rai ifanc o Langybi. Perchid ef am wneud hyn gan bobl hŷn gan nad oedd un gweinidog y gwn i amdano yn gwneud y fath beth. Ar ôl symud i Lerpwl, daethom yn gymdogion a byddwn yn galw i'w weld weithiau yn ei gartref yn Aigburth. Yno y trigai ei fam gydag ef, ond nid oedd hi yn ymddangos yn aml pan alwn i weld Emyr. Yr oeddwn yn ddistaw bach yn rhyfeddu bod Pwyllgor Bugeiliol y Drindod o bawb wedi dewis Emyr fel olynydd ar y rhestr odidocaf o weinidogion a fu ar unrhyw gapel Cymraeg yn unman yn y byd.

Meddyliwch am restr ei ragflaenwyr, Dr David Saunders, Dr Owen Thomas, Dr John Williams (Brynsiencyn), Howell Harris Hughes (a aeth yn Brifathro Coleg Diwinyddol, Aberystwyth), Griffith Rees, pregethwr disglair ac ysgolhaig, Howell Williams ac Ifor Oswy Davies o 1950 hyd 1964, un a fu yn eistedd wrth draed diwinyddion pennaf Ewrop yn y tri degau, fel Karl Barth ac Emil Brunner. Yr oedd ef wedi cael gradd Dosbarth Cyntaf mewn Athroniaeth ac wedi ennill gradd mewn Economeg a Gwleidyddiaeth ym Mhrifysgol Rhydychen. Ac Emyr druan yn meddu ar Ddiploma'r Coleg Diwinyddol yn dilyn Ifor Oswy Davies o bawb. Pa fodd y cwympodd y cedyrn?

Drwgdybio Emyr Owen

Bu'n rhaid imi ei daclo unwaith neu ddwy. Cofiaf ryw hanner dydd ei gyfarfod yn ymyl Banc HSBC yn Allerton Road ac yn y sgwrs gofynnais iddo i ble roedd ef yn mynd yr adeg honno. A'i ateb, 'Cefais wahoddiad i luniaeth gan y ddwy chwaer yn Halville Road.' Yr oedd y ddwy yn frwd iawn dros y Genhadaeth ond yn aelodau ffyddlon yn Heathfield Road. Dyma fi'n dweud 'Emyr, mae'r ddwy yna yn aelodau o'n heglwys ni. Pam na wnei di roddi gwybod imi pan wyt wedi cael gwahoddiad fel yna, a chanolbwyntio ar dy aelodau dy hunan?' Yr oeddwn yn ansicr ohono. Oherwydd yn y flwyddyn gyntaf y bûm i yn Lerpwl, o fis Hydref 1968 hyd Fehefin 1969, ar bob nos Fawrth y byddwn yn y gymdeithas Lenyddol byddai rhywun yn ffonio ein tŷ ni tua wyth o'r gloch y nos. Byddai Meinwen yn ateb gan y byddwn i yn Festri'r Capel, ac mi fyddai hi yn clywed anadlu trwm yr ochr draw am tua phedair munud ac yna rhoddid y ffôn i lawr. Y nosweithiau pan na fyddai cyfarfod o'r Gymdeithas, ni fyddai neb yn ffonio, fel petai'r person a wnâi'r weithred hagr yn gwybod hynny. Dyma fi'n hysbysu nifer o ddynion gweithgar yn y capel fel Gwynfryn Evans a Glyn Rowlands o'n trybini, a dyma ni ar aml i nos Fawrth rhydd yn teithio yn y car heibio ciosg ffonio yn Aigburth ac i fyny am gapel Penny Lane gan ein bod yn gwybod nad o unrhyw dŷ y ffoniai ond o giosg cyhoeddus. Ni welsom neb. Dyma fi'n cyflwyno'r ddilema i'r Barnwr J. E. Jones ac aeth ef i gysylltiad â'r Heddlu. Aeth misoedd heibio, a cheid y patrwm arferol. Ond yn niwedd Mehefin, daeth yr Heddlu i gysylltiad â mi a dweud eu bod wedi dod o hyd i'r person oedd y tu ôl i'r misoedd o ffonio di-eiriau. A dyma fi'n gofyn am fwy o fanylion a'r ateb a gefais, 'Byddwch yn gysurus o wybod na wnaiff ef byth eich blino gyda'i ffonio, a phe baem ni yn dweud wrthych ei enw, mi fyddech yn cael siom fawr eich bywyd. Mae'n well nad ydach chi'n gwybod pwy oedd y gwalch.'

Ar ôl i Emyr Owen adael am Feddgelert a Rhyd-ddu, derbyniodd y Parchedig R. M. Williams lythyr dienw gyda marc Porthmadog ar yr amlen yn ei gyhuddo ef o ryw ddigwyddiad na fyddai neb yn gwybod amdano os nad oedd ef yn enedigol o Ryd-ddu, cartref priod R. M. Daeth ef ar y ffôn gyda mi i drafod y llythyr, ac o fewn mis, cefais innau lythyr dienw, gyda marc post Porthmadog, yn fy nghyhuddo o werthu fy llyfr ar Gandhi ar y Sul yng nghapeli Dyffryn Conwy – celwydd noeth. Unwaith eto, ymgynghori gyda R. M. Williams, a dyma fe'n dweud, 'Gadewch y cyfan i mi. Rwyf am roddi gwybod i un o'm cyd-weithwyr ac i Emyr ym Meddgelert ein bod ni ein dau yn gwybod pwy yw'r llythyrwr dienw.' Ni chlywsom ddim wedyn, hyd nes i'r neges dorri ar y teledu fod Emyr Owen a weinidogaethai bellach yn Nhowyn, Meirionnydd yn y ddalfa. Nid anghofiaf byth y noson honno. Nos Sadwrn oedd hi ac yr oeddwn wedi treulio'r diwrnod cyfan yn ymweld â'n teuluoedd, a phan gyrhaeddais adref yn flinedig am hanner awr wedi naw, yr oedd newyddiadurwr o un o bapurau Llundain wrth y drws. Gwthiodd ei hunan i mewn i'r tŷ a dywedais wrtho am eistedd i lawr. Ni wyddwn y stori. Yr oedd ef wedi hedfan o Ynys Manaw i Lerpwl, gyda'r dasg o ffeindio allan gymaint a fedrai am Emyr Owen. Yr oedd wedi bod am oriau yn Princes Road yn dangos llun yr Emyr Da Drwg fel y galwai ef ei hun. Ond doedd neb yn cofio ei weld. Ond yn yr Eglwys Fethodistaidd ynghanol Princes Road lle y gwelir cerflun o Grist Du a luniwyd gan y Comiwnydd Arthur Dooley yn hongian ar wal y capel, fe ddywedodd un o weinidogion yno mai'r unig un a fyddai'n debygol o wybod rhywbeth amdano oedd gweinidog y Cymry yn Penny Lane. Darganfu'r Capel a'r Tŷ Capel ac fe'i cyfarwyddwyd i ddod ataf i am wybodaeth. Rhoddais y stori iddo bron air am air â'r hyn yr wyf wedi ei nodi yn y bywgraffiad hwn. O leiaf byddai ganddo ryw fath o bortread. Y cam nesaf oedd i bencadlys y Cyfundeb ofyn i mi, yn enw'r enwad, fynd i'w weld ef yng ngharchar Risley, ger Warrington. Profiad rhyfedd oedd hwnnw gan fod y Sgowsers o draddodiad Pabyddol a welais ar y ffordd i weld Emyr y Sul hwnnw yn dweud gyda hiwmor: 'Hello, Father. What are you in here for? Have you put your hands in the offertory box?'

Gwenwn yn braf wrth glywed hiwmor y bois o ddinas gynhyrfus yn pefrio drwodd. Y cwestiwn cyntaf a ofynnodd Emyr oedd: 'Beth mae'r *Daily Post* yn ei ddweud?' Dyma fi'n ateb: 'Rwyt ti'n llenwi'r dudalen flaen; mae dy lun yno mewn coler gron, a thipyn o'r hanes!' Yr oedd wrth ei fodd, a dyma fe'n dweud ei fod wedi dyheu laweroedd o weithiau i gael bod ar dudalen flaen y *Daily Post* ac o'r diwedd fe wireddwyd ei ddyhead. Euthum y prynhawn hwnnw o Risley yn sylweddoli mai dyhead pennaf y drwgweithredwr a ddygodd ei alwedigaeth i'r llwch dros dro, oedd cael sylw'r wasg yng Nghymru a Lloegr, a lle bynnag arall yr adroddid stori'r gŵr a oedd fel Jekyll a Hyde.

Ni fu cysylltiad rhyngof ag ef hyd nes iddo gael ei ryddhau, ar wahân i ddau lythyr a anfonais ato. Ffoniodd y Parchedig Tom Roberts o'r Swyddfa yng Nghaerdydd yn gofyn i mi ar ran yr enwad, fynd i fyny i Gaer-hir (Lancaster) i ddrysau allanol y carchar erbyn wyth o'r gloch y bore ac yna ei arwain i dŷ teras yn ymyl ac aros gydag ef hyd hanner awr wedi naw pan fyddai ei ffrind hoyw Emrys yn dod i'w gyrchu. Yr oedd Emrys ac ef mewn perthynas hoyw yn Lerpwl er nad oeddem ni, am ein bod mor naïf, yn wir sylweddoli hynny. Credem ni, bobl y capeli, mai dau ffrind oeddynt.

O flaen Carchar Caerhir

Cyrhaeddais y carchar am bum munud i wyth ac ar yr eiliad daeth Emyr allan a'i fag yn ei law. Ar ôl cyfarchiad, ymaith â ni yn fy nghar am ryw hanner milltir. Llywydd y Gymanfa Gyffredinol y flwyddyn honno, y Parchedig T. Noel Roberts, Rhuthun, oedd wedi ei apwyntio i'w groesawu ac fe dynnodd yn ôl y diwrnod cynt am nad oedd yn teimlo yn rhy dda. Ni allaf ei feio a dweud y gwir. Chwith gennyf feddwl mai hwn oedd bron yr unig wahoddiad a dderbyniais erioed i gynrychioli Eglwys Bresbyteraidd Cymru ar unrhyw amgylchiad! Ni chefais fynd i unrhyw Lys enwadol nag i Gymanfa yn Belfast fel y disgwyliwn ond cefais yr anrhydedd o groesawu un o weision yr Arglwydd a grwydrodd yn bell o safon yr efengyl ac i ofalu amdano am awr a hanner. Safon a ddylai ef ei gadw ond methodd yn druenus. Bu'r seiat a gefais gydag ef yn foddion i'w argyhoeddi i gadw proffeil tawel yng ngogledd Cymru. Gofynnais iddo beth oedd ei gynlluniau. Ei gynllun mawr, meddai ef, oedd mynd i baratoi darlith ar ei brofiadau gwyrdroëdig a theithio o amgylch cymdeithasau, capeli a mudiadau eraill fel Cymdeithas y Gweithwyr i'w thraddodi, ac efallai cyfres o ddarlithiau. Ffyrnigais a dweud wrtho am anghofio'r syniad a'r cynllun gan ei gyhuddo y byddai pobl yn cerdded allan o'r fath ddarlith, ac fe wrandawodd am unwaith ar fy rhybuddion; a diolchgar ydwyf am hynny. Bu'r teledu yn galw amdanaf fwy nag unwaith i fynegi barn a gwn i mi ei gythruddo pan ddywedais y gwir plaen mai ef oedd y gweinidog lleiaf ei gymwysterau diwinyddol i wasanaethu Capel Princes Road ac Eglwys y Drindod yn ei holl hanes o 1868 i 1975. Ffaith oedd honno, nid rhagfarn ond fe fu yn fy mhoenydio am rai wythnosau cyn i mi ei rybuddio y byddwn yn cysylltu gyda'r heddlu. Cafodd ef ac Emrys flynyddoedd o gyd-fyw â'i gilydd yng Nghylch Llandudno, ond y mae ei stori ef wedi bod yn boen meddwl i mi am dros ddeugain mlynedd bellach. Sut y medrai un a gafodd ei fendithio gyda dawn ymadrodd fod yn barod i amharchu cyrff dynol aelodau ymadawol o'i eglwysi a chuddio hynny am hydoedd, fel y bu yn barod i gamarwain rhai o'i gyd-arweinwyr, ac fel y bu yn llunio llythyron amrwd, anghyfrifol, dienw i bobl oedd o'r un alwedigaeth ag ef? Y mae'n rhyfedd mai un o'r gweinidogion a fu yn ei gyfweld, pan oedd yn ymgeisydd am y Weinidogaeth, oedd y Parchedig R. M. Williams, pan oedd yn Weinidog ar Gapel Tanygrisiau.

Un o Flaenau Ffestiniog oedd Emyr Da/Emyr Drwg. Teimlai R. M Williams yn anfodlon iawn ar hyd ei oes ei fod ef yn un o ddau a'i cyflwynodd i'w dderbyn fel ymgeisydd am y weinidogaeth o dan nawdd Henaduriaeth Gorllewin Meirionnydd. Y mae'n bennod yr hoffwn i ei anghofio ond nid oes modd gwneud hynny. Yr oedd y ddeuoliaeth mor amlwg yn ei gymeriad, hyder anhygoel ger bron tyrfa o bobl, gweithredoedd dienaid y tu hwnt i lygaid y cyhoedd. Ac y mae'r modd y daliwyd ef, trwy ei lofnod unigryw fel traed brain ar gopi o'r Testament Newydd i blentyn anabl yn glasur. Deuthum i adnabod y ditectif a adnabu yr ysgrifen a phan ymgeisiodd ein mab, y bargyfreithiwr Hefin, am sedd Meirionnydd a Dyffryn Conwy yn 1997 cafodd y ddau ohonom groeso cynnes yn ei gartref yn Nolgellau. Dyma dditectif gwerth ei adnabod ac y mae'r stori o'r darganfyddiad yn ddameg. Nid oedd y Gair bywiol yn mynd i ganiatáu iddo lurgunio y gwirionedd.

Yr Annwyl W. D. Jones

Yr oedd fy nghymydog arall, y Parchedig W. D. Jones, yn dod o'r un dref ag Emyr, sef Blaenau Ffestiniog, ond wedi gwasanaethu Capel Edge Lane am flynyddoedd. Yr oedd ei addfwynder a'i gyfeillgarwch yn ddiffuant, ac yn fuan ar ôl i ni gyrraedd, cafodd Meinwen a minnau ein gwahodd i'r Mans yn ymyl Parc Newsham i dreulio ychydig oriau gyda'n gilydd. Yr oedd ei briod Gwen yr un mor ddiffuant â'i phriod, a doniwyd W. D. gyda medr gweinyddwr. Gwnaeth gryn lawer i'r Cyfundeb gan deithio yn gyson o Lerpwl i Aberystwyth i bwyllgorau. Y darlun olaf sydd gennyf ohono yw ar ddiwedd y Gymanfa Gyffredinol a ddaeth i Heathfield Road yng Ngorffennaf 1974. Ef oedd Llywydd y Gymanfa, ond yr oedd ymddeoliad wrth y drws a bu ef yn gymorth i ni yn y dasg o ganoli ein hymdrechion fel Dosbarth mewn un adeilad canolog.

Cawsom bwyllgorau di-ri a thrafod hyd at syrffed rhwng blaenoriaid Capeli Eglwys y Drindod, Heathfield Road, Edge Lane a Garston. Ysgrifennydd y Pwyllgor oedd y Parchedig Dafydd Hughes Parry, un o'r bobl oedd yn gyfrifol fy mod i yn Lerpwl, a phenderfynwyd pleidleisio ar yr uniad yn 1975. Nid oedd unfrydedd o bell ffordd hyd yn oed yn y capel oedd i fod yn gartref i'r pedair eglwys. Ond, pleidleisiodd mwyafrif aelodau'r Drindod, Heathfield Road ac Edge Lane i symud ymlaen i leoli'r cyfan yn Penny Lane yn nechrau 1976. Yr oedd angen enw newydd, a phenderfynwyd ar Bethel, ond yn anffodus gwrthododd rhan fwyaf o aelodau Capel Garston i ymuno yn y cynllun. Er yn ddi-weinidog gan fod y Parchedig W. D. Jones yn ymddeol ac yn symud i Fangor, nid oeddynt yn gweld eu ffordd yn glir i uno. Bu hyn yn siom aruthrol i lond dwrn o selogion eglwys Garston, ac yn arbennig teulu E. Goronwy Owen, Trysorydd ac arweinydd nodedig. Gwnaeth ef gam dewr. Penderfynodd symud ei aelodaeth ef a'i briod Marian, ei brawd Arthur Edwards a'r chwaer Siani a'r tri mab, cyfanswm o saith o aelodau. O fewn deunaw mis, E. Goronwy Owen oedd ein Trysorydd. Golygodd yr uniad waith enfawr i mi gan fy mod yn benderfynol nad oeddwn am golli un aelod, a golygai fynd i weld pob aelod o'r Drindod, Garston ac Edge Lane i'w gwahodd i'r eglwys newydd. Gweithiodd y cynllun. Yr wyf yn cofio gofyn cyn Nadolig i E. Emlyn Griffiths, prif flaenor Edge Lane, a oedd pawb am ddod, a dyma fe'n dweud, 'Mae un teulu heb wneud eu meddwl i fyny.' Gofynnais eu henwau a sylweddoli mai hwy oedd yr unig rai o Edge Lane nad oeddwn wedi eu gweld. Felly, ar ôl y Nadolig, dyma fi i Kensington i'w gweld, ac er nad oeddynt byth yn tywyllu Capel Edge Lane, gwnaeth fy ymweliad y tric a bodlonwyd trosglwyddo eu haelodaeth.

Yr oedd dau o flaenoriaid Eglwys y Drindod ddim am ddod i'r adeiladau yn Heathfield Road i addoli. Perswadiais Glyn Owen a'i briod a'r organydd Ellis Morris i drosglwyddo eu haelodaeth i Gapel Garston. Yr oedd y chwaer Menna Ashcroft-Dick, Parc Princes, yn yr un cwch. Llwyddais gyda hithau. Yr oedd pob un a oedd am aros yn Lerpwl wedi cael cartref i'w bodloni, a chawsom oedfa gofiadwy ar 4 Ionawr 1976. Daeth y Parchedig Griffith Owen, Abergele, Llywydd Cymdeithasfa'r Gogledd i gyflwyno siars i'r eglwys unedig newydd ac i minnau a fyddai'n bugeilio. Yr oeddwn yn ffyddiog, a bellach yn meddu ar nifer fawr o flaenoriaid gan fod hynny yn rhan o drefniadau'r Uniad.

Yr oedd aelodaeth Bethel ar ôl yr uniad yn 1976 yn 456 o oedolion, 67 o blant, gyda 60 yn mynychu'r Ysgol Sul. Yr oedd y cylch wedi ehangu yn fawr ar gyfer ymweliadau, a byddai disgwyl i mi ymweld â rhannau o Lerpwl fel Kensington a Fairfield nad oeddwn i yn gyfarwydd â hwy o gwbl. Yn y cyfnod cyn yr uniad, yr oeddwn wedi croesawu aelodau ac arweinwyr o ddau gapel yn Anfield, ger y ddau glwb pêl-droed, sef Capel Anfield Road a Chapel Douglas Road. Yr oedd maestref Anfield yn diriogaeth yr oeddwn yn gyfarwydd iawn â hi, gan fy mod wedi bod yn dilyn gemau pêl-droed y ddau Glwb. Teithiwn i weld Lerpwl gyda'r blaenor, R. Glyn Williams ac i Goodison gyda Howell Vaughan Jones a'i frawd Glyn Jones ynghyd ag Emyr Jones, Childwall, mab-yng-nghyfraith yr adeiladydd a'r blaenor John Lloyd.

Ond fy mlaenoriaeth gyntaf ar ôl cyrraedd Lerpwl oedd gosod gwaith yr ifainc ar sylfeini cadarn. Yr oedd gennyf ddau grŵp i gymryd gofal ohonynt, y grŵp cyntaf oedd plant ac ieuenctid y capel, a'r ail grŵp y myfyrwyr a'r athrawon ifainc a dyrrai i Lerpwl.

Gweithio gyda'r Ifainc

Yr oedd gan yr enwad yr hyn a elwid Urdd y Bobl Ieuainc, mudiad pwerus o fewn yr enwad, a deuthum yn Ysgrifennydd y pwyllgor cenedlaethol o dan nawdd y Gymanfa Gyffredinol. Trwy weledigaeth y Parchedig T. J. Davies, Betws ac Alun Creunant Davies ac eraill trefnwyd pererindodau i fannau pwysig yn ein treftadaeth, fel Llangeitho yn 1958 a Phantycelyn yn 1959. Trefnid cyfarfod uchelgeisiol yn yr awyr agored yn y pnawn a chyfarfodydd gyda'r hwyr gan ddenu'r miloedd. Parhawyd y cynlluniau uchelgeisiol i'r chwedegau gan gynnwys mannau fel Ysbyty Ystwyth, Llanddowror a Dolwar Fach, lle cafwyd pasiant ardderchog ar fywyd Ann Griffiths, a Chefn Brith, mangre geni John Penry i ystyried 'Her 1662 i Ymneilltuaeth Heddiw'. Torrwyd tir newydd ym Mhen-llwyn ger Aberystwyth yn 1964 trwy ganolbwyntio ar Lyfr Amos gyda'r Parchedig D. R. Thomas (un o'm harwyr) yn ymateb i gwestiynau a'r ysgolhaig enwog Bleddyn Jones Roberts, a fedrai fod yn sarcastig iawn weithiau, yn cyflwyno 'Neges Llyfr Amos i'n Hoes Ni'. Sosialydd oedd Amos ac yr oedd sosialaeth ar agenda Prydain pan etholwyd y Blaid Lafur i lywodraethu yn 1964 ar ôl tair blynedd ar ddeg o lywodraeth Geidwadol. Tre-saith ger arfordir Ceredigion oedd y gyrchfan yn 1965 a Llangan yn 1966 gydag efengylydd ddoe a heddiw yn thema, a ffrind arall i mi, Dr Donald Soper, Kingsway Hall, Llundain yn annerch cynulleidfa o 2,000 yng

Nghapel yr Annibynwyr Cymraeg, Tabernacl, Treforys.

Chwaraeais ran bwysig yn addasu Capel dianghenraid Tre-saith yn ganolfan ieuenctid a defnyddiais y ganolfan fy hun. Aeth Meinwen a Dafydd a minnau, ynghyd â ffrindiau o Lantrisant i dreulio wythnos gyntaf Awst 1967 yno, ac ar ôl un diwrnod teithiodd y tri ohonom i'r Eisteddfod Genedlaethol a gynhaliwyd yn Y Bala. Fe es i â Mrs Mair Oswy Davies, gweddw gweinidog Capel y Drindod a nifer o bobl ifanc Lerpwl am wythnos gyfan i wersyll y Cyfundeb yn Nhre-saith ar y cyd â phobl ieuainc Eglwys Salem, Pwllheli, lle'r oedd fy nghyfaill Meirion a Mair Lloyd Davies yn gofalu. Cawsom amser i'w gofio. Yr oeddwn mewn olyniaeth ardderchog o fewn yr enwad, yn dilyn traed James Humphreys, Rhos (a fu yn Ysgrifennydd Urdd y Bobl Ieuainc am 23 mlynedd), Heber Alun Evans, T. J. Davies, Gwynfryn Lloyd Davies, Dafydd H. Owen, John H. Tudor, Elfed ap Nefydd Roberts a Peter Williams.

Yr oeddwn yn un o'r rhai a bwysai yn drwm am gael Caplan i'r enwad, a balch oeddwn fod y Parchedig D. H. Owen, Caergybi (a chefnder y gwleidydd Cledwyn Hughes) wedi'i benodi i'r swydd ar 1 Ebrill 1967. Ei bencadlys oedd Coleg y Bala. Dywed y Parchedig D. Andrew Jones mewn ysgrif gynhwysfawr ar Waith Plant ac Ieuenctid y Cyfundeb ein bod ni, Dafydd H. Owen a'i bwyllgor caplaniaethol, wedi wynebu yn ystod y ddegawd y bu ef yn gofalu am y Ganolfan Ieuenctid o fewn adeiladau Coleg y Bala ar ddwy broblem. Y diffyg pennaf oedd diffyg cefnogaeth gweinidogion a lleygwyr, ond ni allai ddweud hynny am ein cefnogaeth ni. Gofalwyd neilltuo o Penny Lane benwythnos cyntaf ym mis Medi bob blwyddyn yn Y Bala. Byddem yn llenwi ein ceir gyda phlant ac oedolion, rhan amlaf rhieni, i sicrhau ein bod ni yn cael cyfuniad ardderchog o addoli, astudiaethau, yn ogystal â chael mynd ar y llyn a barbeciw ar Nos Sadwrn yn yr ardd. Ran amlaf, byddwn i yn gorfod troi'n ôl ar nos Sadwrn i gymryd oedfaon yn Lerpwl, ond erbyn heddiw credaf mai fy lle i oedd bod yn Y Bala hyd bnawn Sul, a chael mynd gyda'r plant i oedfa yng Nghapel Tegid ar fore Sul. Ychydig droeon y bu hynny.

Caplan Cyntaf y Cyfundeb

Rhannai D. H. Owen ei rwystredigaeth gyda rhai ohonom, a mynegodd hynny yn 1976:

> Clywaf o bryd i'w gilydd fod yna wrthwynebiad cryf i'r cyrsiau o du rhai gweinidogion a lleygwyr. Yn anffodus, nid ydynt yn barod i sôn am hyn mewn llythyr nac ychwaith mewn cyfarfodydd pan fyddaf yn bresennol.

Yr oedd ef yn barod i dderbyn beirniadaeth deg ac adeiladol.

Cefnogi Coleg y Bala

Yr ail reswm oedd diffyg ariannol i gynnal y coleg a'i waith. Yr oeddwn i fel Ysgrifennydd Henaduriaeth Lerpwl oddi ar 1972 yn medru cael help ariannol gan fod ein Trysorydd, J. Tudor Owen, Penbedw, yn un o'r goreuon. Yr hyn oedd yn drafferthus i ni yn Bethel Heathfield Road oedd methiant i gael rhai o blant oedd ar lyfrau'r capeli eraill i ymuno â nhw. Chwith oedd gweld Dafydd Owen yn gadael yn 1979 ar ôl deuddeg mlynedd yn y Bala. Heb unrhyw amheuaeth gwnaeth waith arloesol ac yr oedd hi yn brofiad da i gefnogi darpariaeth ei olynydd. Bu'r enwad yn ffodus o gael gŵr ifanc, Dafydd G. L. Owen o Lanbedrog, mab i ddau a fagwyd ymhlith Cymry Lerpwl, ei fam Olwen Owen a'i dad y Dr William Owen, yn fawr eu brwdfrydedd – dau o ddifrif fel eu teulu yn Belvidere a Princes Road. Cynyddodd yr ieuenctid a ddeuai i'r Bala yn nhymor Dafydd, a gweld, fel yn nyddiau'r Dafydd cyntaf, bobl ifanc yn dod i adnabod Iesu Grist fel Ceidwad. Yn anffodus, byr fu arhosiad yr ail Ddafydd Owen, dim ond tair blynedd, ond cawsom fendith yn ei gwmni fel oedolion ac ieuenctid Cymry Lerpwl.

Ddechrau Mawrth 1983, cychwynnodd James Clarke ar ei dymor fel Caplan. Athro Drama a Cherddoriaeth ydoedd ef, a gwelai ei dasg yn y maes gyda'r eglwysi yn cynghori ac ysgogi. Partneriaeth o'r eglwysi lleol o fewn gofal y Coleg oedd yn bwysig iddo. Cawsom fwynhad o dan arweiniad James Clarke a'i olynydd Brian Huw Jones. Bu dylanwad y Parchedig W. Bryn Williams am ddegawd yn Y Bala yn fawr, y datblygu a'r ehangu. Yr oedd ei adroddiadau a'i sgyrsiau ef bob amser yn gadarnhaol. Manteisiodd un o'r bobl ifanc gweithgar, Rhys Williams o Fethel, ar y cyfle i weithio a gwasanaethu yn Y Bala yn y Flwyddyn Gap. Ond, er yr holl weithgarwch ni arbedwyd yr enwad fel pob enwad arall o fewn Ymneilltuaeth rhag dirywiad enbyd. Diflannodd Methodistiaeth Galfinaidd o'r cadarnleoedd, o blith yr alltudion yn y cymoedd diwydiannol, yn wir o'r capeli gwledig.

Gweithio gyda'r Cymry Ifainc yn Lerpwl

Y consarn arall am ein hieuenctid oedd y rhai a ddeuai i golegau Lerpwl ac yr oedd gennym gymaint o ddewis: Prifysgol Lerpwl, yna Prifysgol John Moores, (Coleg Technegol cyn hynny), Coleg I. M. Marsh ar gyfer Addysg yr Awyr Agored a Choleg ar gyfer Coginio ac ati, a byddwn yn gwneud ymdrech i fynychu'r hyn a elwid yn benwythnosau'r myfyrwyr newydd. Yr oedd y maes yn enfawr a'r posibiliadau yn fawr. Bu'n rhaid cymryd arweiniad yn y cyfarfod blaenoriaid cyntaf a gafwyd. Hysbyswyd fi fod Urdd Bobl Ieuainc Henaduriaeth Lerpwl yn bwriadu cynnal cyfarfod i'r ifainc yn adeiladau'r

Eglwys Babyddol yn Seel Street. Os digwyddai hynny, yna ni fyddai gobaith gyda ni ym Methel, ac felly ar y nos Sul cyntaf ym mis Medi 1968, hysbysais y gynulleidfa hardd y byddwn yn cynnal cyfarfyddiad ar gyfer y bobl ieuainc rhwng deunaw a deg ar hugain oed yn y Festri Fach yn syth ar ôl oedfa'r hwyr, ac y byddai yna ddarpariaeth yn cael ei drefnu i fwynhau paned o de a bisgedi cyn dechrau ar ein rhaglen. Golygai hyn fy mod yn disgwyl i'r ychydig oedd yn mynychu'r oedfa aros yn y trefniant newydd beth bynnag a drefnwyd yn Seel Street. Bu'r ymyriad yn llesol gan i'r Urdd beidio â gweithredu fel y bwriedid.

Nid oedd fy rhagflaenydd E. Watkin Jones, wedi rhoddi llawer o sylw i anghenion yr ifanc ar wahân i gynnal Dosbarth Derbyn. Yr oedd newid yn digwydd; aeth y newydd fel tân gwyllt ymhlith y myfyrwyr a'r athrawon ifainc a gwelwn yn gyson wynebau newydd yn seddau cefn y capel, ac yn ymuno yn y sgwrsio dros baned cyn mynd ati i gyflwyno siaradwr gwadd i ganolbwyntio ar wahanol bynciau. Gan fy mod yn ymuno yng ngweithgareddau Cyngor Eglwysi Rhyddion a Chyngor Eglwysi Mossley Hall, yr oedd gen i bobl i alw arnynt i siarad am ryw ugain munud, yna ugain munud arall o drafodaeth ac ugain munud o ddefosiwn. Yr oedd aelod o'r Eglwys Fethodistaidd Annibynnol yn Wavertree, Dr Backhouse, yn hynod o barod i ddod atom, ac fel y tyfai'r nifer, mentrwn wahodd rhai o Gymru i ddod atom. Weithiai byddai'r drafodaeth a ddylai orffen mewn ugain munud yn cynyddu i awr a'r cyfan yn fwy agos i ddwy awr. Os caem siaradwr lliwgar o Gymru, cofiaf yn dda'r Seiciatrydd Dr Dafydd Alun Jones, yn hedfan yn ei awyren ei hun o Fôn i Faes Awyr Speke, er mwyn dod atom ac yn siarsio'r blaenoriaid i dalu am wersi hedfan i'w gweinidog! Ni chafwyd ymateb o gwbl!

Cwmni'r Pêl-droediwr Dai Davies

Cofiaf hefyd golgeidwad tîm pêl-droed Everton, Dai Davies, yn ymuno yn yr oedfa ac yn y Cylch Trafod. Gwnaeth ef argraff fawr arnom a chofiaf y blaenoriaid yn gofyn i mi ysgrifennu llythyr at ei anwyliaid yn ei waeledd olaf. Yn fachgen yng Nglanaman, yr oedd Dai yn aelod o ddosbarth Ysgol Sul ei Weinidog, Gwyn Erfyl, a bu Dai yn berson trwyadl ysbrydol hyd y diwedd. Credai yn yr hanfodion fel y clywsom ugeiniau o weithiau o'i enau. Ond ar ôl saith mlynedd o lewyrch mawr a chyfartaledd o 60 a 70 o bobl ieuainc yn mynychu'r oedfa a'r Cylch Trafod, sylweddolais pan ddaeth Mair Saer o'r Bala ataf i ddweud y byddai hi ac eraill lawer yn symud i Gaerdydd, fod Lerpwl yn colli ei hapêl ac na allai gystadlu â Chaerdydd.

Cynhaeaf Cyfoethog

Yr oedd hi wedi bod yn gynhaeaf cyfoethog cael pobl ieuainc fel Dr Hywel Griffiths, yr emynydd, Dr John Williams (blaenor yn y capel oddi ar 1982), Ieuan Wyn Jones, Aelod Seneddol Môn i Blaid Cymru a'i briod Eirian, Dr Huw Rees, a ddaeth yn Athro Biocemeg ym Mhrifysgol Lerpwl, Cynan Jones, yr englynwr a'r gŵr busnes, Gwyn Wheldon Evans y dramodydd, i enwi ond ychydig a dderbyniodd fudd o'n darpariaethau. Ond yr oedd Lerpwl fel dinas atyniadol i ieuenctid gogledd a chanolbarth Cymru yn gorfod ildio i ddarpariaeth dinas Caerdydd. Yno y lleolid y cwmnïau teledu a llu o gyfleusterau eraill. Yno yn y Brifddinas yr oedd dyfodol y Cymry ifainc ac fel yr aeth y blynyddoedd heibio, gwelwyd y dirywiad anghyfforddus yn nifer yr ieuenctid a ddeuai i oedfaon Bethel. Daeth dyddiau'r Cylch Trafod i ben ac yn lle 60 ar Nos Sul aeth y rhif i'r hanner, ac o'r hanner i lond dwrn o Gymry ifainc. Hwn oedd un o'n gofidiau pennaf, ac erbyn dechrau'r wythdegau yr oedd y gweinidogion a'm croesawodd i Lerpwl wedi gadael. Gadawodd Cledwyn Griffith ac Emyr Owen a W. D. Jones fel y cyfeiriwyd. Yn 1974 symudodd G. Tudor Owen (brawd D. H. Owen) i Birmingham; ymddeolodd y Parchedig William Jones o Gapel Stanley Road, gan ei fod yn mynd yn anghofus a symudodd i fyw i Ddyffryn Clwyd. Bu ef yn gefn mawr i ni fel teulu, byddai'n mynd yn aml i gyrchu llaeth enwyn i Ddyffryn Clwyd at ei deulu, ac wrth ddod yn ôl gadawai botel ar risiau'r drws ac yn aml hanner dwsin o wyau. Yr oedd diniweidrwydd, gostyngeiddrwydd a daioni mawr yn perthyn iddo ef, ac ym Mangor bu'n ffrindiau da gyda'r Parchedig Dafydd Hughes Parry a W. Ambrose Bebb, blaenor yng Nghapel Tŵr Gwyn. Yna, yn 1979, penderfynodd y Parchedig R. Maurice Williams ymddeol ar ôl wyth mlynedd ar hugain yn gofalu am gapel Cymraeg Waterloo yng ngogledd Lerpwl yn ogystal â Chapel Portland Street, Southport.

Wedi fy ngadael wrthyf fy hunan

Yr oeddwn mewn sefyllfa enbyd ac anodd gan fod yna alwadau cyson arnaf i ymweld â chleifion o Gymru a werthfawrogai weld Cymro a chael sgwrs yn Gymraeg. Gwyddwn o'r funud gyntaf y symudais i Lerpwl y byddai cyfrifoldeb amlwg arnaf am ymweld â chleifion Heathfield Road ac o wahanol rannau o ogledd Cymru. Cefais gyfle i weinidogaethu i lu o Gymry a oedd yn bur wael. Un o'r cyntaf i mi ymweld ag ef oedd y Parchedig Glyn Jones, a luniodd stori ei fywyd mewn hunangofiant, ac a ddaeth yn dra adnabyddus fel tad y ferch ddeniadol Janet Jones a benodwyd yn Miss Wales. Un o Felin-y-Wig ydoedd ond bu yn gweinidogaethu yn ne a gogledd Cymru, ac ymddeol i bentref

Llynclys ar y ffin rhwng Cymru a Lloegr, rhai milltiroedd o Groesoswallt. Un arall a gyflawnodd ddiwrnod da o waith fel cenhades a metron Ysbyty Shillong, oedd Margaret Owen, chwaer y Parchedigion Robert Owen, Llanllyfni a John Owen, Llanbedr, Dyffryn Ardudwy. Braint oedd cael bod wrth wely'r ferch a aberthodd gymaint i gyflawni gwaith y Deyrnas allan ym mhellafoedd y byd. Gorfu i'r cenhadon ddychwelyd yn 1969 a daeth y Dr R. Arthur Hughes a'i briod Nancy yn ôl i fyw yn ein hymyl, ac oni bai amdanaf i, byddai'r ddau wedi mynd yn aelodau i Gapel Presbyteraidd Saesneg ym Mather Avenue, Allerton. Atgoffais y ddau na fyddai'r holl waith a gyflawnodd y ddau yn yr India ddim yn wybyddus i aelodau Eglwys Bresbyteraidd Lloegr er o dro i dro ceid Cymry Cymraeg, oherwydd eu plant, yn perthyn i'r achos, ac yn fy nghyfnod i bu ffrind Coleg Diwinyddol, y Parchedig Malcolm Shephard yn weinidog yno am flynyddoedd. Yn 1972, newidiodd Capel Mather Avenue ei liw a dod yn Eglwys Ddiwygiedig Unedig, cyfuniad o Eglwys Bresbyteraidd Lloegr ac enwad yr Annibynwyr Saesneg, ac o dan y faner honno y bu Malcolm yn bugeilio. Daeth o Lerpwl i Warrington a symudodd o Mather Avenue i ofalu am eglwys hardd sydd yn bwysig, a hynny yn Port Sunlight, pentref y sebon.

Malcolm Shephard fel Cymydog

Yr oedd gennym ddyled i Malcolm pan gafodd tad Meinwen ei daro yn ddifrifol wael a'i gludo i Ysbyty Merthyr. Teithiai hi yno bob wythnos am fisoedd hyd ei farwolaeth, ym modur Malcolm, a hynny ar bnawn Gwener a theithio yn ôl yn ei gar fore Llun. Cartrefai Malcolm ym Margoed a'r tro diwethaf i mi ei weld oedd pan oedd yn pregethu yng nghyfarfodydd pregethu Capel Bethel, Caerffili, lle y gweinidogaethai'r cyfaill R. Alun Evans. Daeth i oedfa'r pnawn gan fod y cyfan yn ddwyieithog. Ar hyd y blynyddoedd, bu perthynas dda rhyngof a'r capel hwn, a gwahoddwyd fi am rai blynyddoedd i gynnal oedfaon yno ym Mather Avenue ar ambell i fore Sul.

Eglwys arall a fu am flynyddoedd yn derbyn fy ngwasanaeth oedd y *kirk*, sef Eglwys Bresbyteraidd yr Alban a fyddai'n cyfarfod ar fore Sul yn un o ystafelloedd yr Eglwys Gadeiriol. Chwaraewyd yr organ gan un a fagwyd yn ein henwad yn Henaduraeth Gogledd Penfro. Byddai'n darllen y *Goleuad* a'r *Cylchgrawn Hanes* ac yn ofalus ohonof, gan iddo ei baratoi ei hun i fod yn weinidog ar un cyfnod. Yr oedd cael pregethu yn Saesneg yn hynod o dderbyniol, ac nid oedd y gofyniad hwnnw yn flinder o gwbl. Braf felly oedd cael cadw Dr R. Arthur Hughes o fewn yr enwad y bu ei dad a'i frawd yn ffyddlon iddo fel gweinidogion ymroddedig. O fewn amser byr, gwnaed

Dr Arthur Hughes yn flaenor yng nghapel Heathfield Road. Rhoddwyd yr anrhydedd hwnnw iddo yn ystod yr Ail Ryfel Byd gan yr eglwys gref lle yr addolai ef a Nancy Hughes yn Shillong a lle y bu Trebor Mai Thomas yn arwain y praidd i gydlawenhau yn yr Haleliwia dragwyddol. Yn ddiweddarach o 1977 bu yn ysgrifennydd ein heglwys am flynyddoedd.

Cyfeillgarwch gyda Dr R. Arthur Hughes

Yr oedd hi'n hyfrydwch mawr i alw arno yn ei gartref yn Green Lane, yn ei holi yn fanwl am ei waith a'i argraffiadau yn Assam. Nid oedd yn sgwrsiwr naturiol o bell ffordd a byddai'n rhaid trefnu cwestiynau bron at ei wasanaeth. Pan ddaeth yn ddarpar lywydd yr enwad, byddwn yn ei gludo yn gyson i bwyllgorau a gynhelid yn Aberystwyth. Galwn amdano yn Green Lane ar ôl ei hysbysu pa amser y byddwn o flaen ei gartref. Ni fyddai byth yno. Ran amlaf, disgwyliai i mi ddod allan o'r car a cherdded y pymtheg llath at ddrws y tŷ a chnocio. Am y milltiroedd cyntaf trwy Hunt's Cross ac am Bont Runcorn, byddai yna ddim sgwrs, ond ar y bont gofynnwn i yn ddi-ffael, 'Sut mae'r dystiolaeth Gristnogol yn cael ei chyflawni yn Shillong erbyn hyn?' Ac yn ddiymdroi byddai'r meddyg cenhadol enwog yn agor llifddorau ei atgofion a'i gof manwl am enwau a digwyddiadau. Gofalai fy nghadw yn ddiddig heibio Caer, Wrecsam, Trenewydd, Llanidloes a chroesi mynydd Pumlumon. Nid oedd y golygfeydd hardd yn golygu dim iddo ar yr adeg honno oherwydd yn Shillong yr oedd ei galon dyner a thosturiol. Hiraethai y ddau ohonynt am Shillong bob dydd, o fore cynnar hyd derfyn dydd.

Sefydlu Ymddiriedolaeth

Dysgais lawer am y maes cenhadol a phan ddaeth y cynnig i sefydlu Ymddiriedolaeth Gogledd-ddwyrain India / Cymru, gwyddwn y medrwn gario'r baich ychwanegol yn hawdd ddigon. Daeth y gwahoddiad hwnnw oddi wrth Gwyn Phillips, Ystrad Mynach, a brawd y cenhadwr nerthol T. B. Phillips. Beirniadais raglen a ddangoswyd ar S4C ar y Maes Cenhadol a chytunodd Gwyn gyda'm dehongliad a chynnig swm i sefydlu'r Ymddiriedolaeth a fedrai gefnogi'r cyhoeddiadau o'r ymchwil a oedd yn angenrheidiol i wneud cyfiawnder â'r arwriaeth o du y Cymry. Galwais yn Ystrad Mynach i weld Gwyn Phillips a chyfarfod â'i ferch, Dr Elin Jones, hanesydd y bydd galw mynych am ei sylwadau ar y cyfryngau. Derbyniais y dasg o fod yn Gyfarwyddwr Academaidd a sefydlwyd Bwrdd Golygyddol a fedrai gyfarfod yn ystafell blaenoriaid Capel y Tabernacl, Aberystwyth, capel a olygai lawer iawn i mi gan y cofiaf yn dda bregethu yno laweroedd o weithiau fel stiwdent ac ar ôl hynny yn weinidog ifanc. Y tro cyntaf i mi bregethu yno, pwy oedd yn y gynulleidfa ond bardd crefyddol mwyaf ein llenyddiaeth yn yr ugeinfed ganrif, sef Gwenallt. Soniais wrtho ar ôl yr oedfa fy mod yn anghyfforddus o draethu'r drefn o'i flaen ef. Ei ateb oedd,'Nid oes angen i chi. Pechadwr ydw i a phechaduriaid yw pob un a ddaw i'r oedfa.' Bu'r geiriau hyn yn help o'r mwyaf i mi ar hyd y blynyddoedd. Mynychwn yn aml Seiat o'r Coleg Diwinyddol gan fod y Gweinidog, y Parchedig J. E. Meredith, yn ein cyfarwyddo ni yn y Coleg ar bwnc Bugeiliaeth yr Eglwys. Yr oedd ganddo ef ei steil ei hun a digonedd o adnoddau i'w gynnal. Gŵr bonheddig arall oedd y Parchedig H. Wynne Griffiths, Gweinidog Seilo, yn yr un dref, a balch oeddwn o gael y cyfle i lunio cofnodion amdano ef a'i gymydog, i'r *Bywgraffiadur* ar-lein, gan i lawer ohonom ddysgu yn helaeth yn eu cwmni. Pan ddaeth fy nghyfaill J. Elwyn Jenkins yn Weinidog y Tabernacl, ail-glosiwyd at gapel lle ceid pobl mor annwyl â Monica Davies, Beatrice Davies, Moelwyn Williams a Dr Huw Owen yn arweinwyr.

Cynnyrch yr Ymchwil

Llwyddais i gael tîm da i gysylltu â hwy, Stanley Lewis yn Aberaeron, Ieuan S. Jones, a fu yn Ysgrifennydd Cenhadol yr Annibynwyr, yn byw yn Aberystwyth, Stephen Morgan a ofalai am Landdewi Brefi pan fu farw fy nhad yn 1979, a'r blaenor Brynmor Jones o'r Tabernacl ac un a fu ar staff y Llyfrgell Genedlaethol. Cawsom ysgrifau gan bob un ond syrthiodd y baich trymaf ar fy ysgwyddau i a chawsom gyfarfodydd lansio ym Morfa, Aberystwyth a Bethel, Lerpwl. Daeth W. Meirion Evans a'i briod, Eirlys Evans yr holl ffordd o Lerpwl i'r cyfarfod yn Aberystwyth. Yr oedd hynny yn galonogol a bu gwerthiant gwych ar y ddwy gyfrol, *Llestri Gras a Gobaith: Cymry a'r Cenhadon yn India* (Lerpwl, 2001) a chyfrol Saesneg o dan y teitl *Vehicles of Grace and Hope: Welsh Missionaries in India 1800-1970* (Pasadena, 2020). Cyhoeddwyd yr ail gyfrol gan y William Carey Library yn Pasadena, California, a chafwyd cyhoeddusrwydd helaeth. Defnyddiwyd cryn lawer o'r cyllid ar y dasg bwysig o gyhoeddi y fersiwn Gymraeg, gan nad oedd modd cael cymorth o unman tuag at y gyfrol hylaw. Cyhoeddodd y William Carey Library y gyfrol am ei bod fel gwasg enwog yn gwbl grediniol fod y teipysgrif Seisnig yn haeddu cael cylchrediad byd eang. Chwith oedd cynnal y cyfarfodydd heb bresenoldeb Llywydd cyntaf yr Ymddiriedolaeth, y Dr R. Arthur Hughes.

Darlithiau Coffa Dr R. Arthur Hughes

Cynigiais i Henaduriaeth Lerpwl y syniad o ddechrau cyfres o ddarlithiau coffa er cof amdano ar ôl ei farwolaeth yn 1996. Cynhaliwyd y ddarlith gyntaf yn y Sefydliad Meddygol, Mount Pleasant, Lerpwl. Yr oedd y cyfan yn gofiadwy. Daeth digon ynghyd i lenwi'r neuadd a chadeiriwyd y digwyddiad gan y Parchedig Harri Owain Jones, Porthaethwy, Llywydd y Gymanfa Gyffredinol. Traddodais y ddarlith ar Fywyd a Gwaith Dr R. Arthur Hughes, OBE, FRCS. Ym Mehefin 2001, cynhaliwyd yr ail ddarlith ym Methel, o dan gadeiryddiaeth y Barchedig C. Eleri Edwards, gyda'r Parchedig D. Andrew Jones, Caerdydd, yn darlithio ar *The Mission Understanding of Dr R. Arthur Hughes*. Cafwyd pedair darlith arall yn y gyfres, y drydedd gan y Parchedig Ddr. Elfed ap Nefydd Roberts, yr Athro Aled Jones o Brifysgol Aberystwyth a chryn awdurdod ar agweddau o'r hanes ac yna y Parchedig Ddr. Alwyn Roberts, ysgolhaig a chyn-genhadwr. Braf oedd gweld mab y Mans arall, y Dr Gwyn Evans, Weston Rhyn, meddyg yn Ysbyty Gobowen a roddodd gymorth sylweddol (ef a'i briod) am rai wythnosau i Ysbyty Shillong, yn traddodi darlith ddifyr. Cyhoeddwyd cyfrol gyda chymorth yr Ymddiriedolaeth ar *The Call and Contribution of Dr Robert Arthur Hughes OBE FRCS 1910-1996 and some of his Predecessors in North-East India* (2004) yn cynnwys y tair darlith gyntaf.

Dymuniad Dr Arthur Hughes ar ei wely angau yn Ysbyty Broad Green oedd i mi drefnu Gwasanaeth o Ymgysegriad ar gyfer Bywyd Tragwyddol. Ef oedd yr unig un erioed yn fy mhrofiad i ofyn am y ddarpariaeth honno, ond yn Llyfr Gwasanaeth Eglwys Bresbyteraidd yr Alban ceir *Service of Preparation for Eternal Life*. Addasais ef i'n hamgylchiad a chawsom wasanaeth bendithiol o amgylch ei wely yng nghwmni ei fab Dr John Hughes a'i briod, ei briod ffyddlon Nancy a ffrind da o blith y blaenoriaid, Dr John G. Williams a minnau. Digwyddodd hyn gyda'r claf yn wên i gyd, gan ei fod ar ei ffordd i'r nefoedd. Pwysleisiais eiriau'r Arglwydd Iesu, 'Da was, da a ffyddlon, dos i mewn i lawenydd dy Arglwydd'.

Yn ddiweddarach y mis hwnnw, teithiwyd i wasgaru'r hyn oedd farwol ohono ar ôl gwasanaeth eneiniedig yng nghapel Bethel ac yna i Landudno lle y treuliodd ei dad, y Parchedig H. Harris Hughes chwarter canrif yn gweinidogaethu yn Seilo a Hyfrydle, y capel a leolwyd ar y Gogarth. Teimlwn yn ddiolchgar o gael cydweithio ag ef am chwarter canrif, a dod mor agos ag y medrai rhywun ddod i'w gyfrinach, fel un a alwyd yn Schweitzer Assam. Gwasgarwyd ei lwch o fewn i fynwent Eglwys Anglicanaidd y Gogarth.

Cyfraniad y Barnwr J. E. Jones

Blaenor arall arbennig iawn oedd yn meddu parch diffuant i Dr Hughes oedd y Barnwr John Edward Jones, un a anwyd ym Mulliner Street, Wavertree i Thomas Robert Jones o'r Wyddgrug ac Elizabeth (née Roberts) o Bensarn, Sir Fôn. Cefais lawer iawn o gwmni ei fam gan ei bod hi yn niwedd ei hoes yn byw ar Penny Lane yn agos i'w chapel. Nid oedd yn medru mynychu'r oedfaon fel y carai a chawn groeso mawr ganddi bob amser. Yr oedd hi'n byw mewn fflat ar yr ail lawr yn Duddingston Street a phan bwyswn ar ei chloch, deuai yn ddigon musgrell ac agor y ffenestr a thaflu'r agoriad i lawr i mi gael mynedfa. Yr oedd hi'n perthyn yn ei geirfa a'i gogwydd i oes aur Methodistiaeth Galfinaidd yn Lerpwl, y cyfnod wedi'r Rhyfel Byd Cyntaf. Cawn fy atgoffa o'm mam wrth gymdeithasu â hi, gan fod y ddwy bron yn uniaith Gymraeg. Yr oedd Mrs Elizabeth Jones yn credu nad oedd galwedigaeth ar wyneb y ddaear yn debyg i fod yn weinidog ac ymfalchïai fod ei mab, Trefor Davies Jones, yn gweinidogaethu yn yr Ynys y ganwyd hi ynddi. Deuai ef i Heathfield Road unwaith y flwyddyn i bregethu a deuai hyn â llawenydd mawr i'w fam. Iddi hi yr oedd bod yn weinidog yn fwy pwysig na bod yn farnwr!

Magwyd y meibion yn y cysegr yn Webster Road a Heathfield Road. Bu J. E. Jones yn gefn i mi. Etholwyd ef yn flaenor yn 1947 a rhoddodd lawer o'i amser a'i egni i waith yr Eglwys. Pan gafodd ei wahodd yn aelod o Orsedd y Beirdd yn Eisteddfod Genedlaethol Porthmadog mabwysiadodd yr enw Ioan Maesgrug. Yr oeddwn yn un o ddau a'i henwebodd. Mynychai'r ddau frawd holl gyfarfodydd y Capel, a soniodd wrthyf am y seiadau coffa a gynhelid yn dilyn marwolaeth pob aelod ffyddlon. Un o'r rhai a fyddai'n cymryd y Seiat oedd David Griffiths a deithiodd i Sasiwn Llanddewi Brefi yn 1948 i gynrychioli Sasiwn y Gogledd. Sylw a wnaeth ef ar ôl marwolaeth J. W. Thomas, tad y Misses Doris, Eunice a Mr Eifion Thomas, 43 Allerton Road, oedd:

> Adeiladydd oedd, ef a adeiladodd Bird Street. Nid oedd fawr o brydferthwch yn y tai, ond yr oedd wedi eu hadeiladu yn gadarn ac yn dda. Yr oedd crefftwaith gonest ynddynt.

Un waith yn unig y cofia'r ddau frawd am ddiarddel aelod. Merch ifanc ydoedd, wedi dod yn fam cyn priodi. Eisteddai'r ferch yn y sedd gefn, wrth y drws. Wedi i'w Gweinidog, Robert Davies, ddweud gair ynglŷn â'r digwyddiad aeth at y ferch i'w cheryddu. Nid oedd Trefor yn hapus o gwbl; yr oedd geiriau ei weinidog a roddai lond bol o ofn hyd yn oed i'r hanesydd Dr R.T. Jenkins yn greulon, a deffrodd ynddo ymdeimlad o dosturi at y pŵr dab a gafodd ei hun wedi gwneud cam bach. Nid ei diarddel oedd y feddyginiaeth. Byddwn i yn bersonol byth wedi gwneud yr hyn a wnaeth Robert Davies a'i gyd flaenoriaid a'i gynulleidfa ddethol. Yna, cymerodd y Gweinidog bleidlais yr Eglwys oedd wedi ymgynnull i'r seiat a chyhoeddi'r ferch wedi'i diarddel. Ar ôl y Seiat, cyn i'r ferch ymadael, aeth rhai o'r mamau callach na'r lleill i dosturio wrthi. Ymhen rhai wythnosau, cnociai yn edifeiriol wrth ddrws y Seiat i gael ei derbyn yn ôl. Felly y bu ond nid cyn i'r Gweinidog danlinellu ei gweithred a'r angen am edifeirwch.

Cofiaf innau'r un peth yn digwydd ugain mlynedd yn ddiweddarach, ond y tro hwnnw yr oedd J. Ellis Williams yn llawer llai piwritanaidd. Ond ni ddylai yntau fod wedi gwrando ar bwy bynnag oedd yn galw am ddiarddel. Yn fy nhyb i, y gweinidog yn y pen draw sydd â'r gair olaf, a dyna oedd safbwynt y Barnwr J. E. Jones yng nhyfarfodydd y blaenoriaid. Pan oeddwn yn credu mewn cynllun gant y cant, nid oeddwn am eiliad yn barod i ildio er bod y mwyafrif, y mae'n debyg, yn fy erbyn, gan gynnwys y Barnwr. Ond ar ôl hanner awr o ddadlau brwd, byddai'r Barnwr yn dweud, 'Os yw'r Gweinidog yn credu mor gydwybodol yn ei gynllun, rwyf yn barod i'w eilio.' Dyna fyddai diwedd ar y ddadl.

Diolch am J. E. Jones

Diolchais yn dawel yn fy meddwl lawer tro am ei gymorth i gael y maen i'r wal. Tuedd pob sefydliad yw ofni mentro ac yn sicr os nad yw hynny wedi ei wneud o'r blaen. Rhydd Presbyteriaeth gyfrifoldeb ar y gweinidog a'r blaenoriaid i weithredu yn aml heb orfod gofyn barn yr Eglwys. Ni all weithredu bob amser heb gyflwyno gwybodaeth i'r Henaduriaeth. Disgwylir i'r eglwys leol roddi gwybod i'r Henaduriaeth os ydynt wedi derbyn rhodd haelionus trwy ewyllys un o'r aelodau.

Sefydlu Cronfa y Cwmwl Tystion

Cofiaf yn dda werth awgrym E. Goronwy Owen fod pob cymunrodd a ddeuai er cof i'r capel i'w neilltuo i gronfa arbennig yn hytrach na chael ei lyncu gan y cyllid cyffredinol. Mewn geiriau eraill, ein bod yn rhoddi arbenigrwydd ar bob rhodd, cofnodi'r swm yn ein cylchlythyr, anfon y wybodaeth i'r Henaduriaeth a Sasiwn y Gogledd. Dros y blynyddoedd, tyfodd y Gronfa hon fel bod y swm a dderbynnir yn flynyddol o'r buddsoddiad yn gymorth i'r gweithgareddau. Cofiaf y llawenydd a ddaeth i ni pan gyrhaeddodd y Gronfa y swm o dri chan mil o bunnoedd ac fel y caem ein rhyfeddu weithiau am fethiant ambell un i roddi rhodd sylweddol i'r capel a fu'n wir gartref iddynt.

Yr oedd gennym flaenor a ddaeth yn un o gyfoethogion pennaf y ddinas gan fod ei dad, adeiladydd, wedi gadael rhai cannoedd, a da iddo ofalu amdanynt. Dyma fu ei briod waith. Rhedai gwmni bach ym myd adeiladu, ef a gwas a fu gydag ef am 32 o flynyddoedd ynghyd ag ysgrifenyddes a ofalai am y cwmni. Byddai'n barod i wneud gwaith cynnal a chadw ar y capel a hefyd y Mans. Ni fyddai byth yn gwneud unrhyw weithred am ddim, ond byddai yn rhoddi digon o amser i dalu. Weithiau, deuai'r infois naw mis ar ôl iddo ef roddi drws newydd rhwng yr ardd a'r dreif. Disgwyliai nifer ohonom y byddai'r brawd hwn a wyddai yn dda am y Gronfa yn ychwanegu yn sylweddol ati, ond ni ddigwyddodd hynny, er mawr syndod i Goronwy Owen ac eraill ohonom. Gadawodd ddwy fil i'r Capel, dwy fil i'r gweithiwr a gyflogwyd am dros dri degawd, a gadael un o'r tai i'r ysgrifenyddes, a rhoddion bach eraill ond y swm aruthrol i Gartref ar gyfer Mulod yn Ne-orllewin Lloegr.

Yr un a roddodd syndod mwyaf i ni oedd chwaer o Gapel Bethania, Waterloo, nad oedd yn aelod hyd yn oed yn ein capel, ond yn sylweddoli ein bod ni yn costrelu hanes y Genhadaeth, fel y soniais, ac yn debygol o fyw fel cymuned Gristnogol yn hirach na'i chapel ei hun. Ei henw oedd Miss Kitty Roberts a'r swm adawodd i gapel Bethel yn cyrraedd £168,000. Cafodd ei magwraeth ysbrydol a chrefyddol yn Ysgoldy Bankhall, Bootle, yna yng Nghapel Stanley Road, yn Anfield ac yn olaf ym Methania. Yr oedd hi heb deulu, ac awn i'w gweld yn ffyddlon y blynyddoedd olaf o'i hoes mewn cartref gofal yn Anfield a chael sgwrs braf gan y gwyddwn gryn dipyn o'i hanes, hi a'i brawd. Yr oedd hi yn gweld yn bell ac yn gweithredu mewn ffordd gadarnhaol, a gwn y caiff ei rhodd haelionus ei defnyddio er budd y dystiolaeth yn y dyfodol.

Yr oeddwn yn ymwybodol iawn erbyn y cyfnod pan oeddwn wrthyf fy hun fod angen cyflawni camp arall. Yr oedd ochr Cilgwri wedi bod yn ffodus o gael olynwyr i G. Tudor Owen. Byr fu cyfnod y Parchedig Idwal Jones yng ngofal yr ofalaeth a gynhwysai Salem, Laird Street, Rake Lane, Wallasey ac Ellesmere Port gan iddo gael trawiad trwm ar ei galon. Fi oedd yn gyfrifol am ei gael i ddod atom gan ei fod yn gweinidogaethu yng nghefn gwlad.

Cwmni Idwal a Marged Jones

Yr oedd ei briod Marged Jones yn ymroddedig ac yn hynod o garedig. Cofiaf yn dda y tro cyntaf i mi gyfarfod â'r ddau wrth rannu gwasanaeth priodas Roger Lloyd Williams, Allerton, gyda merch fferm o Lanfihangel Glyn Myfyr. Ar ôl marwolaeth ddisyfyd Idwal, llwyddais i berswadio'r Henaduriaeth heb drafferth i fod yn gyfrifol am gostau angladd un o weision cymeradwy'r

Cyfundeb. Yr oedd tinc pregethwyr carismatig yr oes a fu ym mhregethau Idwal, a thrwy'r gofal a gafodd, arhosodd Marged Jones ym Mhenbedw hyd iddi symud, pan ddaeth y dyddiau anodd, i ymyl y meibion yn Nyffryn Clwyd, ac yn ddiweddarach i gartref gofal yng Nghorwen. Treuliodd Meinwen a minnau, Clifford a Myfanwy Owen, Ellesmere Port aml i nos Sadwrn o amgylch y bwrdd bwyd yn Bidston Road gyda Marged yn llywyddu'r Seiat!

Dyfodiad Glyn Tudwal Jones

Bu Penbedw yn ffodus o gael y Parchedig Glyn Tudwal Jones, un o weinidogion deallusol yr enwad, ac un a symudodd o'r Glannau i Fangor ac yn ddiweddarach i Gaerdydd. Yr oedd ei briod Delyth yn dod o Aberystwyth a braf oedd cael cwmni'r ddau hyn am gyfnod. Ni ellid disgwyl iddynt aros mor hir ag yr oeddwn i wedi aros a mwy i ddod!

Dyfodiad R. E. Hughes

Yr olaf i weinidogaethu yn eglwysi'r ochr hon o'r afon oedd y Parchedig R. E. Hughes. Ef eto yn un a gafodd gyfle i gadw llygad ar gapeli Penbedw, Wallasey, Ellesmere Port, Stanley Road a Bethania. Bu'r Dr David Enoch yn ofalus iawn o'r Parchedig R. E. Hughes pan ddioddefodd gyfnodau o iselder ysbryd. Yr oeddwn yn ei adnabod ers dyddiau'r Coleg yn Aberystwyth, a chadwyd cysylltiad ag ef yn achlysurol, a theimlwn fy mod wedi gwneud diwrnod da o waith i gael adfer y gweinidog dawnus hwn i rengoedd y weinidogaeth. Yr oedd ei glywed ar lwybr gweddi yn brofiad i'w drysori.

Gwn un peth – fy mod i wedi cefnogi'r gweinidogion yn well nag y mae llawer ohonynt wedi fy nghefnogi i pan ddaeth hi'n fater o gael swyddi pwysig o fewn yr enwad. Erbyn diwedd yr wythdegau yr oeddwn wedi fy ethol yn Ysgrifennydd Cymdeithasfa'r Gogledd, swydd yn golygu llawer iawn o waith i berson nad oedd wedi meistroli'r grefft o deipio. Dibynnu ar eraill a wnawn, talu i deipyddion, a thrwy gyfnod Lerpwl, cawn deipyddion o blith y Cymry fel Nesta Rushton a Gwerfyl Jones i enwi ond dwy ohonynt oedd yn cyflawni'r gwaith yn ddi-drafferth. Byddwn yn mynd ag ef i'w cartrefi wythnos ar ôl wythnos gyda brasluniau o'r atebion, ambell ysgrif a llawer o gofnodion a luniwyd yn fy llawysgrifen.

Ar ôl i mi golli teipyddion o gymdeithas Lerpwl, bûm yn dibynnu cryn lawer ar Walter Rees Jones, Penbedw a Dr Pat Williams sydd mor abl fel Cymreigydd da. Pan ddaeth hi yn fater o ethol llywydd, yr arferiad oedd bod yr ysgrifennydd oedd yn cwblhau ei dair blynedd yn sicr o dderbyn mwyafrif o bleidleisiau'r cynrychiolwyr. Ar ôl y bleidlais gyntaf, deuai ran amlaf ddau enw gerbron, a phleidleisid arnynt. Yn Seion, Croesoswallt yr oeddwn i wedi cwblhau fy ysgrifenyddiaeth y tro hwn ac yn y bleidlais gyntaf daeth fy enw gerbron y cynrychiolwyr. Ond yr oedd yr argoelion yn gwbl amhosibl i'w deall, gan y daeth tri enw gerbron gan gynnwys fy enw i. Ar y drydedd bleidlais, ceid dau enw o hyd a chofiaf y Barnwr J. E. Jones yn troi ataf a dweud, 'Mae rhywrai yn ystyfnig yn erbyn eich dewis.' Ond ar y bedwaredd bleidlais, daeth y swydd i'm dwylo a gwneuthum yn fawr o'r cyfle, a llwyddo i ennyn diddordeb y cyfryngau, yn arbennig yn fy araith ymadawol o'r Gadair pan gyfeiriais at wastraffu arian ymhlith aelodau o'r Teulu Brenhinol gan gyfeirio yn arbennig at y Dywysoges Diana. Cynhelid y Sasiwn yn Eglwys St John's Street Caer ond cefais gyhoeddusrwydd yn Sydney, Awstralia, California a Canada a'r *tabloids* yn Llundain.

Rhagfarn ac eiddigedd yn codi ei ben

O leiaf yr oeddwn wedi gwneud camp o gael fy mhleidleisio yn Llywydd oherwydd yr oedd culni rhanbarthol yn rhan o gyfansoddiad Sasiwn y Gogledd. Dywedir yn aml am sefydliad fel Heddlu Llundain fod elfen o gasineb hiliol wedi ei wau i mewn i gynhysgaeth y sefydliad. Yr oedd hynny yn amlwg yng Nghymdeithasfa'r Gogledd, ryw wrthwynebiad ystyfnig i ganiatáu i Weinidog a ddeuai o Dde Cymru i gael ei ddewis i swyddi allweddol yn y Sasiwn. Yn y cyfnod o 1968 hyd 2000, ceid nifer o Weinidogion amryddawn ac abl a haeddai gael eu hanrhydeddu i arwain Sasiwn y Gogledd ond ni ddigwyddodd hynny. Meddylier am yr enwau hyn i brofi fy mhwynt, y Parchedigion W. I. Cynwil Williams, Dinbych; J. Eirian Davies, yr Wyddgrug, John M. Jôb, Llanfairpwllgwyngyll, Isaac Jones, Abergele, a D. Ben Rees yn Lerpwl, bob un ohonynt yn boblogaidd, yn atebol ond ddim yn cael y cyfle am eu bod nhw yn dod 'o'r Sowth'. Mewn geiriau eraill, nid oedd neb ym Mhwyllgor Gwaith y Gymdeithasfa yn barod i gynnig enw un o fois y De yn un o'r enwau i'w hystyried fel Ysgrifennydd a Llywydd. Cynnyrch pobl a anwyd ac a fagwyd yng Nghwrt-y-cadno, Nantgaredig, Brynaman a Phontiets yn Sir Gaerfyrddin oedd tri a'r llall o Landdewi Brefi yng Ngheredigion; a phob un yn haeddu bod yn llywio Henaduriaeth a Sasiwn Gogledd a Chanolbarth Cymru. Yr oeddwn wedi dod ar draws y tueddiad i ddrwgdybio'r Hwntws a phobl y Sowth yn ystod yr wythnosau y bûm yn ymgyrchu yn Etholiadau Cyffredinol 1974 fel ymgeisydd yn Etholaeth Conwy. Ar wahân i dueddiad rhai o bobl Conwy i'm galw yn Ben Bowen Rees, y cyfarchiad y byddwn yn ei gael yn reit aml fyddai, 'Ydach chi'n dod o'r Sowth?' Byddwn yn ateb 'Ydw, ond rydw i'n siarad yr un iaith â chi.' Byddai hynny wedyn yn esgor ar sgwrs hir am y gwahaniaethau rhwng Cymraeg y De a Chymraeg y Gogledd!!

Gweinidogion o'r De yn Lerpwl

Ni fu hyn yn broblem ymhlith Cymry'r Glannau gan eu bod hwy yn gyfarwydd â chlywed nifer o bregethwyr oedd yn dod o'r De, rhai ohonynt wedi aros am flynyddoedd. Cafodd cynulleidfa Stanley Road glywed dau bregethwr o'r De. Y cyntaf oedd y Parchedig William Davies a ddaeth o Aberdâr yn 1918. Erbyn 1920, ceid 943 o aelodau ar lyfrau Eglwys Stanley Road, a medrai William Davies gadw cynulleidfa fawr yn ddiddig gyda'i huodledd. Aeth i'r India ar ddirprwyaeth i'r Maes Cenhadol a daliodd feirws yn ei wddf gan ei amddifadu o'r cyfle i bregethu ar ôl cyrraedd adref at ei briod yn Bootle. Bu allan ar y Maes Cenhadol o Hydref 1935 hyd Fawrth 1936, a bu farw yn 58 Trinity Road ar 22 Gorffennaf 1938. Hanai ef o Rydcymerau.

Y gŵr a'i dilynodd, un o Sir Aberteifi, oedd y Parchedig D. Tudur Jones. Deuai ef o Fwlch-llan ac yr oedd ei frawd D. Lodwig Jones yn yr un alwedigaeth tra'r aeth brawd arall yn Offeiriad Anglicanaidd. Meddai D. Tudor Jones ar ddawn bregethu ac arhosodd pregeth a draddododd ef yng nghyfarfod pregethu Bethesda, Llanddewi Brefi yn fyw yn fy nghof. Defnyddiodd, fel eglurdeb, hanes cyrraedd pen Everest gan wneud ei bregeth yn gwbl gyfoes haf 1953, gan mai yn y flwyddyn honno y digwyddodd y wyrth ddynol.

Un o Rydaman oedd D. Glanville Rees, a bu ef yn Weinidog ar Eglwys Bresbyteraidd Lloegr Sefton Park, yn darlithio yng Ngholeg Edge Hill, ac yna yn Weinidog yn Southport a Chilgwri. Ar ôl ymddeol, rhoddai'r mwyafrif o'r Suliau i eglwysi Cymraeg y Glannau o bob enwad. Meddai ar bersonoliaeth ddengar, pwyslais efengylaidd, gan gyfathrebu'n effeithiol yn ei acen ddeheuol. Gofynnodd y teulu i mi ofalu am ei arwyl, anrhydedd o'r mwyaf, gan ein bod ni bron yn dwyn yr un llythrennau, D. G. Rees a D. B. Rees. Pan fu Glanville a'i briod yn byw yn Elm Hall Drive, rhyw hanner milltir o'n gilydd, byddid yn cymysgu llythyron ein gilydd ac ambell un yn fy ffonio i pan oeddynt yn chwilio am Glanville.

Bu J. D. Williams Richards yn Lerpwl am oes gyfan, gweinidog Tabernacl, Belmont Road ac yna Woolton Road ac Ysgrifennydd effeithiol Cyngor Eglwysi Rhyddion Glannau Mersi. Deuai ef o Gwm Tawe a'i briod o Lannerch-y-medd a threuliais oriau lawer yn eu cwmni yn Childwall. Gofalai am Swyddfa'r Cyngor yn Tarleton Street, y siop oedd yno gyda stoc o lyfrau Cymraeg, a bu ei ddylanwad yn un pwysig ym mywyd y ddinas. Bu nifer ohonom yn Llywyddion y Cyngor; rhwng 1960 a 1975 bu'r Parchedig Ifor Oswy Davies,

H. Humphreys Jones, cyn Brifathro Coleg y Fferyllwyr, Dr Gordon Catherall genedigol o Fwcle a minnau yn Llywyddion, swydd gyfrifol yng ngolwg Neuadd y Ddinas. Byddent yn gwahodd Archesgob y Pabyddion, Esgob yr Anglicaniaid a Llywydd y Cyngor i bob amgylchiad pwysig, i bob cinio dinesig ac i bob dathliad yn hanes y cymunedau. Yn sgil hyn y cafodd Meinwen a minnau ein cyflwyno i'r Frenhines Elizabeth pan agorodd hi'r twnnel rhwng Wallasey a Lerpwl.

Sul Dinesig Dinas Lerpwl

Golygai hyn fod hi'n ofynnol i'r Llywydd drefnu Sul Dinesig a bûm yn gyfrifol am flynyddoedd am gynnal Sul felly o fewn muriau Capel Heathfield Road. Yr oedd yr adeiladau yn cynnig eu hunain i'r amgylchiad: ystafell y Gweinidog yn fan cyfarfod y rhai oedd i gymryd rhan, gan gynnwys yr Arglwydd Faer. Cedwid dillad y gwahoddedigion yn y Festri Fach ac yn Ystafell y Blaenoriaid, a disgwylid i bawb gyfarfod yn yr Ysgoldy Fawr lle y ceid lluniaeth ar ddiwedd yr oedfa. Ar ôl cael pawb at ei gilydd byddem yn trefnu gorymdaith i lawr Heathfield Road ac yna i fyny'r grisiau i ddrws y capel lle ceid nifer o'n capel yn rhannu llyfrynnau yn cynnwys y gwasanaeth a drefnwyd gennyf i. Cerddwn i lawr o'r Sêt Fawr a byddwn yn mynd i fyny i'r pulpud lle y ceid sedd ar ein cyfer gyda'r organ bib y tu ol inni a'r organydd o'n blaen yn ymyl y Sêt Fawr.

Golygfa hardd oedd gweld cymaint o'r cynghorwyr a meiri bwrdeistrefi eraill, fel Cilgwri, Warrington, Hatton, hyd yn oed pentref prydferth Hale. Yr oedd ganddynt hwy Faer yn y pentref hynafol hwnnw a derbyniwn wahoddiad cyson ganddynt hwy adeg sermoni gorseddu maer newydd a newid dwylo. Gofalid bod offrwm yn cael ei drefnu ar y Sul Dinesig a byddai'r swm ar gyfer Apêl y Maer yn gannoedd. Llwyddem i gael un o Suliau'r Meiri gorau a chedwais yr arferiad, ond bu dymchwel capel Heathfield Road yn ergyd i'n trefniadau ac am rai blynyddoedd trefnais gyfarfyddiad arbennig ar Ŵyl Ddewi yn Neuadd y Ddinas. Bu hyn yn llwyddiant o'r mwyaf gan y deuai Cymry atom o Ardal y Llynnoedd, Sir y Fflint, Wrecsam a phob rhan o'r Glannau. Da oedd gweld y Parchedig Elfed ap Nefydd Roberts yn bresennol, Dr Goronwy Wynne, Licswm a'i briod, a llu o Gymry eraill o dros y ffin. Yr oedd y canu yn wefreiddiol a Siambr Cyngor y ddinas yn diasbedain i emynau ein hynafiaid, fel 'Dyma Gariad fel y Moroedd' Gwilym Hiraethog ac 'O Fendigaid Geidwad' Pedrog. Yr oedd arweinwyr gwleidyddol Lerpwl wedi eu rhyfeddu gan ein brwdfrydedd a sylwi yn ogystal ein bod yn rhan annatod o fywyd byrlymus y ddinas.

Gofalwn roddi lle yn y dathlu i offeiriaid oedd yn Gymry o ran cefndir fel y Parchedig John Williams, Prescot a'r Parchedig Geoffrey Davies, Allerton, ac un neu ddau a fynychai ddosbarthiadau dysgu'r Gymraeg. Yr oedd Geoffrey Davies a minnau yn cysylltu â'n gilydd yn rheolaidd a byddwn yn galw i'w weld yn ei gartref. Trigai ar ôl colli ei wraig gyda'i fab, ei ferch a'i gŵr yn Sinclair Drive, y stryd lle y trigai'r Barnwr John Edward Jones a'i briod Mrs Cathy Jones.

Y Parchedig Geoffrey Davies

Un weithred hardd a wnaeth Geoffrey Davies oedd trefnu bod nifer ohonom yn cael ein gwahodd yn Ymddiriedolwyr Cronfa Dewi Sant. Bu'r Gronfa hon o fudd mawr i ni yn y blynyddoedd diwethaf gan gyfrannu'n hael tuag at gyhoeddi'r cyfrolau ar *Hanes Cymry Lerpwl* o Wasg y Lolfa. Daeth y cyfrolau Cymraeg (clawr meddal a chlawr caled) *Hanes Rhyfeddol Cymry Lerpwl* allan yn 2019 a'r cyfrolau Saesneg *The Welsh in Liverpool: A Remarkable History* yn 2021. Bu COVID-19 yn rhwystr ar ffordd lansio'r cyfrolau hardd a gafodd dderbyniad teg. Defnyddiwn yr adnoddau yn ddoeth gan ganolbwyntio ar y bobl sydd yn dysgu Cymraeg ar y Glannau, tuag at gynhaliaeth ein papur bro, *Yr Angor* ac i sefydlu ysgoloriaethau fel y gellir anfon dysgwyr i Nant Gwrtheyrn, canolfan addas i drosglwyddo'r iaith.

Yr oedd Geoffrey Davies yn medru arwain oedfaon yn Gymraeg er y byddai'n well ganddo sgwrsio yn Saesneg. Gwahoddwn ef i bregethu i gapeli Bethel a Bethania a byddai'r gŵr a anwyd yn Aberhonddu wrth ei fodd yn mynd yn ôl at ei wreiddiau. Bu ei ewythr yn Llywydd Cymdeithasfa'r Dwyrain o Eglwys Bresbytyraidd Cymru. Rhoddodd y Parchedig Geoffrey Davies flynyddoedd lawer i'r dasg o fod yn reffari pêl-droed yng ngorllewin Cymru ac ef oedd yr offeiriad Cymraeg olaf ar Eglwys Dewi Sant, Sheil Road.

Cefais gwmni dau Ddeheuwr a fu yn gofalu am ddiadelloedd y Bedyddwyr Cymraeg, sef y Parchedig Cyril John a'r Parchedig Ieuan Ajax Jenkins. Deuai Cyril John o Fancffosfelen yng Nghwm Gwendraeth a derbyniodd alwad i gapeli yr enwad yn Edge Lane a Wavertree. Trigai yn Queen's Drive, drws nesaf i Mr a Mrs W. R. Williams, aelodau yn Heathfield Road ac ef yn bregethwr lleyg yn y cylch. Hwy oedd rhieni y ferch nodedig o dalentog a fu yn gynhyrchydd gyda Radio Pedwar am flynyddoedd. Wrth alw i weld W. R. Williams y cefais fy nghyflwyno i Cyril a'i briod. Yr oeddwn wedi disgwyl ei weld yn y Cyfarfod Sefydlu ym mis Gorffennaf 1968, ond ni ddaeth gan ei fod ef yn tueddu i gadw i'w gorlannau ei hun. Nid oedd dim byd eciwmenaidd ynddo, ond yr oedd yn storïwr o fri, ac yn byrlymu yn ei hiwmor. Trwyddo ef y cefais fod yn Gaplan Eglwysi Rhyddion Ysbyty Brenhinol Lerpwl. Yr oeddwn wedi cael fy apwyntio i weini ar gleifion Ysbyty Mossley Hill ac yr oeddwn wrth fy modd yno gan fod nifer o wragedd o'r Capel yn gweinyddu yno. Dioddefai Cyril o ddolur y galon a gofynnodd a fyddem yn gallu newid lle â'n gilydd, os caniatái'r awdurdodau. Disgwylid i mi fynd i Pembroke Place a Cyril i Park Avenue, Mossley Hill. Gweithiodd yn dda. Adnabyddai ef fy nhad-yng-nghyfraith a bu'r ddau yn eu tro yn gofalu am Gapel y Bedyddwyr Cwmgors. Chwithdod oedd ffarwelio ag ef pan ymddeolodd, gan symud i lawr i Henllan yng ngodre Ceredigion. Un o Gynwyl Gaeo oedd Ieuan Ajax Jenkins ac ar ôl i Cyril ymadael, ef a gymerodd drosodd ofal bugeiliol capeli Edge Lane, Wavertree, Bootle a Woodlands, Penbedw. Ni feddai ar gar modur ond llwyddai i gyrraedd ei gyhoeddiadau, nid bob amser heb ei drafferthion. Llwyddais i'w gael yn ysgrifennydd cyntaf Pwyllgor Gwaith y papur bro, *Yr Angor*, a bu yn gaffaeliad hyd ei farwolaeth yn 1990. Cofiaf yn dda mynd gyda'i briod a'i ferch i wasgaru ei lwch yn yr unigeddau uwchben pentref Ffarmers yn Sir Gaerfyrddin, gan mai yn y broydd hynny y ganwyd ef a'i anwyliaid.

Un arall a gafodd ei lwch wedi ei wasgaru ar Fynydd y Gwair rhwng Betws a Phontarddulais oedd y Prif Dditectif Hywel Davies, Allerton, yng nghwmni ei anwyliaid. Yr oedd hi'n ddiwrnod gwyntog ofnadwy y bore Sadwrn hwnnw a daeth peth o'r llwch yn ôl i'm hwyneb a gwaetha'r modd i un o'm llygaid wrth fynd drwy'r gwasanaeth o'n Llyfr Gwasanaethau a gwasgaru y gweddillion i'r mynydd-dir y bu ef yn chwarae yno yn nyddiau llecyndod cyn symud i Lerpwl a dod yn un o ddictectifyddion clyfar y Glannau. Daliodd chwe deg un o fwrdrwyr gyda'i gyd weithwyr yn ei gyfnod yn brif ddictectif yr heddlu ar Lannau Mersi. Stori orchestol i'r llanc o Betws, yn yr un traddodiad â phobl dalentog y pentref ar lan afon Amman.

Rhoddodd flinder i'm llygaid am oriau lawer yn arbennig wrth yrru y car o'r Betws ar hyd y draffordd i westy ger y Castell. Ar ôl cyrraedd Caerdydd y noson honno, ni allwn fynd i barti pen-blwydd fy ffrind ysgol, John Albert Evans, gan na fedrwn brin agor fy llygaid chwith. Ond erbyn bore trannoeth daeth dihangfa. Diolch am hynny, gan y disgwyliwyd i mi bregethu yng nghapel John Albert, sef Minny Street, lle yr oedd ef ymhlith y diaconiaid yn un o ganolfannau pwysicaf yr Annibynwyr Cymraeg.

Pregethu yng Nghaerdydd

Yr oeddwn yn hoff o bregethu yn y Brifddinas a chefais nifer dda o gyhoeddiadau gan gapeli ein henwad, fel Capel Crwys Road, a chael aros ar aelwyd Delyth a Glyn Tudwal Jones. Cafodd Meinwen a minnau Sul bendithiol a Glyn yn gwasanaethu yn y pnawn yn Ynys-hir a chyfle i fynd unwaith eto i Gwm Rhondda, cwm y gwyddwn am bob capel o'i fewn. Ac yna Nos Sul teithiodd y ddau ohonom at y teulu yn Swydd Hertford o Richmond Road i Ox Lane, Harpenden. Yr oedd Glyn wedi ymddeol pan euthum am Sul arall i'r Crwys a braf oedd cael cwrdd y bore hwnnw â Rhys Lewis, mab y Parchedig Haydn Lewis wrth yr organ. Bu ei dad a minnau yn bennaf ffrindiau. Yr oedd fy nghyfaill Cynwil yn yr oedfa, un a fu yn weinidog grymus yn ei ddyddiau ond bellach yn cilio o'r llwyfan. Gwych oedd cael pregethu hefyd yn Salem, Treganna, a gweld bywiogrwydd mawr trwy bresenoldeb cymaint o bobl hynod o ddawnus o'r cyfryngau yn cymryd rhan flaenllaw yn yr oedfaon. Braint oedd cael aml i Sul yn y capel lle y bu R. J. Jones, a gofiwn yn dda o'r chwe degau, yn weinidog digyfaddawd dros y Gymraeg am flynyddoedd lawer. Y Parchedig Owen Llŷr Evans oedd y gweinidog yn y cyfnod y bûm yn gwasanaethu Minny Street a phawb o bob oedran yn meddwl y byd ohono. Yr oeddwn yn falch fod hynny yn para yn ein plith. Havard Gregory oedd yn gofalu am lyfr y cyhoeddiadau a byddai ef a'i briod Rhiannon (a gofiwn yn y Coleg) yn ein gwahodd i'w cartref yn Rhiwbeina ar Nos Sul. Wedi'r cyfan yr oedd ei dad, y Parchedig Richard Thomas Gregory ('R. T.') (1879-1968) yn sylfaenydd Cymdeithas Dydd yr Arglwydd, cymdeithas y bûm yn rhan annatod ohoni o'r chwe degau, pan fyddwn yn cyfarfod yng Nghaerdydd gyda gweinidogion y ddinas, y Parchedigion R. J. Jones, D. Myrddin Davies, Tabernacl, Emlyn Jenkins, Ebeneser, R. T. Gregory, M. R. Mainwaring, yn chwarae rhan amlwg gyda'r Ysgrifennydd llawn amser, y Parchedig T. H. Griffiths. Un o Glais, Cwm Tawe oedd R. T. Gregory a chofiaf gyfarfod ag ef ar orsaf Bryste ar nos Sul yn disgwyl y trên i Gaerdydd, y ddau ohonom wedi bod yn pregethu ymhlith Cymry'r Ddinas. Credaf erbyn heddiw fod R. T. Gregory yn un o'n harwyr anghofiedig, a hynny am nifer o resymau. Bu'n ysgrifennydd a threfnydd y Cymdeithasau Cymraeg ym mhob lle y bu'n byw ynddo, yn Ninas Mawddwy, Nantymoel, Cymer, Porth. Bu'n athro Cymraeg am gyfnod yn Ysgol Feiblaidd y Parchedig R. B. Jones yn y Porth. Cofiaf ei fod ef a T. Alban Davies ac eraill wedi bod yn flaenllaw yn ystod cyfnod y dirwasgiad yn y Rhondda fel prif ddosbarthwyr elusennau i'r di-waith yn y Porth a'r cylch.

Yn 1938 (pan oedd yn byw yng Ngwaelodygarth gyda'i briod Elizabeth Gwen (née Havard o Ddefynnog) penodwyd ef yn ysgrifennydd Cangen Caerdydd o'r *Lord's Day Observance Society*. Llafuriodd yn galed iawn i'w gwneud yn gymdeithas genedlaethol Gymreig; tynnodd hi'n rhydd o Loegr a'i galw yn Gymdeithas Dydd yr Arglwydd yng Nghymru. Yn 1950, ymddeolodd o'i ysgrifenyddiaeth lawn amser a derbyn y swydd o gadeirydd fel y cofiaf ei gyfarch. Ei ferch oedd y Gymraes odidog Mrs Mair Elvet Thomas. Yn siop lyfrau ail-law Eric Jones yng Nghaernarfon y cyfarfûm am yr eildro gyda Mair a'i phriod Elvet Thomas a fu'n gyfrwng i ennill Bobi Jones, E. G. Millward a Gilbert Ruddock i ganolbwyntio eu doniau ar ran y Gymraeg. Daeth pob un ohonynt yn ysgolheigion Cymraeg o'r safon uchaf a chwith meddwl nad oes un ohonynt bellach ar dir y byw. Yr oeddwn wedi cyfarfod â Mair ac Elvet cyn hynny pan oeddwn yn darlithio yn Nhŷ'r Cymry yng Nghaerdydd. Bu teulu R. T. Gregory yn werthfawr dros ben i'r bywyd Cymraeg, Cristnogol a'r tad yn ŵr unplyg, cadarn o ran corff a chymeriad. Coffa da amdano.

Cyfraniad y Deon H. Islwyn Davies

Deheuwr arall a fu yn gyfaill da oedd H. Islwyn Davies, Aigburth. Yr oedd ef wedi'i fagu gyda'r Presbyteriaid Cymraeg ac wedi troi oherwydd amgylchiadau at yr Eglwys Anglicanaidd. Aeth nifer o fechgyn y Mans at yr Anglicaniaid yr un adeg ag Islwyn, fel y llenor disglair Aneirin Talfan Davies. Bu Islwyn yn ddarlithydd ar gyfandir Affrica ac yn Ddeon Eglwys Gadeiriol Bangor. Yr oeddwn yn gyfarwydd â'i ysgrifau yn *Y Traethodydd* cyn iddo symud atom a chawsom seiadau gyda'n gilydd. Galwodd fi i'w weld pan oedd ar ei wely angau yn Ysbyty Lerpwl a gofyn i mi gymryd ei arwyl. Yr oeddwn wedi cael syndod o'r mwyaf gan y gwyddwn y byddai'r Eglwys yng Nghymru, heblaw am Esgobaeth Lerpwl, am gael arwain y Litwrgi. Yr oedd yn benstiff o benderfynol ar y cwestiwn. 'Rhowch gyfle iddynt ddarllen o'r Gair', meddai, 'dim mwy na hynny.'

Pennod 4

Beichiau'r Degawdau

Yr oeddwn yn teimlo erbyn yr wyth degau fod y beichiau yn aruthrol ar ysgwyddau un person. Yr oedd disgwyl i mi ofalu am y Cymry lle bynnag y gwelid hwy, mewn coleg, capel, carchar, ysbyty a gwaith bob dydd. Bûm yn mynd yn gyson i Garchar Walton. *'Hell hole'* meddai un o fechgyn Môn a fu yno ar gam oherwydd annibendod y Swyddfa Bost. Yr oedd y carchar yn meddu ar garcharorion diddorol, aml un o Fôn ac o Gaernarfon, a rheiny heb golli o gwbl eu tafodiaith. Ymwelwn gyda'r Cymry da a ddeuai yno am eu safiad dros yr iaith, bob tro o dan nawdd Cymdeithas yr Iaith Gymraeg. Treuliais sesiwn ddiddorol ddwywaith yng nghwmni Ffred Ffransis oedd wedi torri'r gyfraith er mwyn mynnu hawliau i'r iaith Gymraeg. Erbyn hyn, y mae ef yn pwysleisio angen y ffydd arnom fel Cymry a diolch iddo am ei holl safiad, a phob un arall a ddaeth i Walton, fel fy nghyd-Weinidog John Owen o Fethesda. Deuthum yn gyfeillion agos iawn i'n gilydd pan symudais i lannau Mersi a hyfryd oedd galw droeon arno ef a'i briod yn yr entrychion uwchlaw Bethesda.

Sefydlu Caplaniaeth Glannau Mersi

Y syniad mawr oedd gen i oedd sefydlu Caplaniaeth Cymry'r Glannau a thrwy ddyfal donc a chymorth nifer o'r blaenoriaid lleol, cafwyd yn y diwedd y maen i'r wal. Golygai drefnu cyfarfyddiad yn yr Amwythig i drefnu yn derfynol y cynllun yn fanwl yng nghwmni D. H. Owen ac eraill o'r Swyddfa Ganolog. Cafwyd rhwyddineb o Henaduriaeth i Sasiwn ac i'r Gymanfa Gyffredinol ac yr oeddem yn arloesi mewn maes sydd wedi cynyddu yn ddirfawr, ac yn wir wedi dod yn anadl einioes yr enwad. Erbyn hyn, ceir gweithwyr gweinidogaethu ac yn 2021, caed nifer ohonynt, fel Gweinidog Henaduriaeth Trefaldwyn, Cylch Lerpwl a Chynorthwy-ydd Bugeiliol Aberystwyth. Arbrofi, mentro a chynnal y dystiolaeth mewn oes pan mae hi'n anodd trosglwyddo'r angen gweinidogaethol i'r bobl ieuainc heb ddarpariaeth cyn hynny.

Dewis John Sam Jones

Felly aethom ati i ddewis person a fyddai'n cynorthwyo o dan fy nghyfarwyddyd i fel Caplan Cymry Glannau Mersi. Cynhaliwyd y cyfweliad yn fy ystafell ym Methel a chawsom saith ymgeisydd, ac o leiaf pedwar ohonynt yn meddu ar gymwysterau a nodweddion digonol i gyflawni'r swydd. Yr un a feddai ar lythyron cyflwyniad o radd flaenaf oedd gŵr ifanc o'r Bermo, John Sam Jones. Ysgrifennodd dau yr ymddiriedwn yn fawr ynddynt, T. J. Davies o'r Feibl Gymdeithas, Aberystwyth, o'i blaid gan ei gymeradwyo a'n hatgoffa iddo dreulio cyfnod yng Nghaliffornia yn cael ei drwytho gan nifer o ddiwinyddion adnabyddus fel Robert McFee yn Berkeley. Y llall a baratôdd air cymwys amdano oedd y Parchedig Huw Wynne Griffiths, gweinidog Capel Seilo, Aberystwyth. Deuai atom gyda llythyron godidog a phrofiadau na feddai un o'r lleill a phenderfynwyd rhoddi cyfle iddo wasanaethu fel caplan. Llwyddwyd i gael fflat iddo yn gyfleus i Barc Sefton ac aethom ati i drafod ein dyheadau ond buan y sylweddolais nad oedd John Sam am gael gormod o orchmynion. Er mai ifanc a di-brofiad ydoedd fel Caplan, yr oedd ef am dorri ei gŵys ei hun yn ei berthynas â chleifion, carcharorion, y Cymry ar y Suliau gan y disgwylid iddo gymryd oedfaon, ac ennyn diddordeb yn y Cymry ifanc yn y Brifysgol o'n bodolaeth fel canolfannau gobaith yr Efengyl. Tymor o ddwy flynedd oedd ei dymor, a gwyddwn o fewn tri mis na fyddai John Sam yn dymuno parhau yn fwy na'r cytundeb. Gadawodd ni ar derfyn ei gytundeb ac aeth i weithio ym meysydd addysg ac iechyd cyhoeddus ac ni fu ar ein cyfyl wedi hynny ar wahân i ddod yn ôl i angladd y Barnwr J. Edward Jones yn 1999. Oddi ar hynny deuthum i wybod amdano fel awdur ffuglen Saesneg, ac eleni cyfieithodd Siân Northey ei hunangofiant Saesneg i'r Gymraeg o dan y teitl *Y Daith Ydi Adra: Stori Gŵr ar y Ffordd*. Adolygwyd y gyfrol gan Richard Crowe yn *Barn* (Gorffennaf 2021) lle y dengys fod John Sam yn croesi'r ffiniau ar ei daith, wrth symud o wlad i wlad, ffiniau rhywioldeb, yn gwbl agored ar ôl gadael Lerpwl, ond yn ei gyfnod gyda ni yn ei guddio. Gofalais na fyddwn i yn ei frifo o gwbl, a dywedodd ysgolhaig o Gymro wrth fy mab, fy mod yn meddu ar oddefgarwch aruthrol wrth lwyddo i gefnogi'r Caplan mewn cyfnod pan nad oedd pawb mor oddefgar.

Cyfnod byr Dafydd y mab

Ar ôl iddo ef adael y Gaplaniaeth, penderfynwyd estyn gwahoddiad i eraill gydweithio â ni, sef enwad y Bedyddwyr, yr Annibynwyr, yr Eglwys Fethodistaidd a'r Eglwys Anglicanaidd. Yr un a ddaeth i'r brig fel olynydd John Sam oedd ein mab hynaf, Dafydd Llywelyn Rees, sydd bellach yn llais cyfarwydd ar Radio Cymru. Yr oedd ef yn awyddus i gael swydd gyda'r BBC, ond nid oedd gobaith yr haf hwnnw. Ymgeisiodd am y swydd. Nid euthum ar gyfyl y penodiad, ond bu Ieuan Jenkins yn garedig ato yn ei arwain at welyau'r cleifion mewn nifer o ysbytai ar ôl iddo gael ei apwyntio. Canmolai Gymraeg Dafydd wrth y cleifion a'i allu i gyfathrebu a'r modd y gweithredai, ond o fewn pedwar mis yr oedd ef wedi derbyn swydd dderbyniol i weithio gyda'r BBC yng Nghaerdydd.

Cyfnod Rachel Gooding

Diddorol oedd ein dewis o'n trydydd caplan, sef Saesnes o'r enw Rachel Gooding o Stalybridge. Yr oedd ganddi gymwysterau mewn Diwinyddiaeth o Brifysgol Leeds ac wedi meistroli'r Gymraeg a hanes Ymneilltuaeth Gymraeg yn ystod y cyfnod a dreuliodd yn fyfyrwraig yng Ngholeg yr Annibynwyr yn Aberystwyth. Anglicanes oedd hi o hil cerdd, a deil felly. Bu ei dyfodiad yn atgyfnerthiad a'i gofal yn gymorth nid bychan i ni fel eglwysi Cymraeg, a buan yr oeddem yn ei gwahodd i gyflawni nifer fawr o ddyletswyddau. Arhosodd yn Lerpwl ar ôl ei thymor a dod yn gaffaeliad pan sefydlwyd Cymdeithas Etifeddiaeth Glannau Mersi. Cyflawnodd ei gwaith yn raenus a deil i bregethu ar y Suliau yn Gymraeg yn ôl y galw. Y mae'n rhan o'r gymuned Gymreig.

Cyfnod Eleri Edwards

Syrthiodd y coelbren am y caplan nesaf ar gyn-genhades a wasanaethodd ym Madagascar, Eleri Edwards. Yr oedd hi wedi dod yn ôl i Gymru ac yn byw yn un o'r tai teras, a adnabyddir bellach fel Tŷ Eleri yn Nhrefeca. Ysgrifennydd y Pwyllgor Cenedlaethol oedd D. Andrew Jones a'r Llywydd oedd y diweddar Miss Einwen Jones, Glyn Ceiriog. Ar ôl cryn drafod, cynigiais ein bod yn cysylltu ac yn gwahodd Eleri Edwards o Drefeca i ymgymryd â'r Gaplaniaeth. Cytunodd yr aelodau a daeth Eleri gyda'i hymroddiad i'n plith. Bu'n hynod o weithgar, ac yn cydweithio'n dda, a daeth hi a'i mam yn aelodau o Fethel. Byddai Mrs Edwards yn dod yn ei chadair olwyn yn gyson a chafwyd cartref i'r ddwy yn Centreville Road yn agos i'r capel. Ar ôl cyfnod da gyda'r pwyslais pennaf ar y cleifion, mynegodd Eleri ei dyhead o gael ei hordeinio i gyflawn waith y Weinidogaeth. Yr oeddwn yn falch dros ben. Yr oedd fy awgrym wedi gweithio ar ei ganfed, a bu'r ordeinio yng Nglyn Ceiriog ym mis Medi 1999. Methais â mynd i'r oedfa bwysig hon gan fy mod wedi cael triniaeth lawfeddygol fawr ar fy nghalon ac wedi fy arbed yn llythrennol o grafangau angau. Dywedwyd wrthyf gan y ffisegwr ar ôl iddo orffen ei archwiliad fod gennyf dri mis i fyw. Bu'r llawfeddygon ar eu gorau a'r Gwasanaeth Iechyd Gwladol a'm haelodau gwasgaredig, oherwydd erbyn 1999 pan ddaeth hi yn argyfwng yr oedd yr holl ddinas yn rhan o'm dalgylch. Ymunodd Capel

Garston ym Methel gan i mi ofalu na fyddid yn dewis yn wahanol. Bu eto un person o gorlan Garston yn ceisio perswadio rhai o'r aelodau i ymaelodi gyda'r Annibynwyr Cymraeg yn Woolton Road. Bu tri ohonynt ar ymweliad ag oedfa'r Tabernacl cyn sylweddoli y byddent yn gwbl ddi-fugail yn y gynulleidfa arall. Yr oedd ganddynt ormod o feddwl ohonof i'm bradychu. Nid fy mod heb roddi ar ddeall i bob un ohonynt fy mod yn disgwyl cefnogaeth lwyr a llawn. Ac felly, ymwelais â hwy i gyd, i'w gwahodd i'r eglwys unedig, a chafwyd pawb i'r gorlan newydd.

Y Caplan olaf yn yr arbrawf Nan Powell -Davies

Ar ôl caplaniaeth Eleri, cawsom rai blynyddoedd o weinidogaeth gan Nan Powell-Davies, yr Wyddgrug, merch awyddus ac adnabyddus a etholwyd yn 2021 yn Llywydd Cymanfa Gyffredinol Eglwys Bresbyteraidd Cymru. Yr oedd ei mam-gu Mrs Jones yn derbyn ymweliadau cyson oddi wrthyf yn Sudbury Road yn Anfield, ac felly fe wyddwn fod gan Nan gymaint i'w gynnig. A dyna a welwyd er ei bod am aros i fyw gyda'i phriod a'r plant yn yr Wyddgrug. Aeth Nan ati, heb lawer o ymgynghoriad gyda neb ohonom fel swyddogion, i ganolbwyntio ar y Cymry Cymraeg a di-Gymraeg a welwyd yng ngharchar Altcourse. Yr oedd y carchar yn ddiolchgar am ymroddiad Nan, ond am y rhannau eraill o'r gwaith, fel y myfyrwyr a'r cleifion, nid oedd ganddi'r amser i'w roddi iddynt. A fodd bynnag yr oedd awdurdodau'r ysbytai wedi ei gwneud hi'n anodd i gaplaniaid, nad oedd o dan eu gofal, i weithredu. Nid oedd y croeso arferol ar gael ac ni allem ond bodloni ar yr hyn oedd yn dderbyniol ganddynt hwy. Ond yn ei chyfnod hir o 1982 i 2008, bu Gaplaniaeth y Glannau yn werthfawr gan ein clymu ni fel eglwysi o bob enwad, gan gynnwys yr Eglwys Anglicanaidd Gymraeg ar y Glannau, yn agosach at ein gilydd fel noddwyr y fenter.

Adnabod pobl haelionus

Un o'r breintiau pennaf a gefais yn fy ngweinidogaeth oedd cael adnabod pobl haelionus yn fy eglwysi ac yn eglwysi'r Gogledd-ddwyrain ar ôl inni ymuno fel Henaduriaeth yn 2008. Haelionus o ran ysbryd, haelionus yn eu gwerthfawrogiad o'n gilydd ac o eraill, haelionus tuag at yr anghenus a'r tlawd lle bynnag y'u gwelir. Y mae pob capel y bûm i'n gofalu amdano wedi magu pobl haelionus; yn wir yn fy nhyb i, dyma un o'r swyddogaethau a berthyn i'r blychau ennaint: troi allan pobl sydd yn barod yn enw'r Iesu i fod yn haelionus yn y bywyd seciwlar.

Cofiaf i mi gael cyfle yn y Gymanfa Gyffredinol a gynhaliwyd ym Machynlleth i draddodi darlith o dan nawdd y Gymdeithas Hanes yn 1981 ar gyfraniad teulu David Davies ('Top Sawyer'), Llandinam i'r cyfundeb. Mwya i gyd yr ymchwiliwn i mewn i'r hanes, mwya i gyd y rhyfeddwn at haelioni David Davies, ei fab Edward Davies a'r drydedd genhedlaeth, y gwleidydd David Davies a'r ddwy chwaer, Gwen a Margaret Davies, Llandinam, i godi capeli, cynnal y weinidogaeth, prynu gwesty ar lan y môr yn Aberystwyth yn 1906 i fod yn Goleg Diwinyddol, cychwyn y Symudiad Ymosodol ym Morgannwg, yn arbennig lle y gwnaed yr arian yn y pyllau glo yng Nghwm Rhondda, ac at waith y cenhadon yn yr India. Haelioni rhyfeddol.

Cofiwn fod yr Apostol Paul yn dweud yn dda am bobl fel teulu Llandinam a theuluoedd tebyg. Yr oedd ef yn medru ceryddu fel yr oedd yn medru canmol. Cofiwn amdano yng nghanol eglwysi Macedonia, eglwysi digon tlawd, a fu'n ymladd am eu heinioes fel y gwnawn ni'r dyddiau hyn, ond wedi rhoddi yn well na ellid ei ddisgwyl. Yng ngŵyl bwysig yr Iddewon, y Purim, y mae yna anogaeth fod pob person, pa mor dlawd bynnag y bo, yn ffeindio person arall sy'n dlotach nag ef ei hun, er mwyn medru cyflwyno rhodd iddo. Y person tlotaf imi ddod ar ei thraws yn Lerpwl oedd aelod ym Methel, Mary Boyle, Newsham Park, merch y seraff bregethwr Dr Thomas Williams, Gwalchmai a Chapel Armenia, Caergybi. Adroddais ei hanes yn fy hunangofiant ac nid oes pwrpas ail adrodd ond atgoffa'n gilydd fod yna dlodion wedi bod yn rhan o'n heglwysi ar hyd y ddwy ganrif a mwy. Yn fy mhrofiad i yn Lerpwl o gasglu tuag at achosion da, y bobl gyffredin sydd fwyaf haelionus. Cofiaf un flwyddyn sefyll yng Ngorsaf Central yn enw Rotari â bwced yn fy llaw yn casglu ar drothwy'r Nadolig. Daeth gwraig heibio oedd wedi bod yn codi ei phensiwn. Tynnodd y bwndel allan o'i bag ac arllwys y cyfan i'r bwced. Pan ddywedais wrthi nad oeddem yn disgwyl swm o'r fath, chwarddodd gan ddweud: 'Hoffwn pe bai mwy gennyf i'w roi i'r achosion da'. Ond y rheswm pennaf inni fod yn haelionus yw'r hyn a ddywed Paul wrthym yn 2 Corinthiaid 8: 9, 'Oherwydd Gras ein Harglwydd Iesu Grist'. I Paul, nid ar y groes y cychwynnodd haelioni a chariad yr Iesu. Fe gychwynnodd yn y preseb ym Methlehem Jiwdea:

> Oherwydd yr ydych yn gwybod am ras ein Harglwydd Iesu Grist fel y bu iddo, ac yntau'n gyfoethog ddod yn dlawd, drosoch chwi, er mwyn i chi ddod yn gyfoethog trwy ei dlodi Ef.

Y Gymdogaeth Dda

Braint yw cael atgoffa'r aelodau fod gofal am ein gilydd yn gymdogaeth dda, ac yn fy marn i, yn rhan bwysig o agenda'r Efengyl Gristnogol. Yr oedd gennyf ym Methel aelod ardderchog, sef Gwilym Meredydd Jones, a ddaeth atom o Gapel Anfield gyda'i briod Gwerfyl (un o Gymry Lerpwl) a'r meibion Gwyn a Hugh. Un o Lanrafon yn Edeyrnion ydoedd a daeth i Lerpwl fel eraill lawer i ddysgu yn yr ysgolion. Daeth ef yn Brifathro Ysgol Northway yn Broadgreen, yn olynydd i Gymro teyrngar Owen Owens a wasanaethodd fel blaenor yn Eglwys Garston. Rhwng Owen Owens a Gwilym M Jones, ac Ann Roberts, Llanilar, Childwall, Prifathrawes Ysgol y Babanod, cafodd yr ysgol hon enw arbennig iawn fel canolfan dysg. Digwyddodd yr un wyrth yn Ysgol Gynradd Rudston Road, Childwall, pan ddaeth Prifathro abl arall, R. Ifor Griffith (brodor o Bontddu, ger Dolgellau) i ofalu am y cyfan. Sefydlodd gôr plant o safon uchel.

Bob tro y byddai Gwilym Meredydd Jones yn cymryd rhan yn y Cyfarfod Gweddi, mi fyddai'n siŵr o sôn yn ddiolchgar am y gymdogaeth dda. Gwelodd ef y gymdogaeth dda pan enillodd y Fedal Ryddiaith yn Eisteddfod Genedlaethol Abertawe yn 1982, gan i mi drefnu ym mis Medi gyfarfod teyrnged iddo am ei gamp.

Cawsom dros y blynyddoedd nifer o'n harweinwyr o fewn y Sêt Fawr a thu allan a roddai amser lawer i ymweld â'r cleifion. Yr oeddwn i yn rhoddi llawer iawn o bwyslais ar yr ymweld ac yn cael aml i brofiad fel y prynhawn Llun hwnnw, 22 Medi 1987, pan alwyd fi i Ysbyty Mamau a Phlant Oxford Street. Dyna'r Ysbyty lle y ganwyd ein hail fab, Hefin yn 1969. Ar ôl cyrraedd Oxford Street, pwy oedd yn fy nisgwyl yn 1987 ond Dilwyn Pritchard, Rachub a'i briod Lynda, a oedd wedi geni pedwar o blant, ond yr oedd un ohonynt yn farw-anedig. Yr oedd yr Ysbyty yn gofalu'n dda am y tri arall, a chefais y fraint o fedyddio'r babanod, Rhys Gwilym, Elin Angharad a Huw Tomos. Braint oedd cael bod yno a gweinyddu'r sacrament o fedydd yng nghwmni'r rhieni haelionus. Cefais yn ddiweddarach o'u dwylo lun sydd yn dal ar un o'r muriau yn ein cartref, i'm hatgoffa o'u diolchgarwch personol o fy ymweliad.

Yr Ymwelydd Trevor Rees

Yn gynnar yn fy ngweinidogaeth deuthum ar draws gŵr o'r enw Trevor Rees oedd yn aelod yng nghapel Cymraeg Walton Park, capel sydd wedi cau ei ddrysau ers bron i hanner can mlynedd. Cyfrifid ef yn anabl a defnyddiai ei amser yn mynd o un ysbyty i'r llall i ymweld â'r Cymry. Yr oedd e'n byw heb fod yn bell o gapel Walton mewn darn o Lerpwl a elwid yn Orrell. Cofiaf yn dda ryw ddeng mis a mwy ar ôl cyrraedd Lerpwl i mi gael galwad ffôn oddi wrtho. Codais y ffôn a chlywed y llais: '*Trevor here*'. Pwy meddwn. '*Trevor Rees here from Walton Park.*' Ni chlywyd gair o Gymraeg o'i enau ond byddai'n deall pob beth a leferid yn yr iaith.

Cofiais i mi gyfarfod ag ef un bore Sul yng nghapel Walton Park a hefyd dau a fu'n weithgar iawn ym Methania yn fy nghyfnod i – Bob a Nan Lewis (Litherland). Yr oedd Trevor ar bwys ei ffôn y bore hwnnw yn gwbl ddi-ddweud bron, ac yn ôl pob sôn wedi cael ei sbwylio gan ei fam. Aeth ymlaen â'i sgwrs ar y ffôn sefydlog. Yr oedd ef y diwrnod canlynol yn mynd am driniaeth feddygol yn Ysbyty Walton, a gofynnodd a fyddwn i mor garedig â dod i'w weld drannoeth gan nad oedd neb arall i ddod cyn y llawdriniaeth. Dyma fi yn ateb yn ddigon dewr ac yn dweud, 'Nid fi yw'ch Gweinidog, Mr Rees. Ble mae'r Parchedig William Jones?' 'O', meddai yn ei gyfrwystra, 'mae ef i ffwrdd y diwrnod hwnnw.'

Bodlonais ddod i'r ward yn Ysbyty Aintree, lle y ceid ef, erbyn dau o'r gloch amser ymweld yn y pnawn. Yr oedd gen i ryw ugain milltir o daith yn ôl ac ymlaen, a phan gyrhaeddais y ward, gwelwn Trevor yn y gwely fel brenin ac o'i amgylch bob gweinidog oedd gan yr enwad yn Lerpwl. Yno yr oedd W. D. Jones, Emyr Owen, Cledwyn Griffith, G Tudor Owen, William Jones, R. Maurice Williams a minnau. Llwyddodd i gael ni i gyd i ddod ar adeg arbennig a chan fod pedwar ohonom yn gwisgo coler gron, yr oedd pawb o gleifion y ward, naill ai'n clodfori Trevor fel dyn crefyddol neu'n cydymdeimlo ag ef yn gorfod gwrando ar y gleber mewn iaith arall a glywent. Yn oes COVID-19, ni fyddem yno o gwbl. Yr oedd hi'n oes wahanol iawn yn 1969.

Ar ôl datgorffori Walton Park ac Anfield, daeth Trevor atom ni i Heathfield Road, ac er ei fod yn araf ei ymresymiad, llwyddodd i gael y Wladwriaeth i bwrcasu car ar ei gyfer er mwyn iddo fynychu ein hoedfaon. Yr oedd ei feddyg wedi cytuno â'r awgrym y dylai gael car er na fedrai ddreifio car. Bodlonodd ceidwad ein Tŷ Capel, Elwyn Jones, i ofalu am y car, a mynd pnawn Sul i'w gasglu i'r oedfa hwyr, ac yna nos Lun i Gyfarfod Defosiynol a phob cyfarfyddiad arall a gynhelid. Cedwid y car ym maes parcio'r Capel a medrai'r ddau fynd trwy'r ddau dwnel heb orfod talu ceiniog. Hebryngai'r ceidwad ef o un ysbyty i'r llall gan fod Trevor yn awyddus i weld hwn a'r llall. Yn ôl yr hyn a glywais, safai yn ymyl y gwely a dweud ei enw ac wedyn byddai'n disgwyl i'r claf siarad ag ef. Yr oedd y sant, Dr R. Arthur Hughes, yn fy siarsio i beidio enwi ei fod ef yn yr Ysbyty yn y Seiat ar ddiwedd oedfa'r hwyr, gan na allai ddygymod ag ymweliad y brawd di-eiriau a di-sgwrs yn ystod yr wythnos ganlynol.

Am gyfnod bu'n ymweld â Chymry oedd yn yr Ysbyty Brenhinol gan gyflwyno ei hun fel y Parchedig Ben Rees. Yr oedd gennym yr un cyfenw wedi'r cyfan! A'r tro hwn dyma'r claf yn dweud, 'Nage wir. Nid D. Ben Rees mohonoch chi. Rwyf yn ei nabod ef, bu yma ddoe ddiwethaf.' Trodd Trevor ar ei sawdl a symud ymlaen. Dysgwyd gwers iddo am y tro! Ond dibynnai mor llwyr ar yr ysbytai. Yno y byddai yn cael ei fwyd, ei bryd bwyd adeg cinio cyn amser ymweld y pnawn, a'i bryd gyda'r nos, a byddai'n ymffrostio yn safon bwyd Ysbytai'r Frenhinol a Walton.

Pan ddaeth y diwedd yn ei hanes, trefnais gyda threfnwyr angladdau De Lerpwl Pearson a Collinson, a gwasanaethais yn ei arwyl. Teithiais (yr unig un o Lerpwl) yng nghar y trefnwr angladdau yr holl ffordd i fynwent y Bermo yn edrych dros Fae Ceredigion. Cyflwynais ef cyn hynny i gymeriad arall a hen lanc arall, John Morgan Davies, Stoneycroft, gan y medrai ei gario yntau i'r capel ar nos Sul yn ei gar, gan ei fod bron yn pasio cartref John, gwerinwr a sgwrsiwr diddorol, gyda'i wreiddiau yng ngwlad Lleyn. Derbyniodd John Davies lawer cymwynas trwy gar modur Trevor Rees.

Ein teulu crefyddol

Dau ŵr unig, unig oeddynt. Fyddwn er hynny, yn dweud yn gyson nad oes angen i neb sydd yn perthyn i eglwys weithgar yr Arglwydd Iesu fod yn ddiymadferth a di-gefn. Yr ydym o fewn y gymuned honno yn rhan o'r teulu sy'n cyd-ddioddef, yn cydweddïo a chyd-ddyheu gyda'n gilydd. Mewn oes symudol, lle y mae gan bawb ohonom fwy a mwy o ddiddordebau, y mae angen y teulu ar y bobl unig, ac y mae gennym gyfrifoldeb i greu cymdogaeth dda, ac i gofio am ein gilydd, a phobl lai ffodus sydd yn rhan o'r gymuned. Dyna wnaeth Apostolion yr Eglwys Fore, sef atgoffa pobl eglwysi ifainc o'u cyfrifoldeb i'w gilydd ac i'r tlodion yn eu gwir angen. Y mae'r Efengyl yn medru anfon o hyd bobl ddewr i'r mannau mwyaf enbyd. Dyma pam fod neges a phobl yr Efengyl yn etifeddion Duw, chwedl John Calfin. Dysgais lawer wrth ymchwilio i waith y Genhadaeth yng Ngogledd-ddwyrain yr India, am ferch fel y Dr Helen Rowlands, a hwyliodd allan o Lerpwl i Sylhet yn 1916. Bu farw yn Karimganj yn Nhalaith Sylhet, y 'popty poeth', fel y'i gelwid. Yno y mae bedd un a edmygai Mahatma Gandhi, y ferch athrylithgar o Borthaethwy a uniaethodd ei hun gyda breuddwyd fawr Nehru a Krisha Menon am India mewn oes newydd a gwawr newydd yn 1947.

Y mae'r hanes yn eich gwnuedd yn hynod o ostyngedig. Oherwydd yr un Efengyl a roddodd gymhelliad i Helen Rowlands a Nansi Mai Thomas yw'r Efengyl sydd yn cael ei thraethu yn gyson yr wythnosau hyn ar *Zoom* yn wyneb peryglon COVID-19. Y mae yna werth mawr i oedfaon *Zoom* a diolchwn am bob un a fu wrthi yn ein harwain o Wanwyn 2021 i Hydref 2021 o dan arweiniad fy olynydd yn yr ofalaeth.

Y Cynorthwy-ydd Bugeiliol

Bûm yn gosod ar y gweill yn 2018, gynllun Cynorthwy-ydd Bugeiliol Glannau Mersi. Yr oedd blaenoriaid y tair eglwys yn awyddus a'n gobaith oedd cael person ifanc i dderbyn fy nghyfarwyddyd am gyfnod o ddwy flynedd. Hysbysebwyd ar ôl cael y caniatâd o du aelodau Henaduriaeth y Gogledd-ddwyrain a'r Cyfundeb. Cawsom ychydig o ymholiadau ond dim ond un enw pendant, a chreodd hynny syndod o'r mwyaf, gan ein bod yn derbyn manylion am un o Weinidogion mwyaf derbyniol y Sasiwn, y Parchedig Robert Parry, Gweinidog Capel y Groes, Wrecsam. Nid oedd ond llawenydd yn ein plith, ond yn lle cael person yn dod allan o goleg, yr oeddem yn mynd i dderbyn cefnogaeth gweinidog profiadol a phoblogaidd. Cychwynnodd ym mis Ebrill 2019 ac am y deng mis cyntaf bu cydweithio da a gwerthfawr. Byddem yn cydweithio ac mewn cysylltiad â'n gilydd o ddydd i ddydd. O Fawrth 2020, hyd ddiwedd ei dymor deuddeg mis yn ddiweddarach bu'n rhaid derbyn cyfarwyddyd yr enwad. Ni wireddwyd ein cynlluniau. Daeth hi'n amser i ystyried fy nyfodol, a gwyddwn fod Robert yn awyddus i groesi'r ffin i fugeilio'r alltudion. Yr oeddem wedi ffurfio Gofalaeth Gororau'r Gogledd yn cynnwys 5 o gapeli, tair eglwys ar y Glannau, ynghyd â Noddfa, Didsbury, Manceinion a Willow Tree Road, Altrincham. Estynnwyd yr alwad yn nechrau 2021 trwy gymorth Llywydd yr Henaduriaeth i'r Parchedig Robert Parry.

Croesawu'r Parchedig Robert Parry

Dechreuodd ar ei waith ar 1 Ebrill 2021 a chefais innau gyfle ar fore Sul, 28 Mawrth i fynegi fy niolchgarwch am gefnogaeth dda. Paratôdd Dr Pat Williams deyrnged ysgrifenedig fel y gwnaeth y blaenoriaid i'r *Goleuad*. Trosglwyddais awenau Cyfarfod y Blaenoriaid i Robert ym mis Ebrill ar ôl 53 o flynyddoedd. Dim ond pedwar cyfarfyddiad a gollais yn y cyfnod hir hwnnw, a dim ond un person oedd ar dir y byw o'r cyfarfyddiad hwnnw ym mis Gorffennaf 1968, sef Glyn Davies, Rhuthun. Daliai ef yn weithgar yn ei fro, yn arbennig ar Bwyllgor Gwaith y papur bro, ac ers iddo ef a Megan, ei briod, symud i Ddyffryn Clwyd, cefais dreulio aml i Sul ar yr aelwyd pan oeddwn yn gwasanaethu Capel y Tabernacl.

Cyfrol hardd ar ein hetifeddiaeth

Bellach yr wyf wedi cael y cyfle i groesawu cyfrol hardd arall o Wasg y Lolfa ar *The Welsh in Liverpool: A Remarkable History*. Yr wyf mor brysur ag erioed ac yn mwynhau cael gofalu am Meinwen a chroesawu'r teulu yn eu tro. Wedi'r cyfan bu Meinwen yn bur wael yn Ysbyty Frenhinol Lerpwl o Orffennaf 2019 i Hydref y flwyddyn honno. Dyna wythnosau lawer a bum bob dydd am ddeg ac yn aml ddeuddeg awr wrth ei gwely. Grym gweddi a gwaith gwych y meddygon a meddwlgarwch y meibion a'u teuluoedd a'i cadwodd hi i oroesi. Yn niwedd Mehefin 2021 daeth y newydd am y trawiad a gafodd mam ein merch-yng-nghyfraith, Bethan. Yr oedd Louie Jones yng nghartref Stapley, a bu'n rhaid ei symud am bythefnos i'r Ysbyty Brenhinol ac yna ei symud hi yn ôl i'r cartref gofal yn Mossley Hill. Bu hi'n anodd ar y tair merch a'u teuluoedd ond cafodd bob gofal ac ymweliadau i'w chysuro. Bu'n anodd ar ei theulu a hithau a ninnau i ddygymod â'r brofedigaeth o golli Humphrey Wyn Jones yn Ebrill 2012, bron ddeng mlynedd erbyn i'r gyfrol hon weld golau dydd. Gweithiodd Humphrey Wyn yn ddiarbed fel Ysgrifennydd yr Eglwys, a balch ydym iddo gael byw i weld agor y capel newydd. Yr oedd ganddo gymaint i'w gynnig a bu'n gaffaeliad mawr ym myd addysg, byd y gyfraith a bywyd crefyddol a chymdeithasol Cymry Lerpwl. Cawsom oedfa fythgofiadau i Louie Wyn Jones ar Hydref 1, 2021 o dan arweiniad y ddau ohonom.

Colledion ar ddiwedd fy nghyfnod fel Gweinidog

Oddi ar 2012, bylchwyd ni yn fawr fel cymunedau Cymraeg yn Lerpwl ac yn yr wythnosau olaf o'm gweinidogaeth, bûm yn cymryd rhan mewn cynebryngau. Collwyd dau aelod o'n capel yn Bethania, ein heglwys fregus yng ngogledd Lerpwl. Y gyntaf, Pamela McNamara o Litherland; merch ifanc ydoedd pan welais hi gyntaf, hi a'i brawd David y soniais amdano ar Ddydd y Cymry. Yr oedd y ddau wedi colli eu tad, Evan Williams, yn ifanc a'u mam Bet Williams yn dad a mam iddynt am flynyddoedd lawer. Ceid canu gwefreiddiol yn Bethania pan fyddai Pamela ac Elin Boyd yn y gynulleidfa, a chawsom arwyl fendithiol gyda phump ohonom yn cael cyfle i dystio i'w daioni. Cynnyrch Capel Stanley Road oedd hi, fel W. Glyn Thomas, a bu ei angladd ef ar 13 Ebrill ym mynwent Bootle. Ni ddisgwylid ond rhyw bedwar ohonom: Gwyneth Griffiths, John P. Lyons, a fu'n gefn iddo yn nyddiau ei argyfwng, John Roberts, Aughton a gollodd ei chwaer annwyl Nerys Cook a fu yn gymorth inni fel Ymddiriedolwyr Cronfa Dewi Sant. Hwn oedd yr angladd olaf ond un yn fy meddiant. Cyfrifais fod angladd Glyn Thomas yn golygu i mi arwain mewn angladdau dros 650 o unigolion yn ystod fy ngweinidogaeth ar y Glannau. Pan oedd angen gweinidog ar Gymry Ashton-in-Makerfield, St Helens Junction, Huyton, Ormskirk, Southport, cawn fy ngalw i lywyddu a thalu teyrnged.

Y mae paratoi teyrnged addas yn gysur mawr i'r teuluoedd, a byddwn yn gofalu gwneud fy ngwaith cartref. Pan fyddid angen 'Welsh Minister' ar deuluoedd yn ninas Lerpwl, deuai'r trefnwyr angladdau ar y ffôn i'm gwahodd i gymryd y cynhebrwng. Gofalwn fynd o leiaf ddwywaith i weld y teulu er mwyn gwneud teyrnged gofiadwy. Yn aml, dywedid wrthyf ar y ffordd allan o'r amlosgfa, 'You knew him well!' Dyna'r compliment pennaf.

Gan fod John P. Lyons, Knowsley a minnau, yn ôl ein harfer, ym mynwent Bootle mewn digon o bryd adeg angladd Glyn, cerddasom o amgylch y darn helaeth o dir lle y ceid beddau'r Cymry ym mynwent Bootle, a gweld bedd Elwyn (Wyn) Jones, Bootle a'i rieni a fynychai hen gapel Pedr Hir. Bu Wyn farw naw mlynedd yn ôl, a dioddefai yn fawr o glefyd y siwgr, y caredicaf yn fyw, a'i gymwynasau yn ddi-ri ar ôl iddo ddod atom o Gapel yr Annibynwyr, Bootle. Yr oedd mor barod gyda'i gar i gludo ein haelodau i'w cartrefi; ef oedd ein porthor. Taflwyd blodyn ar ei fedd. Ac yna fe ddaeth y trefnwyr angladdau, hen gwmni Cymraeg H. Leslie Humphreys, Bootle a Crosby (a arferai hysbysebu yn y misolyn *Y Bont*) â'r arch a gariai Glyn, ac o leiaf dwsin o bobl a arferai ymuno ag ef bob dydd Mercher yn Eglwys Anglicanaidd Sant James a Sant John. Felly, cafodd Glyn angladd tywysogaidd yr un wythnos â Dug Caeredin, a thelais fy nheyrnged iddo, un o'r ychydig o Gymry Lerpwl a fu farw o'r clefyd melltigedig Coronafeirws a hynny yn Ysbyty Brenhinol Lerpwl ar ddechrau Ebrill 2021.

Arwyl Gwenda Mai Hughes

Y gwasanaeth arall oedd arwyl Gwenda Mai Hughes, Penbedw, a fu farw yn Ysbyty Clatterbridge ar 28 Ebrill 2021. Un o ferched Derwen yn Nyffryn Clwyd, priod y cerddor medrus Gareth Hughes ac athrawes ymroddedig yn Lerpwl a Knowsley. Deuthum i'w hadnabod yn dda gan y bu yn ffyddlon i Gapel Bethel er iddi gadw ei thocyn aelodaeth yng nghapel ei mebyd. Bu ar bererindod a drefnais i Tsieina, i Beijing a Shanghai ac i weld rhyfeddodau sydd gan y wlad fawr boblog honno i gynnig i deithiwr chwilfrydig. Bu'r arwyl ar bnawn Llun, 24 Mai yn Amlosgfa Landican o dan fy ngofal ac yn cael cymorth gan y Parchedig Robert Parry. Dymunai Gwenda fod y dôn Ellers yn cael ei chwarae yn yr arwyl, a braf oedd gwrando ar Weinidog newydd Gofalaeth y Gororau yn dwyn cysur wrth chwarae'r dôn, yn ogystal â dwy dôn arall, sef 'Gwahoddiad' a 'Calon Lân'. Cefnder i Gwenda yw'r dringwr o Dremadog, Eric Jones, arwr i mi gan fod fy ŵyr Joshua ym Mhrifysgol Caerhir yn dringo'r creigiau a'r mynyddoedd. Gwelais Eric Jones ar aml i raglen S4C yn llwyddo i ddringo i'r copaon uchel.

Dymuniadau da ar ymddeoliad

Derbyniais lwyth o lythyron, cardiau, negeseuon e-bost a dymuno'n dda ar ddiwedd pennod brysur a chalonogol o 53 o flynyddoedd, a rhai yn sôn am gyfnod hirach o 59 mlynedd y bûm ynghlwm ag ef. Gwahoddwyd fi gan y cyfryngau i gyfweliadau ac edrych yn ôl ac edrych ymlaen. Gellid rhannu'r ymateb i dri dosbarth, sef, yn gyntaf, gweinidogion, blaenoriaid a lleygwyr gweithgar o fewn yr enwad yn Lloegr a Chymru. Yr ail ddosbarth oedd yr aelodau na fyddwn i byth yn disgwyl cael cyfarchion mor haelfrydig oddi wrthynt, pobl nad ydynt i'w gweld o gwbl yn ein hoedfaon, ond gan fy mod wedi bod mor hir yn Lerpwl, y maent yn cofio fy ngofal am eu rhieni a'u hanwyliaid, yn ymweld â'r ysbytai, a chredaf fod gennyf record ddigon unigryw yn hynny o beth fel y tystiodd nifer o ogledd Cymru. Y trydydd dosbarth oedd y rhai a anwyd ac a fagwyd o fewn ein capel.

Cyfarchiad Owain Ellis Roberts

Un o'r rhain yw Owain Ellis Roberts, Caerdydd. Perthynai ef a'i efaill, Gwenan Roberts i'r Eglwys Fethodistaidd ond gan nad oedd darpariaeth ar gyfer plant yn eu capel, deuent o Childwall i'r Gorlan ar nos Wener, i oedfaon y Sul pan fyddai'r plant yn cymryd rhan ac i'r ysgol Sul. Daeth yn un o'r gohebwyr gorau a welwyd ar S4C a hyfryd oedd derbyn llythyr ac englyn oddi wrtho. Teimlaf fod ei ddiffuantrwydd a'i onestrwydd i'w croesawu, a dyma a ddaeth ar yr e-bost:

Annwyl Dr Rees,
Gadewch i mi ddymuno o'r gorau i chi ar eich ymddeoliad, wedi gwasanaeth cwbl arbennig, anfesuradwy ei werth. Go brin fod unrhyw un wedi cyfrannu dros yr achos Cristnogol Cymraeg ar dir Cymru na thu hwnt, ac os oes rhywun felly, diolcher amdano yntau hefyd. Cynigiaf hyn o gydnabyddiaeth:
I ddymuno'n dda i'r Gweinidog Emeritws ar ei ymddeoliad wedi hir wasanaeth yn enw'r Arglwydd**:**

> *Iddo y bûm wrthi'n ddi-baid – gorffwysaf*
> *Ger ei ffos, caf ysbaid;*
> *Rwyf fab ei lwyth, rwyf o'i blaid*
> *Yn ei degwch bendigaid.*

Cofion cywiraf, Owain Ellis Roberts

Cadwaf y cyfan a dderbyniais yn ddiogel ar ddiwedd cyfnod hir, a diolchaf am y dymuniadau da er bod arweinwyr yr enwad yn gyndyn iawn i fod yn rhy haelionus. Ond dylent ddysgu gwers galed a mynd ati i werthfawrogi gweinidogion y Gair sydd yn lleihau o ran nifer o flwyddyn i flwyddyn. Testun llawenydd os caf fyw i 2022 fydd dathlu 60 mlynedd yn y weinidogaeth gyda'r Presbyteriaid Cymraeg. Bydd Emlyn Richards, Cledwyn Williams a minnau ymhlith tystion y goler gron a welodd y dadfeilio a'r dirywiad er gwaethaf ein holl ymdrechion. Ond o leiaf fe ddaliwyd ati, yn ffyddiog a diolchgar. Cryn gamp a dweud y lleiaf

Gŵyl Ddewi: O'r chwith i'r dde: Mair Powell, Rhiannon Liddell, Y Barnwr Eifion Roberts, Dr D. B. Rees, Unawdydd y noson, Roderick a Norma Owen

Nansi Pugh, Rhiannon Liddell, Enid Hughes Jones a Beryl Williams o Bethel

*Côr Meibion Llanelli yn y Capel.
Dr D. Ben Rees yn Is-Lywydd y Côr*

Dechrau taith gerdded o amgylch Parc Sefton i godi arian

Hefin Rees KC yn dangos ei wisg fel bargyfreithiwr i aelod hynaf y Capel yr adeg honno – Miss Laura Myfanwy Jones, Allerton

Llenorion: Gweneth Lilly, Dr Pat Williams a Marion Eames

Dilys Griffiths, Mary Williams, Nan Hughes Parry, Pat Williams a Mona Bowen yn hulio'r bwrdd

*Croesawu Caneuon Ffydd –
Y Bugail, R. Ifor Griffith a Rhiannon Liddell*

Blaenoriaid Bethel yn 1981
O'r cefn (chwith i'r dde): J. Gwyndaf Richards, T. Meilir Owens,
H. Wyn Jones, Glyn Davies, E. Goronwy Owen,
Dr John G. Williams, John Medwyn Jones a Huw John Jones
Yn eistedd: Miss N. C. Hughes, Miss Blodwen Owen,
Dr R. Arthur Hughes, Y Gweinidog, Mrs Bronwen Rogers,
Y Barnwr J. E. Jones a W. Elwyn Hughes

Dr D. Ben Rees yn croesawu Y Prifardd Dic Jones, Blaenannerch
i Ŵyl Gwilym Deudraeth

Rhedeg yr yrfa

Dr R. Arthur Hughes a Mrs Nancy Hughes ynghyd â chyfeillion o Ogledd-Ddwyrain India

Carreg fedd Mr R. Glyn Williams a'i briod Hannah Williams ym mynwent Allerton

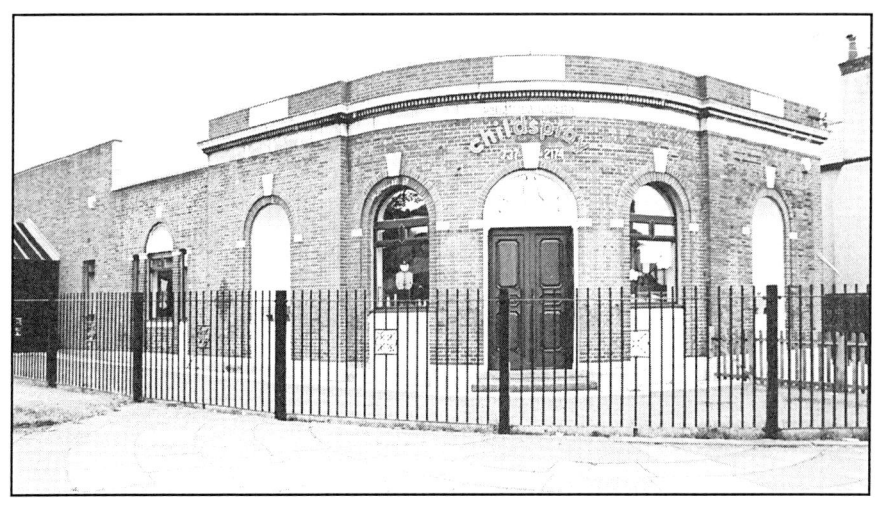

*Capel Cymraeg yr Annibynwyr yn Woolton Road
lle pregethai Dr Rees yn gyson*

*Prif Dditectif Lerpwl Hywel Davies (brodor o Betws)
ac aelod teyrngar yn Douglas Road a Heathfield Road*

Rhedeg yr yrfa

Parch. Eleri Edwards a fu yn Gaplan Cymraeg Glannau Mersi

*Mrs Owen Roberts, Yr Eifl, Aigburth
(un o ffyddloniaid capel Garston) gyda'i pharot*

Rhedeg yr yrfa

Pobl ifanc Bethel o dan hyfforddiant y Bugail
Cefn, chwith i'r dde: Dylan Williams, Roy Williams,
Dafydd Ll. Rees, Alun Jones, Ian Vaughan Jones,
y diweddar David Evans, Gareth Roberts, Sonia Jones a D. B. Rees
Y rhes flaen: Iwan Williams, Gwenan Owen, Mair Hughes Parry,
Delyth Rogers, Eirian Hughes Parry, Ceri Rogers
a Helen Hughes Jones

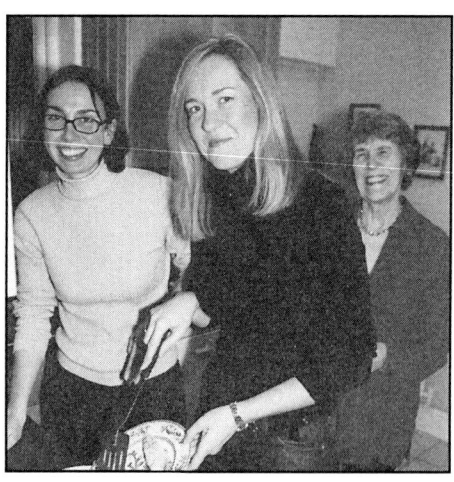

Carys a Lowri yn cynorthwyo eu mam Dr Pat Williams
ar Noson Crempog

*Anrhydeddu yn Waterloo: Nan Hughes Parry, Dr D. B. Rees,
R. Alun Roberts, T. Selwyn Williams, Y Parch. D. Glanville Rees,
J. Tudur Owen, John P. Lyons a'r Parch. Huw John Hughes
(y cennad)*

*Newid pulpudau, o Akron Ohio i Bethel – Dr Harold Kelly,
Laura M. Jones, Miss Kelly, Winifred Jones a Mrs Kelly*

Yr Ysgol Sul yn ymweld ag Eglwys Gadeiriol Efrog

Y Bugail yn awchu cyfrol arall i'w lyfrgell, y tro hwn yn ninas Efrog

Rhedeg yr yrfa

Y Bugail gyda Miss Olwen Hughes, Bootle ar drothwy ei chanmlwydd gyda Mrs Mona Bowen, West Derby (Aberystwyth bellach)

Cofgolofn Mary Jones, icon y Cymry, am ei haberth yn cyrchu'r Beibl o law Thomas Charles yn y Bala

*Capel Bedyddwyr Cymraeg Wavertree lle bu Dr Rees
yn ymwelydd cyson ar brynhawniau Sul*

Trip o Melin-y-Coed yn crwydro Lerpwl o dan ofal Dr D. B. Rees

Rhedeg yr yrfa

Eglwys Gadeiriol Anglicanaidd Lerpwl

Dadorchuddio carreg fedd i William Thomas Edwards (Gwilym Deudraeth) ym mynwent Allerton o dan ofal Dr D. Ben Rees

Mair Hooson Owen a ddaeth o Princes Road i Bethel, un o'r ffyddlonaf

Gwynfryn Evans, codwr canu ac arweinydd Parti Maesgrug yn nechrau gweinidogaeth Dr D. Ben Rees

Tomos Llywellyn Rees (Harpenden) yn derbyn gradd MSc (Econ) ym Mhrifysgol Warwick am ei waith ymchwil mewn economeg ym 2023

Capel anenwadol Sutton Heath rhwng St Helens a St Helens Junction

*Cartref Dr a Mrs J. Howell Hughes yn Woolton,
ef yn un o feddygon amlycaf ei gyfnod*

*Bwrdd hysbysebu Eglwys Gymraeg Anglicanaidd Dewi Sant,
yr olaf o'r eglwysi Cymraeg a welid yn y ddinas*

Rhedeg yr yrfa

*Canolfan Cenhadaeth Dinas Lerpwl a fu yn weithgar
ymhlith y Cymry tlawd yn Oes Fictoria*

*Hefin Rees allan yn cenhadu fel gŵr ifanc
yn un o slymiau Nairobi, Cenia*

E. Emrys Jones a fu gyda Dr Rees yn croniclo gyda'i gamera yr adeiladau a berthynai i'r Cymry yn Lerpwl a'r cyffiniau

Y Parchedig Henry Rees, un o'r gweinidogion grymusaf a welodd Cymry Lerpwl o 1835 i 1869

Rhedeg yr yrfa

Llun a dynnwyd gan Gyngor y Celfyddydau o'r llenor, D. Ben Rees

Dannie Abse a ddaeth ar wahoddiad Dr Rees i Bethel i ddarllen ei farddoniaeth. Ef yw un o feirdd amlwg yr Eingl-Gymry

Henaduriaeth Lerpwl yn ymweld ym mlwyddyn agor Capel Heathfield Road yn 1927

Poster i hysbysebu teithiau Dr D. B. Rees i wlad yr Iesu

Grŵp o dan ofal Dr Rees yn Israel, yn eu plith gwelir teulu Meinwen o Sir Benfro a John a Marian Lyons, Knowsley

*Parti Maesgrug yn cynnal noson Gŵyl Ddewi yn Southport
O'r cefn: Gwyneth Rowlands, Roderick Owen, Enid Hughes Jones,
Elisabeth Bennion, Bronwen Rogers, Gwynfryn Evans,
Betty Jones, David Williams, Jean Arwel Davies, Dr E Williams,
R. Emrys Jones, Gretta Williams, Eryl Dooling a Meinwen Rees
Ar y blaen: Capten Gwyn Pari Huws, Mrs R M Williams, Siân Pari
Huws a'r Parch. R. Maurice Williams*

Trefniant gyda siop flodau i adael coed Nadolig ar werth o amgylch ffrynt y Capel

Golwg ar yr organ a chyntedd Capel Heathfield Road

Rhedeg yr yrfa

Ymweliad y Gymanfa Gyffredinol â Chapel Heathfield Road

Llun arall o flaen Heathfield Road gyda chynrychiolwyr o Gymanfa Gyffredinol Eglwys Bresbyteraidd Cymru

*Cynrychiolwyr a ddaeth i Gymanfa Gyffredinol yr enwad
i gapel Waterloo yn 1938*

*Edward Morus Jones, T. Gwyn Jones a Mrs Morus Jones
yn beirniadu yn Eisteddfod Gadeiriol Lerpwl*

Rhedeg yr yrfa

Meinwen Rees a roddodd oes o wasanaeth i'r capeli

Teulu a ffrindiau ar faes Eisteddfod Genedlaethol Tregaron 2022 Augusta Humphreys, Betty Lockyer, Tomos Rees, Dr John G Williams, Arwyn Benjamin a Beryl Williams

Meinwen Rees a D Ben Rees ar 60 mlynedd o'r bywyd gweinidogaethol

Yr Arglwydd John Morris o Aberafan, Greg Rosen a D B Rees yn Sant Steffan yn lawnsio cyfrol James Griffths (Gorffennaf 2022)

Dr Rees yn darlithio yn y Babell Lên Eisteddfod Genedlaethol Cymru Tregaron 2022

Joshua Rees allan yn Uganda yn cyflawni gwaith dyngarol

Tomos Rees yn derbyn ei radd ym Mhrifysgol Sheffield

Joshua Rees yn graddio ym Mhrifysgol Caerlyr

*Llun o'r teulu: David John a Jennifer Evans, Llanybydder
a Betty Lockyer, Betws Bledrws*

*Huw Edwards a D Ben Rees y tu allan i fangre ciniawa
Cymry Lerpwl*

Y Parch Robert Parry a W Meirion Evans

John P Lyons a Dafydd Ll Rees yn dathlu yr Angor

PREGETHAU

Pregeth 1

Cenhadau dros Grist

Testun: Felly cenhadon yn cynrychioli Crist ydym ni, fel pe bai Duw yn apelio atoch trwom ni: yr ydym yn deisyf arnoch er mwyn Grist, cymoder chwi â Duw. / *We come therefore as Christ's ambassadors. It is as if God were appealing to you through us: in Christ's name, we implore you, be reconciled to God.* (2 Corinthiaid 5: 20)

Y mae'r Apostol Paul yn defnyddio'r gair 'cenhadau' (neu fel y dywed y cyfieithiad newydd Cymraeg) 'cenhadon' i fynegi'r ffaith mai cynrychioli Crist ydoedd a ninnau yn ogystal. Ac y mae'r gair 'cenhadon' yn gyfystyr yn y gwreiddiol â'r gair llysgennad. Yr oedd dau ystyr iddo yn yr hen fyd, sef y byd Rhufeinig. Trefnid pob rhanbarth yn ôl y ffordd yr oeddynt fel trigolion yn byw. Os oedd hi'n rhanbarth dawel, heddychol, fe ofalid amdani gan y *Senatus* (Senedd*);* os oedd hi'n rhanbarth wrthryfelgar, yr oedd yr Ymerawdwr yn gofalu amdani. Anfonai swyddog yno, y *llysgennad,* sef swyddog oedd yn cynrychioli nerth yr Ymerawdwr yn Rhufain a'i awdurdod. Ond yr oedd ystyr arall i'r gair *llysgennad.* Pan orchfygwyd rhanbarth, fe anfonid deg o'r *envoys* i drafod termau heddwch. Hwy oedd y bobl oedd yn gyfrifol am ddwyn eraill i mewn i'r teulu. Ac i Paul, yr oedd y cenhadwr yn debyg i hwn – gŵr wedi derbyn awdurdod gan Iesu Grist oedd ef dros waith yr Eglwys; ac yn ail, y person sy'n dwyn telerau Duw i arall. Ei waith ef fydd cyhoeddi'r cymod sydd yng Nghrist Iesu. Gŵr sy'n cyflwyno'r dystiolaeth o'r hyn sy'n wir, yn werthfawr ac yn dyngedfennol. Ac felly, y mae bod yn Gennad dros Grist yn anrhydedd arbennig iawn. Pam? Wel **TRI** pheth:

Yn gyntaf, **Nyni yw'r rhai sy'n dweud gair am Grist.**
Pan yw'r llysgennad yn llefaru, y mae'n llefaru dros ei Lywodraeth, ei wlad a'i phobl, ac y mae'r Cristion yntau i lefaru dros Grist a'i Deyrnas gan roddi sylw beunyddiol am Air y Bywyd yn yr Ysgrythurau. Dyna neges y pennill bach blasus hwnnw a gaiff ei adrodd yn gyson er ein cysur:

O! na allwn garu'r Iesu
Yn fwy ffyddlon a'i wasnaethu;
Dweud yn dda mewn gair amdano,
Rhoi fy hun yn gwbl iddo.

Fe lansiwyd ffilm afaelgar flynyddoedd lawer yn ôl y cefais fwynhad mawr o fynychu'r sinema i'w gweld, sef *Chariots of Fire* a dau redwr arbennig yn brif gymeriadau. Iddew yn meddu ar y syrnam Abraham oedd y cyntaf a Christion glân gloyw oedd yr ail gyda'r enw Eric Liddell, dau a fu'n rhedeg yn y Gemau Olympaidd ym 1924. Plentyn i genhadon yn China oedd Liddell, ac yn sicr cynnyrch ffydd y Pasg. Fe gofiwn iddo wrthod rhedeg yn y ras can medr am fod y ras yn digwydd ar y Sul, sef iddo ef, Dydd yr Arglwydd, ac iddo orfod felly redeg ar ddiwrnod gwaith yn y ras 400 medr. A chyn dechrau ar y ras honno, rhedodd gŵr ar y trac, ac fe gyflwynodd iddo ddarn o bapur. Aeth y gwn i ffwrdd. Rhedodd Liddell fel gŵr yn gweld yr Anweledig gan dorri record y byd. Ar ôl cael seibiant edrychodd ar y darn o bapur a gweld mai adnod ydoedd o lyfr I Samuel 2: 30: 'Fy anrhydeddwyr a anrhydeddaf fi.'

Ar ôl hyn, fe allai Eric Liddell gael unrhyw beth a ddymunai gan y byd, ond trodd y cyfan i lawr gan ei fod ef wedi dewis mynd yn ôl i China i ddysgu mewn coleg fel y medrai lefaru am Iesu Grist ac i gyhoeddi y newyddion da wrth y genhedlaeth ifanc:

Newyddion braf a ddaeth i'm bro,
Hwy haeddent gael eu dwyn ar go' –
Mae'r Iesu wedi cario'r dydd,
Caiff carcharorion fynd yn rhydd.

Ond pan ddaeth y Siapaneaid yn eu creulondeb i oresgyn China, fe osodwyd Liddell a'r cenhadon eraill mewn gwersyll milwrol. Fe'i llosgodd ei hun allan fel carcharor o Gristion. Bu farw ymhell cyn pryd a hynny yn 1945 yn y gwersyll carcharorion ond yn gennad dewr a didwyll hyd y funud olaf. Y mae ef yn ysbrydoliaeth i bob un ohonom byth oddi ar hynny.

Yn ail, **Y mae anrhydedd a gwaith y meistr yn nwylo'r gennad.**
Fe gofiwn fel y mae'r Efengylau yn cyflwyno gweinidogaeth yr Arglwydd, ac fe allwn weld hynny mewn penawdau breision:

Yr hyn a ddaeth Iesu i'w gyflawni ar lwybrau cyffredin bywyd bob dydd.
Y frwydr yr oedd yn rhaid iddo ei chyflawni dros ddaioni yn erbyn drygioni

er mwyn i ddynion fynd i mewn i'r Deyrnas.

Y ffordd ddirgel y mae'r Deyrnas yn mynd i dyfu, ond ar ôl tyfu, mi fydd yn llenwi bywyd yr unigolyn gan arogl Crist a chwmpasu y byd cyfan gyda'i ddylanwad dyrchafol.

Goleuo a chyfarwyddo unigolion sef y rhai sy'n gwrthod y goleuni mewnol ac yn mynnu'r tywyllwch er iddynt dderbyn magwraeth grefyddol yn y dyddiau cynnar.

Yr angen i bawb fod yn barod ar gyfer yr alwad o ddilyn Crist a'r angen i fod yn ddiolchgar am yr hyn a wnaethpwyd gan Grist yn ei Groes, a thrwy'r Atgyfodiad, ac i gofio bod yr aberth yn aberth unwaith ac am byth:
    Un waith am byth oedd ddigon
    I wisgo'r goron ddrain,
    Un waith am byth oedd ddigon
    I ddiodde'r bicell fain;
    Un aberth mawr yn sylwedd
    Yr holl gysgodau i gyd;
    Un Iesu croeshoeliedig
    Yn feddyg trwy'r holl fyd.

Ac felly, rhaid i'r gennad gofio bod anrhydedd ei Feistr a'i Eglwys yn ei ddwylo ef ac nid neb arall. Caiff yr hunan blygu i ewyllys y Goruchaf fel bod cyflwr eraill yr un mor bwysig iddo. Trwy ei air a'i weithredoedd nerthol, mi all wneud dynion a merched i feddwl yn fwy edmygus am yr Eglwys a Christ.

Yn drydydd, **Y mae gan y gennad neges cwbl arbennig.**

Y neges yw 'Cymoder chwi â Duw' Nid yw'r Testament Newydd byth yn sôn am Dduw yn cael ei gymodi â dynion, ond am ddynion yn cael eu cymodi â Duw. Pe bai'n rhaid sôn am gymodi Duw â dynion, mi fyddai hynny yn awgrymu bod Duw yn Dduw dicter a llid. Ond nid felly ydyw, ond Duw Gras sy'n gwarchod yr amddifad, yn croesawu yr afradloniaid ac sy'n maddau i bechaduriaid. Y mae holl weithred yr iachawdwriaeth yn dechrau gyda Duw yn y crud ac yn cael ei wireddu yn y bedd gwag. Am fod Duw yn caru'r byd yr anfonodd ei Fab:
    Er dy fwyn ei Fab a roddodd;
    Cofia'r Groes
    Ddyddiau d'oes –
    Canys felly carodd.

Nid bod Duw byth yn bell oddi wrth ddyn, ond am fod dyn yn bell oddi wrth Dduw y mae angen help cyson. A neges Duw yw hyn fel y gwelwn yn neges y bennod hon, a neges y Groes yw fod y Tad Cariadlon yn gwahodd y plant sydd ar wasgar i ddod adref am fod cariad yn disgwyl amdanynt i'w cofleidio. Oherwydd y mae'r Apostol yn sylweddoli nad oes dim byd gwaeth, dim byd mwy trist a thorcalonnus na dynion sy'n derbyn y Gras yn ddi-bwrpas. Y mae'r fath beth yn bod â Rhwystredigaeth Gras *(The frustration of Grace)*. Meddylier am dad yn gweithio'n galed er mwyn ei blentyn, ie, yn rhoddi popeth iddo. Pob cyfle a fedrai. Pob cymorth iddo ddatblygu ar lwybrau addysg. Ac y mae'r mab hwnnw yn derbyn y cwbl yn hollol anniolchgar, heb ddim diolch na dyled na chyfrifoldeb. Ac y mae'n methu, nid am nad oes ganddo allu, ond am nad yw'n barod i wneud ei orau ac am ei fod yn anghofio'r cariad a roddodd gymaint o fanteision iddo. Dyna sy'n torri calon y tad. Pan fo Duw yn rhoddi i ddynion ei ras, a dynion yn dal i gario 'mlaen yn eu dallineb ac yn rhwystro gras rhag eu gweddnewid hwy yn greaduriaid newydd, y pryd hwnnw fe ail-groeshoelir Iesu ar y Groes, yn ôl Charles Wesley. Deallodd Charles Wesley hyn gystal â neb ohonom:

Pam yr ail-groeshoeli'r Iesu
Pam na fynni droi a byw i Iesu?
Darfu iddo drosot waedu:
Dychwel, dychwel at dy Dduw.

Yn enw yr Eiriolwr, Iesu Grist. Amen.

Pregeth 2

Prysurdeb y Tystion

Testun: A phob dydd yn y Deml ac yn ei tai nid oeddent yn peidio â dysgu a chyhoeddi'r newydd d am y Meseia Iesu. / *And every day they went steadily on with their teaching in the temple and in private houses, telling the good news of Jesus the Messiah.* (Actau 5: 42)

Dyma ddisgrifiad bendigedig o weithgarwch yr Eglwys Fore mewn cyfnod o erledigaeth yn ei hanes. Fe welwyd adegau fel hyn ar hyd y canrifoedd, ac mewn ystyr, y mae'r Eglwys wedi llwyddo yn nodedig o dan erledigaeth. Ac y mae darllen yr adnod hon yn brofiad gwefreiddiol, ac yn dweud llawer iawn wrthym. Gellir clywed yn ein canrif ni acenion o'r un saga. Dyna y Tad Dimitri Dudko yn Eglwys Sant Nicholas ym Moscow yn saith-degau yr ugeinfed ganrif. Dyma ddisgrifiad ohono cyn yr erlid mawr gan y Comiwnyddion, ac yn y diwedd, ei garcharu:

At Father Dimitri's discussion times, I saw a tightly-packed crowd – the church could not hold them all. I saw people of all ages, nationalities and financial circumstances. From the numerous reactions of my friends, I know of the huge influence of these discussions. For many, they opened the way to a new, bright and hitherto completely unknown world.

Egluro bywyd a dysgeidiaeth a neges y Ffydd Gristnogol a wnâi Dimitri Dudko ym Moscow. Dyma'r union beth a wnâi yr Apostolion ym Mhalesteina, dysgu a phregethu Iesu Grist. A dyna a geisiwn ninnau ei gyflawni mewn capeli ac eglwysi yng Nghymru ac ymhlith y Cymry alltud. Beth a olyga hynny? Fe olyga **DRI** pheth, mae'n sicr.

Yn gyntaf, **pregethu am fywyd a gweithgarwch yr Arglwydd a'i weinidogaeth ar y ddaear.** Mae'n ddiddorol fod hyn wedi dod yn ffasiynol eto yn y byd diwinyddol – y pwyslais ar yr hyn a elwir bellach yn Iesu Hanes. 'Y pethau ynghylch Iesu o Nasareth.' Yr hanes dynol amdano yng Ngalilea'r Cenhedloedd, gan ddechrau gyda'i enedigaeth ym Methlem Jiwdea, ei fedydd, ei demtiad, ei bregethau, ei wyrthiau, ei ddioddefaint, ei orymdaith fuddugoliaethus i Jeriwsalem, ei groeshoeliad, ei gladdedigaeth, ei atgyfodiad a'i esgyniad i ogoniant ar ddeheulaw y Tad. Dyna a elwir y 'pethau amdano'. Dyna fyddai bwrdwn neges yr apostolion yn y deml ac o dŷ i dŷ. Dyna fyddai baich gweinidogaeth yr apostolion ym mhob dinas a synagog. Dyna fyddai hefyd yn cael lle mawr ym mhregethau cewri y pulpud Cymraeg, sef dweud yr hanes yn syml heb athronyddu; dweud yr hanes yn swynol heb ddallu pobl gyda chlyfrwch ymadrodd a dweud yr hanes mewn ffordd a oedd yn argyhoeddi. Dyna ddymuniad pob un sy'n pregethu Crist, sef y caiff ei genadwri argyhoeddiad ar y gynulleidfa a ddaw yn ei hangen am gysur a gobaith a gwaredigaeth.

Felly y gwelodd David Saunders, Merthyr y sefyllfa yn y ganrif lle bu Cymry yn llenwi'r capeli
'R Hwn sy'n gyrru'r mellt i hedeg,
Ac yn rhodio brig y don,
Anfon saethau argoeddiadau
I galonnau'r oedfa hon;
Agor ddorau hen garcharau,
Achub bentewynion tân,
Cod yr eiddil gwan i fyny,
Dysg i'r mudan seinio cân.

Ac nid oes terfyn ar ddweud yr hanes godidog hwn, hanes yr eiddil un yn y preseb yn dod yn goncwerwr ar y trydydd dydd. Pe bai pob aelod o'n heglwysi yn darllen yr Efengylau a'u hastudio yn drwyadl, y mae un peth, yn sicr fel y dywed Robert ap Gwilym Ddu, sy'n hollol wir, sef bod
Rhyw newydd wyrth o'i angau drud
A ddaw o hyd i'r golau.

'Does dim perygl byth i'r hanes fynd yn ddiflas, a 'does dim perygl i ni ymgyfarwyddo'n ormodol â'r hanes. 'Does dim rhyfedd i'r nofelydd, Charles Dickens, gŵr a oedd yn meddu ar allu anghyffredin i ddweud stori, ddatgan mai dyma'r hanes mwyaf effeithiol a 'sgrifennwyd erioed! 'Does dim ar goll yn yr hanes pan adroddir hi yn gelfydd, yn gywrain, yng ngrym gweddi ac eneiniad yr Ysbryd Glân.

Yn ail, **pregethu y ddysgeidiaeth sydd gan Iesu.**
'Y pethau y dechreuodd yr Iesu eu gwneuthur a'u dysgu'. Y mae hanfod yr Efengyl i'w gael yn nysgeidiaeth Iesu. Ys dywed Elfed:
Newid mae gwybodaeth
A dysgeidiaeth dyn;
Aros mae efengyl
Iesu byth yr un;
Athro ac arweinydd

Yw Efe 'mhob oes,
A thra pery'r ddaear,
Pery golau'r groes.

Clywsom gryn lawer yn ystod y can mlynedd diwethaf gan wŷr dysgedig fod byd o wahaniaeth rhwng dysg Iesu a dysgeidiaeth yr Apostol Paul. Roedd Paul wedi cymhlethu'r ddysgeidiaeth trwy ddiwinydda ac athronyddu yn ormodol. Ac fe geir enghreifftiau o'r Efengylau yn cael eu gosod ar bedestal uwch na'r epistolau. Ond y mae hyn yn hollol gyfeiliornus. Oherwydd yr hyn a wnaeth yr Apostolion oedd datblygu yr hyn a welir yn yr Efengylau. 'Wedi dechreu eu traethu gan yr Arglwydd.' Y mae gweinidogaeth rymus yr Ysbryd i'w weld yng ngweinidogaeth y Mab. 'Efe a gymer o'r eiddof, ac a fynega i chwi' ac y mae defnydd ein gweinidogaeth ninnau yng ngweinidogaeth Iesu Grist. Ac ni ellir pregethu Crist heb bregethu y gwirioneddau a ddysgwyd ac a bregethwyd ganddo Ef a gan yr apostolion.

Yn drydydd, **pregethu Crist yw pregethu am y Groes a'r Atgyfodiad**

Dyma hanfod pregethu am Grist, a dyna hanfod pregethu'r Efengyl adeg yr Eglwys Fore. Darllener pregeth Pedr ar Ddydd y Pentecost yn Jeriwsalem, a dyna a gawn ni heb amheuaeth. Cyfyngodd yr Apostol Paul ei hun mor llwyr i'r un gwirioneddau, fel na wyddai neb yng Nghorinth y gwyddai'r cennad am ddim byd arall:

Oblegid y mae yr Iddewon yn gofyn arwydd a'r Groegwyr yn ceisio doethineb; eithr nyni ydym yn pregethu Crist wedi ei groeshoelio, i'r Iddewon yn dramgwydd ac i'r Groegwyr yn ffolineb; ond iddynt hwy a alwyd Iddewon a Groegwyr, yn Grist, gallu Duw a doethineb Duw.

Oherwydd y Groes sydd yn cyhoeddi i'r byd sut yw Duw ddoe, heddiw ac yfory. 'Tywys Di fi i'r dyfodol', chwedl yr emynydd o Lerpwl, Eleazar Roberts .

Sonnir am Dr Peter Price a fu yn Weinidog gyda'r Annibynwyr yn Mersey Road , Lerpwl yn pregethu yng Nghapel Rhydybont, Llanybydder yn fuan ar ôl Diwygiad 1905. Ar ganol ei bregeth, dyma bwyntio ei fys at grwt ifanc yn y gynulleidfa a dweud, 'Mae'n dda gennyf dy weld di, ddyn ifanc, yn gwrando mor dda. Rwyf am dy weld wedi'r oedfa.' Ni welsai ef y crwt cyn hynny, na'r crwt yntau. Ar ddiwedd yr oedfa, fe ddywedodd wrtho, 'Dy le di, 'machgen i, yw pregethu Iesu Grist yn Geidwad i'r byd. A wyt ti'n addo gwneud?' 'Ydwyf,' oedd yr ateb, 'yr wyf yn addo gwneud fy ngorau.' Ac ymhen blynyddoedd wedi hynny, fe welwyd golygfa anghyffredin, y crwtyn o Lanybydder, sef y Parchedig D. T. Jones, gweinidog Capel Iwan y pryd hynny a'r Dr Peter Price ill dau yn yr un un pulpud. Penderfynnodd y pryd hwnnw yng nghapel

Rhydybont wasanaethu'r Iesu fel pregethwr, a phenderfynodd ar bob cyfle a ddaeth iddo weddill ei oes i ddyrchafu enw'r Gwaredwr. Gallai ddweud yn ddidwyll: 'Canys ni fernais i mi wybod dim yn eich plith ond Iesu Grist, a hwnnw wedi ei groeshoelio.' Dyna hanesyn gwerth ei gofio. Yn enw y Dysgawdwr. Amen.

Pregeth 3

Gwerthfawrogi cymorth cyd-weithwyr

Testun: Pan welodd Paul hwy, fe ddiolchodd i Dduw, ac ymwrolodd. / *When Paul saw them, he thanked God and took courage.* (Actau 28:15)

Y mae'n werth darllen y bennod hon er mwyn cael cipolwg ar y rhwystrau a'r treialon a wynebai yr apostolion cynnar. Bu'n rhaid i'r Apostol Paul ddisgwyl am dri mis am long i'r Eidal o Ynys Malta. Cawsant gyfle i fynd mewn llong a oedd yn perthyn i Wlad yr Aifft, ie llong a gariai symbolau o dduwiau paganaidd, megis Castor a Polux. Galwyd yn Sicilia ar y ffordd, mewn lle hanesyddol a phwysig iawn yn yr hen fyd, sef Syracusa neu Syracuse. Oddi yno i Regium, ac yna i Puteoli, sef porthladd ar gyfer Rhufain. Galwyd Puteoli yn *'Liverpool of the Ancient World'* – hynny yw, Lerpwl yn ei gogoniant pan oedd llongau yr Holts yn hwylio i China a'r Dwyrain Pell a'r Elder Dempsters a'u tebyg i Orllewin yr Affrig. Y mae'n rhaid bod Paul yn teimlo'n ddigon ansicr ac ofnus yn gorfod wynebu ar ddinas, ie, wynebu ar bobl y brifddinas, Rhufain ei hun. Ac yna, yn ôl adnod y testun, fe newidiodd y sefyllfa. Oherwydd yn Appii-Fforwm (*Forum Appii*), oedd 43 o filltiroedd o Rufain ac yn y lle a adnabyddid fel Tair Tafarn, fe ddaeth Cristnogion o eglwys Rhufain i'w groesawu. Yr oedd ffordd a elwid yn Ffordd Apian (*Appian Way*) yn cysylltu Puteoli â Rhufain. Y gair Groeg a ddefnyddir yw'r gair croeso dinesig, yr un croeso ag y byddai brenin neu arweinydd buddugoliaethus ar ôl brwydr galed yn ei ddisgwyl wrth gyrraedd y brifddinas. Iddynt hwy, aelodau o eglwysi bychain a gyfarfyddai yn y cartrefi oeddynt. Er hynny yr oedd Paul yn haeddu yr un croeso, am mai llysgennad i Grist ydoedd, un o weision yr Arglwydd yn dod i gyhoeddi cysuron yr Efengyl. Ac fe fu'r croeso hwnnw yn foddion codi calon yr Apostol ar gyfer y dasg. Awgrymaf **DRI** rheswm dros hynny.

Yn gyntaf, **Am iddo weld wyneb cyfaill**

'Does 'na ddim byd tebyg i brofiad hyfryd teithiwr wedi hedfan, dyweder tair mil o filltiroedd, ac wrth gyrraedd y fangre o gasglu'r bagiau yn adnabod ar amrantiad wyneb yn y dorf sy'n disgwyl amdano ef a theithwyr eraill. A phan gyrhaeddodd yr Apostol Paul dref farchnad Appii Fforwm, fe gyfarfu â chyfeillion o Rufain. Yr oedd Paul wedi wynebu ar beryglon ar y môr, ac fe wyddai fod carchar yn ei wynebu ryw ddydd. Fe gafodd gryfder calon wrth weld y cyfeillion, gan ei gysuro i wynebu ar dreialon a ddeuai i'w ran gan wybod bod cyfeillion Iesu wrth law i'w gysuro.

Y mae bywyd yn fyr ar ei orau, ac y mae angen cyfeillion arnom. Y mae cymaint o enwau yn ein hiaith yn awgrymu mai felly y bu hi erioed. Dyna'r enw pentref sydd yn gyfystyr â lle y trigai y Cymry gyda'i gilydd; y dynion oedd yn gaeth i'r tir ond a oedd yn gysur i'w gilydd ar ddiwedd y dydd ar ôl dod adref i'w cartrefi. A dyna'r enw Sarnau, ie SARNAU ger Cefnddwysarn, sef cerrig wedi eu gosod er hwyluso croesi cors wleb neu afon heb orfod gwlychu traed. Dyna yw rhan Sarnau yn y tir. Oherwydd hynny y maent yn ffrindiau i'r pererinion ar eu taith. A ydym ni yn gwneud i rywrai a ddaw i gyffyrddiad â ni deimlo yn well ac yn gadarnach ac yn fwy gobeithiol? Ydan ni yn medru hwyluso cerddediad rhywrai ar draws y llwybrau anodd, igam ogam. Pan ydych chi yn Jerwsalem, yr ydych yn sylwi bod yr Iddewon yn hoff iawn o ysgwyd llaw. Sylwaf fod pobl yn Hydref 2021 yn hoff iawn ar ôl deunaw mis o fethu ysgwyd llaw o'r diwedd yn cael cyfle i wneud hynny. Manteisiant ar y cyfle. Y mae cyffyrddiad y llaw yn rhan o groeso y cyfaill. Ac yr ydan ni yn gyfeillion i'n gilydd fel pechaduriaid. Cyfieithodd Pedr Fardd (un ohonom ni yn Lerpwl oedd ef) emyn Marianne Nunn:

Un a gefais imi'n gyfaill,
Pwy fel Efe?

A sylwch fod yr emyn yn awgrymu mai 'siomedig yw cyfeillion'. Siomedig ydyn nhw o gymharu â'r Arglwydd Iesu Grist, ond nid felly ydi'r nod. Ond y mae'n rhaid gweithio ar y berthynas ac ar ein cyfeillgarwch. Beth yw pwrpas Duw ar ein cyfer? Wel, yn syml, **undeb i'r ddynoliaeth.** Patrwm ar gyfer dynion yw'r teulu, a phwrpas Duw ar gyfer y cenhedloedd yw brawdgarwch a chyfeillgarwch. Dyna'n sialens i fyd sydd mor anghyfeillgar ac mor amharod yn aml i fyw y bywyd cyffordus, cariadus, cymodlon. Cawn olwg hyfryd yn Ail Eseia o'r ysbryd sydd ei angen. 'Pob un a gynorthwyodd ei gymydog, ac a ddywedodd wrth ei frawd, "Ymgryfha".' Y saer yn cysuro yr eurych a'r morthwyliwr yn cynorthwyo'r gof, sef yr hwn sydd yn taro ar yr einion, er budd i arall.

Yn ail, **Fe ymwrolodd yr Apostol am iddo sylweddoli ei fod yn perthyn i deulu mawr.**

Dyna'n trafferth ni mor aml, anghofio ein bod ni yn perthyn i deulu mawr. pan ydym mewn oedfa o ddeg o bobl. Y mae mwy o bobl yn mynychu capel neu eglwys ym Mhrydain Fawr nag sydd yn gwylio llawer iawn o gyfarfodydd led led y wlad. Felly oedd hi pan ddechreuais i bregethu yng Ngheredigion yn 1957. Y mae wedi newid erbyn hyn. Y mae perygl mawr i sôn yn ormodol am ffigyrau, yr ystadegau bondigrybwyll, ond maen nhw yn dweud stori. Yn ôl yr ystadegau ddechrau'r unfed ganrif ar hugain, ceid 977,503,40 o Gristnogion. yn y byd. Yr Eglwys Gatholig gyda 579,562,300, Eglwys Uniongred y Dwyrain yn meddu ar 76,444,600 a'r Protestaniaid 341,496,740. Bron hanner felly o boblogaeth y byd yn grefyddol.

Ond y mae'n iawn dweud mai un teulu ydan ni er ein holl wahaniaethau i gyd. A da yw clywed am y symudiadau a'r gweithgareddau sydd y tu fewn i'r teulu. Ein teulu yw'r Presbyteriaid, ac yr ydym yn perthyn i *World Alliance of Reformed Churches* (WARC) sydd yn ein clymu at ein gilydd. Y mae mwy o'n teulu Cristonogol yn byw bellach yn Asia nag sydd yn Ewrop. Ceir 34 o enwadau mewn 17 o wledydd. Rhai o'r enwadau a ymunodd â'r teulu yn ddiweddar yw Eglwys Bresbyteraidd Mauritius ac Eglwys Efengylaidd Ddiwygiedig Angola ar gyfandir Affrica. Y mae rhai o'n teulu yn ei chael hi'n anodd – dyna Eglwys Bresbyteraidd Taiwan a'r cyfeillion yn Eglwys Equatorial Guinea lle y bu'r unben creulon, Macias Ngeuna yn ei lordio hi ac yn lladd pobl ddeallus, wasanaethgar oedd yn anghytuno ag ef. Ond o'r diwedd cafwyd y gorau arno gan ei wrthwynebwyr, a hynny ym 1979.

Yn drydydd, **Am iddo gofio mai tyst ydoedd i'r Iesu Atgyfodedig**

Yr oedd gan Paul brofiad personol o'r Iesu Atgyfodedig. Ar y ffordd i Ddamascus i erlid y Cristnogion, fe glywodd y llais yn galw, 'Saul, Saul, pam yr wyt ti yn fy erlid i? Caled yw iti wingo yn erbyn y symbalau.' Ac y mae'r Iesu Atgyfodedig am inni gofio ein bod ni, bob Cristion, yn un teulu y Duw Croesawgar, i ddangos cyfeillgarwch di-ffuant i bobl y byd. 'Dydan ni ddim ar ein pen ein hunain. Y teulu bach sy'n cyfarfod mewn llawer i eglwys yn y Gymru fynyddig, rhyw bump ohonynt efallai, neu ddeg neu ddeuddeg, ond y mae pob un yn dyst i'r Iesu Atgyfodedig. Deg o bobl rwy'n deall yw rhif cynulleidfaoedd yn rhai o drefi glan y môr yng ngogledd Cymru yn 2022

A rhai o'r tystion gorau a gwrddais i erioed oedd rhai y bûm wrth eu gwelyau mewn ysbyty a chartref. Pobl oedd yn amlwg yn tystio i'r Crist Atgyfodedig yn eu caethiwed a'u gwendid. Pobl a oedd yn dwyn englyn Ioan Madog i'm cof wrth eu cyfarch, sef **Crist y Meddyg:**
>Pob cur a dolur drwy'r daith – a wellhéir
>   Yn llaw'r meddyg perffaith:
>Gwaed y Groes a gwyd y graith
>Na welir mo'ni eilwaith.

Fe luniodd John R. McDonald weddi ar ffurf cân sy'n crynhoi ein neges heddiw:

> O God of love, abide in me,
> That I may make men think of Thee,
> So cleanse my heart that I am free
> To love widely.
>
> Eternal Light, whose diverse rays
> Shine through men's minds in many ways,
> Guide, and enable me always
> To think fairly.
>
> O Thou who hast created man,
> Grant me some vision of Thy plan,
> Help me, within my little span
> To build bravely.
>
> Let Thy pure Spirit through me flow,
> That my whole life my faith shall show;
> In serving others I may grow
> To witness humbly.

Ac ni roddodd neb y dymuniad yn well na'r emyn lleiaf yn ein Llyfr Emynau:

> O na allwn garu'r Iesu
> Yn fwy ffyddlon a'i wasnaethu.
> Dweud yn dda mewn gair amdano –
> Rhoi fy hun yn gwbl iddo.

Amen.

Pregeth 4

Daioni yr Aglwydd yw ein cysur

Testun: Diffygiaswn, pe na chredaswn weled daioni'r Arglwydd yn nhir y rhai byw. / *I had fainted unless I had believed to see the goodness of the Lord in the land of the living.* (Salm 27: 13) Hefyd, geiriau Eseia 6: 8, Atebais innau, 'Dyma fi, anfon fi.' *'Then said I, Here am I, send me Lord.'* (isaiah 6:8).

Beirdd a phroffwydi wedi gweld drostynt eu hunain sy'n mynegi eu profiadau yn y Salm ac yn Llyfr Eseia. 'Wyddom ni ddim pwy oedd y Salmydd a fynegodd ei brofiad, ond fe wyddom mai gŵr ifanc ugain mlwydd oed oedd Eseia o Jeriwsalem. Yr oedd y Salmydd wedi gweld y daioni yn nhir y rhai byw. Yr oedd Eseia wedi gweld Duw yn llenwi'r Deml. Yr oedd y Salmydd wedi wynebu ar argyfwng ac wedi sylwi ar le yr oedd gobaith. Yr oedd Eseia wedi mynd i'r Deml am ei fod e'n ymwybodol o'i angen ac wedi mynd oddi yno yn barod i gyflawni gwaith y Duw Anfeidrol. Dynion mewn diolchgarwch yn cyffesu eu ffydd ac yn barod i dystio i Dduw a'i ddaioni yw'r ddau gyfaill sydd am ein harwain ni at wirioneddau'r Efengyl yn yr oedfa hon.

Yn y lle cyntaf, **dau ag angen arnynt** oedd y Salmydd ac Eseia.

Cafodd y Salmydd olwg ar ei angen fel y cafodd Eseia yntau. Byddai'r Salmydd wedi torri ei galon yn llwyr oni bai iddo weld ei angen – bod ei angen yn naioni yr Arglwydd yn nhir y rhai byw. Dyn mewn angen oedd Eseia fel pob addolwr o'i flaen ac ar ei ôl. Ni wyddai y diwrnod hwnnw beth fyddai yn ei ddisgwyl, oherwydd yr oedd ei fyd bach yn ymysgwyd ar gownt marwolaeth y Brenin Usseia. Yr oedd y peth yn ddychryn. Anghrediniaeth Usseia o bawb.

Y mae profiad crefyddol dwfn yn tarddu bob amser allan o angen pobl. Yn aml iawn, dydi pobl ddim yn rhoddi y sylw dyladwy i Dduw cyn bod argyfwng yn dod i'w bywydau. Afiechyd yn gyrru pobl i gofio nad ydynt yn hunan-ddigonol. Dechrau gweddïo, 'O Arglwydd, cynorthwya ni. Bydd yn agos atom.' Un annwyl yn wael ac y mae ein gweddïau yn gymorth i bawb. Abraham Lincoln ddywedodd, *'We are driven to our knees because there is no place else that we can go.'* Ysgrifennodd rhywun y pennill hwn sydd â chymaint o ddoethineb yn perthyn iddo:

God and the doctor all men adore,
In time of trouble and no more;
When the illness is over and all things righted,
God is neglected and the doctor is slighted.

Bardd mawr oedd Ebenezer Thomas (Eben Fardd) a dreuliodd rhan dda o'i oes yn cadw ysgol yng Nghlynnog, yn Sir Gaernarfon. Bu'n ddigon difater – gwrthgiliodd – ond daeth yn ôl i eglwys Seion, Gyrn Goch. 'Yr ydwyf trwy anfeidrol ras Duw, wedi dychwelyd i'w eglwys yng Nghapel Sïon. Yr oedd yn rhy galed, bron yn rhy galed i gig a gwaed.' A phan gychwynwyd yr achos yng Nghlynnog, gwnâi bopeth yno: agor drws y capel, ysgubo'r llawr a chynnau'r canhwyllau. Ond fe gafodd brofedigaethau mawr. Ganed iddo bedwar o blant, ond collodd dri ohonynt mewn oedran tyner, a chollodd ei briod yn ogystal. Adlais o'i brofiad yw'r emyn mawr yma:

O fy Iesu bendigedig,
Unig gwmni f'enaid gwan,
Ym mhob adfyd a thrallodion,
Dal fy ysbryd llesg i'r lan;
A thra'm teflir yma ac acw
Ar anwadal donnau'r byd,
Cymorth rho i ddal fy ngafael
Ynot Ti, sy'r un o hyd.

Ac yna, bu James ei fab farw yn Ionawr 1861 yn 18 oed, a'r profiad ingol, dwys hwnnw a'i gyrrodd i gyfansoddi pennill sydd bellach heb fod yn ein casgliad ni:

Pwyso'r bore ar fy nheulu,
Colli'r rheini y prynhawn;
pwyso eilwaith ar gyfeillion,
Hwythau'n colli'n fuan iawn;
pwyso ar hawddfyd – hwnnw'n siglo,
profi'n fuan newid byd:
pwyso ar Iesu, dyma gryfder
Sydd yn dal y pwysau i gyd.

Yn ail, **dau sy'n brofiadol o waredigaeth** yw'r Salmydd ac Eseia. *Two who experienced a great deliverance.*

Diflanodd ofnau yr Eseia ifanc yn y Deml. Daeth gwaredigaeth yn brofiad iddo. Dyna eiriau y Salmydd yntau hefyd. Ac fe wyddom ninnau am y Waredigaeth sydd yng Nghrist Iesu, fel y seiniodd Morgan Rhys y neges:

Rhyfeddod a bery'n ddidarfod
yw'r ffordd a gymerodd efe
i gadw pechadur colledig
trwy farw ei hun yn ei le;
fe safodd fy Mrenin ei hunan,
gorchfygodd hiliogaeth y ddraig;
ein Llywydd galluog ni ydyw:
O caned preswylwyr y graig.

Gwerth y Waredigaeth yn ffordd y Waredigaeth. Mewn gweddi yr ydym ni yn fwy na choncwerwyr. Y mae dibynnu ar ein gallu a'n deallusrwydd a'n doethineb yn ein clymu ni i'r ddaear – y mae dibynnu ar fyfyrdod, ar y gân, ar y Gair sydd gan Iesu, ac ar weddi yn ein codi uwchlaw ein trybini a'n siomedigaethau.

Yn y Gaethglud ym Mabilon, daeth yr Iddewon i roddi pwyslais ar **ddau** beth. *Yn gyntaf,* fe adeiladon nhw synagogau. 'Doedd dim teml yn bosib. Roedd y synagog yn dynodi man cyfarfod. Yn lle defodau, roedd y pwyslais bellach ar weddïau i Dduw. Meddai un hanesydd:

> The synagogue became the prototype for the church of the Christians and the mosque of the Moslems; prayer became the universal symbol of devotion to God.

Dyma'r waredigaeth a ddaw i ni oddi wrth Dduw ar lwybr gweddi, ac fe ddaeth i ddynion mewn cyfyngderau.

Yn drydydd, **yr oedd y ddau yn barod i dystio mewn ymgysegriad**

Yr oedd y Salmydd yn ddigon sicr o'r dystiolaeth. Yr ydan ni yn gwybod tipyn mwy am waredigaeth Eseia. Yr oedd ef wedi derbyn sialens ac yn ymateb trwy ddweud, 'Wele fi, anfon fi.' Dyma'r ymgysegriad sydd â lle mor ganolog ym mhrofiad y credadyn ac ym mhrofiad y Cristion.

Y mae'r Deyrnas yn cael ei hadeiladu ar y ddaear trwy ymdrechion ac ymgysegriad pobl fel chi a minnau. Nid ein bod ni yn deilwng – ddim yn well nag eraill o blant Duw. Ond o leiaf cawsom ni ein hunain ar lwybr y Galw, ar lwybr y Gweld, ar lwybr y Groes – ac wedi cael ein magu mewn cartrefi a theuluoedd lle yr oedd capel ac eglwys yn rhan o'u bywydau. Ond fe ddaeth eraill at Iesu Grist mewn coleg – yng nghanol bywyd – yng nghanol siom ac yng nghanol adfyd. Ond y peth sydd yn ein clymu ni i gyd yw'r ymgysegriad. Ymgysegriad pobl yr Arglwydd. Ymgysegriad sy'n ysbrydoli pob yr un ohonom.

Dyna ichi ymgysegriad y gŵr ifanc hwnnw y darllenais amdano, a hwnnw yn gwasanaethu 35 o eglwysi yn Labrador. Meddylier amdano yn teithio yn y gaeaf ar sled i'w eglwysi, gan gymryd y cŵn gydag ef. Fydden nhw ddim yn croesi iâ pe baen nhw yn synhwyro bod yr iâ yn anniogel. Meddylier amdano yn cyrraedd pentrefi: gosod y fflag i fyny lle y byddai pawb yn gwybod iddo gyrraedd. Gwasanaeth wedyn yn yr eglwys leol. Pam ei fod e wedi mynd i le mor anghysbell ac annifyr? Wel, ymgysegriad. Yng ngeiriau'r emynydd:

> Cymer, Arglwydd, f'einioes i
> I'w chysegru oll i ti,
> Cymer fy munudau i fod
> fyth yn llifo er dy glod.

Cyn y Rhyfel diwethaf, roedd yna ddiwinydd ifanc o'r enw Dietrich Bonhoeffer yn dysgu yng Ngholeg Diwinyddol Efrog Newydd. Yr oedd hwn yn teimlo y dylasai fynd yn ôl i'r Almaen – y wlad lle y ganwyd ef. Dyma un a dystiodd i'w Gristnogaeth yn erbyn Natsïaid Satanaidd. Ei gyfraniad oedd dal i wrthwynebu, a gwrthod mynd yn un o'r Natsïaid. Ei fywyd mewn perygl am hynny. Ond fe dalodd y pris a bu farw mewn gwersyll carcharorion. Ni elwir arnom ni i wneud hynny – ond fe elwir arnom i'n rhoddi ein hunain i Iesu Grist, i waith ei Eglwys, i adeiladu ei Deyrnas ar y ddaear. Methu a wnawn yn aml. Syrthio yn fyr o'n disgwyliadau. Ond y mae maddeuant gyda Duw, ac y mae Duw yn barod i roddi cyfle arall i'w weithwyr. Ffordd y byd yw ymddiswyddo, ie sac. Ffordd y Deyrnas yw 'Ewch ati eto. 'Rhaid codi a chychwyn arni unwaith yn rhagor. 'Arglwydd, dyma fi/Ar dy alwad Di.' Amen.

Pregeth 5

Neges galonogol

Testun: Dringodd Seimon Pedr i'r cwch, a thynnu'r rhwyd i'r lan, yn llawn o bysgod braf, cant pum deg a thri ohonynt. Ac er bod cymaint ohonynt, ni thorrodd y rhwyd. / *Simon Peter went aboard and dragged the net to land, full of big fish, a hundred and fifty-three of them: and yet as many as there were, the net was not torn.* (Ioan / *John* 21: 11)

Y mae yr holl Efengyl wedi ei chrynhoi i'r hanesyn anghyffredin hwn sy'n atodiad i Efengyl Ioan. Yr oedd yn rhaid wrth yr atgyfodiad er mwyn dangos bod yr Arglwydd Iesu wedi ymddangos, nid yn unig i'r disgyblion yn Jeriwsalem ond i'r disgyblion yng Nghalilea. Ac yr oedd ystyr arbennig i'r gair Galilea, sef Galilea'r Cenhedloedd. Nid ymddangos yn unig i'r Iddewon yn Jeriwsalem a Jiwdea a wnaeth Iesu ond ymddangos hefyd i'r Cenedl-ddynion yng Ngalilea. Efengyl ar gyfer dynion ym mhob man oedd ei Efengyl, ac nid oedd am gadw profiad na grym yr Atgyfodiad i un rhan o'r byd, ond i **bawb**.

Ac nid aiff neb ohonom yn bell ohoni wrth ddarllen y bennod hon os cofiwn y gair **pawb**. Y mae **pawb** â lle yng nghwch yr Efengyl, ac fe ddaliwyd rhai o bob math yn y ddalfa fawr. Du a gwyn, brown a melyn – pob lliw a phob gwlad – yn nrama fawr y cenhadu. Cafodd Gwilym Ddu o Fôn gipolwg yng nghanol y ddeunawfed ganrif ar hyn – ac y mae e'n enwi yn ei bennill y rhai a dderbyniodd ymwared:

Golchwyd Magdalen yn ddisglair,
A Manasse ddu yn wyn,
Yn y ffynnon ddaeth o galon
Iesu ar Galfaria fryn:

Pwy a ŵyr na olchir finnau?
Pwy a ŵyr na byddaf byw?
Ffynnon rasol pen Calfaria,
Llawn o rinwedd dwyfol yw.

Nid 'Pwy a ŵyr?' ond yn sicr, 'Y mae e'n wir' fel y gwelwn yn yr hanes hwn.

Y mae'r hanes yn llawn o ffigyrau: saith o ddisgyblion, Simon Pedr, Thomas, Nathanael o Gana yng Ngalilea, meibion Sebedeus, Iago ac Ioan, a dau eraill. Pob un ohonynt yn bysgotwyr y llyn ac yn bysgotwyr dynion ac wedi llwyddo i ddal llond gwlad o bysgod yn y rhwyd. Gwireddwyd pob gair o broffwydoliaeth Eseciel (47: 10):

A bydd i'r pysgotwyr sefyll arni, o En-gedi hyd En-eglaim; hwy a fyddant yn denu y rhwydau: eu pysgod fydd yn ôl eu rhyw, fel pysgod y môr mawr, yn llawer iawn.

Gwireddwyd hefyd ddameg yr Arglwydd Iesu:

Drachefn, cyffelyb yw teyrnas nefoedd i rwyd a fwriwyd yn y môr, ac a gasglodd bysgod o bob math, yr hon, wedi ei llenwi, a ddygasant i'r lan, ac a eisteddasant, ac a gasglasant y rhai da mewn llestri, ac a fwriasant allan y rhai drwg"

Y mae'r pysgod yn sefyll dros y rhai a enillwyd i'r grefydd Gristnogol. Rhwyd lawn oedd rhwyd y 153 pysgodyn. Rhif go hynod, meddwn. Damweiniol yn ôl rhai, a'r cyn-Archesgbob Willam Temple yn eu plith. Felly y digwyddodd hi. Ond mae'r rhif yn rhy hynod i hynny. Ac fe dreuliodd y Tadau Eglwysig gryn lawer o'u hamser yn dehongli y rhif. Yn ôl Cyril o Alecsandria, yr oedd y rhif **153** yn sefyll dros **dri** pheth. *Yn gyntaf,* yr oedd y ffigwr **cant** yn cynrychioli llawnder y Cenedl-ddynion. Cant yw'r rhif uchaf. Dyna, wedi'r cyfan, oedd rhif y Bugail – cant o ddefaid. Gyda hau'r had yn Nameg yr Heuwr, y mae yna son am ffrwytho ar ei ganfed. Yr oedd y **cant** yn sefyll dros **lawnder** y Cenedl-ddynion a gesglir at Grist. *Yn ail,* beth am yr **hanner cant**? Yr oedd y 50 yn sefyll dros y gweddill o Israel a gesglir i mewn i'r Deyrnas. *Yna yn drydydd,* beth am y rhif tri? Roedd y **tri** yn sefyll dros y **Drindod,** ac i'r Drindod y cyflwynir y cyfan.

Roedd Awstin Sant yn credu'n wahanol. Iddo fe, yr oedd **deg** yn cynrychioli rhif y Gyfraith, sef y **deg gorchymyn. Saith** wedyn yw rhif **gras.** Cyfanrif rhoddion yr Ysbryd yw **saith.** Mae **10 a 7** yn gwneud **17,** a **153** felly yw swm yr holl ffigyrau. Y mae **153** yn sefyll dros y rhai, trwy'r Gyfraith neu drwy ras, a ddaeth at Iesu Grist.

Y dehongliad symlaf yw'r un a roddwyd gan Jerome. Dywedodd ef fod y Groegiaid a'r Rhufeiniaid yn arfer coleddu'r hen gred fod 153 o fathau o bysgod i'w cael yn y môr. Felly, y mae'r helfa yn cynnwys pob math o bysgod, ac y mae'r rhif felly yn symbol o'r ffaith y byddai yr holl genhedloedd ryw ddydd yn dod at Iesu Grist. Darlun o beth sydd yma felly?

Yn gyntaf, **Darlun o Eglwys Gyfan.**

Eglwys â lle ynddi i bobl o bob cenedl o dan y nef, o bob lliw a dosbarth, ac o bob cyfandir:
> Ewch, wyntoedd, ewch â'i hanes,
> Chwi ddyfroedd, cludwch hwn,
> Nes llifo o'i ogoniant
> Fel môr, drwy'r byd yn grwn;
> A'r Oen dros fyd a brynodd
> Drwy ddioddef marwol glwy',
> Yn Geidwad ac yn Frenin
> Mewn bri deyrnasa mwy.

Hon yw'r Eglwys yr ydym ni yn rhan ohoni – Eglwys fyd-eang – yr Eglwys y dywedwyd amdani mai **mam** ydyw i bawb sy'n cyfrif Duw yn Dad. A hi yw'r **nyrs** i'r Bywyd Cristnogol i bawb o'i phlant.

Gwaith pob un ohonom yw cadw'r weledigaeth honno o flaen ein llygaid, a pharchu y fraint o fod yn rhan ohoni. Nid oes esgus gan neb ohonom i anghofio mai nodau'r Eglwys Fyd-eang ydyw **Undod, Sancteiddrwydd a Chatholigrwydd.** Dylem bwysleisio y nodyn o undod fel y gwneir yn yr Epistol at yr Effesiaid:

> Un corff sydd, ac un Ysbryd, megis ag y'ch galwyd yn un gobaith eich galwedigaeth. Un Arglwydd, un ffydd, un bedydd. Un Duw a Thad oll, yr hwn sydd goruwch oll, a thrwy oll, ac ynoch oll.

Yn ail, **Darlun o Eglwys Gref a Gwydn.**

Dywedir wrthym y dylid darllen yn gyfochrog â'r hanes hwn yr hyn a geir yn y bumed bennod o Efengyl Luc. Hanes Iesu yn mynd i un o gychod Simon Pedr ar Lyn Galilea sydd yn y fan honno, lle y mae Iesu yn dysgu'r bobl ac yna yn gofyn i Simon i fynd ati i bysgota. Dyma ateb Simon:

> "O! Feistr, er i ni boeni ar hyd y nos, ni ddaliasom ni ddim; eto ar dy air di, mi a fwriaf y rhwyd".

Y tro hwn, fe ddaliwyd helfa fawr o bysgod. Ond dyma'r nodyn – 'a'u rhwyd hwynt a rwygodd.' Ond y mae Rhwyd yr Atgyfodiad yn un gryfach, oherwydd, er bod cymaint, 'ni thorrodd y rhwyd.' Y mae'r rhwyd yn sumbol o'r Eglwys, ac y mae lle yn yr Eglwys honno i bobl yr holl genhedloedd. Hyd yn oed os y gwireddir yr emyn o eiddo Dafydd Jones o Gaeo:

O Arglwydd, galw eto
fyrddiynau ar dy ôl,
a dryllia'r holl gadwynau
sy'n dal eneidiau'n ôl;
a galw hwnt o'r dwyrain,
gorllewin, gogledd, de
i'th eglwys yn ddiatal –
mae digon eto o le.

Os daw'r cenhedloedd o'r Gogledd, y Gorllewin, y Dwyrain a'r De, y mae'r Eglwys yn ddigon mawr i'w dal. Ac y mae Ioan, yn ei ffordd gwbl arbennig, yn tynnu ein sylw at **Gryfder yr Eglwys a'i Gwytnwch**. Dyma Eglwys a ddaliodd bwys a gwres y canrifoedd (ac sydd â'i chariad mor fyd-eang ag yw y ffydd yn Iesu Grist.)

Yn drydydd, **Darlun o Eglwys Gyfoethog, Gyfeillgar.**
Dyma gyflwyno Eglwys a lle ynddi i bob talent a thymheredd, dawn a defosiwn, anian ac athrylith. Dyma Eglwys y grasusau:
Pob gras sydd yn yr Eglwys Fawr,
fry yn y nef, neu ar y llawr,
caf feddu'r oll, eu meddu'n un,
wrth feddu dy anian di dy hun"

Yr Eglwys gyfeilllgar, gariadus. 'Simon, Fab Jona, a wyt ti'n fy ngharu i?' Darlun o'r bugail, Simon Pedr a gawn – o'r Eglwys gyfeillgar, gariadus. Weithiau, mi welwn mewn papur crefyddol rywun yn cwyno am oerfelgarwch ambell un o fewn i'r achos crefyddol. Neb wedi poeni am estyn llaw. Dyna ofid. Oherwydd fe roddodd Iesu Grist i Simon yr alwad i ofalu – tasg iddo i'w chyflawni. 'Os wyt ti'n fy ngharu i,' meddai, 'yna rwy'n disgwyl i ti wneud rhywbeth drosta' i. Rwyf am i ti adeiladu pobl yn aelodau o eglwys gyfeillgar, gariadus, ac rwyf am i ti roddi'r esiampl. Y fraint fwyaf ar y ddaear hon yw estyn bendithion Duw i ddynion ar lwybr ei gariad a'i gonsarn a'i gyfeillgarwch.' Ond y mae i'r fraint ei chyfrifoldeb: sef bugeilio, porthi, adeiladu, cadw rhywrai rhag y storm, rhoddi ystyr i fywyd, cefnogi'r gwan, cofio'r claf ac ymweld â hwy. A fedr neb wneud hyn heb gyfarwyddyd Iesu a galwad Duw. Ymddiried yn Nuw ac yn Iesu Grist. Yr oedd John Calvin bron â thorri ei galon ambell dro. Meddai unwaith: '*Believe me, I am undone unless God stretch forth his hand.*' Dyna dystiolaeth y diwinydd Alexandre Vinet ym 1547, ar ôl i'r gwron o Genefa wynebu ar dyrfa ddi-lywodraeth. Ac yn llaw Duw y mae ei Eglwys fel yr oedd John Calfin, ac ni all pyrth uffern hyd yn oed ei gorchfygu. Amen.

Pregeth 6

Angen yr Ysbrydol ar Fywyd y Disgyblion

Testun: ... er mwyn eich dysgu nad ar fara'n unig y bydd dyn fyw, ond ar bopeth sy'n dod o enau'r Arglwydd. / *Man does not live by bread alone, but by everything that proceedeth out of the mouth of Jehovah doth man live.* (Deuteronomium/*Deuteronomy* 8: 3)

Dyma un o'r penodau pwysicaf yn yr Hen Destament, ac yn wir yn y Beibl, am ei bod yn dadansoddi'n drwyadl natur a hanfod eilunaddoliaeth. Y perygl i ddyn yn ei bwysigrwydd yw ei orseddu ei hun yn lle Duw. A dyma'r perygl i ni o hyd, sef credu y medrwn ni fyw heb alw i gof ofal a gweithredoedd cyson, beunyddiol Duw yn ei fyd a'i greadigaeth. 'Fedr Duw ddim ei wadu ei Hun. Tad ydyw. Llywodraethwr cyrrau'r ddaear ydyw. Cynhaliwr popeth byw ydyw. Bugail da ei braidd ydyw. Ac fel Tad, fe fu'n rhaid hyfforddi Israel – eu dysgu nad oes hawddfyd bob cam o'r daith. Bu'n rhaid wynebu ar fywyd caled yr anialwch. Disgyblaeth lem oedd honno. Disgyblaeth sy'n fwy nag y gall dyn meidrol yn aml ei wynebu, yn arbennig dynion sydd heb fod yn gyfarwydd â phoethder. Ond o'r ddisgyblaeth, fe ddaeth gras a bwyd, y manna, y bwyd rhyfedd a grëir gan bryfed o sudd rhai o'r planhigion. Ac o ddisgyblaeth yr anialwch a newyn a darganfod y manna, fe ddysgodd Israel ei bod yn dibynnu yn gyfangwbl ar arweiniad a gofal a gweithredoedd yr Hollalluog Dduw. Yn awr at y genadwri a fynegir mor syml â hyn: **yr angen am Angor, yr angen am Arweiniad, yr angen am Air Duw.**

Yn gyntaf, felly, **yr angen am Angor.**
Y mae **tair** damcaniaeth:
Y safbwynt sy'n dweud bod dyn yn dibynnu yn gyfangwbl ar Dduw;
Y safbwynt sy'n dweud y gall dyn fyw ar y sybstitiwt, y duwiau ail-law hynny sy'n britho'n byd;
Y safbwynt sy'n dweud bod dyn bellach yn rhydd o'i gyfrifoldeb, ac y medr fyw heb Dduw yn y byd.
Y mae y dewis wedi ei osod yn y bennod hon, adnodau 17 ac 18:
Dyn yn dweud yn ei galon, Fy nerth fy hun, a chryfder fy llaw a barod i mi y cyfoeth hwn.' Dyna un ochr i'r darlun. Yr ochr arall ydyw 'Ond cofia

yr Arglwydd dy Dduw; oblegid efe yw yr hwn sydd yn rhoddi nerth i ti i beri cyfoeth.' Efe yw'r Angor. Hebddo, does dim ond crebachu a chyfyngu a chaethiwed. A dyna'r union beth a ddywed Iesu Grist pan yw'n delio â'n perthynas â Duw. Hwn yw'r Angor.

MYFI yw bara'r bywyd.

Fel yr ydach chi'n deisyfu am fara bob dydd o'ch bywyd, deisyfwch hefyd yr ANGOR hwnnw ar gefnfor bywyd: 'Efe a roddasai i ti ddwfr bywiol' yn nhaith yr anialwch. Nid melysion i'w sipian, ond angenrheidiau mewn bywyd.

Yr Angor. Ys dywed yr emynydd:
>Yr hollgyfoethog Dduw,
>ei olud ni leiha,
>diwalla bob peth byw
>o hyd â'i 'wyllys da;
>un dafn o'i fôr sy'n fôr i ni:
>'Nesáu at Dduw sy' dda i mi.'

Yn ail, **yr Angen am Arweiniad Duw.**

Deallodd Pantycelyn hyn, a dyma'i eiriau:
>Arglwydd, arwain drwy'r anialwch
>fi, bererin gwael ei wedd,
>nad oes ynof nerth na bywyd,
>fel yn gorwedd yn y bedd:
>hollalluog
>ydyw'r Un a'm cwyd i'r lan.

Does dim modd rhoddi dim byd i lenwi yr angen am arweiniad Duw a'i ddoniau. Duw yn unig a fedr faddau. Beirniadwyd llawer ar yr emyn 'Duw yn Maddau' am fod ynddo sôn am dduwiau eraill, ond yn enw pob rheswm y mae hynny i'w ddeall:
>Pa Dduw sy'n maddau fel Tydi
>Yn rhad ein holl bechodau ni?

Does neb arall yn medru maddau. Yr Hollalluog yn unig sy'n gallu gwneud. Ef sy'n cynnig arweiniad mewn temtasiwn, arweiniad mewn cyfyngderau, arweiniad mewn profedigaethau.

Un o'r emynau Cymraeg gorau ar ddechrau'r flwyddyn yw emyn y Parchedig T. J. Pritchard *(Glan Dyfi)* oedd yn bregethwr rhagorol gyda'r Wesleaid Cymraeg. A dyma'r nodyn a gaiff ei daro ganddo:

Trwy blygion tywyll ei dyfodol hi,
Arweinydd anffaeledig, arwain fi.

Y mae angen am **Arweinydd Anffaeledig**.

Yn drydydd, **yr Angen am Air Duw.**

Sylwer bod awdur y bennod yn sôn am y gair hwnnw a ddaw allan o enau yr Arglwydd, ac felly y mae'n rhaid rhannu y Gair ymhellach.

Y Gair Llafaredig. Dyna yw pwrpas pregethu, a dyna pam bod cymaint pwys arno ym mhob oes. Pregethwyr y Gair oedd y patriarchiaid, y proffwydi, yr apostolion a'r cenhadon.

A dyna inni wedyn **Y Gair Ysgrifenedig.** Y mae gan ddyn ddeall – byddai'n dlawd iawn heb lyfrau. Ambell i lyfr da. Dywedwn ein bod yn cael modd i fyw. Beirdd y Gair. Gweladwy. Gair mewn llun a lliw, ar sgrîn y teledu sy'n gysur cyson pan gawn ni ambell i raglen sy'n ysgogi ein meddyliau ac sy'n ehangu ein profiadau.

Y Gair Clywedig/Clywadwy. Cerddoriaeth. A oes modd byw heb glywed campweithiau cewri cerdd, heb emyn, heb y Gymanfa Ganu? Y mae'n debyg bod modd – ond bywyd cyfyngedig ydyw, a bywyd digon llwm. 'Nid trwy fara yn unig y bydd byw dyn' ond trwy glywed y cenhadon ar eu gorau, trwy ddarllen clasuron y canrifoedd, trwy glywed a gwrando ar gerddoriaeth, trwy werthfawrogi natur a dyfeisgarwch a doniau dynion. Ond y mae un math arall i'w gofio,

Gair Duw. Nid corff a meddwl yn unig mo dyn. Y mae hefyd yn enaid ac yn ysbryd i fyw byth. A dyna sydd rhaid ei gofio yn barhaus, sef fod dyn yn gorfod myfyrio yn gyson ar Air Duw yn yr Ysgrythur Lân – cymdeithasu'n gyson â Duw mewn gweddi.

Mi fedri di fyw hebddynt. Byw o ryw fath. Ond nid byw ychwaith, ond trigo, llusgo byw heb ddeimensiwn, heb angor, heb arweiniad. Y mae miloedd yn trigo. Bod y maen nhw. 'Ŵyr neb beth yw byw ond y sawl sydd yn ymborthi ar Air Duw.

Nid trwy fara yn unig, nid trwy ymddiddori ym meysydd y meddwl a diwylliant, y celfyddydau a rhyfeddodau'r greadigaeth, ond trwy bob gair a'r sydd yn dyfod allan o enau yr Arglwydd y bydd byw dyn.

Pa fath fywyd yw'r bywyd hwn sy'n seiliedig ar Air Duw? Y mae **tri** pheth yn ei nodweddu.

Yn gyntaf, **Bywyd ydyw â Chyfoeth yn perthyn iddo.** Gair cywir ydyw'r gair llawn, cyflawn. Byw i bethau uwch na ni ein hunain, a phlygu ar ôl deall hynny mewn edifeirwch calon i geisio Duw a derbyn o'i ddoniau da, a gweithredu ei ewyllys yn ôl esiampl a roddwyd i ni gan Iesu Grist. Beth wnaeth Iesu? Cerdded oddi amgylch gan wneuthur daioni. Herio'r byd a chrefyddwyr ei oes i dderbyn ffordd ddi-drais a chariad nad oes terfyn iddi'n bod. Dyna a wnaeth ein Gwaredwr ni.

Yn ail, **Bywyd ydyw â Llawenydd yn perthyn iddo.** *Joy.* Nid llawenydd arwynebol, dros nos, ond llawenydd cyfoethog sy'n para am ei fod o'n seiliedig ar fywyd a gwaith Crist Iesu. Llawenydd ydyw sy'n seiliedig ar oruchafiaeth y Gwaredwr.

Ac yn drydydd, **Bywyd ydyw sydd â Thangnefedd iddo.** Dyma y tangnefedd sydd uwchlaw deall, y tangnefedd nad yw'n dibynnu ar amgylchiadau allanol, y tangnefedd a ddaw wrth gyflawni gwaith yr Efengyl:
    O! dyro'r hedd na all y stormydd garwaf
    Ei flino byth, na chwerwi ei fwynhad;
    Pan fyddo'r enaid ar y noson dduaf
    Yn gwneud ei nyth ym mynwes Duw ein Tad.

Dyma'r bywyd a sylfaenwyd ar eiriau Duw – ar gyfoeth ei gariad a'i ras, ar lawenydd ei waith a thangnefedd bodlon wrth wneud ei ewyllys a chyflawni ei Air Tragwyddol. Yn enw'r Iesu, Amen.

Pregeth 7

Beirniadaeth ddeifiol y proffwyd Micha

Testun: Y maent yn treisio gŵr a'i dŷ: dyn a'i etifeddiaeth. / *So they oppress a man and his house, even a man and his heritage.* (Micha / *Micah* 2: 2)

Proffwyd dewr na cheisiodd blesio ei gymdeithas, ond yn hytrach gwasanaethu Duw, oedd Micha. A dyma'i feirniadaeth ddeifiol ar y gwŷr cyfoethog a oedd yn dwyn y tir oddi ar y tlawd, a hynny heb ganiatâd. *'Bullyboys'* yr hen fyd oedd y rhain, a gredai fod ganddynt hawl i dreisio'r gwan a'r di-ymgeledd. Gwelodd Eseia o Jeriwsalem yr un sefyllfa:

'Gwae y rhai sydd yn cysylltu tŷ ar dŷ,' meddai hwnnw, 'ac yn cydio maes wrth faes, hyd oni byddai eisiau lle, ac y trigoch chwi yn unig yng nghanol y tir.' Ac y mae Micha yn siarad â ni heddiw ac yn llefaru yr un mor huawdl amdanom ninnau sydd yn barod i orthrymu dyn a'i etifeddiaeth.

Etifeddiaeth dyn yw'r greadigaeth; etifeddiaeth dyn yw ei genedl a'i gymdeithas; etifeddiaeth dyn yw ei deulu a'i dylwyth; etifeddiaeth dyn yw ei berthynas â Duw, ei Dad. Ac y mae popeth sy'n peryglu yr etifeddiaeth honno o dan gondemniad. A gaf i dynnu sylw, yn yr oedfa hon, at yr hyn sy'n peryglu dyn a'i etifeddiaeth?

Yn gyntaf, **Newyn y Byd.**

Y mae dihareb yn perthyn i bobl Somalia a ddywed hyn: *'Prosperity and famine are never far apart: the rich and poor frequent the same houses.'* Y byd yw'r tŷ i ddynion, (dyna yw'r etifeddiaeth) ond y mae rhai yn cael gormod o ddanteithion y byd hwn, ac eraill yn cael rhy ychydig ohonynt. Yr ydym bob blwyddyn yn ddiffael yn diolch am Gynhaeaf Duw – ond y mae un peth yn amlwg: ein bod ni yn methu rhannu y cynhaeaf hwnnw â'n cyd-ddynion. Y mae'r angen am fwyd i blant bach o dan bump oed yn sgandal. Y gwir yw bod digon o fwyd i'w gael i bawb – ond ein bod ni yng ngwledydd y Gogledd yn amharod i'r personau truenus a welir yng ngwledydd y De gael eu gweddill a'i wala. A gwaetha'r modd y mae gwledydd cyfoethog y De fel China, Siapan, Awstralia a Seland Newydd yn ymddwyyn fel y mae Ewrop a Phrydain yn tueddu i wneud. Y mae'r Americanwr yn gwario mwy ar ei erddi a'i gaeau golff mewn *ffertilisers* nag y medr yr India Fawr fforddio i lenwi stumogau gwag.

Bu yn newyn du rywle bob blwyddyn ers 1945, ond y mae'n rhaid dweud yn glir gyda Micha mai problem wleidyddol yw problem bwyd. Y mae'n adlewyrchu ein ffordd ni o weithredu, a llywodraethwyr y bobl sy'n penderfynnu beth i'w dyfu. Elw yw'r prif ffactor. Os yw'n talu'n well i dyfu mwy o wenith, fe wna'r ffarmwr, neu dyfu llai. Os yw'n talu'n well i dyfu bwyd ar gyfer anifeiliaid na dynion, fe wnêl hynny hefyd. Fe dalodd Llywodraeth yr Unol Daleithiau ym 1973 dair miliwn o ddoleri i ffermwyr i beidio tyfu dim. Ym 1978, fe ofynnodd yr Athro Ysgol Sul a'r gŵr nobl yr Arlywydd Jimmy Carter am gael tyfu 20% yn llai o wenith. Dyna ddigwyddodd. Gwarth o beth wedyn oedd gweld mynyddoedd o fenyn, cig a llaeth yn pydru tra bu yna bobl oedd yn byw ychydig filoedd o filltiroedd i ffwrdd yn Somalia ac Ethiopia yn bwyta dail y coed er cynhaliaeth. Yr un byd ond trachwant a hunanoldeb yn dinistrio – dyn a'i etifeddiaeth. Ac y mae'r un dyn a dynes a phlant a oedd yn dioddef yn nyddiau Micha yn dioddef heddiw hefyd yn y gwledydd tlawd – a llawer ohonynt yn methu cystadlu wrth werthu eu cynhaeaf o'r tir llwm a diwerth bron i'r marsiandïwr. Dyma eiriau arbenigwr ar y mater:

> *This cash-strapping has done little to help the poor man working his small patch. Both tend in practice to encourage large-scale operation and mechanisation. These deprive the peasant of land and the unskilled work.*

Dyma ail-adrodd geiriau Micha am ddyn a'i etifeddiaeth yn ein hoes ni.

Yn ail, **Dyn yn Peryglu ei Fyd ei hun.**

Y Gwyddonydd yw un o ffigyrau pwysicaf y byd modern, i'w ganmol ar un llaw a'i gondemio ar y llaw arall. Oddi wrth ei allu ef y daeth arfau niwclear, ac oddi wrtho ef y cawsom y brechlyn i oresgyn Coronafeirws 19. Dywedir wrthym fod cyfnod yr Ail Ryfel Byd yn bwysig iawn am mai yn ystod yr adeg honno y daeth gwyddoniaeth i'w theyrnas. Y mae hynny'n wir. Ond fe wnaeth rywbeth arall – fe ddangosodd berygl gwyddoniaeth. Geiriau yr hanesydd Alan Bullock yn ei astudiaeth dreiddgar am Adolf Hitler oedd y rhain: *'He was a crude evolutionist.'*

Cymerodd Hitler ddysgeidiaeth Darwin o ddifrif, a gweithredodd yn ôl ei gredo. Newidiodd agwedd y gwyddonwyr eu hunain. Cyn hynny, yr oeddynt yn synied am eu gwaith fel uchel swyddogaeth. Fe ddrylliodd y bom atomig ac erchyllterau Hiroshima a Nagasaki hynny am byth. I'r rhai hŷn, roedd y dadrithiad yn eithafol. Cymerer y mwyaf nodedig ohonynt, sef yr athrylith Albert Einstein. Fe ddywedodd ef ychydig cyn ei farw ym 1953, y byddai'n well ganddo fod yn blymiwr pe câi ail-fyw ei fywyd eto, na bod yn seren byd y gwyddonydd.

Aeth gwyddoniaeth fel gwleidyddiaeth yn *vested interest* enfawr. Y mae ei ddylanwad byd-eang yn tyfu yn fwy ac yn fwy, gan ei fod bellach yn gwarchod technoleg a meddygaeth. Ac yn naturiol yn mynd yn fwy a mwy peryglus, ac yn fwy trahaus yn nwylo gwladweinwyr ffol fel Stalin a Putin a Trump. Ac fe dyfodd llawer o ofergoeliaeth o amgylch y sustem. Gwyddoniaeth a fu'n gyfrwng i lanhau crefydd o'i hofergoeliaeth, ond yn awr, y mae gwyddoniaeth ei hun yn amddiffyn safbwyntiau na ellir rhoddi enw gwell arnynt nag ofergoeliaeth wyddonol, gau ddamcaniaethau, hynny yw, creu myth allan o ffeithiau a diraddio yr unigolyn, yn hytrach na'i barchu a'i anwesu.

Yn drydydd, **Y Gobaith sydd ym Mab Duw, y Dyn Perffaith.**

Dyma'r Un sydd yn dangos i ddyn ei werth a'i urddas ac sydd yn amddiffyn y gwerthoedd hynny sy'n parchu'r etifeddiaeth. Oherwydd y mae'r Mab hwn wedi rhoddi i'w ddisgyblion bedwar peth fel canllawiau – **Cydwybod, Ysgrythur, Traddodiad a'r Deyrnas.** Fe'n harweinir ni gan y **Gydwybod** i ddweud *'Na'* pan fo unigolion a theuluoedd yn cael eu di-raddio trwy newyn a'u perygli gan y bom neutron. Fe'n gyrrir ni gan yr Ysgrythurau i gofleidio Mab y Dyn yn Waredwr arnom:

Mawr yw Iesu yn ei Berson;
mawr fel Duw, a mawr fel dyn;
mawr ei degwch a'i hawddgarwch,
gwyn a gwridog, teg ei lun:
mawr yw Ef yn y nef
ar ei orsedd gadarn, gref.

Ac y mae'r **Traddodiad – Traddodiad ei Eglwys a'i Gymdeithas** yn ein cryfhau a'n cynorthwyo. Ac y mae'r **Deyrnas** yn ein calonogi a'n cysuro – gan mai cyfoethogi yr unigolyn sy'n ddisgybl i'r dyn perffaith a wna y Deyrnas. Y daioni sy'n treiddio i bob gweithgarwch. Dyna pam bod y dyn a ddaw o dan gyfaredd Mab y Dyn, yr Arglwydd Iesu Grist, yn debyg i'r **goleuni,** yn debyg i'r **halen** ac i'r **surdoes** yn y blawd. Goleuni'r Byd yw tystion y Deyrnas, halen y ddaear, surdoes y gymdeithas gyfan. Pobl y llawenydd yw'r bobl sy'n arddel Iesu. Y llawenydd sydd yn rhoddi blas ar fyw i ddyn yn ei etifeddiaeth deg ar y ddaear, ac yn ei arfogi i fod yn stiward a gwas ffyddlon. Y mae disgybl i fod yn addfwyn. Yng ngeiriau Eifion Wyn:

Gwna fi yn addfwyn fel tydi
wrth bawb o'r isel rai;
gwna fi yn hoff o wrando cwyn
a hoff o faddau bai.

Dod i mi galon well bob dydd
a'th ras yn fodd i fyw;
fel bo i eraill drwof fi
adnabod cariad Duw.

Y mae'r disgybl i fod yn anfodlon. Ie, anfodlon ar anghyfiawnder y byd hwn. Y mae'r disgybl i gyfrannu at ddaioni yr Arglwydd . Y mae'r disgybl i roddi yn ogystal a derbyn.Y mae'r disgybl i gymodi. Y mae cymod yn air sy'n perthyn i Grist a'i Deyrnas:

Cadw gymod yn ein tir,
Cadw gariad at y gwir;
Cadarn fo dy law o'n tu,
Cryfach na banerog lu:
Nid oes nodded fel yr Iôr,
Gorfoledded tir a môr.

Gorfoledd am yr hyn a wnaeth Duw, ac am yr hyn y mae Ef yn ei gyflawni heddiw yn ei fyd, a thrwy ei Deyrnas a disgyblion ei Fab. Pethau na all y dyn yng Nghrist ei wneud ydyw niweidio un o'r rhai bychain, enllibio daioni a thrugaredd, gweld truan ar y llawr a mynd heibio iddo a chofio am ehangder y Deyrnas, gan weld pob mab i Ti yn frawd i mi, O Dduw, Amen.

Pregeth 8

Hiraeth Sechareia a ninnau heddiw am y Deyrnas

Testun: Sechareia 8: 1-8 ac Efengyl Mathew 18: 1-4

Fe wyddom fod Iesu Grist wedi dod i'n daear i sefydlu y Deyrnas, a phob tro yr ydym yn adrodd y weddi a ddysgodd Iesu i'w ddisgyblion, yr ydym yn hiraethu am y Deyrnas, 'Deled dy Deyrnas.' Ond weithiau, mi fydda' i'n gofyn i mi fy hun, 'A ydan ni o ddifri am weld y Deyrnas?' Y mae'n gwestiwn bob tro yr ydym ni'n dathlu buddugoliaeth Iesu Grist dros angau yn y Sacrament o Swper yr Arglwydd. Yr ydym yn edrych ymlaen at ddyfodiad ei Deyrnas. Yng ngeiriau'r Apostol Paul, 'Yr ydym yn bwyta bara ac yn yfed y cwpan, hyd oni ddelo.' Yn wir, y mae y Swper yn rhagflas o'r Wledd Fawr, y Wledd Derfynol, y Wledd Feseianaidd yn yr Oes Newydd, pryd y daw y Deyrnas yn ei chyflawnder ac y bydd gwaith Duw wedi ei orffen. Ond a ydym am fod yn y wledd honno? Fe ddysgodd Iesu fod y Deyrnas yn debyg i berl neu drysor drud, fel trysor a ddarganfuwyd yn y ddaear, a hwnnw mor werthfawr fel bod y sawl oedd wedi ei ffeindio yn dymuno gwerthu popeth er mwyn ei gael. A ydym ni am i Deyrnas Dduw ddod, neu ydym ni yn gysurus yn ein cymdeithas bob dydd ?

Y mae byd oes Sechareia mor wahanol i'n byd ni, ac eto yr oedd hiraeth am y Deyrnas ganddo yntau hefyd. Byd ffoaduriaid oedd byd Sechareia: tebyg i ffoaduriaid Bosnia a Syria ac Afghanistan. Pobl wedi gweld y Babyloniaid ar eu gwaethaf – wedi treulio blynyddoedd yn y Gaethglud ym Mabilon ac wedi dod adref. Eraill, yn arbennig y dosbarth tlawd, wedi aros ym Mhalesteina, ond yn y flwyddyn 518 C.C. – pan gafodd y darn hwn ei ysgrifennu, yr oedd holl drigolion Jeriwsalem mewn argyfwng mawr. Yr oedd y Deml yn dal heb ei hail-adeiladu. Waliau ac amddiffynfeydd y ddinas ag angen eu hail-adeiladu. Newyn yn y tir. Yr oedd chwyddiant yn uchel dros ben. Bwgan *inflation* yn eu poeni. 'Doedd dim brenin ganddynt na llywodraeth i sôn amdani. Talaith dlawd, ddirmygedig yn rhan fechan o Ymerodraeth Persia ydoedd. 'Doedd dim rhyfedd iddynt groesawu Sechareia y proffwyd. Yr oedd yn addo rhywbeth gwell – yn addo o leiaf Deyrnas. A dyna beth sydd ei angen ar y mwyafrif o bobl y byd, sef rhywbeth gwell na'r hyn sydd ganddynt ar hyn o bryd. Beth oedd Teyrnas Dduw yn ei olygu yn ôl y proffwyd hwn? **TRI** pheth.

Yn gyntaf, **Parc.** Parc fel Parc Sefton neu Calderstone i ni sydd yn byw yn

Lerpwl. Parc cyhoeddus. Un o'r pethau gorau a wnaeth y Fictoriaid yn eu dinasoedd oedd gofalu rhoddi parc i'r bobl allu bod yn ddedwydd ynddynt ac yn ddedwydd ohonynt. Pobl Gristnogol gefnog oedd y mwyafrif o'r rhai a roddodd barciau i'r dinasoedd. Y parc cyntaf i ni, drigolion dinas Lerpwl oedd Parc Princes a roddwyd yn rhodd gan fab i weinidog gyda'r Undodiaid – gŵr o'r enw Yates. Ac y mae Sechareia yntau yn disgrifio'r parc. Parc iddo ef oedd y fangre lle y medrai'r hynaf a'r ieuengaf mewn cymdeithas deimlo'n ddiogel ynddo. Iddo ef, y mae rhywbeth o chwith ar unrhyw gymdeithas sy'n anghofio'r henoed ac sy'n anwybyddu'r plant bach. Y mae disgrifiad y proffwyd hwn yn wych. Disgrifio pobl y mae mewn oedran a'r rheini yn eistedd gyda'i gilydd yn yr haul, yn siarad gyda'i gilydd ac yn chwerthin am yr hen ddyddiau, 'the good old days'. Y mae eu meddyliau yn glir ac y maent yn cael y gorau o fywyd. Teyrnas Dduw, medd Sechareia, yw byd lle nad oes rhaid i henoed ofni am heddiw nac yfory.

A'r ail beth yw'r disgrifiad o blant yn chwarae – bydd y strydoedd yn y ddinas yn llawn o fechgyn a genethod a'r rheini yn chwarae gyda'i gilydd. Teyrnas Dduw yw parc cyhoeddus lle mae'r strydoedd yn saff i'r plant allu chwarae ynddynt. A dyma ichwi olwg newydd ar y Deyrnas.

Nid rhywbeth pell oddi wrthym yw'r Deyrnas. Y mae'n agos. Oni ddywedodd ein Harglwydd Iesu Grist, 'Teyrnas Dduw, o'ch mewn chwi y mae.' Teyrnas Dduw, yn eich plith y mae – lle y mae'r henoed yn eistedd ar y fainc a'r plant yn chwarae wrth eich traed. Yr hen a'r ifanc yn ddedwydd eu byd. Ac felly, y mae'r Deyrnas yn ymwneud â'n bywyd ar y ddaear. Nid yw Gweddi'r Arglwydd yn dweud, 'Deled dy Deyrnas yn y nefoedd' ond 'Deled dy Deyrnas, fel ag yn y nefoedd.' Y mae Duw am i'w ewyllys gael ei weithredu yn ein plith ar y ddaear.

Ac felly y mae gyda ni lawer i'w gyflawni eto yng ngoleuni'r broffwydoliaeth hon. Oherwydd yn Nheyrnas Dduw, mi fyddai'r parc a'r strydoedd yn y ddinas yn ddiogel. Ychydig o rieni sy'n barod i adael i'w plant chwarae gyda'i gilydd bellach – am nad yw Parc Sefton neu Stanley yn ddiogel i'r plant hynny sy'n byw yn y strydoedd o amgylch. Meddyliwch chwi am strydoedd y byd. Dyna ichi ddinas fawr Chicago yn enghraifft. Fe gafodd plentyn unarddeg oed ei ladd gan aelodau o'r giang am ei fod e'n gwybod gormod. Y mae hynny yn digwydd yn barhaus. Ac am strydoedd y ddinas – gwelir plant yn chwilio am fwyd ar strydoedd Saigon, Calcutta a Buenos Aires. Plant wrth y cannoedd yn marw yn Somalia, Rwanda ac Ethiopia. El Salvador, Bolivia, lle y mae cymaint o saethu'n digwydd. Ein gweddi ni, gredinwyr, ydyw ar i'r strydoedd fod yn deilwng o'r plant. 'Does dim llawer ohonom yn casglu arian – yr hyn yr ydych chi a minnau yn ceisio ei gyflawni trwy Gymorth Gristnogol, elusen werthfawr. Os nad yw gweledigaeth Sechareia yn nod bywyd, yna 'does dim pwrpas i'n bywyd ar y ddaear.

Yn ail, **Sumbol yw plant.** Dyma'r Deyrnas lle y medr plant chwarae; ond clywch! Y mae'r proffwyd yn mynd gam ymhellach. Y mae'n dweud bod rhaid i'r plant fod yn deilwng o'r gymdeithas ac o'r dref. A dyna pam fod gan bawb ohonom ei waith i'w wneud. Peidiwch â'm camddeall. Nid dweud yr ydw i y medrwn ni greu y Deyrnas ohonom ein hunain – dim ond Duw sy'n medru creu ac ail-greu a gweddnewid cymdeithas. Ond y mae Duw am inni weithio gyda'r plant – nain a thaid, tad a mam, athro a gweinidog, arweinydd ac aelod. Rhaid gweithio yn y cartrefi, yn yr ysgolion, yn yr eglwysi i fagu plant sy'n deilwng o'n strydoedd. Fe soniodd gwleidydd amlwg y dydd o'r blaen am ddiwylliant yr *'yob'* gan anghofio fod ganddo yntau, yr *'yob'* gyfle gwych i gyflawni'r yhn yr wy'n sôn amdano.

'Anghofia' i byth ddarllen am arweinwyr rhyw dref yn cyfarfod â barnwr oedd ar Lys y Plant ac Ieuenctid (*Youth Court* yn Saesneg). Beth oedd y peth pwysicaf y medren nhw fod yn ei wneud er mwyn gwella y gymdeithas? Dyma'r barnwr yn ateb mewn chwe gair, *'Be at home for your children.'* Byddwch adref ar gyfer eich plant. Nid bychanu yr hyn a wneir i wella cymdeithas – y mae yn rhaid gwneud hynny; nid i anghofio'r ffaith fod y mwyafrif yn gorfod mynd i'w gwaith (ei bod hi'n ofynnol bellach bron i ddau weithio mewn galwedigaethau sydd yn talu llai nag isafswm cyflog Llywodraeth y dydd.) Ond ein bod hefyd yn ddigon onest yn wynebu y cwestiwn: 'A ydan ni yn magu plant sy'n deilwng o'n strydoedd?'

Plentyn sydd heb gael ei ddysgu ynglŷn â'r gwahaniaeth rhwng drwg a da yw y broblem fawr ym mhob oes. Ddim yn deilwng fel petai i'w adael yn rhydd mewn unrhyw gymdeithas wareiddiedig. Y mae plentyn sydd heb gael ei garu na'i ganmol na'i gofleidio yn blentyn ran amlaf na fedr garu eraill. Ac eto, y mae plentyn sydd heb gael ei hyfforddi fod yna Dduw – Duw sy'n Dad, a Duw sydd yn gyfrifol amdano – yn blentyn fydd byth yn defnyddio ei ddoniau yn ddoeth. Heb bwrpas i'w fywyd gwaetha'r modd. Ydan ni yn magu plant yn ein cymdeithas all gyfrannu i fywyd eu cyd-ddynion, plant a fedr garu Duw a'i gyd-ddynion? Ydan ni yn magu plant yn ein heglwysi sy'n deilwng o'r Deyrnas?

Yn drydydd ac yn olaf, **I fagu plant i Grist, y mae'n rhaid cael pobl ymroddedig.**
'Dach chi'n cofio Iesu yn cymryd plentyn a'i osod yng nghanol y bobl? A

'dach chi'n ei gofio yn dweud bod yn rhaid i'r bobl mewn oedran fod fel plant bach cyn iddynt fedru cael mynediad i'r Deyrnas. Dyna pam fod Iesu Grist yn ddiamynedd gyda'r cyfoethog. Pobl yw'r cyfoethog at ei gilydd sy'n dibynnu arnynt eu hunain a mynd yn hunanol, ac yn hunan-ddigonol ac yn annibynnol. Y maent yn mynd fel duwiau bach. Y mae plant yn medru bod yn esiampl i'r bobl hŷn.

Yn un peth, y maent yn dibynnu ar eraill i'w bwydo ac i'w dysgu. Dyna yw'r Cristion yntau ar ei orau – un sy'n dibynnu yn y lle cyntaf ar addewidion Duw. Fel y dywed yr emynydd:
>Anturiaf ymlaen
>drwy ddyfroedd a thân,
>Yn dawel yng nghwmni fy Nuw;
>Er gwanned fy ffydd,
>Enillaf y dydd -
>Mae Ceidwad pechadur yn fyw.

Peth arall am blant yw eu bod yn ymddiried yn eraill. Felly ninnau, 'Ymddiriedaf yn dy allu / Mawr yw'r gwaith a wnest erioed.'

Yn ogystal a hyn, y mae plant yn rhai gostyngedig. Pobl yr Arglwydd, sy'n barod i ddweud, 'Ein Tad, Deled dy Deyrnas, Gwneler dy ewyllys ar y ddaear ac yn y nefoedd.' yw'r bobl a ddaw â gobaith i'n cymunedau. Felly yr ydym am groesawu y Brenin i'n bywydau. Fe gychwynnodd y Deyrnas Newydd gyda genedigaeth y Plentyn a anwyd ym Methlehem Jiwdea. Fe gychwynnodd gyda Duw ei hun, a ddaeth yn y Mab, a ddaeth yn agos atom ac a drigodd yn ein plith, yn ôl y proffwyd Sechareia. Cychwynnodd y plentyn hwn hyrwyddo'r Deyrnas, a chyrhaeddwyd y pinacl ar Galfaria yn y croeshoelio. Buddugoliaeth sydd yno dros bechod a thrais, ac onid marwolaeth ysbrydol sy'n blino ein cymunedau? Yn Iesu Grist, fe ddaw byd newydd. 'Os Efe gaiff ei le / Daw y ddaear fel y ne.'

Duw yn trigo yng nghanol y ddinas yw ein cysur. Oherwydd y mae'r Deyrnas, ffrindiau, yn sicr o ddod. Peidiwch â meddwl na ddaw. 'O Dduw, deled dy Deyrnas.' Ie, mor fuan ag y medri, o Anweledig Greawdwr, gweithreda dy rymusterau ar y ddaear fel yn y nefoedd. Amen.

Pregeth 9

Arfogi ar gyfer y Brwydro

Testun: Gwisgwch amdanoch holl arfogaeth Duw. / *Put on the whole armour of God.* (Effesiaid/*Ephesians* 6: 11*)*

Y mae'r darlun hwn o'r Epistol at yr Effesiaid yn ein hysbrydoli. Y mae Paul yn y fan hyn yn galw Cristionogion cynnar Effesus i sefyll, i ddangos eu hochr, i fod yn ufudd ac yn barod i lefaru. Ac y mae'n gosod allan y telerau hefyd: 'Gwisgwch amdanoch holl arfogaeth Duw.' A sylwch beth yw'r wisg – gwisg milwr ydyw. Y mae'n sôn am **darian** (*shield*) ond **tarian y ffydd** sydd ganddo mewn golwg. Rydan ni wedi profi gwerth ffydd:
I'r lan, o'r dyfnder du a'r don
Daw etifeddion ffydd
A'u cân yn un er chwerw loes
Am angau'r Groes ryw ddydd.
Gwir y dywedodd, oherwydd gyda tharian y ffydd y mae'n bosibl 'ddiffoddi holl bicellau tanllyd y Fall.'

Cofiwch hefyd fod angen **helm** arnoch – fel milwr. *Helmet* y mae e'n ei olygu, er mai'r gair 'helm' ydyw yn Gymraeg. Fe glywais i fel bachgen y gair 'helm' yn cael ei ddefnyddio yng nghyd-destun ffermio a hel y cynhaeaf i mewn. Fe'i defnyddid am das wair (*stack*) yn gynharach na helmet. Fe ddefnyddir y gair am helm llong – y peth hwnnw sy'n troi llong – ond i ni, penwisg yw ef sef helm yr iachawdwriaeth. Yr hyn sy'n rhoddi gobaith i ni am iachawdwriaeth. Y mae angen iachawdwriaeth ar bawb o blant dynion. Ac yna cawn y gair **cleddyf** (*sword*). Rôn i'n siarad â hen sowldiwr yn y Sasiwn rai blynyddoedd yn ôl a fu drwy'r Rhyfel Diwethaf. Ac yr oedd e'n dweud wrthyf mai peth ofnadwy yw lladd rhywun. Meddyliwch am ladd milwr arall o genedl arall gyda'r gwn neu yn y canrifoedd cyn hynny gyda'r cleddyf. Ond y mae Paul yn Cristioneiddio'r cleddyf, ac y mae e'n ei alw yn **gledd yr ysbryd**, yr hwn yw **gair Duw**. Dyma sylfaen ein tystiolaeth. Yn wir, dyma sylfaen ein harfogaeth wrth wynebu ar fywyd a'r byd.

Pan oeddem ar ddiwedd yr ugeinfed ganrif wrthi yn paratoi Llyfr Emynau newydd rhwng y pedwar enwad gwyddwn y byddai un emyn yn sicr o'i adael allan o *Caneuon Ffydd*. Y mae ef yn hen un, sef emyn S. Baring-Gould a gyfeithiwyd i'r Gymraeg gan y Prifathro Lewis Edwards, Y Bala. Y mae ei

gofeb y tu allan i'r coleg fel y mae ei benddelw y tu allan i Gapel Penllwyn, lle y magwyd y Prifathro ar y ffordd o Langurig i Aberystwyth. Dyma'r emyn:
>Rhagom, filwyr Iesu,
>Awn i'r gad yn hy'.

sef *'Onward, Christian Soldiers.'*

Y maen nhw'n dweud wrtha' i fod mwy o ddadlau wedi bod am gyfnod o ugain mlynedd yn yr America ynglŷn â chynnwys yr emyn hwn mewn llyfrau emynau na dim un emyn arall. Y mae rhai wedi dadlau ei fod e'n emyn cyfarwydd a chofiadwy – yn wir, y mae e'n un o'r emynau hynny sy'n dweud llawer ac yn rhoddi darlun gwerthfawr o Eglwys Dduw yn symud ac yn unol yn ei nod:
>Nid ŷm ni'n rhanedig,
>Ond un corff di-goll,
>Un mewn ffydd a gobaith,
>Un mewn cariad oll.

Ond y mae'r lleill yn dweud ei fod e'n rhy filitaraidd. Ond os ydan ni yn cael trafferth gyda'r emynau o'r math hwn, beth ydan ni yn mynd i'w wneud gyda'r Hen Destament? Y mae penodau lawer yn llyfrau yr Ysgrythur hwnnw sy'n canoli ar ryfela. Y mae bron pob llyfr (hyd yn oed y llyfrau hynny sy'n gyfarwydd inni, fel Llyfr y Salmau) yn llawn o'r brwydrau, y rhyfeloedd gwaedlyd, y dioddefaint a'r ymladd. Ac y mae sŵn y frwydr wedi croesi'r trothwy i'r Testament Newydd fel yr ydan ni yn sylweddoli yn y Llythyr at yr Effesiaid: 'Gwisgwch amdanoch holl arfogaeth Duw.' Ac y mae'n sôn, fel y cofiwn, am helm a chleddyf. Pam dywedwch, bob tro y byddwn ni am ddisgrifio'r Bywyd Cristnogol yr ydan ni'n defnyddio cymariaethau o fyd y fyddin? Ac yr wyf yn tybio eich bod chwi y gynulleidfa yn gwybod yr ateb. Os ydach chi am fyw i Dduw yn y cyfnod hwn, neu unrhyw gyfnod arall, y mae'n rhaid brwydro. Ac y mae'n sicr fod hynny yn wir heddiw. Yr ydym yn wynebu pwerau sydd y tu hwnt i bob amgyffrediad:
>Nid â dynion yr ydym yn yr afael, ond â thywysogaethau ac awdurdodau, â llywodraethwyr tywyllwch y byd hwn, â phwerau ysbrydol drygionus yn y nefoedd.

Y mae gan John Steinbeck stori am ffarmwr a fethai ddeall pwy oedd wedi ei orfodi i roddi'r gorau i'r ffarm. Nid y banc lleol, oherwydd yr oedd e'n gyfrifol i'r Swyddfa Ranbarthol, ac nid y Swyddfa Ranbarthol, gan fod ganddynt hwy eu *Board of Directors* ac nid y *Board of Directors* oherwydd yr oedd yna gannoedd o gyfranddalwyr. A'r canlyniad? 'Doedd neb yn euog oherwydd fod pawb yn euog! 'Yr ydym yn bwerau.' Os ydym ni am gadw'r Ffydd yn yr ugeinfed ganrif ar hugain, y mae'n rhaid brwydro yn ddiwyd a dyfal bob dydd o'n bodolaeth.

Ac y mae'r gelyn yn anweledig ac yn fwy nag yr ydym ni yn ei ddychmygu. Y mae'r gelyn yn ein meddyliau, ym meddyliau yr oes yr ydym ni yn rhan ohoni. Yr ydym i gyd wedi cael ein cyflyru. Y mae'r gair Saesneg am y peth yn wych: *brainwashed.* Golchi'r meddwl. Dyna a wna seciwlareiddio – golchi'r meddyliau o unrhyw arlliw o'r Tragwyddol. Pan ydym ni yn ceisio perswadio pobl i fyw bywyd syml mewn byd anghenus, a ydyn nhw yn clywed? Dim ffiars o beryg. Y maen nhw'n gweld gormod o hysbysebion am Volvos a stereos, Hi-Fis a chyfrifiaduron. Pan ydach chi'n sefyll dros heddwch ar y ddaear mewn oes niwclear, sut mae gorchfygu y *propaganda* a'r sloganau gwag? Y gelyn yw syniadau, ie syniadau sydd yn cael eu cyflwyno o ddydd i ddydd ar y teledu, ac yn y Wasg. Dyma syniadau sy'n llenwi ein meddyliau. Ynddynt cawn wybod am dywysogaethau a phwerau: y mae'r gelyn yn gry' ac yn fwy nag yr ydym ni yn ei sylweddoli. Clywch! Os ydach chi am fyw dros Dduw, y mae'n rhaid brwydro.

Ac y mae'n rhaid bod yn onest. Yr ydym yn y lleiafrif fel Cymry o Gristnogion, a'r gelyn yn gry'. Meddylier bod ein Dosbarth Beiblaidd yn gorfod wynebu ar y *multi-national.* Cyfarfod Gweddi yn erbyn cylchgronau masweddus. Yn ôl pob rhyw ystadegau, 'does gyda ni ddim siawns.

Yr oeddwn yn siarad gydag un o flaenoriaid ein capeli ym Mhwllheli pan oeddwn yn cyhoeddi y Gair yn y dref honno flynyddoedd lawer yn ôl bellach. Dywedodd eu bod nhw'n llwyddo i gynnal yn achlysurol Gyfarfod Gweddi a Seiat, ac yn llwyddo i ddenu rhyw ddwsin o bobl ynghyd ar noson waith. Hanner can mlynedd cyn hynny, tybiwyd yn ôl yr ystadegau na fyddai dim cyfarfod o'r fath i'w gael yno. Y mae ein hachos ni ar lawer cyfrif yn wydn ond hefyd yn arswydus o egwan. Ac eto, y mae'n rhaid cofio mai Achos Duw yw e. Cymod yw Achos Duw ac onid dyna sydd eisiau rhwng y Palestiniaid a'r Iddewon yn Israel, a Gwlad yr Iorddonen a'r Aifft, yn Haiti ac America. Cyfiawnder yn Achos Duw yw angen arall ein dyddiau. Beth bynnag a ddywed y farn gyhoeddus, nid yw Duw ar ochr y bwli, y cryf, y di-deimlad, yr ysglyfaethus. Y mae Duw ar ochr y tlawd, yr ofnus, y gwan a'r analluog ac ar ochr y rhai sydd yn rhoi eu sylltau o hyd ym mlwch y Genhadaeth. Mae Duw ar ochr y rhai sy'n crefu am ryddid. Ac yn y Beibl, y mae Achos Duw bob amser yn llwyddo. Fe ddaeth Iesu a garcharwyd ar y Groes yn rhydd. 'Cododd Iesu – boed moliant i Dduw.' Ac os codwyd Iesu, fe'i dyrchefir ef i farn a chyfiawnder a gobaith a chariad. Byddai'n anobeithiol ar y disgyblion oni bai i Grist y Groes ddod yn Grist y Bedd Gwag.

Rhaid brwydro. Y mae gyda ni ein harfogaeth. Yr arfogaeth a gafodd Iesu i wynebu ar gynlluniau y Fall yn y Temtiad yn yr anialwch. Sut y llwyddodd ef i wynebu'r Diafol? Gyda Gair Duw. A geiriau a ddefnyddir yn ein herbyn ni oherwydd geiriau yw'r arf bob amser. Gair Duw yw'r angor. Y mae'n rhaid inni wynebu ar y byd a gofyn yn syml, 'Pam? Pam?' Pam ym 2022 fod yna bobl yn cysgu ar balmentydd oer y dinasoedd? Pam? Y mae rhai eisiau bod felly, dydw i ddim yn amau. Ond i'r mwyafrif, y mae eisiau lle i gysgu arnyn nhw. Ac yn ystod y coronafeirws fe ddangoswyd trugaredd a diflanodd y mwyafrif i loches, ond bellach gwelir hwy yn dod yn ôl ar ein palmentydd oer a di-gysur, yn arbennig pobl sydd yn cymryd drygiau yn ninas Glasgow.

Ac y mae'n rhaid i ni gyffesu: onid ydan ni wedi bod yn ddigon tawel ynghylch hyn i gyd? Y mae'r pulpud wedi bod yn ddigon difater am gyfnod hir ond bellach wedi deffro a'r Cristnogion bellach yn codi eu lleisiau a'u lleferydd. Rydan ni yn ofni digio y farn gyhoeddus, a thrwy hynny yn gadael i'r gelyn ennill mwy o dir. Y mae'n brofiad rhyfedd. Mi ddylwn i fod wedi dweud, 'Dal ymlaen' a sylweddoli ein bod ni wedi colli'r cyfle gwych, yn aml iawn cyfle na ddaw byth eto. Felly y mae'n rhaid inni gyffesu ger ei fron inni bechu am ein bod ni, arweinwyr yr enwadau, wedi cadw'n dawel. *A silent majority church.* Fe ddylem fod wedi llefaru yn hyglyw ac yn ddiddiwedd.

Ac yr ydw i yn credu bod yn rhaid llefaru wrth aelodau'r eglwysi a chyda'r eglwysi effro a bywiog, i ddeffro'r gydwybod gyda Gair Duw sydd yn gleddyf dau-finiog. O! y mae hi'n hawdd mynd yn hunan-gyfiawn, ond does dim lle i hunan-gyfiawnder bellach yn ein cymdeithas. Yr ydan ni yn siarad fel pregethwyr a ddylai fod wedi siarad â chynulleidfa a ddylai fod wedi gwrando. Y mae'r amser yn galw am lefaru. Modelau i mi yw Amos, heb ofn neb yn sefyll o flaen Cysegr ym Methel, a Jeremeia yr un fath yn annerch mynychwyr y Deml yn Jeriwsalem.

Bron i ddeng mlynedd ar hugain yn ôl, fe adeiladwyd eglwys fawr yn Boston. Ddiwrnod ei chysegru, yr oedd y dodrefn heb gyrraedd. 'Doedd yna ddim pulpud na bwrdd. A phan ddaeth diwrnod y Cysegru, yr oedd rhywun wedi llithro i mewn i'r adeilad, a chyda brwsh wedi gosod ar un o'r waliau y geiriau, *'Stop the Killing. Feed the Poor. Sincerely Yours, Jesus Christ.'* Yr ydym yn cael ein galw i lefaru yng ngoleuni Gair Duw broffwydoliaeth Iesu. Dyma'r adeg i lefaru wrth ein heglwysi.

Dyma ni ym 2022. Ydach chi yn teimlo ein bod ni'n colli'r dydd? Credai llawer ohonom fod agor y siopau ar y Sul, a gwneud y Sul fel diwrnod arall yn mynd i ladd yr Eglwys gyfundrefnol. Ddigwyddodd hynny ddim ond cawsom ein clwyfo o golli cyfleon. Ond y mae gennym o hyd air i'w lefaru:

Iesu Grist yw Gobaith y Byd. Does dim Ceidwad arall gwerth siarad amdano. Y Gair a ddaeth yn gnawd yw Iesu. 'Does neb fel ef, fy Iesu hardd,' meddai Pantycelyn a chytunaf ag ef. Yn ei Enw grasol. Amen.

Pregeth 10

Rhedeg yr Yrfa

Testun: Rhag ofn fy mod yn rhedeg, neu wedi rhedeg, yn ofer. *Lest by any means I should run, or had run, in vain.* (Galatiaid/ *Galatians* 2: 2).

Geiriau yr Apostol Paul yw'r rhain, ac y maent yn eiriau gwerth sylwi arnynt yng nghyd-destun yr hanes am y gynhadledd honno a gynhaliwyd yn Jeriwsalem. Cynhadledd bwysig dros ben oedd hi. Y mae cynadleddau yn medru bod yn bwysig. Fe gynhaliwyd aml un fel yr un yng Nghaeredin yn 1910 ar y Dasg o Genhadu, a Chynhadleddau Cyngor Eglwysi'r Byd. Cawn ein siomi gan aml i gynhadledd fel yr un a gynhaliwyd yn Aberystwyth i drafod Dyfodol Ymneilltuaeth. Yr oeddem ni wedi cyfarfod yn Lerpwl ryw fis yn gynharach, ac wedi dod i'r casgliad y dylem anfon at y gynhadledd honno ein dymuniad eu bod yn ystyried undeb rhwng y pedwar enwad ac ystyried creu Eglwys Rydd Unedig ymhlith y Cymry. Ni feddyliais i y byddai'r gynhadledd (70-35 yn erbyn) yn penderfynu fel arall, yn methu ystyried uno, a'r oes yn galw am hynny. Ac ar ôl clywed y neges ddiflas, dyma fi'n cofio am y gynhadledd a gynhaliwyd yn Jeriwsalem i weithio allan strategaeth yr Eglwys Fore a hefyd i gadw'r undeb. Ac yn ôl yr hanes, fe ddylid medru cadw'r undeb hwnnw a chreu undeb trwy gefnogi y canlynol.

Yn gyntaf, **Er mwyn cofio na all unrhyw eglwys nac enwad lwyddo heb amrywiaeth o ddoniau.** *No church nor denomination can succeed without having a variety of gifts.*

Fe aeth Paul i Jeriwsalem i'r gynhadledd gydag eraill. Yr oedd tîm ohonynt, a phan edrychwn pwy oedd yn y tîm, fe welwn yr amrywiaeth. Fe aeth 'ynghyd â Barnabas, gan gymryd Titus hefyd gyda mi.' Pwy oedden nhw?

Barnabas i ddechrau. Yr oedd e'n ŵr poblogaidd. Cristion o Iddew ydoedd, ac yn ôl Llyfr yr Actau, ei enw gwreiddiol oedd Joseff, ond fe'i llysenwid yn Barnabas sydd yn golygu 'mab sydd yn eich cefnogi'. On'd ydy pobl fel yma yn werthfawr? *The Encouragers.* Y rhai sydd yn cymryd diddordeb gwirioneddol. Y mae'r rhan fwyaf ohonom yn gallu talu gwrogaeth i'r rhai a fu yn ein cefnogi. Fe gefnogodd Barnabas yr Apostol Paul pan gafodd ei gadw allan o Eglwys Jeriwsalem ar ôl ei droëdigaeth – estynnodd ddeheulaw cymdeithas iddo. Ac yn ddiweddarach, fe anfonodd yr Eglwys yn Jeriwsalem

y gŵr hwn i oruchwylio y genhadaeth yn Antioch. Ac yr oedd e'n eangfrydig. Yn wir, dyma'r cyfnod o eiddo Luc a welir yn Llyfr yr Actau (11: 22):
> Wedi iddo gyrraedd, a gweld gras Duw, yr oedd yn llawen, a bu'n annog pawb i lynu wrth yr Arglwydd o wir fwriad calon; achos yr oedd yn ddyn da, yn llawn o'r Ysbryd Glân ac o ffydd.

Dyna wrogaeth gwerthu ei gael, os bu un erioed – dyn da mewn byd lle y mae cymaint o ddrygioni, a dyn yn llawn o'r Ysbryd Glân mewn byd sydd yn glustfyddar i alwadau'r Ysbryd – ac y mae hynny yn golygu nad ydym am ddarnio Corff Crist, ond am gadw'r Undeb gyda'r holl saint. Yr oedd hwn yn 'llawn o ffydd'. Mi fedrwch chi symud mynyddoedd i ganol y môr trwy ffydd, meddai Iesu. Troi byd wyneb i waered mewn gwirionedd a wnawn. Ac nid rhyfedd fod yna ymateb i ŵr o'r fath. Wyddoch chi beth a wnaeth ef wedyn? Gwireddu yr enw a roddwyd arno, mynd ati gyda'i holl nerth i galonogi. Ond, meddech chwi, rhoi anogaeth i bwy? Neb llai na'r *Hen Erlidiwr.* Fe aeth i Darsis i geisio Saul, ac wedi ei gael, daeth ag ef yn ôl i Antiochia. Ac, medd Llyfr yr Actau wrthym, 'Yn Antiochia y cafodd y disgyblion yr enw Cristionogion am y tro cyntaf.'

Ac fe dyfodd yr Eglwys Fore, cymaint felly fel y cafodd gydwybod cymdeithasol i'w gyhoeddi yn hyderus. Dyma Barnabas a Paul gyda chymorth Cristnogol yr Eglwys yn cofio cyflwr y rhai oedd mewn tlodi yn Jeriwsalem. Ac ar ôl dod yn ôl o Jeriwsalem, dyma'r eglwys yn Antioch yn anfon y ddau ar daith genhadol i Ynys Cyprus a De Galatia. Ac ar ôl dod, dyma'r ddau yn mynd i gynhadledd. Yr oedd eu blaenoriaethau nhw yn iawn:

Gofalu am y tlawd.

Galw pobl at Grist.

Cefnogi Undeb yr Eglwys.

Ac felly, ffrindiau, y mae'n dda gen i fedru cyflwyno i chwi ŵr arbennig iawn, Iddew o Gristion. Arweinydd yn yr Eglwys Fore ydoedd, ond yn fwy na dim, un a oedd yn medru adeiladu **pont** rhwng y gwahanol ddosbarthiadau yn yr Eglwys.

Aelod arall o'r tîm oedd Titus. Pwy oedd ef? Wel, Groegwr o Gristion oedd hwn. Ac yr oedd Paul, wrth ddewis hwn, yn dweud yn glir nad oedd angen i Gristion o Wlad Groeg, o Dwrci neu o Rufain newid ei iaith na'i genedl wrth ymuno â'r Eglwys Gristnogol. A dyna oedd mater llosg y gynhadledd – sut oedd goresgyn y broblem o'r gwahaniaethu ymysg Cristnogion nad oedd yn Iddewon. 'Fedrwch chi ddim anwybyddu'r cwestiwn hwn. Pe bai Titus yn cael ei orfodi i gael ei enwaedu gan eglwys Jeriwsalem, yna mi fyddai'r neges yn glir i bawb o'r Cenedl-ddynion. Byddai disgwyl iddynt ddod yn Iddewon yn gyntaf er mwyn cael eu derbyn i'r Eglwys. Ond os derbynnid Titus – yna, mi fyddai'r weithred hon yn dweud stori glir a gwerthfawr. Byddai'n dweud fod yr Iddewon a'r Cenedl-ddynion yn gyfartal yn yr Eglwys. Yr oedd tîm Paul yn sumbol o'r Eglwys Newydd, ac o ddylanwad yr Eglwys Fore i dynnu i lawr furiau sydd yn gwahanu pobl, i greu undeb sydd yn medru goresgyn gwahaniaethau diwylliannol yn ogystal â phroblemau hiliol. Doniau amrywiol yn amlwg ymhlith aelodau yr Eglwys Fore. O leiaf fe wyddai pob Iddew a phob Groegwr, lle yr oedden nhw yn sefyll. Y mae lle felly i bobl o bob dawn a chefndir, o bob iaith a gwlad, o bob lliw a llun o fewn i Eglwys yr Arglwydd Iesu Grist ac felly nid oedd Paul na neb arall wedi rhedeg yn ofer wrth weithredu'n eciwmenaidd.

Yn ail, **I air a gwaith Duw gael ei gyhoeddi.** *The task of every church and of every denomination is to be a channel for the word of God and the work of God to be proclaimed.*

Yn aml iawn, yr ydym yn credu mai ni sydd biau'r Eglwys, mai ni sydd biau'r enwad, ond Duw yw awdur pob eglwys ac enwad, ond bod dynion a merched yn eu herwgipio i fod yn un o'u cyfryngau i'w pwrpas hwy eu hunain. Mi fydda' i'n teimlo hynny yn reit aml gyda rhai o'r enwadau cul, di-gymrodedd a welir yn ein byd, yn arbennig yn yr Unol Daleithiau. Rhyw frawd digon amrwd wedi cael gweledigaeth ac yn ffurfio eglwys, ac yn llwyddo i ennill disgyblion, ac er ei fod yn rhoi lle dyladwy ar dro yn y pulpud i bwysigrwydd Gair Dduw yn anghofio am alwad Crist arnom i fod mewn undeb â'n gilydd. Y mae Paul wyneb yn wyneb yn y fan hon â dau ddosbarth – y gau arweinwyr ar y naill law a'r gwir arweinwyr ar y llaw arall. Yr oedd y gau arweinwyr yn herio yr hyn sydd yn angenrheidiol yn yr Efengyl. Y rhain oedd am orfodi Titus i gael ei enwaedu, i fod yn Iddew os oedd e am fod yn Gristion. Ond gan fod y gofyniad hwnnw yn gwadu cydraddoldeb ac yn anharddu undeb rhwng Iddew a Groegwr, nid oedd Paul yn barod i gymrodeddu. Galwodd hwy yn frodyr gau *(false brothers)* am eu bod nhw yn amharod i dderbyn Titus fel brawd yn y Ffydd. I'r rhai hyn – hil *(race)* oedd gwraidd yr Eglwys, ac nid gras. Yn wir, y mae Paul yn llym ei dafod tuag atynt, gan eu galw yn llechgwn a oedd wedi llwyddo i wthio eu hunain i mewn fel ysbïwyr. Eu prif deyrngarwch fel disgybl oedd nid i Grist na'i Eglwys ond i draddodiadau eu cenedl ac i ddiwylliant Iddewig. Ac yr oedd Paul yn iawn wrth ddweud mai pendraw y rhain oedd caethiwed – caethiwed i werthoedd y byd. Ac oni bai iddo wneud hyn, mi fyddai rhyddid gogoneddus yr Efengyl wedi ei golli am byth.

Y mae undeb yn digwydd pan nad ydym yn barod i gymrodeddu i'r hyn sydd yn angenrheidiol yn yr Efengyl. *'The truth of the Gospel is non-negotiable.'* Y mae'n rhaid diogelu gwirionedd yr Efengyl, *"ac nid ydym wedi rhedeg yn ofer wrth wneud hynny"* chwedl Paul. Ac mae'n rhaid peidio ofni arweinwyr yr Eglwys, meddai Pedr ac Iago brawd Iesu. Yr oedd y ddau yma yn *impressive figures*. Y mae eu hawdurdod yn gorffwys ar eu ffyddlondeb i wirionedd yr Efengyl. Yr ydym yn mynd i fethu mewn undeb os ydym yn ofni. Fe ddywedodd rhywun,

> The great works of art, the originals, are not judged by us: we are judged by them. Similarly, the Gospel is not judged by the great leaders; great leaders are judged by it.

Ac yn drydydd, **Y mae galwad ar bob eglwys ac ar bob enwad i gofio cri'r gorthrymedig.** *Every church and every denomination ought to remember the cry of the oppressed.*

Y mae undeb yr Eglwys yn cael ei gynnal gan wasanaeth ymarferol. Fe alwyd Paul, Titus a Barnabas i gofio'r tlawd – y tlawd ymysg saint Jeriwsalem. Y mae'r rhan fwyaf o esbonwyr wedi dehongli y cais fel apêl am arian i gynorthwyo yr Eglwys yn ei hargyfwng yn Jeriwsalem. Ond y mae hi'n bosibl dehongli hyn yn fwy. Yr oedd arweinwyr yr Eglwys yn cefnogi cenhadaeth Paul i'r byd, ond ar yr un pryd, yn gofyn iddo gadw mewn cof anghenion yr eglwys yn Jeriwsalem. Yr oedd y genhadaeth i gefnogi yr Eglwys Iddewig.

Ac y mae'r Apostol Paul wrth ei fodd yn cynnal undeb yr Eglwys trwy ei gefnogaeth i'r Eglwys honno. Ac y mae ganddo apeliadau yn ei lythyron i'r eglwysi yng Nghorinth ac yn Rhufain i gefnogi yr eglwys yn Jeriwsalem. Gwelodd y darlun yn glir. Yr oedd gwaith eglwysi Rhufain a Chorinth yn helpu eglwys Jeriwsalem yn rhan o undeb yr Eglwys Fore. Yr oedd eglwysi Macedonia ac Achaia wedi gweld yn dda i gyfrannu i'r gronfa er mwyn cynorthwyo y tlodion ymhlith y saint yn Jeriwsalem. Gwelsant yn dda, do; ond yr oeddynt hefyd yn ddyledwyr iddynt. *"Oherwydd os cafodd y Cenhedloedd gyfran o'u trysor ysbrydol hwn, y mae'n ddyled ar y Cenhedloedd weini arnynt mewn pethau tymhorol."* Ni redwyd yn ofer gennym ninnau, os cofiwn y tlodion yn Yemen a Somalia a Sudan a mannau eraill. Er mwyn ei enw. Amen

Pregeth 11

Sefyllfa Anodd

Testun: A phan glywodd ei deulu, aethant allan i'w atal ef, oherwydd dweud yr oeddent, 'Y mae wedi colli arno'i hun.' *And when his family heard about this, they went to take charge of him, for they said, 'He is out of his mind.'* (Marc 3: 21)

Dyma ddyfarniad anhygoel i ni fel dilynwyr Iesu Grist, ac hawdd yw wfftio teulu Iesu a'r dyrfa am feiddio dweud y fath beth. 'Y mae efe allan o'i bwyll.' Ond y mae'n rhaid inni bob amser wrando ar hyd yn oed feirniadaeth annheg oherwydd y mae'r feirniadaeth i'w hateb yn y pendraw. Os na wneir hynny, y mae hi ar ben arnom ac yr ydym wedi ildio y ddadl ac wedi methu amddiffyn.

Oherwydd fe ddywed hanes wrthym fod dilynwyr Iesu wedi derbyn yr un her ar ein pererindodau lawer tro. Yn y canrifoedd cynnar, fe geid y feirniadaeth honno gan yr Ymerodraeth Rufeinig, ac hefyd yn y Canol Oesoedd fe edrychid ar rai o ddilynwyr Iesu fel yr anghydffurfwyr yn yr Eidal a elwid y Waldensiaid a'r Albigensiaid. Oni chafodd Martin Luther a John Calfin yr un feirniadaeth annheg, ac yn hanes cenedl y Cymry, fe glywsom yr un geiriau am John Penry, Vavasor Powell, Howell Harris a Daniel Rowland a William Williams o Bantycelyn. Hyd yn oed yn yr ugeinfed ganrif, enciliodd un o'r arweinwyr pennaf fel Evan Roberts y Diwygiwr o ganol y brwydro i fyw yn dawel mewn pentref y tu allan i Gaerlyr. Roedd y wasg yr adeg honno yn ei boeni yn feunyddiol yn ystod Diwygiad Crefyddol 1904-5. Cafodd ddigon o'r sylw gan ei fod yn caru'r encilion. Gwyddom fod papurau Fleet Street mewn oes ddiweddarach yn rhoddi eraill yn yr un cwch. Dyma ni ffrindiau, ac felly a gaf fi aros gyda **THRI** gwirionedd?

Yn gyntaf, **Os yw'r safon yn anghywir, mae'r feirniadaeth yn anghywir.** *If the standard is wrong, then the judgement will also be wrong.*

'Fedrwn ni ddim beirniadu pob safon. A'n problem ni yn aml yw bod ein safonau yn simsan. Y mae'n rhaid cael safonau sy'n sefyll fel y'n dysgir gan yr Iesu yn nameg Y Tŷ ar y Graig a'r Tŷ ar y Tywod. Nid ni yw'r safon. Y mae gennym ni draed o glai. Duw yn Iesu Grist yw'r unig safon safadwy.

'Does neb ond ef, fy Iesu hardd,
a ddichon lanw 'mryd;
fy holl gysuron byth a dardd
o'i ddirfawr angau drud.

Ac felly, ffrindiau, os ydi'n safonau ni mewn bywyd yn anghywir, yna y mae'n beirniadaeth ni ar fywyd yn anghywir.

Un o bregethwyr celfydd, melys ei ymadrodd yr ugeinfed ganrif yng Ngogledd Cymru oedd y Parchedig J. O. Jones, Dyffryn Ardudwy. Dyma ŵr fyddai'n dweud <s> am <th>. Ganddo ef, mi fyddai y frawddeg honno, 'Y mae aberth o ryw fath ymhob gwaith o werth' yn swnio fel hyn, 'Y mae abers o ryw fas ymhob gwais o wir wers.' Ond fe geir am J. O. Jones un stori a adroddodd ef ei hun, sef hanes Elin Ifans efo'r menyn. Hen arfer Elin Ifans oedd mynd bob wythnos â menyn ei thyddyn i'w werthu yn Siop y Groser bob nos Wener. Un nos Wener, ac Elin yn cyrraedd y siop gyda'i basgedaid drom o fenyn, edrychodd y groser arni yn filain, a tharanodd:

'Rydw i yn synnu atoch chi, Elin Ifans.'

'Synnu? Am be'?' meddai hithau yn ddiniwed ddigon.

'Mae menyn yr wythnos dwytha i gyd o dan ei bwysau.'

'Brensiach annwyl, nac ydi wir,' oedd protest yr hen wraig.

'Waeth ichi heb â thaeru, Elin Ifans', taerodd y groser, 'mi rois bob pwys yn y glorian yma, ac yr oedden nhw i gyd yn brin, o ddwy owns, os nad tair. Cywilydd o beth ichi. Rydw i wedi synnu atoch chi, ydw yn wir!.'

Safai Elin yn fud. Roedd ei hwyneb yn welw. Ond yn sydyn, fe oleuodd ei llygaid, ac fe ddaeth gwrid i'w dwy foch, ac meddai wrth y groser,

'Wel, wel, wyddoch chi beth? Mi rydw i'n dechra' cofio be' ddigwyddodd. Pan oeddwn i wrthi yn gwneud menyn yr wythnos dwytha. Mi gofiaf yn iawn, rwan. 'Fedrwn i yn fy myw gael hyd i bwysau'r glorian sy' gen i yn y *dairy* acw. A'r unig bwys o ddim y medrwn i feddwl amdano oedd eich pwys siwgr CHI. A hwnnw rois i ymhen arall y glorian!'

'Tydi hi'n hawdd ei chamddeall a'i chamesbonio hi? Roedd safon y grosar yn bell ohoni – gyda'r canlyniad fod Elin Ifans druan wedi syrthio yn fyr o'i safon uchel. Y canlyniad felly oedd fod beirniadaeth y groser yn gwbl anghywir fel y pwyntiodd Elin Ifans allan iddo. Rhaid bod yn ofalus nad ni sydd yn gyfrifol am y methiant.

Yn ail, **Fe fethodd teulu Iesu a'r arweinwyr crefyddol â gwerthfawrogi'r safon yr oedd o'n amcanu tuag ato.** / *The family of Jesus, along with the religious leaders, failed to appreciate the standard to which he was aspiring.*

Yn wir, mi allwn ni fynd gam ymhellach, a dweud mai dyma'r ddau ddosbarth o bobl a ddylai werthfawrogi Iesu. Ond yr oeddynt yn ddall i'w fawredd ac yn rhagfarnllyd o'i weinidogaeth. Ac y mae'r cymhellion a'r camddeall yn wahanol rhyngddynt. Yr oedd teulu Iesu yn ymateb allan o gonsarn amdano, ac am gadw enw da'r teulu. Ni allent fforddio cael un ohonynt fel hwn. Iddynt hwy, yr oedd Iesu allan o'i bwyll. Ond yr oedd yr ysgrifenyddion a'r Phariseaid o Jerwsalem yn ymateb, nid allan o gonsarn ond allan o elyniaeth ac yn gwrthod Iesu a'i Efengyl. Ac y mae'n rhaid cofio hynny, gan fod Marc wedi gosod y ddau grŵp gyda'i gilydd. Fe benderfynodd y teulu fynd i'w gyrchu o'r tŷ, sef cartref Simon ac Andreas yng Nghapernaum. Dywed adnod y testun wrthym, 'Hwy a aethant i'w ddal ef.' Yn Saesneg, mae yn gryfach, rywfodd, *'They set out to charge Him.'* Yr oedd angen ei gyfarwyddo oherwydd yr oedd e allan o'i bwyll. *'They think He is insane. He's gone mad.'* Dim ond ym Marc y ceir y ddwy adnod (20 a 21) sy'n cyfleu'r darlun hwn o gamddeall a chamesbonio.

Er bod y cymhellion yn wahanol, yr oedd y ddedfryd yr un fath: yr oedd Hwn allan o'i bwyll. Yr oedd Beelzebub, y diafol ganddo, meddai'r Ysgrifenyddion. Defnyddia'r Canaaneaid y gair Beelzebub i olygu tywysog y demoniaid. Ond i'r Philistiaid, Beelzebub oedd Arglwydd y Gwybed. Yn y cyfieithiad sydd gennym, y gair Beelzebub a ddefnyddir. ond yr un yw'r cyhuddiad, sef bod Iesu o dan gyfaredd Satan. Iesu yn sefyll dros Oleuni Duw, a hwythau yn dweud ei fod E'n sefyll dros Dywyllwch Satan. Iesu yn cyhoeddi am Ddaioni Duw ac am Deyrnas ei dad, a hwythau yn ei gyhuddo o weithredu dros Ddrygioni y Diafol a Theyrnas Satan. Y mae'r tywyllwch yn dal i ddenu, fel y mae Satan yn dal i ddylanwadu, ond mi fedrwn ddweud gyda Morgan Rhys:

mae Brenin y Nef yn y fyddin,
gwae Satan a'i filwyr yn awr;
trugaredd a hedd sy'n teyrnasu,
mae undeb rhwng nefoedd a llawr.

Ac yn olaf, **Y mae ein safonau ni i'w cyfarwyddo gan safonau Iesu.** / *Our standards are to be directed by the standards of Jesus.*

Pam bod teulu Nasareth yn arbennig wedi camddeall Iesu? Am eu bod wedi anghofio ei fwriad a'i bwrpas ymhlith plant dynion. 'Canys pwy bynnag a wnelo ewyllys Duw, hwnnw yw fy mrawd i, a'm chwaer a'm mam i.' Gwneud ewyllys Duw yw'r peth mawr, ac yn aml iawn, ein tuedd yw gwneud ein hewyllys ni'n hunain. A dyna'r gwahaniaeth rhyngom a Iesu. Y mae un ohonom allan o bwyll – Iesu neu ni! Ac y mae'r Efengyl yn dweud mai'r unig ffordd i weithredu'n ddynol yw croeshoelio'r hunan. Dyna yw ymgysegriad:

    Cymer mwy f'ewyllys i,
    gwna hi'n un â'r eiddot ti;
    cymer iti'r galon hon
    yn orseddfainc dan fy mron.

Ac felly, y gyfrinach yw plygu i ewyllys Duw, a chroeshoelio'r hunan:

    Plygaf i'th ewyllys,
    tawaf dan bob loes,
    try pob Mara'n felys,
    braint fydd dwyn y groes.

A phan ddigwydd hynny, yr ydym yn nheulu Iesu – yn frawd ac yn chwaer ac yn fam ac yn dad Iddo. Yr ydym hefyd wedi dod o hyd i ni'n hunain. Yr hunan hwnnw – y fi fawr – heb ei lurginio yn gyfangwbl na'i sbwylio. Yr hunan sydd o dan lywodraeth Iesu Grist, sydd yma ac sy'n gwybod (yn brofiadol) am gyflawnder Crist:

    Iesu, nid oes terfyn arnat,
    mae cyflawnder maith dy ras
    yn fwy helaeth, yn fwy dwfwn
    ganwaith nag yw 'mhechod cas:
    fyth yn annwyl
    meibion dynion mwy a'th gâr.

Ac os oes rhaid inni weithiau fod allan o bwyll yng ngolwg y byd, cofiwn eiriau'r Apostol Paul yn ei Ail Lythyr at y Corinthiaid, pennod pump, ac adnod 13: 'Os ydym allan o'n pwyll, er mwyn Duw y mae hynny; os ydym yn ein hiawn bwyll', er eich mwyn chwi y mae hynny.' Dyma grynhoi yn berffaith y gwirionedd. Er mwyn ei enw, Amen.

Pregeth 12

Ffydd Weithredol

Testun: Felly o'r hyn a glywir y daw ffydd, a daw clywed trwy air Crist. / *So faith comes from hearing, and hearing through the word of Christ.* (Rhufeiniaid / *Romans* 10: 17)

Y mae'r Apostol Paul eto wedi taro deuddeg yn yr adnod hon, oherwydd y mae ganddo **DDAU** air na allwn fyth fod hebddynt os ydym ni am ddilyn Iesu Grist, sef ffydd a Gair Duw. A sylwch fod y ddau yn berthnasol i'w gilydd, ac yn adeiladu ar ei gilydd. 'Beth yw ffydd?' yw'r cwestiwn mawr a flina ddiwinyddion a disgyblion fel ei gilydd. Ffydd sydd ei eisiau, meddai yr odiaf o bobl. Ond beth yw ffydd? Fe sgrifennodd merch fach mewn arholiad rywdro eiriau fel hyn:

Faith is trying to believe what you know isn't true.

Y mae yna ddigon o bobl mewn oedran sydd yn credu yr un fath â hi, ond nid dyna ydi ffydd. Yn ôl y Llythyr at yr Hebreaid a'r unfed bennod ar ddeg, 'Ffydd yw sail y pethau yr ydym yn eu gobeithio, a sicrwydd y pethau nid ydys yn eu gweled,' Mewn iaith gyfoes bob dydd, y mae ffydd yn golygu cymryd rhywun ar ei air. *Faith essentially means taking somebody at their word.* Y mae ein holl fywyd wedi ei seilio ar ffydd, pan feddyliwch am y peth. Er enghraifft, pe baech yn dweud rhywbeth wrtha' i, a finnau yn gwrthod credu, mi fyddai hi yn amhosibl gael perthynas na chyfeillgarwch â mi. Bob dydd o'n bywyd, yr ydym yn gorfod ymddiried mewn rhywun arall, neu mi fyddai bywyd yn mynd yn amhosibl i'w fyw. 'Allwn ni ddim meddwl am yr un cylch o fywyd hebddo, boed yn siopa, mynd ar fws, bwyta, cyfarfod â ffrind – y mae popeth wedi ei wau i gylch ffydd. Mater o gymryd pobl ar eu gair ydyw. Dyna siom a gawn pan ffeindiwn allan na fedrwn ni wneud hynny! Ffeindio allan fod y person hwnnw wedi dweud celwydd, neu fod y siec a gawsom wedi cael ei hanfon yn ei hôl, neu ein bod wedi cael ein camarwain. Yr ydym wedi ein hysigo a'n niweidio a'n blino.

Ac nid mater o ddeall yw ffydd, chwaith, ond mater o ymddiried. Dyna pam bod yna gymaint o bethau mewn bywyd nad oes deall arnynt. Y mae'n rhaid ymddiried. Ni fedrwn ddeall gyda 'rheswm noeth', chwedl yr emynydd, pam fod pobl dda a ofalodd ar ôl eu cyrff a'u hiechyd yn gorfod dioddef afiechydon fel *cancer* a phobl eraill sydd yn smocio'n drwm ac yn yfed saith peint o gwrw y dydd, ac yn mynd allan yn y tywydd oer heb gôt fawr yn medru byw i henaint yn ddi-drafferth. Ni fedrwn ddeall llawer o bethau sydd yn digwydd o'n hamgylch, dynion yn curo eu gwragedd a phobl ieuanc yn defnyddio cyllyll i ladd ei gilydd ar ddechrau byw. Y cwbl y medrwn ei wneud yw synnu at aml i gwestiwn na chawn ateb digonol iddo. Y mae'r cwestiynau hyn i athronydd, a dyna yw pawb ohonom, yn hynod o niferus.

Beth yw gwynt? Beth yw ysbryd? Y mae'r ddau yr un fath yn y Beibl. Pan geir y gair 'gwynt' yn y Beibl, gan amlaf y mae'n golygu 'ysbryd' neu anadl. Ond pa bryd y mae'r gwynt yn troi yn anadl? Fe ddywed y meddygon wrthym fod hynny'n digwydd pan fydd dyn yn anadlu allan. Y gair yw *exhale*. Defnyddiwn yn Saesneg y gair *expired* pan fydd trwydded car neu iswiriant wedi dirwyn i ben. Y gwynt sy'n cadw dyn yn anadlu i mewn, y gair am hynny yw *inspire*. Ac o'r gair *inspire* y daw'r gair *inspiration*. A dyna ni yn ôl efo'r ysbryd eto. Gwynt wedi troi'n anadl, ac felly yn dwyn i ni fendithion ysbryd byw y deffroadau. A dyna a ddigwyddodd ar Ddydd y Pentecost – y gwynt nerthol yn troi'n anadl, y brwdfrydedd yn troi yn brofiad a'r Eglwys yn bywhau, ac yn glanhau, ac yn iacháu cymdeithas, ac yn rhannu ei heiddo yn gyfartal. Sefydlu'r gomiwnyddiaeth orau a gafwyd erioed – gwell nag hyd yn oed ymdrech Robert Owen o'r Drenewydd yn mhentref New Lanark yn yr Alban

Beth yw cariad, wedyn? Y Sul diwethaf, fe glywais i yr adnod yn cael ei hadrodd, sydd i'w gweld tu ôl i bulpud eglwys fy mebyd: 'Duw, cariad yw'. Dyma'r adnod leiaf ar un llaw a ddysgais yn dair oed, ond hefyd y fwyaf imi heddiw yn hen ŵr diolchgar fy mod i ymysg Cymry Lerpwl, a'r neges yn glir yn fy mhrofiad ydyw mai cariad yw Duw. Ond, meddai pobl, y mae gwahanol fathau o gariad i'w cael? Nac oes, meddwn. **Un** cariad sydd yn bod: 'Dyw serch na hoffter na charedigrwydd yn ddim ond cysgodion eiddil o'r Peth Mawr. Cyfnewidiol ydyw serch, fel dynion a merched hwythau, dyna pam fod hanner priodasau yn methu, a gwelwyd hynny yn hanes y Teulu Brenhinol sydd i gadw y safonau uchaf. Ond allan o bedwar o blant Plas Buckingham fe benderfynodd tri ohonynt ar lwybr diflas a dweud y lleiaf, llwybr ysgariad. Y Frenhines a Dug Caeredin yw'r unig esiampl a gafwyd ar gyfer pob un ohonom, byw gyda'i gilydd am saith deg tri o flynyddoedd. Y mae *eros* a *philia*, dau air Groeg am gariad yn ddigon da ond fel y mae'r emynydd yn ei ddweud, y mae yn medru bod yn gyfnewidiol iawn: 'Cyfnewidiol ydyw dynion'.

Cyfnewidiol ydyw serch, hefyd. Yn rhy aml o lawer Ond cariad Duw byth ni chwymp ymaith. Y gair Groeg am hynny yw *agape*. Cariad Crist ar y Groes, cariad sydd yn ymestyn allan i fyd cyfan. Fel rheol, yr ydym yn trio caru oherwydd arferiad a hyn a'r llall. Rhesymau sydd gyda ni am wneud hynny, ond nid ydynt yn cadw'r ddau i garu ei gilydd. Ond nid oherwydd un dyn y mae Duw yn caru, ond er gwaethaf pob peth, ac y mae ei Gariad ef yn fwy na dim byd arall a welir o dan haul y nen am ei fod yn gariad sydd yn achub hyd yr eithaf.

Beth yw trydan, wedyn? Anodd, os nad amhosib yw ei ddiffinio. Ac felly, fe welwn fod angen Gair Duw ar ffydd. Y mae'n rhaid atgoffa pobl y Ffydd o'r hyn y mae Duw wedi ei gyflawni a'r hyn y mae ef am ei gyflawni o hyd. 'Duw, cariad yw' yw e. Fe ofynnodd Dr Cynddylan Jones, diwinydd Calfinaidd a chawr yn ei ddydd tua Chaerdydd gwestiwn fel hyn:

> 'Onid yw cariad Duw mor gyfnewidiol â gwynt?' 'O nac ydyw,' meddai ei gydymaith, 'cariad DUW yw e o ba gyfeiriad bynnag y mae'r gwynt yn chwythu! Os y daw gwyntoedd oer o'r Gogledd, neu wyntoedd garw o'r Dwyrain, neu wyntoedd blinderus o'r De a'r gwynt meddal Gorllewin, Duw cariad yw e.'

Ac er mwyn gweld y cariad hwnnw trwy lygaid ffydd, y mae'n rhaid troi at yr Ysgrythur ac at yr Efengylau ac at hanes Croeshoeliad Iesu:

> Dacw gariad, dacw bechod,
> Heddiw ill dau ar ben y bryn;
> Hwn sydd gryf, hwnacw'n gadarn,
> Pwy enilla'r ymgyrch hyn?
> Cariad, cariad
> Wela' i'n perffaith gario'r dydd.

Ac meddai Dafydd Charles (yr ieuengaf) o Gaerfyrddin:
> A welsoch chwi Ef?
> A welsoch chwi Ef?
> Iesu, fy Mhrynwr a'm Duw!
> Dros droseddwyr fel myfi
> Rhoes ei Hun ar Galfari, -
> Trwy gyfiawnder fy Meichiau caf fyw.

Ac i wybod bod Duw y Tad yn Iesu Grist y Mab yn ein caru ni, ac yn gofalu amdanom, y mae'n rhaid troi o'r newydd at yr Ysgrythur, i un o adnodau mwyaf Efengyl Ioan, er mwyn cael ein hatgoffa o hynny:

> Canys felly y carodd Duw y byd fel y rhoddodd efe ei Unig-anedig Fab, fel na choller pwy bynnag a gredo ynddo ef, ond caffael ohono fywyd tragwyddol.

Rhaid troi at yr Ysgrythur eto i Rhufeiniaid 8:35-39 os yr ydym am adnewyddiad a chysur:

> Pwy a'n gwahana ni oddi wrth gariad Crist? Ai gorthrymder, neu ing, neu erlid, neu newyn neu noethni, neu berygl neu gleddyf? fel y mae'n ysgrifenedig, Er dy fwyn di fe'n rhoddir i farwolaeth; fel y'n cyfrifir ni fel defaid i'r lladdfa. Ond yn y pethau hyn i gyd yr ydym yn ennill buddugoliaeth lwyr trwy yr hwn a'n carodd ni. Canys y mae yn ddiogel gennyf, na all nac angau nac einioes, nac angylion na thywysogaethau na meddiannau, na'r pethau presennol, na pethau'r dyfodol, nac uchder, na dyfnder, nac un creadur arall, ein gwahanu ni oddi wrth gariad Duw yr hwn sydd yng Nghrist Iesu ein Harglwydd". Amen.

Fe garcharwyd y gŵr mawr hwnnw o'r Almaen, Martin Niemöller, mewn gwersyll poenydiol a alwn yn *concentration camp* o dan lygaid sarrug a dialgar y Gestapo ar gownt ei ffydd, ac fe adawyd iddo ond un eiddo personol, sef ei Feibl gwerthfawr. Ac fe ysgrifennodd fel hyn:

> *The Bible: what did this book mean to me during the long and weary years of solitary confinement? The Word of God was simply everything to me – comfort and strength, guidance and hope, master of my days and companion of my nights, the Bread which kept me from starvation and the Water of Life which refreshed my soul. And even more, 'solitary confinement' ceased to be 'solitary'.*

'Rwy'n hyderu yn fawr na fydd yn rhaid i'r un ohonom ni ddioddef y math o gaethiwed yr aeth Martin Niemöller drwyddo, ond y mae'r cyfnod yr ydym yn byw ynddo a'i broblemau yn ei gwneud hi'n argyfyngus yn aml, os ydych chi yn byw yn Siena, Wcrain, Rwsia, Myanmar ac Ethiopia. Ond y mae Duw wedi rhoddi ei Air fel ffordd i ni feidrolion o ddisgyblion dyfu yn ysbrydol, i dyfu fel y dysgodd yr Apostol Paul i ni mewn ffydd a gobaith a chariad. Gwrandewch arno yn llefaru wrthych trwy'r cydwybod, trwy ddigwyddiadau'r dydd a thrwy ei Eglwys a'i weision. Duw sy'n caru yw ein Duw ni, ac un sy'n barod i ymateb ar lwybr ei gariad. Ac am hynny, ymddiriedwch mewn ffydd yn yr addewid honno:

> Ymddiredaf yn dy allu,
> Mawr yw'r gwaith a wnest erioed;
> Ti gest angau, Ti gest uffern,
> Ti gest Satan dan dy droed:
> Pen Calfaria,
> Nac aed hwnnw byth o'm cof". *Yn enw Iesu,* Amen.

Pregeth 13

Cyfarch y Saint Ddoe ac yn ein Canrif ni

Testun: At y saint yn Colosae, brodyr ffyddlon yng Nghrist. Gras a thangnefedd i chwi oll oddi wrth Dduw ein Tad. / *To the saints and faithful bretheren in Christ which are in Colossae, grace be unto you and peace from God our Father.* (Colosiaid 1: 2)

Yr hyn yr wyf yn chwilio amdano yn y fan hyn yw'r gair **saint** – ac yn wir, y mae'r term hwn i'w ganfod drwy'r epistolau. Y mae'r gair yn ddisgrifiad o'r credadun, ac y mae'r Apostol Paul yn hoff iawn o'i ddefnyddio. Ond er ei ddefnyddio yn aml, y mae'r gair bellach wedi mynd yn air amwys. Ond nid oedd y gair yn amwys i Paul a'r Eglwys Fore. Golygai yr adeg honno bobl oedd yn perthyn i'r ddau fyd – i'r byd hwn (y byd da-drwg, presennol) ac i deulu Iesu Grist. Disgyblion sydd yn y byd ac eto yn y winllan honno yn arddel Crist, Arglwydd Bywyd. Ond fel y datblygodd yr Eglwys, fe ddaeth y gair 'saint' yn air ar gyfer yr ychydig, y rhai a oedd yn ymwadu â'r byd, a byw ar wahan mewn mynachlogydd ran amlaf, ie y rhai a oedd yn medru cyflawni gwyrthiau, y rhai a oedd yn medru rhoi eu holl amser i weddi a myfyrdod ac ymwadu â phethau'r byd hwn er mwyn deall yn well Air Duw. Ond nid dyna oedd ym meddwl yr Apostol gyda'r ymadrodd hwnnw 'at y saint.' Oherwydd pan awn ati i edrych ar y saint, fe welwn eu bod, fel ninnau, yn gymysg a ffaeledig, yn methu byw gyda'i gilydd, ac yn aml yn dwyn anfri ar enw'r Arglwydd. Ond pobl oedd y rhain a oedd am berthyn i Dduw. *They were God-related.* Dynion a merched oedd yn barod i arddel perthynas â'r Duw Anfeidrol oeddynt, a rhai oedd yn credu bod y Duw hwnnw yn dal i ysgogi pawb yn ei ras a'i dangnefedd.

Ac felly, fe ofynnir heddiw: A yw'n bosibl yn y byd modern, technegol, gwyddonol i fod yn sant? A yw'n bosibl i bobl capel ac eglwys gael eu galw yn saint? Fe ddywed llawer un, 'Na, mae'n amhosibl.' Dyna ateb un o feddylwyr praffaf ein canrif ni, yr anfarwol Martin Buber, a hwnnw yn athronydd o Iddew:

> *There can be a saint living now, but he will not be a modern man – a man who bears in himself the contradictions of modern existence.*

Gwendid Buber yw ei fod e'n diffinio sant yn nhermau y canrifoedd – ac yn nhermau yr hyn y mae'r Eglwys wedi ei ddiffinio. Ond i Iesu Grist, ac i'r

Apsotol Paul, 'does dim dewis. Y mae'n rhaid i'r saint ddal pwys a gwres y dydd a llafurio yng nghanol y byd. Yn y byd y mae dod o hyd i'r sanctaidd. Trwy y seciwlar y deuwn o hyd i'r sanctaidd. 'Canys felly y carodd Duw y byd.' Byd y Meddyg Da yw'n byd ni:
> Cod y bobloedd at eu traed
> I'th was'naethu,
> Ti a'u prynaist trwy dy waed,
> Dirion Iesu.

Oherwydd i fyw y bywyd crefyddol, y mae'n rhaid byw y bywyd dynol – byw mewn ymateb i anghenion meidrolion ac i'n sefyllfa ddynol. Mewn gwirionedd, wrth ddiffinio ein geiriau yn ofalus, mi fedrwn ddweud bod y dyn aeddfed, crwn yn 'sant' yr un peth. Ac felly, sylwch fel y mae'r nodyn yn wahanol. Y ffordd draddodiadol o ddiffinio sant yw meddwl am y dyn hwnnw sy'n troi ei gefn ar y byd ac yn troi ei gefn ar y frwydr fawr, gosmig, ond yr hyn a ddywedwn ni yw bod 'duwioldeb bydol' chwedl y clerigwr a'r hanesydd diwinyddol hwnnw, Alec Vidler, yn alwad i wasanaethu'r byd. Os nad yw hynny'n wir, yna y mae'r Bedydd yn weithred gyfeiliornus a'n gwasanaeth derbyn hefyd. Oherwydd y mae gofyn y cwestiwn, 'A fedr dyn fod yn sant heddiw?' yn golygu ein bod ni yn gofyn y cwestiwn, 'A fedr dyn wasanaethu Duw a bod mewn perthynas â Duw yn y byd?'

Y mae bywyd bob amser ym mhob cenhedlaeth yn frwydr. Nid brwydr fewnol yn unig mohoni: y mae'n frwydr rhwng llywiawdwyr a thywysogaethau, tywyllwch a goleuni, da a drwg. Ac felly, y mae'n rhaid cofio hyn. Y mae bod yn sant yn golygu cymryd ein tasg yn y byd o ddifrif. Yr ydym yn un â'r byd, i gefnogi'r byd, ond i beidio â chymrodeddu ag ef. Y mae'n rhaid inni gofio mai pethau Duw yw rhyddid, heddwch, cyfiawnder, cymod. Ac os ydym o ddifrif ynglŷn â'i ryddid, yna fe ddylem weithio dros ryddid pawb sy'n cael eu caethiwo ar gam oherwydd eu bod nhw wedi meiddio gwrthwynebu'r sustem unbenaethol, greulon. Os ydym o ddifrif ynglŷn â heddwch, fe ddylem fod yn cefnogi y rhai sydd yn gweithio dros ddiarfogi niwclear – fel y meddygon hynny enillodd Wobr Nobel sef yr *International Physicians for the Prevention of Nuclear War (IPPNW)* sef yr Athro Bernard Lown a'r Athro Yvgeny Chazov:

> We physicians have a medical prescription. Stop all nuclear explosions. Our task has just begun. The nuclear arms race is more threatening than it was five years ago. If we blew up the nuclear arsenal of one tonne per second, one thousand years from now, there would still be explosions of nuclear weapons.

Os ydym o ddifrif ynglŷn â chyfiawnder, yna mae'n rhaid inni weithio am fyd lle na fydd yn rhaid i blant ddioddef newyn a phoen a blinder, lle na fydd pobl yn cael eu trin yn waeth nag anifeiliaid, ond yn cael urddas a pharch, a rhan o'r cyfoeth a osododd Duw ar ein cyfer yn ei fyd. Ac felly, perthynas yw sancteiddrwydd; yr ydym yn saint am ein bod yn frodyr ac yn chwiorydd i Iesu Grist ac yn feibion a merched i Dduw. Ond y mae'n anodd deall y cwbl hyn. Y mae'n rhaid rhoddi enghreifftiau o bobl sydd wedi cyflwyno, a dangos beth yw sancteiddrwydd bydol.

O Brydain cymerer enghraifft o ferch a fu yn weithgar o fewn canol dinas Llundain, sef yr *inner city*. Sybil Phoenix oedd ei henw. Fe'i ganwyd hi yn Guyana ym 1927. Daeth i Brydain ym 1956. Dyma wraig ddu a ddaeth o Guyana i'r wlad hon i wneuthur daioni. Gweithiodd ymysg pobl ifanc yn Lewisham yn ne-ddwyrain Llundain, ond fe ddioddefod hiliaeth dreisiol. Llosgwyd y neuadd y gofalai hi amdani gan y *National Front* ym 1977. Aethpwyd ati i ail-adeiladu y neuadd; ac felly agorwyd Moonshot a wnaeth gyfraniad pwysig ar Fawrth y 1af, 1981. Derbyniodd anrhydedd yr M.B.E. ym 1982. Dyma'i phrofiad hi yn ei geiriau ei hun:

> We, too, are connected with each other, everyone, both black and white. It is just unfortunate that we do not communicate well with each other. Yet I believe passionately that God intends us to be his natural conductors of his love to all mankind; this is our utmost responsibility. John Donne wrote, 'No man is an island, entire of itself. Every man is a piece of the Continent, a part of the main.'

Yn ail, soniaf am Ernesto Cardenal – bardd, Gweinidog Diwylliant yn Llywodraeth Nicaragua, offeiriad pabyddol. Cychwynodd Solentiname ym 1965 a bu yn fawr ei gyfraniad hyd 1977. Pwysleisiai yr offeiriad Pabyddol bwysigrwydd gweithredu fel disgyblion yn ddi-drais. Ond yn anffodus i'r Pab yn y Fatican yr oedd Ernesto Cardenal yn boen ac yn broblem iddo fel gŵr ceidwadol ac ofnus. Dyma ddarn hyfryd o lenyddiaeth a greodd Cardenal:

> Vision from the Blue Window
> From the round window, everything is blue;
> The earth blush, blue-green, blue (sky-blue)
> Everything is blue:
> Blue lakes and lagoons, blue volcanoes.
> The further away the land, the bluer it is:
> Blue islands in a blue lake.
> This is the place of the liberated land,
> And where all the people fought, I think for love!

To love without is exploitation's hatred.
To love each other in a lovely Land,
Very lovely, not only for the land but for its people,
Above all, for its people.

Yr enghraifft nesaf sydd gennyf yw Marco Borelli a anwyd ym 1922 yn Naples. Offeiriad arall a ddaeth ag urddas i fywyd plant y stryd, rhai a anghofiwyd. Carodd Borelli y rhai sydd yn amhosibl eu caru. *Untouchables and outcasts* yw geiriau y byd amdanynt. Yr oedd Borelli yn agored ac yn barod i frwydro, ond yr oedd yna lawer i swyddog pwysig yr Eglwys oedd yn anhapus gydag ef. Ond fe dreuliodd ei fywyd yn eu plith gan eu hachub o'u cyflwr. Agorodd ddrws i lawer ohonynt i fyd gwell ac i ddiogelwch:

> *I was angry. I was bitter. I knew that I could not remain a priest, unless I did something worthy of a priest. I could not stand at the altar and hold the body of God in my hands while the bodies of his children slept in the alleys and under the barrows of the Mercato.*

Oedden nhw'n saint? Oeddent yn sicr, pob un ohonynt, a miloedd o rai eraill tebyg y medrwn ni sôn amdanynt ym mhob gwlad. A'n gweddi?

Gwna ni fel halen trwy dy ras,
Yn wyn, yn beraidd iawn ei flas.

Er gogoniant i'w enw. Amen.

Pregeth 14

Gwaith yr Had

Testun: Yn wir, yn wir, rwyn dweud wrthych, os nad yw'r gronyn gwenith yn syrthio i'r ddaear a marw, y mae'n aros ar ei ben ei hun, ond os yw'n marw, y mae'n dwyn llawer o ffrwyth. (Ioan 12: 24)

Dyma wirionedd sy'n perthyn i fyd Duw ac i fyd Natur; y mae'n perthyn i fywyd y disgybl fel y mae'n perthyn i fywyd dynion a merched sy'n gofalu am yr ardd a'r maes a'r fferm, ac yn yn wir bywyd a byd busnes. Y mae'n wirionedd ar gyfer y byd materol a'r byd ysbrydol. 'Does dim ffrwyth yn digwydd heb fod plannu yn gyntaf, a does dim llewyrch na llwyddiant heb fod ymdrech a dyfalbarhad a dal ati ac aberth. Ac felly, gwirionedd hynod o berthnasol mewn cyfarfod diolchgarwch yw'r geiriau hyn o eiddo yr Arglwydd Iesu Grist.

Ac felly, rwyf am danlinellu'r gwirionedd o dan **dri** phennawd.

Yn gyntaf, **Marw i fyw.** *Dying in order to live.*

Y mae'r gronyn gwenith yn ddi-ffrwyth cyhyd ag y cedwir ef mewn diogelwch cwpwrdd neu lusern. Pan deflir ef i'r pridd yn y Gwanwyn a'i gladdu yn y ddaear, yna bydd yn ffrwytho ar gyfer yr Haf a'r Hydref. Y mae yn marw i fyw. Dyna a welodd Iesu wrth edrych ar ei bererindod ei hun ar y ddaear. Mewn ffordd sumbolaidd, Ef oedd y gronyn gwenith. Os na fyddai farw, mi fyddai yn ddi-ffrwyth. Dywedodd Esgob cyntaf Lerpwl fel esgobaeth, J. C. Ryle, yn ei esboniad ar yr Efengyl:

> *I am that corn of wheat. Unless I die, whatever you in your private opinion may think, my purpose in coming into the world will not be accomplished. But if I die, a multitude of souls will be saved.*

Yr oedd yn rhaid i Grist farw er mwyn i'w ddilynwyr gael byw. Ys dywed John Elias o Fôn yn ei emyn goludog a ysgrifennodd am i'w forwyn yn Llangefni ofyn cwestiwn iddo, sef 'Ai am fy meiau i y dioddefodd Iesu mawr?'; a'i ateb yw'r unig emyn o'i eiddo:

Bu'n angau i'n hangau ni
Wrth farw ar y pren;
A thrwy ei waed y dygir llu
trwy angau, i'r nefoedd wen.

Pan grymodd Iesu ei ben,
Wrth farw yn ein lle,
Agorodd ffordd, pan rwygai'r llen,
I bur drigfannau'r ne'.

Ac am fod pobl wedi bod yn barod i farw y cawsom ein bendithion. Heddychwr ydw i, ond rydw i yn medru gweld, hefyd, ym mlwyddyn dathlu saith deng mlynedd ers diwedd y rhyfel diwethaf, y bydden ni yn y Gorllewin – oni bai fod ugain miliwn o Rwsiaid wedi marw a miloedd o Americanwyr a Phrydeinwyr a deiliaid yr Ymerodraeth – yn byw heddiw mewn caethiwed o dan sawdl ddur y Natsïaid creulon, edmygwyr Adolf Hitler. Ac y mae rhywrai wedi marw y flwyddyn hon er mwyn i ni gael cynhaeaf – rhai sy'n gweithio mewn mannau enbyd ac anodd, ar dir, o dan ddaear, ar fôr ac ar fynydd. Marw er mwyn i eraill gael byw.

Ond wyddoch chwi, y mae'r gwirionedd hwn yn dweud hefyd y disgwylir i chithau farw i ryw bethau er mwyn byw i Grist ac i Gymru ac i gyd-ddyn. Y mae'n bechadurus o drist fod yna ddisgyblion sydd heb fod yn barod i farw i bleserau ac i amgylchiadau er mwyn rhoddi hwb ymlaen i'r Ffydd Gristnogol. I feddwl bod yna Gymry sydd yn amharod i farw i fateroliaeth er mwyn hybu eu diwylliant a'u Cymreictod, a'u bod nhw'n amharod i farw i'n cyfoeth fel gwareiddiad er mwyn gwaredu pobl y byd o'u caethiwed. *'That we might live simpler so that others might simply live.'*

Yn ail. **Marw er mwyn ffrwythloni.** *Dying in order to bring forth fruit.*

Y mae'n rhaid i'r hedyn farw er mwyn ffrwythloni. Y mae hynny'n wir amdanom ninnau hefyd. Fe ddaw amser i ninnau farw yn llythrennol yn ysbrydol, ie, i farw i bechod. Os na fyddwn farw i'r bwystfil hwnnw, nid oes ffrwythlondeb. Os byddaf farw i fy hunanoldeb a'm culni a'm rhagrith, yna fe ddaw ffrwyth i'm bywyd. Os na fyddaf farw, yr wyf yn bechadur unig, trist, ar fy mhen fy hun. Ond os byddaf farw fel disgybl ymroddedig, gwn y byddaf yn ffrwythloni gyda Christ. Mi all y Cristion fod yn ddi-ffrwyth neu yn ffrwythlon. Y mae'n dibynnu yn gyfangwbl ar ei barodrwydd i ymuno gyda Iesu Grist fel y'n dysgwyd ni gan yr Apostol Paul yn yr Epistol at y Rhufeiniaid, pennod chwech, ac adnodau deg ac unarddeg:

Canys fel y bu efe farw, efe a fu farw unwaith i bechod; ac fel y mae yn byw, byw y mae i Dduw. Felly chwithau hefyd, cyfrifwch eich hunain yn feirw i bechod; eithr yn fyw i Dduw, yng Nghrist Iesu.

I dderbyn ffrwythlondeb yr Ysbryd, y mae'n rhaid i ni i fynd i gynhaeaf Calfaria, gan edrych ar Iesu, Pen-Tywysog a Pherffeithydd ein ffydd. Yr ydym yn marw i'r hen bethau er mwyn byw i'r ffrwythlondeb newydd hwnnw sydd gyda'r Ysbryd Glân. Deallodd Pedr Fardd, yr emynydd Calfinaidd o Lerpwl, fel hyn:

> Daeth ffrydiau melys iawn
> Yn llawn fel lli
> O ffrwyth yr arfaeth fawr
> Yn awr i ni.
> Hen iachawdwriaeth glir
> Aeth dros y crindir cras,
> Bendithion amod hedd –
> O! ryfedd ras!
>
> Fe gymerth Iesu blaid
> Trueiniaid trist,
> Ysigodd ben y ddraig,
> Ein craig yw Crist,
> Cawn ninnau fod yn bur
> Uwch cur a phechod cas
> Yn berffaith ar ei wedd –
> O! ryfedd ras!

Cyhoeddwn yn y Cyfarfod Diolchgarwch bob blwyddyn am ffrwyth yr arfaeth fawr:

> Mi a groeshoeliwyd gyda Christ, eithr byw ydwyf; eto, nid myfi, ond Crist sydd yn byw ynof fi, a'r hyn yr ydwyf yr awron yn ei fyw yn y cnawd, ei fyw yr ydwyf trwy ffydd Mab Duw, yr hwn a'm carodd ac a'i dodes ei hun drosof fi.

Mae ffrwyth y ddaear fel ffrwyth yr Ysbryd Glân yn dibynnau ar hau yr had.

Ac yn olaf, **Marw i'r hunan a byw i wasanaeth.** *Dying to self and living for service.*

Fe ddywedodd ein Harglwydd Iesu lawer ar hyn:

> Canys pwy bynnag a ewyllysio gadw ei fywyd a'i cyll: a phwy bynnag a gollo ei fywyd o'm plegid i, a'i caiff. Canys pa lesad i ddyn, os ennill efe yr holl fyd a cholli ei enaid ei hun? Neu pa beth a rydd dyn yn gyfnewid am ei enaid?
>
> Y mae'r dyn sydd yn gybydd yn ei ddoniau a'i bethau materol yn colli'r cyfan, ac y mae'r dyn sydd yn hael ei ysbryd a'i galon yn etifeddu'r bywyd i gyd maes o law.

Fe ddywedir wrthym am un o gewri pulud enwad y Bedyddwyr Cymraeg, Christmas Evans, yr efengylydd tanbaid yn Llangefni, ei fod ef bob amser yn synnu ei ganlynwyr am ei fod ef bob amser ar daith. Fe geisiwyd ei ddarbwyllo sawl tro i orffwys ac i ymlacio a dyma oedd ei ateb ef yn wastadol: 'Mae'n well gen i losgi allan na rhydu allan! *It is better to burn out than to rust out!*' Yng ngwasanaeth y Meistr, roedd Christmas Evans am aros yn hyglyw a bywiog hyd ddiwedd ei daith ddaearol. A bu yn llythrennol farw ar grwydr i efengylu i Abertawe.

Diolchwn am y gwasanaethwyr. Fe soniodd Congressman, E. D. Jones (Tenessee) am wraig o'r ddinas a fethai werthfawrogi yr amser yr oedd ef yn ei roddi ar bwyllgor amaethyddiaeth y dalaith. *'What do we care about agriculture?'* meddai. *'We get all our groceries at the supermarket.'* Yr oedd hon yn anghofio am y rhai a fu'n hau yr had yn nhalaith Tennessee ac yn gwasanaethu yn y cynhaeaf.

Rydan ni'n ddyledus am y rhai sydd wedi marw i **hunan,** fel y medren nhw wasanaethu eu cenhedlaeth. Bydd rhai ohonom yn mwynhau cael ŵy i frecwast, a byddaf i ar dro yn un o'r rheiny. Caiff yr ŵy ei werthu gan y siopwr, a'i brynu o fasged y ffarmwr, a fu yn gofalu ar ôl yr iâr a fu yn ei ddodwy. Cymaint o bobl yn y ddolen o'r sgubor i'r bwrdd brecwast. Wedi'r cyfan y mae'n rhaid rhoddi bwyd i'r iâr o'r gwenith a dyfwyd yn y caeau a'r *machinery* a ddefnyddiwyd i gasglu'r cynhaeaf. Rhaid rhoi olew yn y tractor a'r peiriannau sydd yn gofalu ar ôl y caeau gwenith. Mewn gwirionedd does dim diwedd arni. Pob un â'i gyfraniad yw hi o hyd. Rydan ni'n ddyledus i gymaint o bobl: ein rheini, ein hathrawon, ein ffrindiau, ein hanwyliaid ac y mae'r rhestr honno yn cynyddu fel yr aiff y blynyddoedd heibio. 'Does neb yn byw yn y byd hwn iddo ef ei hunan mewn gwirionedd. Y mae'n amhosibl, er bod llawer un ar eu gorau glas i wneud hynny. Y mae'r Arglwydd Iesu am adael y gyfrinach yn ein plith – mai trwy farwolaeth y daw bywyd; mai drwy farw y daw ffrwythlondeb, mai drwy wasanaeth y daw hyfrydwch a llawenydd, Amen.

Pregeth 15

Rhoddion Duw

Testun: Yn ôl fel y derbyniodd pob un ohonoch ddawn, defnyddiwch eich dawn yng ngwasanaeth eich gilydd, fel gweinyddwyr da ar amryfal ras Duw. (I Pedr 4:10)

Y mae Iesu, fel awduron pob un o'r efengylau a'r epistolau, yn pwysleisio y rhoddion. Yn wir, y mae'r Beibl i gyd yn gwneud hynny. 'Bob bore y deuant o'r newydd' medd Llyfr Galarnad Jeremeia. Yr ydym yn byw ar y cyfryw roddion. 'Dyro inni heddiw ein bara beunyddiol' yw'r deisyfiad yng Ngweddi'r Arglwydd, ac y mae yr Apostol Paul a Phedr yn eu llythyron yn tanlinellu bod pob Cristion wedi derbyn rhoddion o ryw fath. Yn yr Epistol Cyntaf at y Corinthiaid pennod deuddeg, fe gawn restr o'r rhoddion. Rhoddion ysbrydol sydd yn y fan honno. Amrywiaeth fawr o roddion, yn wir ugain ohonynt. Rhodd i lefaru, rhodd i gyflwyno, rhodd i rannu, rhodd o ffydd, rhodd o iacháu, rhodd gwybodaeth. Nid oes neb yn berchen yr holl roddion, ac nid yw pawb yn berchen ar yr un un rhodd. *No one possesses all the gifts.* All pawb ddim bod yn athrawon, ac ni all pawb ymddangos o'n blaen bron bob dydd ar y teledu, ac all pawb ddim bod yn feddygon ac all pawb ddim bod yn bregethwyr. Ac felly drwy gymdeithas gyfan, yr un yw'r stori. A phan drown ni at yr Epistol at yr Effesiaid a'r Rhufeiniaid (4: 12 o Rufeiniaid) fe sonnir am roddion ychwanegol: rhodd o wasanaeth, rhodd o roddi yn deilwng, rhodd sydd yn dangos trugaredd, rhodd o fugeiliaid ar fynyddoedd Cymru ac o fewn capeli Cymru sydd mor ffodus o gael bugail gan eu bod yn brin.

Y mae rhestr yn y Llythyr at y Rhufeiniaid yn cyflwyno y rhoddion hynny sydd yn rhan o'n bywyd bob dydd, tra bo y rhoddion at y Corinthiaid yn sôn am ddoniau sydd yn anghyffredin ac yn llai cyffredinol. Ac yna fe gawn Pedr yn adnod y testun yn rhoddi diweddglo godidog, ac yn rhoddi pwyslais mawr ar y gwasanaethu a ddylai ddilyn y rhodd honno. Yr un ferf (*diakoneo*) a geir wrth ddisgrifio Iesu yn golchi traed ei ddisgyblion yn ystod y Swper Olaf: 'Mi a ddeuthum i'ch plith fel un yn gwasanaethu.' A'r pwyslais pendant yw fod pob rhodd yn rhodd wasanaethgar. Mae pob rhodd ag oblygiadau ymarferol iddi. A gawn ni felly bwysleisio **TRI** pheth pwysig i'ch sylw:

Yn gyntaf, **Cyfrifoldeb wrth dderbyn y rhoddion.** *Responsibility in receiving the gifts.*

Y mae cyfrifoldeb ynghlwm â'n rhoddion, gan y medrwn eu camddefnyddio. Sonia Paul yn yr Epistol at y Corinthiaid am rai y mae'n ofnus y byddant yn camddefnyddio'r rhoddion. Mi fedrwn fynd yn eiddigeddus ac annibynnol. Y mae eiddigedd yn glefyd, fel y mae annibyniaeth ar deulu a chymdeithas. Ond y mae'r ddau yn medru dinistrio ei berchennog. Ni fedrwn deimlo yn bwysig oherwydd ein doniau a'n rhoddion. Beth sy'n gyfrifol fod rhai pobl gyfoethog yn edrych i lawr ar y rhai sy'n gorfod brwydro i gael y ddau pen llinyn ynghyd? Gor-bwysigrwydd. *Undue importance.* Ac felly y mae perygl i'r rhoddion a gawn ein newid er gwaeth os nad ydym ni yn cael ein hatgoffa mai rhoddion ydynt ag iddynt gyfrifoldeb ynghlwm wrthynt.

Ac y mae'n rhaid cofio bod y rhoddion hyn yn rhoddion yn aml ar gyfer amser ac adeg arbennig a chyfnod arbennig. Dyna a ddysgir inni yn yr Ysgrythurau. Yr oedd angen apostolion ar yr Eglwys Fore, ond heddiw nid oes sôn am apostolion. Yr oedd angen proffwydi ar yr Eglwys Fore fel y mae arnom ninnau yn yr oes hon. Ac weithiau fe geir rhodd ar gyfer cyfnod arbennig, ond ymhen amser, 'does dim mo'i angen. Rhodd Duw yw dyfalbarhad. Gwelwn gymaint yn eu bywydau yn torri calonnau. Dramodydd ac awdur toreithiog iawn oedd George Bernard Shaw. Bu wrthi yn ysgrifennu am naw mlynedd cyn i gyhoeddwr dderbyn llyfr i'w gyhoeddi na chylchgrawn i dderbyn erthygl oddi wrtho. Ond oherwydd iddo dderbyn y rhodd o ddyfalbarhad, ni ildiodd. Ac o'r herwydd, fe ddaeth yn un o ysgrifenwyr mwyaf llwyddiannus ein byd yn yr ugeinfed ganrif. Ymhen blynyddoedd, nid oedd angen y rhodd honno arno. Yr oedd dyfalbarhad wedi troi yn gynhaeaf toreithiog iddo.

Yn ail, **Cyfraniad y rhoddion.** *The contribution of the gifts.*

Cyfrannu tuag at ein gilydd yw'r gamp fawr. Fe'n gosodwyd fel stiwardiaid i ofalu am y rhoddion, ac i'w hestyn i arall. Gwin ac olew Calfari yw'r testun i lawenhau ynddo:

>Dysg hi i ofni byw yn esmwyth
>Gan anghofio'r byd a'i loes;
>Nertha hi i dosturio wrtho
>A rhoi'i hysgwydd dan y Groes.

Y mae'r rhoddion yn cael eu gwasgar er mwyn daioni arall; er mwyn adeiladu'r Eglwys i berffeithio y saint i waith y weinidogaeth, i adeiladu Corff Crist a gweini ar ein gilydd. Sonia y Parchedig John Stott, offeiriad dylanwadol yn Llundain, fel hyn:

> *The gifts of the Spirit are given to the individual believers, but they are given for the healthy growth of the Church.*

Onid gwasanaethu arall yw'r pwyslais cyson a gawn. Dyma'r athroniaeth; y mae'n athroniaeth wych. Cofir am Syr Edmund Hillary a'i gydymaith ffyddlon Tenzing yn dringo i ben Everest. Syr Edmund Hillary, fel y cofiwch, oedd y cyntaf i gyrraedd y copa. Pan ddaeth i lawr y mynydd, fe gollodd Syr Edmund ei gam, ac fe lithrodd, ond daliodd Tenzing y rhaff a llwyddo i arbed Syr Hillary rhag niwed mawr neu efallai angau ac yntau, wrth osod ei fwyell yn yr iâ yn sefydlogi y dringwr adnabyddus. Nid oedd Tenzing am unrhyw glod am weithredu yn gyflym, gweithred hardd a arbedodd fywyd Syr Edmund. Dyna oedd ei briod waith, fel tywysydd, a gosododd y cyfan yn gofiadwy wrth ddweud, *'Mountain climbers always help each other!'* A dyna beth yw Cristnogaeth ar ei gorau, ond gofidiwn ein bod ar dro, ar awr wan, yn anghofio cyfrannu ar hyd ffordd cariad, caredigrwydd, cymod fel y dylem. Pe bai pawb yn gweithredu'r rhoddion, mi fyddai'r byd yr hyn y mae Duw wedi bwriadu iddo fod.

A dyna ni'n dod at y pwynt olaf, sef **cynyddu fel pobl ar lwybr y rhoddion.** *To develop as people through the gift.*

Dyna ddysgeidiaeth amlwg yr Arglwydd Iesu. Y mae rhoddion gwerthfawr y Cynhaliwr yn cynyddu wrth eu defnyddio. Fe gofiwch *Ddameg y Talentau:* yr oedd pob un i gynyddu ei dalent yn ôl honno. Yr un a gafodd ei gondemnio oedd y gŵr a gladdodd ei ddawn a'r rhodd. Os mai dawn dysgu a roddwyd i ni, fe ddylem ei datblygu; neu os mai y ddawn i fugeilio ac i feddwl am eraill sydd gennym, yna gallwn ddatblygu'r ddawn honno hefyd.

Gallwn yn naturiol esgeuluso'r ddawn a'r rhodd. Rhybuddiwyd y Timotheus ifanc fel hyn:

> Nac esgeulusa y ddawn sydd ynot, yr hwn a rodded i ti trwy broffwydoliaeth gydag arddodiad dwylaw yr henuriaid.

Dywedodd un esboniwr,

> Every spiritual gift we have is a resource that we must use and for which we will be held accountable for what the Master has chosen to give them.

Yr ydan ni'n medru esgeuluso y rhoddion trwy anwybodaeth, difaterwch ynglŷn â'r ffordd sydd gan Dduw i'n defnyddio, a'n hamharodrwydd i ymateb i alwad Duw i ni mewn gwasanaeth a gweinidogaeth. Y mae esgeulusdod o'i roddion ysbrydol yn golled i'r unigolyn, i'r Eglwys ac i'r gymdeithas gyfan, ac felly deisyfwn y doniau gyda William Williams, Pantycelyn:

> Gwna ni'n gyfoethog ym mhob dawn;

Gwna fi fel halen peraidd iawn;
Gwna fi fel seren olau wiw
'N disgleirio yn y byd 'rwy'n byw"
Yn ei Enw, Amen.

Pregeth 16

Gwella un o wragedd Capernaum

Testun: Ac yr oedd mam-yng-nghyfraith Simon yn gorwedd yn wael dan dwymyn. Dywedasant wrtho amdani yn ddi-oed, aeth yntau ati a gafael yn ei llaw a'i chodi. Gadawodd y dwymyn hi, a dechreuodd hithau weini arnynt.
/ *Simon's mother-in-law was ill in bed. They told him about her at once. He came forward, took her by the hand and helped her to her feet. The fever left her and she waited upon them.*
(Marc 1: 30-31)

Y mae'r weithred hon o iacháu yn gwbl wahanol i'r gweithredoedd arferol a geir yn yr Efengylau. I ddechrau, gweithred syml ydoedd, a hynny y tu mewn i gylch cyfyng y teulu, ac fel ffafor i un o'i ddisgyblion ymroddedig. Nid yw'r tyrfaoedd yn gweld, er eu bod yn agos iawn. Ond mater preifat ydoedd mewn gwirionedd, a Iesu yn gweld bod salwch mam-yng-nghyfraith Simon Pedr wedi peri gofid yn y cartref ac ymhlith y teulu. Ac felly, y mae'r hanesyn hwn yn cyfleu inni lawer iawn o agweddau, ac rwyf am ei grynhoi i **DRI** phennawd:

Yn gyntaf, **dyma wraig a gafodd gymorth a derbyn iachâd.** *Here is a woman who received help and who was healed.*

Fe soniais fwy nag unwaith y blynyddoedd diwethaf hyn am y lle pwysig a gaiff y ferch, y wraig a'r fam yn nysgeidiaeth ac yng ngweinidogaeth Iesu Grist. Tueddwn i anghofio hyn. Ond yr oedd y gwragedd a ddilynodd Iesu ar hyd y bererindod, fel llawer o wragedd eraill, yn cyfleu i'r dim yr hyn a ddisgwyliai Iesu oddi wrth bawb, sef ffyddlondeb, teyrngarwch, hunanaberth a gwasanaeth. Dyma'r cyntaf o'r hanesion sy'n cyfleu ymateb y wraig, ac fe ddylwn eich atgoffa ohonynt. Y mae pedwar peth:

Ymateb y Wraig Weddw. Gweddw dlawd a dwy hatling, hynny yw, ffyrling, yn barod i aberthu y cyfan oedd ganddi. 'Yn wir, 'rwy'n dweud wrthych fod y weddw dlawd hon wedi rhoi mwy na phawb arall sy'n rhoi i'r drysorfa. Oherwydd rhoi a wnaethant hwy i gyd o'r mwy na digon sydd ganddynt, ond rhoddodd hon o'i phrinder y cwbl oedd ganddi i fyw arno.' Rydan ni fel Cenedl y Cymry, y Cyfundeb ac enwadau o bob traddodiad yn gwybod o brofiad fod hynny'n wir o hyd.

Ceir hanes am y wraig a ddaeth â'r blwch ennaint i eneinio pen a thread Iesu. Y wraig oedd wedi ei gadw ar gyfer dydd ei gladdedigaeth ond a'i defnyddiodd, pan oedd ef yn eu plith, yr **Eneinio** ym Methania (Marc 14). 'Yn wir, 'rwy'n dweud wrthych, pa le bynnag y pregethir yr Efengyl hon yn yr holl fyd, adroddir hefyd yr hyn a wnaeth hon er cof amdani.'

Yr Olygfa yw honno sydd yn ymyl y Groes (Marc 15, adnodau 40-41). Mae Marc yn rhoddi *snapshot* inni o'r gwragedd a oedd wrth y Groes, sef Mair Magdalen, Mair mam Iago Fychan a Joses a Salome – gwragedd a fu'n ei ganlyn a gweini arno yn garedig pan oedd yng Ngalilea, a llawer o wragedd eraill oedd wedi dod i fyny gydag ef i Jeriwsalem.

Yn ymyl y Bedd Gwag. Fe brynodd Mair Magdalen a Mair Mam Iago a Salome beraroglau er mwyn mynd i'w eneinio ef. Y mae'r cwbl yn ffitio i batrwm er mwyn ein hatgoffa fod Iesu Grist wedi dyrchafu y ferch uwchlaw ei chyflwr yn y gymdeithas batricarchaidd ym Mhalestina ac yr oedd adfer iechyd i'r ferch hon yng Nghapernaum yn rhan annatod o'r newydd-deb a oedd yn ei weinidogaeth. Oherwydd yr oedd iacháu y wraig yn chwyldroadol, ond yr oedd y ffordd y cyflawnodd Iesu y weithred yn fwy chwyldroadol fyth. Dioddefai'r wraig o dwymyn llosgfaol *(burning fever)*. Yr oedd e'n beth cyffredin yng Ngalilea, ac y mae'n dal felly hyd heddiw. Y mae yn Ysgrythur yr Iddew, y Talmud, gyfarwyddiadau ynglŷn â'r ffordd o wella'r clefyd. (Exodus 3: 2-5). Defnyddier cyllell o haearn, gan ei chlymu â thipyn o wallt a dod â hi i gysylltiad gyda choeden o ddrain. Ac yna, yr oedd yn rhaid mynd drwy fformiwla y *magician*. Fe anwybyddodd Iesu Grist y dull ofergoelus hwn o'i hiacháu, a chyda sumbol o'i dynerwch a'i dosturi fe gydiodd yn ei llaw a chyda'i air gweddigar, fe'i hiachawyd hi.

A dyna ni yn dod at yr ail neges sy'n codi o'r hanesyn hwn, sef **gofal y meddyg da a gofal y disgyblion.** *The care of the great physician and that of the disciples.*

Y mae'r weithred hon yn taflu goleuni ar gymeriad Iesu fel y mae yn taflu goleuni ar y disgyblion hwythau. Nid oeddynt wedi 'nabod Iesu yn hir, ond yr oeddynt wedi ei 'nabod yn ddigon da i wybod bod y Gwaredwr yn Feddyg a'i fod yn gofalu am y gwan a'r claf, a'i fod yn disgwyl i bob un o'i ddisgyblion hwythau wybod am weinidogaeth gofal a iachau.

Diolch i Simon Pedr am ofalu am ei fam-yng-nghyfraith. Y mae'n bosibl mai ystyriaeth ddigon hunanol oedd y tu ôl i'r gofal hwnnw. Tybed nad oedd yn gweld y bwrdd cinio yn mynd yn wag hebddi, er enghraifft? Yn ôl traddodiad yr Iddew, y mae'r pryd bwyd hwn yn dod yn syth ar ôl gwasanaeth y synagog ar y chweched awr, hynny yw am 12 o'r gloch, hanner dydd. Y mae diwrnod yr Iddew yn cychwyn am 6.00 o'r gloch ac felly, chwe awr sydd tan ddeuddeg o'r gloch. Ond ta waeth, fe fynegodd Simon Pedr ei ofal gofalus, fel y gwnaeth Iesu.

Yr oedd gweinidog gyda'r Annibynwyr yn ardal y Sarnau ger y Bala o'r enw Gwion Jones. Fe ddaeth o Dde Cymru i ardal y Sarnau (i ofalu am Soar, Bethel a Rhyd-y-Wernen) ac fe arhosodd yno am ddeugain mlynedd. Dywedid amdano ei fod yn bregethwr ysgubol, ac yn arbennig felly ar adeg cynhebrwng cynheiliaid y Ffydd yn y broydd hynny. Pan fu farw gwraig y siop, yr oedd Capel Rhyd-y-Wernen yn orlawn, gyda'r ffenestri yn agored i'r cannoedd, a'r Parchedig Gwion Jones yn tanlinellu ei gofal am y plwyf, a'r aelwyd honno oedd yn agored i bawb ar hyd ei hoes:

> 'Ŷch chi ofan, ond 'dych chi, pan ddaw arch i'ch tŷ chi. Ond dim achos ofan yw e. Y cyfan ŷch chi'n ei wneud yw cyflwyno rhywun o'ch gofal chwi i'w ofal Ef, ac y mae E'n fwy gofalus na ni.'

'Mae E'n fwy gofalus na ni.' Dyna brofiad yr aelwyd draw yng Nghapernaum, a phrofiad plant Duw ym mhob cenhedlaeth:

> Duw a ŵyr dy holl bryderon,
> Agos yw
> Dynol-ryw
> Beunydd at ei galon.

Ac yn olaf, **y gweini a ddeilliodd o'r weithred o iacháu.** *This woman attended to their needs after having been healed.*

Ar ôl i'r dwymyn ei gadael, fe gododd y wraig hon yn ddiolchgar a dechrau gweini. Yr unig feddyginiaeth i dwymyn yr hen fyd, sy'n gwneud pobl yn drist ac yn ddigalon, yw gweini ar arall – ar y gwan a'r unig. Y mae'r gair 'twymyn' wedi cael ei ddefnyddio gan yr esbonwyr i bwysleisio bod angen iachâd arnom cyn y medrwn wasanaethu. Dyna fwrdwn Jerome mewn pregeth o'i eiddo ym Methlehem Judea:

> O that he would come to our house and enter and heal the fever of our sins by his command. For each and every one of us suffers from fever. When I grow angry, I am feverish. So many races, so many fevers. But let us ask the apostles to call upon Jesus to come to us and touch our hand, for if he touches our hand, at once the fever flees.

Gweddïodd John Henry Newman, *'O Lord, preserve us all the day long, until the fever of life is over, and our work is done.'* Honno oedd gweddi y gwleidydd

James Griffiths a'i briod Winifred Griffiths yn eu hen ddyddiau mewn bynglo yn Teddington, swydd Middlesex. Ni fyddent yn mynd i noswylio heb lefaru y weddi ddwys. Y mae'n bosibl cyflawni gwaith yr Efengyl ar ôl derbyn iachâd y Gwaredwr. Dyna neges emyn mawr Moelwyn yntau:

> Ti, Arglwydd nef a daear,
> Bywha'n calonnau gwyw,
> Dysg in gyfrinach marw,
> Dysg in gyfrinach byw.
> Rho glust i glywed neges
> Dy fywyd di dy Hun,
> Rho lygad wêl ei gyfle
> I wasanaethu dyn.

Fe ddaw'r gwasanaeth ar ôl derbyn ei feddyginiaeth, ac felly:'Edifarhewch, a chredwch yr Efengyl.' Amen.

Pregeth 17

Yr Apostol yn diolch am y cydweithredu

Testun: Diolch y byddaf am eich cydweithrediad o blaid yr Efengyl o'r dydd cyntaf hyd yn awr; ac yr wyf yn sicr o hynna, y bydd yr hwn a ddechreuodd waith da ynoch ei gwblhau erbyn Dydd Crist Iesu. / *I thank my God, whenever I think of you: and when I pray for you all, my prayers are always joyful, because of the part you have taken in the work of the Gospel from the first day until now.* (Philipiaid 1: 5).

Roedd 'na fargyfreithiwr enwog iawn yn Lerpwl ddechrau'r ugeinfed ganrif o'r enw F. E. Smith, ac fe ddaeth ef yn enwocach byth fel Lord Birkenhead ac fel Arglwydd Ganghellor. Mewn llys yn y ddinas, roedd e'n dadlau ei achos o flaen barnwr a oedd yn fyr ei dymer ryw fore neilltuol. 'Mr Smith,' meddai, 'rwyf wedi gwrando arnoch chwi am ugain munud, ond 'dwi ddim doethach.' Atebodd F. E. Smith mewn amrantiad, 'Eich Mawrhydi, efallai nad ydych chwi'n ddoethach ond rydach chi'n fwy gwybodus.' Dwi'n hyderu y byddwch chwi sy'n gwylio ac yn gwrando o leiaf yn deall yn well ein hymdrechion a'n cydweithrediad o blaid yr Efengyl ar Lannau Mersi. Mae'r testun wedi ei ddewis yn ofalus allan o epistol a elwir yn Epistol Llawenydd. Roedd Paul yn ysgrifennu at ffrindiau ac yn sôn amdano'n gweddïo mewn llawenydd amdanynt. Rydan ninnau'n gweddïo dros ein gilydd. Fe glywais i hanesyn am nyrs yn trin claf digon anodd, ond fe lwyddodd i'w argyhoeddi o werth gweddi trwy ei dwylo ac yn arbennig ei bysedd.

'Gweddïwch,' meddai, 'bob tro yr edrychwch ar eich llaw. Dyma'r bawd sy'n agosaf atoch. Gweddïwch felly dros ein hanwyliaid sydd wrth eich pwys chi. Am yr ail fys, dyma fys sy'n pwyntio ac mae'n cynrychioli athrawon a meddygon a phawb sy'n cyfleu dysg a gofal. Y trydydd bys yw'r bys mawr. Y mae'n sefyll dros arweinwyr mewn byd ac eglwys. Y pedwerydd bys. Beth am hwnnw? Mae yn fys gwan, fel y gŵyr cyfeilyddion a phianyddion. Dyma fys sydd yn cynrychioli y claf a'r gwan o galon, yr eiddil a'r unig. A'r bys bach yw'r lleiaf ohonynt i gyd – dyma'r bys sydd yn fy nghynrychioli i yn fy nghornel fach fy hun.'

Ac yn stori'r bysedd, rydan ni wedi dweud llawer, ond y mae un peth pwysig arall i'w ddweud – y mae pob un o'r bysedd yn bwysig. Y mae eu hangen nhw i gyd arnom. Ac yn yr un modd, 'fedrwn ni ddim bodoli heb ein gilydd.

Y mae angen ein hanwyliaid arnom yn ogystal â'n hathrawon, ein nyrsys, ein harweinwyr, ein cyd-fforddolion sydd mewn poen, gofid ac enbydrwydd a ninnau, bob un ohonom sydd wedi ein galw gan Dduw i wasanaethu ein hoes.

Partneriaid ydan ni i gyd, ac ar derfyn chwarter canrif fel gweinidog i Iesu Grist ymhlith y Cymry, a gaf fi ddiolch am y bartneriaeth a chael cyfle i adolygu'r cyfnod?

Pan ddeuthum yma chwarter canrif yn ôl, yr oedd Lerpwl yn gwbl ddieithr imi. Roeddwn wedi clywed am *Penny Lane* a *Sergeant Pepper* trwy'r *Beatles*, ond heb sylweddoli bod Capel Cymraeg yn edrych dros y mannau hynny. 'Doeddwn i ddim wedi sylweddoli chwaith fod yna gymaint o gapeli Cymraeg o bob enwad i'w cael ar y Glannau ac yn Sir Gaerhirfryn. Gwelais newidiadau aruthrol. Roedd gan y Presbyteriaid Cymraeg saith o weinidogion yn gofalu am eglwysi a deg o weinidogion eraill a oedd yn gwasanaethu'r pulpud yn eu tro. Roeddwn yn ymuno â thîm o ddeunaw ohonom. Yn ychwanegol, roedd gan yr Annibynwyr, y Bedyddwyr, yr Eglwys Fethodistaidd ddeg o weinidogion rhyngddyn nhw. Felly, roedd pump ar hugain ohonom i gyd i lanw'r pulpudau. Ond gwelwyd newid chwyldroadol, ac fe'm gadawyd yn unig weinidog mewn gofal eglwys sy'n byw yn Lerpwl ac yn un o bump o weinidogion (yn lle 26) sydd ar gael i wasanaethu'r eglwysi. Ddeng mlynedd yn ôl, roedd y sefyllfa yn ddirdynol. Nid oedd dim amdani ond gweithredu a chynnal cyrsiau bob haf i hyfforddi lleygwyr a blaenoriaid yn y dasg o gyflwyno'r Efengyl ac i arwain mewn oedfaon.

Yn hyn o beth, yr ydym yn rhoddi arweiniad i bob Henaduriaeth a Chyfundeb a Chymanfa a Thalaith ac Esgobaeth yng Nghymru. Oherwydd partneriaeth yw hi yng ngwaith yr Eglwys, ac y mae'n rhaid cymryd offeiriadaeth yr holl saint o ddifrif. Ar hyn o bryd, y mae gennym ryw bedwar ar bymtheg sydd yn barod yn eu tro i arwain pan fydd galw amdanyn nhw, ac yr wyf yn diolch am eu cydweithrediad.

Mewn dyddiau pan ydyn ni'n sôn am strategaeth, rydyn ni yn gallu dweud trwy ddyfalbarhad ac ewyllys ac ymroddiad ein bod ni wedi llwyddo i uno eglwysi ym mhob rhan o'r Glannau. Daeth cynulleidfaoedd o Annibynwyr a Bedyddwyr at ei gilydd mewn dwy ganolfan; fe lwyddodd yr Eglwys Fethodistaidd i ganoli eu hymdrechion, ac felly hefyd y Presbyteriaid. Y mae uno capeli yn waith anodd, ond y mae galwad arnom i fod yn bartneriaid eciwmenaidd. Dyna pam bod y cynllun o Gaplaniaeth Glannau Mersi i ddangos gofal bugeiliol am fyfyrwyr o Gymru yng ngholegau'r ddinas a chleifion o Gymru yn Ysbytai'r Glannau yn symudiad i'w groesawu. Y mae gennym le i ymfalchïo yn ein gofal bugeiliol fel hyn. Carem gael mwy o wybodaeth yn aml, ond yr ydyn ni'n credu bod arnom gyfrifoldeb tuag at y rhai sydd yn dod atom dros dro. Pan ddeuthum i yma yn niwedd y chwe degau, roedd dwsinau o fyfyrwyr ac athrawon ifanc i'w gweld yn seddau cefn y capel hwn. Roedd hi'n wefr cael gwasanaethu yn eu plith. Y mae gennym gnewyllyn ohonynt o hyd, ond nid fel y dyddiau gynt a fu, a hynny oherwydd ei bod hi'n hawdd teithio'n ôl i ogledd Cymru ar y penwythnos, ac oherwydd nad yw eglwysi Cymru yn magu cymaint o ieuenctid a'r Efengyl yn gefndir i'w bywydau. Y mae'n bwysig gwneud hynny. Dyma ein cyfrifoldeb mawr.

Clywn Iesu yn dweud, 'Gadewch i blant bychain ddyfod ataf fi ac na waherddwch iddynt.' Dyma un agwedd y medrwch chi fod yn ymfalchïo ynddo yn yr eglwys hon ym Methel – ein plant a'n hathrawon a'n Hysgol Sul a'r Gorlan. Go brin y byddai gweinidog yn proffwydo yn Lerpwl ym 1968 y byddai cystal graen ar bethau o du plant y Cymry Cymraeg. Mewn rhyw gyfeiriadau, y mae hi wedi gwella. Fe blediais dros y blynyddoedd mai llyfrau Cymraeg ddylid eu rhoi i'r plant gan Siôn Corn yn ein parti Nadolig. Fe syrthiodd yr awgrym ar dir diffaith hyd y blynyddoedd diwethaf hyn. Y mae ysbryd rhagorol i weithio yn ein plith, ac y mae'r ymdrech i helpu'r elsuen *Gobaith Mewn Gweithrediad* a gychwynwyd gan fy mab, Hefin, a minnau ac sy'n cael ei chefnogi mor wych gan Gymry'r Glannau (a'r plant yn arbennig) yn werth sôn amdani. Y mae'r ysgol yn y *shanty town* yn Nairobi yn y slymiau â bron i gant o blant bellach ac y maent yn dibynnu yn ariannol bron yn gyfangwbl ar ein hymdrechion ni. Dyma bartneriaeth odidog – partneriaeth y Deyrnas yw hi.

Y mae'r cymal olaf yn y testun, 'hyd ddydd Crist Iesu' yn gymal cyfoethog. Y mae'n ein cyfeirio ni at y rhaglen sydd gennym a'r gwerthoedd sydd i'n hysbrydoli – y gwerthoedd gwahanol, neu fel y dywedodd un diwinydd cyfoes, 'Gwerthoedd y Deyrnas.' Y mae Iesu Grist yn gwneud y nod yn gwbl glir: 'Ceisiwch yn gyntaf Deyrnas Dduw a'i gyfiawnder Ef.' Mewn man arall, fe ddywed, 'Teyrnas Dduw, o'ch mewn chwi y mae.' Pan adawn ni i Iesu Grist ddod i'n bywydau, i lywodraethu ar ein bywydau a goleuo ein deall, mae'r Deyrnas yn ein calonnau ac ar ein gwefusau. Gwrthod Crist yw gwrthod y Deyrnas; derbyn y Deyrnas yw derbyn yr Arglwydd Iesu Grist. 'Gwyn fyd y dyn a'r genedl y mae'r Arglwydd yn Dduw iddynt.'

'Rwy'n dewis Iesu a'i fawrol glwy'
Yn frawd a phriod imi mwy;
Ef yn arweinydd, Ef yn ben
I'm dwyn o'r byd i'r nefoedd wen.

Galwad y Deyrnas yw galwad yr Efengyl. Ein gwaith ni ym mhob man yw hybu'r Deyrnas: hybu undod Corff Crist; cymod rhwng pobl a'i gilydd; cyfiawnder; cymdeithas, diogelwch i'n plant a'n hieuenctid a pharch tuag at ein gilydd a pharch tuag at fyd Duw a gofal am ein hiaith a'n diwylliant, gan rannu ein cyfoeth ysbrydol gyda chenhedlaeth arall. Dyma'r agenda y buon ni'n rhan ohono cyn hyn, yn bartneriaid yn y Ffydd; a gwyn fyd pob un a ddaliodd ati yn y gobaith a'r llawenydd sy'n dal pwys a gwres y dydd yn y genedl, meddai'r bardd gwych Gwenallt – y genedl y rhoes ef iddi ar hyd y canrifoedd ei ffydd, ei ras a'i iachawdwriaeth.

Er mwyn ei enw. Amen.

Pregeth 18

Efengyl i'r holl fyd

Testun: Ond yn gyntaf rhaid i 'r Efengyl gael ei chyhoeddi i'r holl genhedloedd. / *For the Good News must first be preached to all nations.* (Marc 13: 10)

Yr ydym ni yn byw mewn byd sydd heb fod mor sicr ohono'i hunan â'r un yr oedd ein tadau a'n teidiau yn gyfarwydd ag e gan mlynedd yn ôl. Yr oedd optimistiaeth yn cael ei hadlewyrchu ym mhob rhyw fyd, ac y mae i'w gweld mewn llenyddiaeth a barddoniaeth Gymraeg a Saesneg. Yr oedd Robert Browning yn enghraifft dda yn Saesneg ac y mae Elfed yntau yn enghraifft dda yn Gymraeg. Gwelid newidiadau a chyfnewidiadau aruthrol ym mhob man ac yr oedd mwy ar y gorwel: teledu, radio, fideos, oergelloedd a rhewgelloedd, *pacemakers*, offer clyw, meddygaeth. Ac yn y cefndir hwn, yr oedd nwyd genhadol: nwyd genhadol i ennill cenhedloedd a gwerinoedd i dderbyn yr Efengyl. Yr oedd geiriau Iesu yn cael eu gwireddu yn llythrennol: 'Ond yn gyntaf, rhaid i'r Efengyl gael ei chyhoeddi i'r holl genhedloedd.'

Y geiriau mawr oedd cynnydd a datblygiad, ac fe aethpwyd ati i uniaethu'r Deyrnas yn aml gyda gwareiddiad y Gorllewin. Aeth dynion i feddwl eu bod yn mynd i mewn i'r Deyrnas wrth fyned i mewn i gar modur ac eroplên. Digon, i bwrpas yr Efengyl, oedd i John fod wedi ennill B.A., a Mary hithau y B.Sc. Y mae stori wych ar gael am un o bregethwyr gwreiddiol gogledd Sir Aberteifi, sef D. H. Lloyd. Yr oedd e'n hoff o winwns, ac yn ystod y Rhyfel Byd Cyntaf, doedd dim i'w cael. 'Doedd Sioni Winwns ddim yn medru dod o Lydaw fel cynt. Ac yntau yn cerdded ar y ffordd am y capel yng Nghwmystwyth, fe redodd un o'r aelodau ar ei ôl, wedi colli ei wynt yn lân:

'Mr Lloyd, mae Wili ni wedi cael Bi-Ê.' 'Falle, wir,' meddai D. H. Lloyd, 'mae'n haws cael Bi-Ê heddiw na chael rhaffad o winwns.'

Ond yr ydym wedi dysgu bellach fod angen Bi-Ê a rhaffed o winwns fel ei gilydd, ac nad yw Teyrnas Dduw ynghlwm wrth unrhyw wareiddiad penodol. Gall ddod ar draws gwareiddiadau a dod yn ddadfeiliaid iddynt. Credai Gibbon yr hanesydd fod Cristnogaeth wedi chwalu hen wareiddiad Gwlad Groeg a Rhufain, ac fel pagan yr oedd hynny yn ofid iddo. Gallwn ninnau ddadlau bod y Deyrnas a byd y teledu mor gyfrifol â dim byd am ddiflaniad yr Ymerodraeth Gomiwnyddol yng Ngwlad Pŵyl, Dwyrain yr Almaen, Tsiecoslofacia, Hwngari, Romania a Bwlgaria, a bod gweld a chlywed y cyfan hyn wedi siglo hyd yn oed yr Ymerodraeth Sofietaidd. Gall y Deyrnas weithredu mewn gwahanol ffyrdd, ac yn aml gall wneud trwy gyfrwng y pethau bychain.

A dyma'r pwynt cyntaf sydd gen i dan sylw, fod **Iesu Grist yn gweld gobaith i'r byd yn y 'gweddill'** / *Our Lord Jesus sees hope for the world in the 'remnant'.*
Fe ddechreuodd Iesu Grist achub y cenhedloedd, y byd, gyda deuddeg o ddynion digon cyfyng eu gorwelion ac amrywiol eu ffyrdd a'u diddordebau. Yr oedd rhai yn blwyfol o gul, ac eraill yn barod i gofleidio'r dieithr-ddyn. Ond cysur Iesu Grist iddynt oedd, 'Nac ofna, braidd bychan; canys rhyngodd bodd i'ch Tad roddi i chwi y Deyrnas.' Fe soniodd Iesu Grist lawer am y pethau bychain fel y gwnaeth rhai o'i ddisgyblion. Dyna, wrth gwrs, oedd neges olaf ein nawddsant, Dewi Sant, 'Gwnewch y pethau bychain.' Ac fe ddysgodd Iesu am werth y pethau bychain – cwpanaid o ddŵr oer, dwy hatling, un dalent. Fe dybid o hyd gan lawer mai yr unig ffordd o ennill y byd oedd drwy ricriwtio deuddeg miliwn o ddynion cryfion – fel milwyr Nebuchodonosor gynt, a rhoddi'r arfau anferthaf yn eu dwylo; ond diflannai teyrnas pob rhyw Nebuchodonosor yn ei thro, tra bo Teyrnas Iesu yn aros.

Pan fo cenhadwr yn mynd allan i wlad arbennig, yr aferiad yw mynd ar ei ben ei hun neu gyda'i deulu. Nid tyrfa fawr – ond un – neu ddau – neu dri ar y mwyaf. Ac y mae Iesu yn hoff o ddangos fel y medr yr ychydig gyflawni gwyrthiau – y lefain yn y toes yn gwneud torth fwytadwy; yr halen yn puro ac yn diogelu; y goleuni yn y ddinas ar fryn yn disgleirio fel y medr pawb weld ei llwybrau.

Yn ail, **Y mae ffydd gan Iesu Grist y llwydda ei ddisgyblion i gyflwyno'r efengyl i'r cenhedloedd.** *Our Lord Jesus has faith that his disciples will succeed in introducing the gospel to the nations.*
Y mae llawer dull o gyflwyno'r Efengyl. Un ffordd yw pregethu. Ac y mae'r ffordd hon yn anhepgorol – ac fe lwyddwyd i adeiladu a chynllunio a sefydlu achosion yn y mwyafrif o wledydd y byd drwyddo. Mewn aml i wlad, y mae'n anodd oherwydd fe erlidir y rhai sy'n arddel Iesu. Mewn gwledydd eraill, y mae'r Efengyl yn cael ei llurgunio, a gwelir gosod label ar ddisgyblion Iesu Grist, a hynny pan yw crefydd a diwylliant wedi eu cymysgu gyda'i gilydd, a hynny er mwyn creu annibendod. Gadewch imi wneud y peth yn glir. Nid oes dim o'i le ar gymysgu diwylliant a chrefydd. Dyna ein cryfder fel Cymry. Ond y mae e'n wendid fel y'i gwelir ef yng Ngogledd Iwerddon. Ac y mae'n digwydd rhwng crefyddau'r byd – Cristnogion a Mwslemiaid yng ngyddfau

ei gilydd yn Nigeria; hefyd yn Sudan ac i raddau llai yn yr Aifft; Sri Lanka lle y mae Tamils sy'n Hindwiaid yn rhyfela â'r Singhalese sy'n Fwdhiaid; y mae Hindwiaid a Mwslemiaid yn anghytuno'n ddybryd yn yr India; Hindwiaid a Sihks eto yn ei chael hi'n anodd maddau i'w gilydd yn yr India. Y mae'n stori drist ar y naw.

Yn y pentref bychan a alwn ni yn Brydain lle yr ydym yn byw ynddo – dyna'r disgrifiad o gymaint o'r dinasyddion ac o bobl y byd – y mae'n rhaid inni ddysgu bod yn oddefol. Er ein bod ni yn gwahaniaethu o ran ein cred a'n crefydd ac yn dyheu am weld pobl yn cofleidio Iesu Grist yr Arglwydd, y mae Iesu am inni gyflwyno'r Efengyl ar hyd llwybr tangnefedd a goddefgarwch ac nid gyda bwled a thrais a grym militaraidd fel y cred y Taliban. Ond nid oes modd cyflwyno'r Efengyl mewn gwirionedd ond yn null Iesu: hon yw'r dasg oesol mewn ymroddiad.

Yn drydydd. **Y mae gan Iesu Grist ffydd yn ei achos ef ei hun.** *Our Lord Jesus had faith in his own cause.*

'Ni ddychwel y Gair ataf fi yn wag' yw'r hyn a geir ar dudalennau'r Beibl (Eseia sy'n dweud). 'Ewch i'r holl fyd a phregethwch yr Efengyl i bob creadur' meddai Iesu wedyn. Fe gyrhaeddwyd carreg filltir bwysig yn hanes Cristnogaeth yn niwedd 1992, pan gyhoeddwyd Efengyl Marc mewn iaith a leferir gan hanner miliwn (llai nag sydd yn siarad Cymraeg) a hynny yng Ngorllewin Affrica. Yr iaith yw *Daloa* mewn rhanbarth o'r enw Bete yn yr Ivory Coast. Dyma'r ail filfed iaith - *the two thousandth language* – a hynny ar ôl dwy fil o flynyddoedd. Yr ieithoedd diweddaraf i gael trosiad o'r Testament Newydd yw iaith o'r enw *Yamba* (Cameroon); *Pastaza* (Peru/Ecuador); *Amatlán* (Mexico) a *Veps* yn Rwsia. Y mae'n amhosibl inni ddychmygu y *thrill* o ddarllen geiriau Iesu am y tro cyntaf yn eich iaith chwi eich hunain. Ond y mae gwaith Iesu yn dal i alw arnom – oherwydd y mae 6,500 o ieithoedd neu ddwy fil ohonynt yn y byd. Y mae 350 o filiynau o bobl sy'n amddifad o'r Beibl yn eu mamiaith. *There are as many as 350 million people in the world today with no Christian Scriptures in their own language.*

Y mae rhai o'r disgyblion yn frwd iawn, fel y ferch honno (Miss Satchivi) y clywais amdani mewn tref o'r enw Lome yng Ngwlad Togo, yng Ngorllewin Affrica. Cadw siop wallt yw ei gwaith bob dydd, a gofala ers pymtheng mlynedd fod casetiau yn cael eu chwarae – ac ar y casetiau ddarlleniadau o'r Efengylau. Y mae'r casetiau mewn dwy iaith, sef yr iaith frodorol, *Ewe* a Ffrangeg. Y mae gan Iesu Grist ffydd ym mhob un tebyg i Miss Satchivi. Y mae y dasg yn fawr – ond y mae'r Deyrnas, meddai Iesu, fel pren mawr.

Dyma'r Deyrnas a gaiff lywodraeth o fôr i fôr, ac o'r afon hyd derfynau'r ddaear. 'A daw rhai o'r dwyrain, ac o'r gorllewin, ac o'r gogledd ac o'r deau, ac a eisteddant yn Nheyrnas Dduw.'

    O! Arglwydd, galw eto
    Fyrddiynau ar dy ôl,
    A dryllia'r holl gadwynau
    Sy'n dal eneidiau'n ôl;
    A galw hwynt o'r dwyrain,
    Gorllewin, gogledd, de,
    I'th eglwys yn ddi-atal –
    Mae digon eto o le.
                Amen.

Pregeth 19

Gwerth y Deg Gorchymyn

Testun: Felly aeth Moses i lawr at y bobl a dweud hyn wrthynt – Y Deg Gorchymyn. / *So Moses went down to the people and told them the Ten Commandments.* (Exodus 19:25)

Dyma gychwyn gwareiddiad fel yr ydan ni yn ei adnabod. Dyma'r sylfeini, y cychwyn, megis. Yn sicr, y mae ein gwareiddiad wedi ei seilio ar yr hyn a ddywedodd Moses y proffwyd wrth ei bobl, ac yr ydan ni fel Eglwys yn dal i gydnabod rhai o'r gorchmynion mewn llys barn ac mewn cymdeithas. Yn ein Hysgol Sul ni yn Llanddewi Brefi ers llawer dydd, arferem gwblhau gweithgareddau'r pnawn trwy adrodd y Deg Gorchymyn; ond faint o'r gorchmynion sy'n addas bellach ac sy'n berthnasol i'n hoes a'n cyfnod? Fe roddodd Duw y gorchmynion, nid am ei fod E'n disgwyl i'r un ohonom fod yn berffaith, ond fel canllawiau fel ein bod ni yn gwybod y terfynau. Heddiw y mae ysbryd tra gwahanol yn y tir, a phawb am wneud yn ôl ei ffansi. Ac y mae'r mwyaf rhyddfrydol eu syniadau yn gorfod cydnabod ein bod ni wedi mynd yn rhy bell, ac y mae llawer ohonom yn methu cysoni Duw na Christnogaeth gyda rheolau. Wedi'r cyfan, talp o Iddewiaeth yw'r Deg Gorchymyn. Ac y mae'n haws dweud 'Na'. Yn wir, fe fu ein crefydd yn dueddol o ddweud 'Na' yn rhy gyson, yn hytrach na dweud 'Ie' yn amlach. Ond tybed nad yw Duw yn dal i lefaru yn y Deg Gorchymyn a'i bod hi'n rheidrwydd arnom ni i agosáu ato gyda meddyliau agored. Dowch inni astudio y gorchmynion hyn, a gwrando ar yr hyn sydd ynddynt.

Clywais am weinidog a chanddo ddeg o botiau dal blodau yn ei feddiant. Dyma gymryd morthwyl, a bu llawer o sgrechian mewn syndod. Ac fe dorrodd y trydydd.

There may have been better speakers that summer in the Bible Conference, but I can't remember them. However, I will never be able to forget the man with the mallet merrily breaking the Ten Commandments.

'Na addola dduwiau eraill.' *Worship no other god.* Y gair allweddol yn y fan hyn yw'r gair **ADDOLIAD,** sef parchu, ymgysegru, talu gwrogaeth. Mewn rhai gwledydd a chrefyddau, y mae yna lu o dduwiau i'w cael – y duw hwn a'r duw arall. Dyna a welwn ni yn hanes Hindwiaeth. Ond Duw sy'n gweithredu a gofalu yw Duw'r Exodus. Ef a fu'n arwain yr hen genedl trwy orthrwm yr

Aifft a'r Môr Coch a thrwy'r anialwch. Sut fedrwn ni 'nabod Duw os nad ydan ni yn ei addoli mewn ysbryd a gwirionedd a'i wasanaethu yn gydwybodol? Faint ydan ni yn ei roddi o'r neilltu i baratoi ein hunain yn ysbrydol. Credaf mai'r ffordd rwyddaf i ddod i adnabod Duw yw galw arno yn feunyddiol:
>Fy Nuw, fy Nhad, fy Iesu,
>Boed clod i'th enw byth;
>Boed dynion yn dy foli
>Fel rhif y bore wlith.

Yr ail orchymyn. Beth am hwn? Dyma fe, 'Peidiwch plygu i ddelwau cerfiedig.' *Don't kneel to images or idols.*

Yr oedd yr Iddewon wedi byw am bedwar can mlynedd ymhlith eilunod, ac yng Nghanaan yr oedd yno eilunod eto – crefydd Baal. Y cwestiwn mawr yw hyn: oes angen rhybudd fel hyn arnom ni heddiw? Oes. Pan fo pobl yn addoli cyfoeth, statws a phobl eraill. Efallai nad ydan ni bellach yn gwneud llo pasgedig ac yn plygu iddo, ond yr ydan ni yn aml yn rhoddi pethau darfodedig, diwerth yn lle Duw.

Yn drydydd, 'Peidiwch â chymeryd enw Duw yn ofer.' *Don't take the Lord's name in vain. Don't use God's name without reverence.* 'Sancteiddier dy enw.' Y mae gormod o lawer o bobl yn cymryd enw Duw yn ofer. Y mae'n arwydd o ddiffyg meddwl ac o dlodi mewn iaith ac ymarweddiad.

Yn bedwerydd, y Dydd Saboth fel diwrnod i ymlacio arno. Y mae gwaith yn rhan o'n byd – ac eto, fel y dywedodd un sylwebydd, rydan ni'n byw mewn cymdeithas lle y mae carfan yn gweithio gormod (oriau hir) a'r gweddill yn cael eu hamddifadu o bob cyfle, trwy ddiweithdra, i weithio o gwbl, a thrwy hynny yn amddifadu cymdeithas o'u medr a'u hynni. Ond ni ddylid caniatáu gwaith saith diwrnod yr wythnos. Diwrnod i ddathlu yw'r Saboth neu'r Sul, ac y mae hi'n frwydr fawr y dyddiau yma i argyhoeddi pobl o hynny.

Yn bumed, 'Anrhydedda dy dad a'th fam.' *Honour your father and your mother".* Y mae angen dod â'r gorchymyn hwn allan i ganol bywyd. Diffyg disgyblaeth, diffyg parch. 'Y mae gwialen a cherydd yn rhoi doethineb, ond y mae plentyn afreolus yn dwyn gwarth ar ei fam' (Llyfr y Diarhebion 29:15).

Yn chweched, 'Na ladd.' *Do not commit murder.* Dyma orchymyn sydd mor relefant heddiw ag y bu yn nyddiau Moses gynt. Y mae bywyd wedi mynd yn *cheap*. Sylwch faint o drais sydd yn ymddangos ar ein sgriniau teledu. Y mae *suicide* yn un o brif achosion am farwolaethau ymysg pobl bob blwyddyn.

Yn seithfed, 'Na odineba.' *Don't commit adultery.* Eastenders, Pobl y Cwm, Brookside, Coronation Street, Emmerdale – y mae godinebu yn ffasiynol.

Yn wythfed, 'Na ladrata.' *Do not steal.*

Yn nawfed, 'Na ddywed gelwydd.' *Do not bear false testimony against your neighbour. Do not lie.* Bai cyson yn y Beibl oddi ar ddyddiau Adda ac Efa a Jacob. Y mae'n bwysig dweud y gwir. Y mae'n anodd dysgu'r egwyddor hon os nad ydan ni ein hunain yn glynu wrth y gwir. Yr oedd yn rhaid i Paul ddweud fel hyn wrth eglwys Effesus:

Gan hynny, ymaith â chelwydd. Dywedwch y gwir bob un wrth ei gymydog, oherwydd yr ydym yn aelodau o'n gilydd.

Yn ddegfed, 'Na chwennych.' *Do not covet your neighbour's possessions.* Dyna'r lle yr ydan ni i gyd yn ei chael hi'n anodd peidio â chwennych rhywbeth sy'n perthyn i rywun arall.

Dyna'r gorchmynion. Ond y cwestiwn unwaith eto yw hwn: A ydyn nhw'n berthnasol? Ac y mae'n rhaid ateb: Ydynt. Oherwydd pan dorrir y rheolau hyn, yr ydym yn tanseilio ein cymdeithas a'n gwladwriaeth a'n gorffennol.

Yr oedd ein harweinwyr ddoe at ei gilydd yn fwy ymwybodol nag arweinwyr heddiw o werth y gorchmynion. Y mae ein moeseg, ein haddysg, ein llywodraeth i gyd wedi eu sylfaenu ar y gorchmynion hyn. 'Yn Nuw yr ymddiriedwn' – dyna oedd ein hymffrost. Cenedl yn cydnabod Duw ac arweinwyr yn cerdded yn ei ffyrdd. Yr oedd y teulu yn bwysig – mam a thad, bywyd priodasol, perthynas. Y mae'r ddau ryfel byd wedi sigo ein gwareiddiad. Ac fe aethpwyd ati i amau y Dwyfol – os nad ydym yn siŵr o Dduw – dydan ni ddim yn siŵr o ddim byd. Os nad ydan ni'n parchu Duw, ni fyddwn ni yn parchu cyd-ddynion chwaith. Os nad oes Duw yn bod, does dim uffern na nefoedd mewn bodolaeth chwaith.. Dewch inni fyw ar gyfer heddiw heb anghofio yfory. Dywed aml un y ddihareb Saesneg *'Let us eat drink and be merry for tomorrow we die'* ond y mae yr athroniaeth sydd y tu ôl i'r dywediad cyfarwydd yn synicaidd yn hytrach na bod yn gysurlawn. Os yw Duw yn gofalu am ein bywydau o funud i funud fe ddylem fod yn fodlon ein byw. Nid ein gwaith ni pobl y ffydd o fewn y cysegr ydyw twyllo'n gilydd? Os nad oes safonau na delfrydau am onestrwydd, dim du a gwyn – y mae unrhyw beth yn gallu mynd, a dyna ni ar ddibyn ein difodiant. Onid yw hi'n rhyfedd? Unwaith yr ydan ni'n symud Duw i'r gorwel, y mae'r byd i gyd yn dioddef. Meddai'r bugail o Drawsfynydd, Hedd Wyn:

> Gwae fi fy myw mewn oes mor ddreng,
> A Duw ar drai ar orwel pell.

A oes yna angen am y Deg Gorchymyn heddiw? Gwrandewch ar yr Apostol Paul. Dyma'i ateb ef: 'Felly y bu y Gyfraith fel gwas yn gwarchod drosom hyd nes i Grist ddod.' Neu fel y dywed un fersiwn Saesneg: *'The Law was our schoolmaster to bring us to Christ'* (Colosiaid 3: 24).

Gwaith yr Eglwys yw gwarchod y safonau (sydd yn golygu addasu weithiau) ond at ei gilydd, galw sylw at yr hyn sy'n ganllawiau diogel. Neges Moses oedd, 'Peidiwch â bod yn anufudd i'r Duw sydd yn ein caru ac yn ein cynnal.' Y mae'r un Duw am inni ddod ato yn ein hangen:

> Yr Hollgyfoethog Dduw,
> Ei olud ni leihâ;
> Diwalla bob peth byw
> O hyd â'i 'wyllys da.
> Un dafn o'i fôr sy'n fôr i ni,
> Nesau at Dduw sydd dda i mi.

Deuwn ato fel bob amser i wrando arno gan gofleidio y cyfle i lefaru ei Air, cyflwyno ei Fab ac eiriol dros yr Eglwys, a hynny trwy weddïau ac emynau yn ein haddoliad. Amen.

Pregeth 20

Profiadau Diflas y Disgybl

Testun: Aeth Pedr yn drist am ei fod wedi gofyn iddo ddywedyd wrtho y drydedd waith, 'A wyt ti yn fy ngharu i?' / *Peter was grieved because he said to him the third time, "Do you love me?"* (Ioan/*John* 21: 17)

Cipolwg a gawn ni ar ddiwedd gweinidogaeth Iesu Grist ym Mhalestina ar ei berthynas ag un o'i ddisgyblion mwyaf tanbaid a brwdfrydig, Simon Pedr. Y mae gyda ni lawer iawn i ddweud wrth hwn. Os ydan ni'n onest â ni'n hunain, mi fedrwn ni weld ein hunain yn ei gymeriad, yn ei anwadalwch, a'i awydd mawr i gael ennill y byd i Grist. Y mae gen i gydymdeimlad ag ef, oherwydd y mae e mor debyg i ni. Oherwydd gŵr a ddaliwyd yn rhwyd yr Efengyl ydoedd. Gŵr a gafodd droedigaeth ydoedd, ac yn anffodus, y mae'r gair 'troëdigaeth' wedi mynd i olygu peth arbennig. Y mae hynny yn anghywir. Fe ysgrifennwyd cyfrol bwysig iawn ddechrau'r ganrif gan seicolegydd o'r America o'r enw William E. James, a theitl y llyfr yw *Varieties of Religious Experience*. Ac y mae'n trafod dau fath o droëdigaeth – y droëdigaeth sydyn, troëdigaeth yn debyg i'r hyn a gafodd Saul o Darsis ar y ffordd i Ddamascus – achubiaeth, ail-enedigaeth. *Twice born*. Ac yna, y mae troëdigaeth arall – yr ymlyniad o blentyndod fel y digwyddodd yn hanes Timotheus. Ond erbyn heddiw, y mae angen rhywun i fynd ati i sgrifennu cyfrol newydd, ac ail-ddiffinio beth mae troëdigaeth yn ei olygu, oherwydd y mae'n berthnasol iawn i'n neges ni heno.

Fe sgrifennodd yr Athro Stephen Neil, rai blynyddoedd yn ôl, astudiaeth dreiddgar ar y pwnc oedd yn dangos bod amrywiaeth fawr yn perthyn i'r profiad. Troëdigaethau sydd mor wahanol. Fe gafodd rhai droëdigaeth drwy ddarllen y Testament Newydd fel yr Iddew galluog, Montefiore a ddaeth, cyn diwedd ei oes, yn Esgob Birmingham. Troëdigaeth o fod yn Iddew i fod yn Gristion gafodd e. Cafodd rhai droëdigaeth fel Awstin Sant a Martin Luther, a Karl Barth wrth ddarllen un llythyr, sef yr Epistol at y Rhufeiniaid, ac yn wir, fe gyffyrddwyd â chalon John Wesley wrth ddarllen esboniad Martin Luther, ar Rufeiniaid a'i arwain maes o law at brofiad cynhesol o'r Efengyl. Troedigaeth ac anghrediniaeth ac agnosticiaeth fel ei gilydd a welir yn hanes C. S. Lewis ac sydd i'w ddangos mor eglur yn y ffilm honno, *Shadowlands*.

Ac felly, yr unig beth sydd yn gyffredin yw eu bod nhw i gyd wedi eu dal yn rhwyd yr Efengyl, a Phedr gymaint â neb. Yng ngeiriau'r bardd o'r Rhos, I. D. Hooson:

> Clywais ei lef,
> A rhaid, a rhaid oedd ei ddilyn Ef;
> Cryfach a thaerach yr alwad hon,
> Mwynach, mil mwynach na galwad y don.
> Ar noson loer-olau
> Ddigyffro, ddi-stŵr,
> Gadewais y cyfan a dilyn y Gŵr.

A dyna'n gwaith ni i gyd, sef bod yn dyst i Iesu, i sefyll drosto, i ddod ag eraill i'w Gorlan, a dyna pam ein bod ni yma heno, i foliannu ei enw am iddo weld yn dda ein galw ni, pa droëdigaeth bynnag a gawsom ni – trwy lyfr, trwy'r Gair, trwy brofiad, trwy ddylanwad, trwy gyfrwng dynol yn llaw Duw.

> Enw Iesu sydd yn werthfawr,
> Ynddo mae rhyw drysor im;
> Enw Iesu yw fy mywyd,
> Yn ei enw mae fy ngrym:
> Yn ei enw mi anturiaf
> Trwy bob rhwystrau maith ymlaen
> Yn ei enw mae fy noddfa,
> *Am ei enw bydd fy nghân.*

Ac yna, cofiwch beth arall: fod y gŵr hwn yn ŵr y bu'n rhaid ei atgoffa fod yn rhaid adnewyddu'r profiad grasol o alwad Duw iodro i dro. 'Pedr a dristhaodd am iddo ddywedyd y drydedd waith ... .' Ond roedd Iesu am ei atgoffa ei fod e'n syrthio yn fyr iawn o flaen Llys y Sanhedrin. Yn y fan hon, pan oedd Iesu yn ei gael ei hun yn awr ei gyfyngder, fe wadodd Pedr ei Arglwydd dair gwaith – does dim rhyfedd i Iesu ofyn iddo dair gwaith, 'A wyt ti yn fy ngharu i?' Oherwydd fel pob un a gafodd ei alw, mi fedrodd Pedr fynd i dir uchel iawn. Digwyddodd hynny yn ei gyffes. Yr oedd Iesu wedi profi poblogrwydd yng Ngalilea, wedi ennyn llid Herod a oedd eisioes wedi dienyddio Ioan Fedyddiwr, ac ymneilltuo i le neilltuedig, ac wedi dyfod i Gesarea Philipi. Ac mewn atebiad i'r cwestiwn, 'Pwy ydych chwi yn dywedyd fy mod i?' dywedodd Pedr, 'Ti yw y Crist, Mab y Duw Byw.'

Ac fe roddodd Iesu gompliment mawr iddo: *'Ar y graig hon yr adeiladaf fy eglwys.'* Bu dadlau mawr ar yr adnod. Ac fe'i hesboniwyd hi fel adnod sy'n mynegi profiad sy'n adeiladu'r Ffydd Gristnogol. Ac yr ydan ni'n falch o'r gyffes – cyffes sydd eisiau ei llefaru yw hi, fel y mae angen i'n Gwaredwr ofyn i chwi a minnau: 'A wyt ti yn fy ngharu i?' Oherwydd fe fedr cariad pobl at Grist oeri – y mae'n rhaid ei gynnal o hyd. Dyna waith yr Efengyl – gwaith pregethu a chymdeithasu:

> Cynnau'r fflam oddi ar yr allor,
> Ennyn ynom nefol dân.

Y gair mawr yw'r gair **adnewyddu.** 'Does dim o'r fath beth yn bod â phrofiad o Grist sy'n para – heb ei adnewyddu. Mi fedr cariad eglwysi leihau. Dyna a welodd Ioan yn hanes Eglwysi Asia Leiaf - Laodicea - wedi mynd yn glaear, ddim yn oer nac yn wresog – hanner a hanner. Y mae'n rhaid cadw'r fflam i gynneu.

Fe gafodd Pedr olwg arall ar bethau ar ôl yr Atgyfodiad yn ôl Llyfr yr Actau – y ddegfed bennod – pryd y ffeindiodd allan nad oedd Duw yn Dduw yr Iddewon yn unig – ond ei fod e'n Dduw i holl genhedloedd y ddaear. Y mae Ysbryd Duw yn symud nid yn unig mewn cenedl a gafodd freintiau mawr, ond mewn cenhedloedd na chafodd yr un cyfleusterau ond erbyn diwedd y cynhaeaf mawr, mi fyddan nhw i gyd wedi cael y breintiau. '

'Yr wyf yn deall,' meddai Pedr, ar ôl y weledigaeth yn nhŷ Cornelius – nad ydyw Duw yn dderbyniwr wyneb. Y peth pwysig ym mhob cenedl ydyw nid ei gorffennol hi, er mor arbennig yw hynny – ond y rhai sydd heddiw yn ei ofni Ef, ac sydd yn gweithredu cyfiawnder sydd yn gymeradwy ganddo Ef. Pobl sydd yn ei garu. Dyma droëdigaeth ar eich cyfer chwi heddiw – troi o'r byd i ffeindio Crist, ond yn awr troi i'r byd i ffeindio Iesu.

Yr ydan ni yn aml yn ddisgyblion sâl. Fel Pedr gynt, y mae'r angen i Iesu ofyn o hyd, 'Wyt ti yn fy ngharu i? Wyt ti'n rhoi y flaenoriaeth i mi?' Weithiau y mae'n ofynnol sôn am y blaenoriaethau gan fod yr Ysbryd creadigol o eiddo Duw yn medru gweithredu yn aml. Hau ar dir da weithiau. Y mae'r geiriau yn cael derbyniad yn enw'r Anfeidrol Ysbryd ar waith. Oherwydd, ffrindiau, y mae Duw yn llefaru – llawer dull a llawer modd – yn ei farn, yn ei dosturi, yn y storom, yn y llef ddistaw, weithiau yn y pethau yr ydym yn eu cymryd mor ganiataol, fel cariad. *The Captive and the Free sy'n dweud:*

> *I was suddenly moved to understand the thing that had stood before my eyes all my life, as wide as the world, as high as the sky, the thing that I had repeated a thousand times in prayers and sermons without understanding the miracle of God's love in the world.* Yn ei enw, Amen.

Pregeth 21

Cymryd Trugaredd Arnom

Testun: 'Prun o'r tri hyn, dybi di, fu'n gymydog i'r dyn a syrthiodd i blith lladron?' Meddai ef, 'Yr un a gymerodd drugaredd arno. Ac meddai Iesu wrtho, 'Dos a gwna dithau yr un modd.' / *'Which of these three do you think was neighbour to the man who who fell into the hands of robbers?' He answered, 'The one who showed him kindness.' Jesus said, 'Go and do likewise.'* (Luc 10: 37)

Y mae pob un ohonom yn hoff o Ddameg y Samaritan Trugarog oherwydd ein bod wedi cael ein dysgu a'n trwytho i gofio bod gweithred y Samaritan yn egluro bywyd yn ei ogoniant. Yn wir, y mae'r term 'Samaritan' wedi dod yn derm i'w anwylo. 'Mae o'n Samaritan,' medden ni am rywun nad ydan ni yn ei adnabod ond sydd yn barod i weithredu heb gyfrif y gost. Ac eto, yn nyddiau Iesu, nid term o anwyldeb oedd bod yn Samaritan ond term am bobl oedd y tu allan i gylch yr Iddew: disgynyddion y bobl a setlodd yn y wlad ar ôl i'r Asyriaid goncro Gwlad Canaan yn y flwyddyn 722 C.C. Yr oeddynt yn gwrthwynebu ail-adeiladu y Deml, ac yn wir ail-adeiladu Jerwsalem. (Nehemeia 2:19). Ond doedden nhw ddim yn barod i arddel y grefydd Iddewig. Adeiladu eu teml eu hunain ar Fynydd Gerisim. Yr oeddynt, yng ngolwg yr Iddewon, yn halogedig, yn *outcasts* yn y gymdeithas ac yn hereticiaid.

Y mae pedwar cymeriad yn y stori, sef y Cyfreithiwr, yr Offeiriad, y Lefiad a'r Samaritan, ac Iesu, wrth gwrs. Un yn gofyn cwestiynau yw'r Cyfreithiwr. 'Beth a wnaf i etifeddu bywyd tragwyddol?' meddai. Ac yr oedd yn gwybod y Gyfraith a'r Gwirionedd. Oherwydd pan ddywedodd Iesu, 'Beth sydd yn ysgrifenedig yn y Gyfraith?' fe atebodd, 'Câr yr Arglwydd dy Dduw a'th holl galon, ac â'th holl enaid, ac â'th holl nerth ac â'th holl nerth.' Perffaith. 'Gwna hynny, a byw fyddi.' Ond, meddai'r hanes, yr oedd ef am ei gyfiawnhau ei hun. Dyma Iesu yn ateb y cwestiwn nesaf, 'Pwy yw fy nghymydog?' A dyma Iesu yn adrodd stori gyfarwydd ac un sy'n dal yn gyfarwydd. Ein tuedd ni yw beio yr Offeiriad a'r Lefiad am iddynt fynd y ffordd arall heibio. Hawdd iawn yw gwneud peth felly. Yn wir, y mae'r neges yn cael ei gwanhau wrth wneud hynny. Oherwydd yr oedd dod i gyffyrddiad â chorff ar lawr yn amharu ar burdeb, ac, yn hanes y Lefiaid, yn ei wahardd rhag cyflawni defodau'r Deml. Pan welson nhw y corff ar lawr, yr oedd hi'n ddewis rhwng dyletswydd a dyletswydd. Dyletswydd o helpu'r brawd a dyletswydd o fynd ymlaen i gynnal y gwasanaeth. Ac felly, nid stori am y Lefiad a'r Offeiriad yw'r stori am y Samaritan Da, ond am ŵr oedd ar y daith, ac aberth hwnnw yn helpu gŵr oedd yn ei glwyfau. Nid gweinidog nac offeiriad, blaenor na diacon, Llywydd Cymanfa na Llywydd Undeb. Yr hyn ydoedd oedd un oedd yn barod i gydymdeimlo, yn barod i weithredu ac yn barod i fod yn ymarferol. Ac fe adroddodd Iesu y stori hon er mwyn ateb y cwestiwn: 'Pwy yw fy Nghymydog?' nid i gondemnio neb ond yn hytrach i'n helpu ni, beth bynnag yw ein gwaith a'n cefndir, i geisio bod yn Samariaid Trugarog yn ein hoes a'n dydd. Ond y mae'r neges yn llawer mwy na hynny.

Pwysleisiwn DRI gwirionedd sy'n codi o'r ddameg gyfarwydd a hyfryd hon.

Yn gyntaf, y mae angen inni gofio bod **y Samaritan, er ei holl wendidau ymddangosiadol, yn meddu ar rinweddau y cymwynaswr.** *The good Samaritan, given his obvious weaknesses, actually possessed the virtues of the truly good citizen.*

Ei wendid oedd ei fod ef yn ei gael ei hun y tu allan i gylch yr Offeiriad a'r Lefiad, y Sadwceaid a'r Phariseaid, yr holl sefydliadau y tu allan i'r Genedl Etholedig. Ond yr oedd ganddo y ddawn i helpu: dawn a rydd Duw yn aml i'r rhai mwyaf anhebyg o'i blant. Beth wnaeth y Samaritan ond 'rhwymo ei archollion ef.' Camp y doctor a'r meddyg a'r nyrs yw'r gamp honno. Dywed Luc, 'ac fe dywalltodd ynddo olew a gwin' – gwaith y fferyllydd. Diolch am y rhain i gyd. 'Gosododd ef ar ei anifail ei hun' – dyna inni dacsi o ryw fath yn barod i'w gludo, a dyna dacsi ar waith. Ac yr oedd y Samaritan Trugarog yn hael gyda'i arian. Cofiwch iddo fynd ati i dalu am lety i'r truan. Cofier mai taith o Jerusalem i Jerico oedd y daith, ac yr oedd hwn yn ddigon parod i adael *wallet* yn nwylo'r clwyfedig. A 'does dim enw bedydd iddo chwaith; gelwir y cyfaill fel un a ddaeth o blith y Samariaid nad oedd ar delerau da gyda'r Iddewon, fel y gwyddai yr Iesu yn well na neb o'i gyfoeswyr.

Yn un o'i ysgrifau, fe sonia y pregethwr Robin Williams amdano'i hun yn teithio o Wrecsam i Gorwen ar noson arw yn y gaeaf. Ac yn sydyn, dyma'r car yn dechrau nogio a phesychu a sylwodd fod cerbyd arall wrth ei gwt. Safodd hwnnw. Aeth y dyn allan o'i fodur i holi beth oedd yn bod a deall bod gweinidog Dinmael wedi rhedeg allan o betrol. Agorodd *boot* ei gar a dod o hyd i dun oedd yn llawn, ac arllwysodd y petrol i danc gwag modur Mr Wiliams. Pwy oedd y dyn caredig? 'Doedd dim syniad ganddo. Beth oedd ei enw? Ni chafodd amser i ofyn y cwestiwn; roedd y cymwynaswr wedi mynd ar ei daith Ef oedd Mr Samaritan y noson honno. Os oedd dyn da ar y ffordd o Jerwsalem i Jericho, gwelodd Robin Williams un ar y ffordd dywyll, unig rhwng Wrecsam a Chorwen. Diolch amdanynt ym mhob oes, ar dudalennau Efengyl Luc a hefyd ar y ffordd droellog hebio Glyndyfrdwy.

Sylwch, sut un oedd o? Un nad oedd mor grefyddol â'r gweddill, ddim mor barchus, ddim mor wybodus. *'Samaritans were often outcasts, shunned, even persecuted when they left Samaria and went into Judea.'* Felly, y mae yna le i weini hyd yn oed yn y mannau hynny lle nad oes inni groeso, mewn mannau lle nad ydyn ni yn gyfforddus, lle y mae pobl yn amharchus ohonom ac yn sicr ddim yn ein gwerthfawrogi.

Yn ail, **fe ofalodd y Samaritan hyd eithaf ei allu am yr anghenus.** / *The helpful Samaritan cared lovingly for the one who had been robbed.*

'Fedrwch chwi feddwl pa mor anghenus oedd y person oedd yn ei ddoluriau pan ddaeth y Samaritan heibio? Nid oedd hyd yn oed mewn unrhyw stad o fod yn ddiolchgar – yr oedd y tu hwnt i hynny. 'Doedd hi ddim yn hawdd i lanhau ei glwyfau, ac yn sicr, 'doedd hi ddim yn hawdd i'w godi ef ar gefn yr asyn. Ond y mae gwasanaethu eraill yn golygu hynny i gannoedd o Samariaid yn ein byd ni y flwyddyn hon yng Nghenia ac Uganda a Nigeria, yn yr India ac aml i wlad arall. Nid rhyfedd ein bod yn gweld Iesu yn y Samaritan fel y mae Eleazar Roberts wedi ei bortreadu:

O na bawn yn fwy tebyg
I Iesu Grist yn byw.

Yn drydydd, **roedd y Samaritan yn barod i wasanaethu, costied a gostio.** / *The Samaritan was ready to be of service, despite tremendous cost to himself.*

Fe sylwodd un fel hyn amdano, *'To minister any time, any place, for anyone, no matter what.'* Fe wyddai y Samritan hael nad oedd gŵr y lletty yn mynd i'w edmygu; wedi'r cyfan, yr oedd ef yn perthyn i'r Genedl Etholedig. Ond mynd a wnaeth hwn a cherdded yr ail filltir yn ei gymwynasgarwch ac yn ei ofal am un oedd i fod (iddo ef a'i genedl, o leiaf) yn ysgymun, yn *outcast*. Fe gostiodd yn ddrud i'r Samaritan, ond y mae'r Arglwydd Iesu yn ei ganmol am iddo groesi pob rhyw ffiniau (daearyddol, crefyddol, gwleidyddol) yn ei ofal am y truan anffodus. Dyma ddarlun yn ei dro o gariad di-derfyn a di-ffiniau y Duw sydd â'i gariad a'i ofal amdanom yn dragwyddol.

O gariad, O gariad anfeidrol ei faint,
Fod llwch mor anheilwng yn cael y fath fraint.

Gweddïwn, ar drothwy Wythnos Cymorth Cristnogol, ac wrth dynnu tua'r terfyn, gyda Sant Ignatius o Loyola:

> Dysg ni, Arglwydd da, i'th wasanaethu fel yr haeddi: i roi heb gyfrif y gost; i frwydro heb falio am y clwyfau; i weithio heb chwilio am orffwys; i lafurio heb ofyn gwobr, ond y wobr o wybod ein bod ni'n cyflawni dy ewyllys.

Clywsom yr her: 'Dos, a gwna dithau yr un modd.'

Gwnawn hyn, er mwyn ei Enw, Amen.

Pregeth 22

Cyfrinach y Gair

Testun: Trwy Air Duw, sydd yn fyw ac yn aros. / *The Word of God, which liveth and abideth for ever.* 1 Pedr/Peter 1:23

Gwaith mawr y Beibl ydyw cyflwyno i ddynion gynlluniau, gweithredoedd a grymusterau sy'n perthyn i Dduw. A dyna pam ein bod yn defnyddio, fel Pedr, y term Gair Duw amdano. Y mae'n amhosibl mesur a phwyso ei gyfraniad oherwydd y mae'n rhan o'r awyr a anadlwn ac yn rhan o'n bywydau o'r crud i'r bedd. Oherwydd fe roddodd y Gair safonau a chanllawiau na feiddiwn mo'u hanwybyddu am fod y dewis o wrthod hynny mor ofnadwy.

Dyma un o ganllawiau trefn a pharch rhwng dynion a'i gilydd. Fel y dywedodd y nofelydd Charles Kingsley – 'Gall dyn trwy'r Beibl ddysgu bod yn fonheddwr yn well nag a allai pe magasid ef ym mharlyrau moethus Llundain.' A fedra i ddim peidio â gwisgo fy meddyliau yn nhermau rhai cyffelybiaethau cyfarwydd yn y Beibl sy'n tanlinellu'r elfen o barhau ac o fywyd.

Yn gyntaf y gymhariaeth o'r gair i Dân. *The Word of God is a Fire.* Gwrandewch ar y proffwyd Jeremeia lle y mae'n defnyddio cymariaethau gwych: 'Onid yw fy ngair i megis tân? medd yr Arglwydd; ac fel gordd yn dryllio'r graig.' Dyna i chi ddarluniau – darlun o'r Ordd a darlun o'r Tân. Ac y mae Jeremeia yn yr ugeinfed bennod yn mynegi profiad llawer i genhadwr a phregethwr. Teimlai fel rhoddi'r gorau i'r gwaith o bregethu. Ond meddai mewn munud wan: 'Ni soniaf amdano ef. Mi fyddaf yn dawedog.' Ac ychwanega: 'Ni lefaraf yn ei enw ef mwyach. Beth yw'r diben o wneud hynny?' Ond mwya i gyd y meddyliai Jeremeia, mwy anodd ydoedd i gyfaddef na fedrai beidio am fod y gair fel tân: 'Ond ei air ef oedd yn fy nghalon yn llosgi fel tân, wedi ei gau o fewn fy esgyrn, a mi a flinais yn ymatal, ac ni allwn beidio.' A defnyddiodd Gwili yr union air i gyfleu gwaith y Diddanydd Arall, yr Ysbryd Glân:

Ddiddanydd anfonedig nef,
Fendigaid Ysbryd Glân.
Hiraethwn am yr awel gref
A'r tafod tân.

Y mae tân yn symbol yn ein crefydd – symbol o Sancteiddrwydd Duw, a symbol o weithgarwch Duw. Y mae tân yn gwneud llawer peth – ond y mae dau beth – y mae'n difa ac y mae'n gwresogi. Y Gair sy'n Difa. Pan wrandewir ar Air Duw ac ufuddhau iddo y mae'n difa popeth sâl a diwerth sydd yn dy fywyd Di a minnau. Y mae'r tân yn puro, glanhau a dyna wna'r Gair – puro a glanhau. 'Yr ydych chwi,'''meddai Iesu Grist wrth ei ddisgyblion, 'yn lân trwy y Gair a leferais i wrthych.' Y tân yn cynhesu. A dyna'r cynhesrwydd a ddaeth i galonnau a bywydau y disgyblion ar ddydd y Pentecost yn Jerwsalem, a disgrifir rhan o'r profiad yn nhermau y tân yn yr ail bennod o Lyfr yr Actau: 'Ac ymddangosodd iddynt dafodau gwahanedig megis o dân,' – y tân y canodd yr emynydd Dafydd Williams, Llandeilo Fach amdano.

> Dy Ysbryd sydd yn ennyn
> Cynhesol nefol dân;
> Dy Ysbryd pur yn unig
> Sydd yn melysu nghân.

A dyna fel yr aeth y Disgyblion yn Apostolion ac y rhoddwyd iddynt nerth i gyflwyno ac i gyhoeddi yr Efengyl. Ein gweddi ninnau yw:

> Touch with a living coal the life
> That shall proclaim thy Word;
> And bid us all devoutly keep
> Attention to the Lord.

Yn ail, y mae'r Gair i fyw a pharhau fel glaswellt. Ceir y gymhariaeth hon yn Llyfr Deuteronomium: 'Fy athrawiaeth a ddefnynna fel glaw: fy ymadrodd a ddifera fel gwlith; fel gwlithlaw ar irwellt, ac fel cawodydd ar laswellt.' Defnyddiodd Dafydd, Perganiedydd Israel, yr un gymhariaeth: 'Fel eginyn a dyf o'r ddaear gan lewyrchu yn ôl y glaw.' Y mae'r cyfieithiad Saesneg yn gryfach: *'As the tender grass springing out of the earth by clear shining after rain.'*

Cymhariaeth hyfryd o fyd Natur i fyd gras – addewid y caiff dynion hefyd eu hatgyfnerthu a'u bywhau gyda dylanwad yr Ysgrythurau. Dyna'r addewid – ein bod er ein calonnau celyd a sychdwr yr eglwysi i dderbyn y cawodydd hyfryd a ddaw â bywyd newydd i'r caeau ac i'r glaswellt.

Hiraethwn am y cawodydd grasusol hynny, a dyna'n hangor a'n gobaith. Tydi'r Gair ddim yn dychwelyd at Dduw yn waglaw. Y mae'n dwyn ffrwyth yn ein bywydau.

> Feibl gwerthfawr, caiff dy eiriau
> Gartref yn fy mynwes i.

Angen cartref ar y Gair ac angen y glaw ar y glaswellt – angen ffydd a gobaith a chariad i'n hadfywio ninnau fel yr adfywir y glaswellt ar ôl y glaw. Fe adawn yn aml i'r blodau – i'n pobl ieuainc – fethu gan y sychder mawr – oherwydd nad ydym yn rhoddi digon o sialens iddynt. Ond y deisyfiad sydd yng nghalon dynion sydd â'u dyddiau fel glaswellt ydyw'r weddi am bresenoldeb Duw ar y daith:

> Tyred â'r cawodydd hyfryd
> Sy'n cynyddu'r egin grawn,
> Cawod hyfryd yn y bore,
> Ac un arall y prynhawn.

Yn drydedd, Y Gair fel Hedyn. *The Bible is a Seed.* Dyna bwyslais yr Arglwydd Iesu yn Nameg yr Heuwr – yr Had yw Gair Duw. A dywed yr Apostol Paul yn yr Ail Epistol at y Corinthiaid: 'A'r hwn sydd yn rhoddi had i'r heuwr, rhoddodd ymborth hefyd.'

Ac y mae'r symbol o hedyn yn symbol sydd ag addewid o dyfiant – addewid o gynhaeaf. Y mae'r hedyn mewn tir maethlon yn sicr o dyfu, ond nid oes sicrwydd os y'i gosodir yn unman arall. Yn wir y wers yw: byddwch yn ofalus yn y ffordd y gwasgarwch yr had. Gwrandewch ar gynghorion. Yn gyntaf o Lyfr y Pregethwr: 'Y bore heua dy had; a phrynhawn nac adael dy law. Paid credu y medri di gael ffrwyth da os esgeulusi di y dyddiau cynnar.' A chyngor Eseia o Jerwsalem ydyw i'r amaethwr hau gerllaw y dyfroedd – cyngor buddiol mewn gwlad boeth fel Palestina.

'Gwyn eich byd y rhai a heuwch gerllaw pob dyfroedd,' a chyngor buddiol i ninnau – oherwydd y mae angen i wylio'n barhaus. Am had yr Efengyl – eu dyfrhau a'u diogelu.

A'r neges yw – chwi sy'n hau – hau'r Gair. Dyma un sylw am bregethwr:

> *There is no such discipline for the preacher as the careful and minute study of the Bible ... He will have the secret of perpetual freshness for he cannot exhaust the Bible.*

Ac ni wn am well disgrifiad o'r disgybl, heuwr yr had na'r hyn a geir gan y Salmydd:

> Yr hwn sydd yn myned rhagddo, ac yn wylo, gan ddwyn had gwerthfawr, gan ddyfod a ddaw mewn gorfoledd dan gludo ei ysgubau.

Weithiau, fe heuir mewn gwendid, mewn dagrau ond fe ddaw'r cynhaeaf a'r gorfoledd i galon yr heuwr.

In faith sow the word of the Master,
A blessing He'll surely bestow;
And souls shine like stars
For your crowing
You'll reap whatsoever you sow.

Yr had yw Gair Duw, ffrindiau, a hynny bob amser. Amen.

Pregeth 23

Cyfrifoldeb am y Weinidogaeth ac am ein Gilydd

Testun: A dywedwch wrth Archipus gofala dy fod yn cyflawni'r gwasanaeth a ymddiriedodd yr Arglwydd i ti. / *This special word to Archippus: 'Attend to the duty entrusted to you in the Lord's service and discharge it to the full.'* (Colosiaid 4: 17)

Archipus oedd gŵr y tŷ a byddai ganddo gyfrifoldeb am Corcath ac Epaphra. Ei dad wrth gwrs oedd y disgybl gwerthfawr Philemon a'i fab Apphica. Clywsom yn eglur ddigon ystyr cenhadu yn yr oedfa a pha gwestiynau y dylid eu gofyn gennym ni fel aelodau o Gorff Atgyfodedig yr Arglwydd Iesu. Y mae'r byd mewn angen, mewn enbydrwydd einioes, ac mewn perygl o ddifodi yn llwyr. Ac i unrhyw un sy'n ymboeni am athroniaeth y Grefydd Gristnogol, am ddiwinyddiaeth yr Eglwys y mae dweud hynny yn fwy nag y medrwn ei dderbyn. Oherwydd pwrpas y cyfan – y greadigaeth a chenhadu ydyw gwneud Duw yn real i ddynion.

Ac y mae'r greadigaeth yn rhoddi her i ni – yr her ydyw cyflawni a gwasanaethu anghenion ein cyd-ddynion. Y mae'r greadigaeth yn disgwyl gweithgarwch. Dyna lwybr daioni. Dyna roddi ystyr i weithgarwch yr Ysbryd. Ac y mae dyletswydd ar ddyn i roddi y greadigaeth yn ôl i Dduw fel y medr Duw gael ei ogoneddu drwyddi. Fe ddylai pob peth byw ddarganfod yn y ddynoliaeth y llais i ganu clod i'n Harglwydd Dduw am ein harbed, ac i blygu iddo fel ein Creawdwr. 'Y nefoedd sy'n datgan gogoniant Duw a'r ffurfafen sy'n mynegi gwaith ei ddwylaw Ef.' Y mae gan ddyn dasg – sef datblygu pob agwedd o fywyd dyn fel y bydd teulu dyn yn dod yn salm o orfoledd i Dduw. Dyn yn tyfu. Ac y mae popeth a wna dyn i wella'r amgylchedd ac i wneud bywyd yn fwy cyfforddus ac i amddiffyn y gwan a'r difreintiedig yn rhan o gynllun ac ewyllys Duw.

Beth a roddwyd i ddyn? Yr hawl i gydweithio â Duw. I lywodraethu mewn cyfiawnder yn ei enw. A thrwy Iesu Grist y mae popeth yn gyfryngau gallu Duw, popeth yn cael ei alw i wasanaeth. Dyna pam fod pethau a elwir yn aml yn faterol yn meddu ar werth ym mhwrpas grasol, achubol Duw tuag at y Greadigaeth. Fedr Cristion ddim cefnogi anwybodaeth ac anghyfiawnder, lladd na llabyddio a charcharu dyn ar gam, neu am ei fod e'n ddraenen yn ystlys yr awdurdodau. Ac nid dyna'r cwbl – y mae'n rhaid bod yn gadarnhaol yng ngrym cariad y Crist. Y mae Duw yn troi ei greadigaeth yn Deml o'i bresenoldeb. Bendithiwyd y byd a'i weithwyr â'i weithgarwch, pan ddaeth Duw i wisgo cnawd, ac y mae gwaith a chyfleon yng ngweinidogaeth yr Arglwydd Iesu yn waith parhaol, *ongoing, continuous*. Ein busnes ni yw cydweithio a datblygu a dileu yr hyn nad yw'n haeddu lle ym myd y Duw Anfeidrol.

Beth fedrwn ni wneud fel aelodau?

Gwasgar Gwybodaeth:

Y mae cymaint o anwybodaeth, cymaint o anwiredd yn cael ei ddweud, a chlywir yn aml nad yw'r arian a gesglir at Gymorth Cristnogol ac Oxfam yn cyrraedd pen y daith. Nid dyna yw'r gwir ar y cyfan, ac i fod yn genhadon effeithiol y mae'n rhaid cael gwybodaeth am y gwledydd a'u cyflwr a'u hanghenion, fel y medrwn ateb y rhai sydd yn holi.

Addysg Ysbrydol:

Yr ydym yn byw ar y groesffordd yn hanes y byd. Y mae'n bosibl i'r byd fyw heb eisiau, heb boen, heb ofn. Mi fedrwn wneud hyn. Fe ellir troi'r anialwch yn ardd. Gwelsom â'n llygaid ein hunain lle y mae hynny wedi digwydd. Y mae Israel yn enghraifft wych o'r peth. Fel arall y mae hi yn Afghanistan. Yno bu'r awdurdodau yn ddiog a di-lewyrch. Y pechod mwyaf yn ein byd yw diffyg diddordeb sy'n esgor ar ddifaterwch, rhagfarn a hunanoldeb. Methu meddwl am neb arall y tu allan i'n gwlad a'n cenedl. Ni wnaiff llywodraethau y gwledydd yr hyn y mae pobl eisiau bob amser. Dyna wers yr hyn a welsom dro ar ôl tro yn Ewrop. Pobl o bob oedran yn dweud y caiff America a Rwsia ddim troi Ewrop yn theatr i'w rhyfel. Yr ydym ni am fyw yn gymodlon â'n gilydd.

Mawrygwn gerbron ein pobl ieuainc y rhai a weithredodd dros fy einioes, cewri o faintioli Martin Luther King a Dom Helder Camara a'r Fam Teresa, ie enwau sy'n sefyll dros Frawdgarwch, Goddefgarwch Hiliol (*Racial Tolerance*) a Chyfiawnder Cymdeithasol (*Social Justice*).

Ac yr ydym wedi cychwyn yn dda yn y bregeth hon i alw'n sylw at yr hyn sydd ag angen ei wneud, ie beth yw dyletswydd a chyfrifoldeb y cenhadwr yn y cylch lleol eglwysig ac fel dinesydd byd cyfan. Fe wnaed dyn i wasanaethu Duw. Y mae ar bererindod. Nid yw dyn wedi tyfu hyd nes y medr wneud y byd yn well byd. Dyma waith yr Eglwys: cadw'r weledigaeth o flaen ei wyneb.

Dyma waith cyson yr Iesu. Cofier yn Iesu y mae Duw yn uno ei holl greadigaeth. Dyn yn derbyn iachawdwriaeth cyflawn yr Iesu. Y mae ef yn cymryd gafael o ddyn, yn ei buro yn y gwirionedd a'i sancteiddio yn y Gair. A gwaith y Crist ydyw cydweithio â ni er mwyn i 'r Deyrnas gyrraedd cynllun a phwrpas Duw.

    Ymdaflodd mewn dyn ar y llawr
    Fe'i dygodd â'r Duwdod yn un
    Y pellter oedd rhyngddynt oedd fawr
    Fe'i llanwodd â'i haeddiant ei Hun.

Yn ei Enw graslon, Amen

Pregeth 24

Prynu'r Amser

Testun: Byddwch yn ddoeth eich ymddygiad tuag at y rhai di-gred, daliwch ar eich cyfle. / *Walk in wisdom towards them that are without, redeeming the time.* (Colosiaid 4: 5)

Y mae'r Apostol yn rhoddi cynghorion doeth a dyma un ohonynt. Ein dysgu pa fath ogwydd a ddylai fod yn ein calonnau a'n meddyliau tuag at y byd. Dweud y mae y dylem fod yn wyliadwrus, yn enillgar, yn oddefgar tuag at y byd yn ei drafferthion a'i broblemau. Oherwydd cyfyd yr Apostol gwestiwn hynod o bwysig. Pam fod pethau fel y maent a chwithau wedi derbyn cymaint? Ai rhywle yn y fan hon y collasom y wefr fawr, ac mai wrth ddilyn y trywydd hwn y down o hyd eto i'r hyn a gollwyd?

Yn gyntaf, felly, y mae'n rhaid ymateb gyda doethineb at y rhai sydd y tu allan i'r Eglwys weledig. Clywsom lawer gwaith beth yw ein cenhadaeth – dweud wrth eraill am y bendithion. Sgwrsio am Grist. A dyma rywbeth yr ydym yn swil iawn ohono. Ond eto, y mae doethineb weithiau yn dweud wrthym – nid dyma'r foment chwaith.'

'Na ato Duw i mi deithio chwarter awr gyda neb heb siarad ag ef am Grist,' meddai George Whitfield. Ond fel arall yw pwyslais Paul – y mae lle ac amser. A pheidiwch byth â rhoddi'r argraff eich bod gyfuwch â phawb am eich bod yn hyddysg yn y Gair a pheidiwch â dechrau beirniadu pobl am nad ydynt wedi cael y goleuni sydd gennych chwi. Byddwch ddoeth a deallus.

Weithiau cawn ein hatgoffa o ryw olwg wahanol ar bethau drwy ddiniweidrwydd plentyn sy'n cynrychioli yn aml ddiniweidrwydd y byd a'i bobl. Dyna'r adnod adnabyddus o'r Epistol at y Phillipiaid: 'Gwneler eich deisyfiadau chwi yn hysbys gerbron Duw.' A chlywais am fachgen yn adrodd yr adnod a dyma a ddywedodd e, 'Gwneler eich **dyfeisiadau** chi yn hysbys gerbron Duw.' A meddyliwch am y peth; mae'n adnod ardderchog. A fuasai bomiau melltigedig Hiroshima a Nagasaki a'r bomiau melltigedig a ddisgynnodd o awyrennau yr America am flynyddoedd yn Fietnam wedi eu defnyddio o gwbl pe baem wedi gwneud y ddyfais yn hysbys gerbron Duw yn gyntaf oll?

Pennill poblogaidd iawn yw'r pennill 'Iesu tirion gwêl yn awr', a chwestiwn un eneth fach i'w thad ar ôl un oedfa fore Sul oedd 'Pwy yw tad Iesu Grist?' Atebodd y Tad yn briodol mai Duw oedd ei dad. 'Nage,' meddai hithau yn ddiymdroi, 'Mistar Tirion yw e.' Ac er ei bod hi'n hyddysg yn ei ffordd annwyl ei hun, eto yr oedd hi wedi taro ar nodyn hyfryd. Ie, Tirion yw Duw, hwyrfrydig ei ddig a mawr ei drugarowgrwydd. Ac felly y mae'n rhaid ymateb i'r byd fel pe baent yn blant, oherwydd dyna ydynt. Plant yn bwhwman, meddai Iesu Grist.

>Plant ydym ninnau dan ein hoed
>Yn disgwyl am y stad.

Yn ail, y mae'n rhaid gwneud y defnydd gorau o bob amgylchiad. Nid oes lle i ohirio oherwydd y mae'r Efengyl sydd gennym yn Efengyl yr ymgnawdoliad. Bod y Dwyfol wedi estyn cortynnau ei Deyrnas i gynnwys pobl nobl o bob gwlad. Peth hollol ddiwerth yw halen oni chaiff ei ddefnyddio, a drewdod yw lefain oni osoder ef i greu ei ddylanwad ar y blawd. Ac fe ddaw cyfle i bawb ohonom i ddweud gair ac i weithredu y gymwynas.

Ein gwaith yw bod ar y *lookout* am y cyfle. Prynu'r amser i weithio dros fuddiannau'r Efengyl ac i wasanaethu ein cyd-ddynion:

>Nef yw i'm henaid ym mhob man
>Pan brofwyf Iesu mawr yn rhan.

Ac fe ddylem fel Ymneilltuwyr sylweddoli bod ein holl ogwydd ar gyfer hyn. Beth yw Ymneilltuaeth? Ysbryd yw e. Pobl yn gweld eu cyfle. Gweld agwedd o'r Efengyl nas gwelwyd erioed o'r blaen. Ac y mae'r cyfle yn cael ei roi o hyd – dyna pam bod y gwaith cenhadol yn gorfod ymateb i'r cyfle a roddir iddynt. Os nad oes hawl i bregethu, wel defnyddio'r cyfle i wasanaethu mewn ysbytai. Os nad oes hawl i ddysgu yr Ysgrythur i blant a'r ifanc mewn ysgolion, wel defnyddia lenyddiaeth a Beibl i drosglwyddo'r neges Gristnogol. Os yw'r capeli yn gwanhau fel y maent, yna defnyddia'r radio yn gyfrwng trosglwyddo'r neges i'n cymdeithas.

Os nad oes cyfle i ddosbarthiadau mewn Ysgol Sul, cyflwyna hynny ar ffurf ffilm a phatrymau newydd. Sarnicol sy'n dweud yn ddeifiol am y Diwygwyr – mae angen eu diwygio hwythau – eu bod yn manteisio ar y cyfle a roddir:

>Mae'n gwlad o hyd yn heigio o ddiwygwyr
>Mewn crefydd a gwleidyddiaeth, moes ac iaith,
>Mae ganddynt, un ac oll, eu brwd edmygwyr
>I groch atganu eu diwygiadol waith;

Ond gwêl y doeth o'r diwedd mai hymbygwyr
Ydynt gan mwyaf, er y moli maith
Sydd arnynt; mynnwn **amgen** goleuadau
Na hud-lewyrnod gwelw ein diwygiadau.

Yn drydydd, y mae dyletswydd ar y Cristion i fod yn ffraeth a ffres wrth gyflwyno ein neges. Oherwydd wedi'r cyfan Efengyl y gobaith a buddugoliaeth, goruchafiaeth a llawenydd yw Efengyl yr Atgyfodiad. Efengyl yr Haleliwia yn fy enaid i.

    Aed grym Efengyl Crist
    Yn nerthol trwy bob gwlad;
    Sain felys i bob clust
    Fo iachawdwriaeth rad;
    O! cyfod, Haul Cyfiawnder mawr
    Disgleiria'n lân dros ddaear lawr.

A chofiwn emyn grymus Elfed:
    Na foed cydweithwyr Duw
    Byth yn eu gwaith yn drist,
    Wrth ddwyn y meini byw
    I'w dodi'n nhemel Crist:
    Llawenydd sydd, llawenydd fydd
    I bawb sy'n gweithio 'ngolau ffydd.

I lawer un, rhywbeth diflas yw Cristnogaeth. Gallwn chwerthin fel petai y Newydd Da yn heresi. Ond y mae'n rhaid cael dipyn o hiwmor fel yr oedd gan yr Iesu ei hun! Nid gwneud dyn yn ddigalon ydyw gwaith yr Efengyl ond gwneud dyn yn llawen a bywiog ei fywyd a'i ysbryd.

Y mae Llenyddiaeth Doethineb yn llawn o gynghorion gwerthfawr ar ein cyfer, cynghorion i'w gweithredu. 'Calon lawen a wna les fel meddyginiaeth.' Ac eto, 'Calon lawen a wna wyneb siriol: ond trwy ddolur y galon y torrir yr ysbryd.'

A chyngor y Pregethwr yn syml i bobl ifanc ydyw iddynt lawenhau yn nyddiau eu hieuenctid. Gwna yn llawen ŵr ieuanc! Browning a ganodd am y teithiwr a gaiff lawenydd ar y daith a'i rhwystrau a'i threialon, ond wedi'r cwbl, meddai, mi fedri ddweud heb ofn o gwbl. '*At least it may be said: Because the way is short, thank thee God.*' Y teithiwr yn denu yn llwyr am fod ei lawenydd yn gyflawn. Amen

Pregeth 25

Teulu Duw

Testun: Oni wyddoch mai teml Duw ydych a bod Ysbryd Duw yn trigo ynoch? / *Don't you know that you are God's Temple and that the Spirit of God lives in you ?'* (I Corinthiaid 3:16)

Y mae'r teitl sydd yn destun i'r oedfa hon yn rhoddi digon o gyfle inni. Cawsom fraint fawr i fod yn deml i Dduw a sylweddoli bod Ysbryd Duw yn byw ynom bob dydd ers inni dderbyn Iesu yn Geidwad. Meddyliwch o ddifrif am y ddau air sydd yn clymu popeth at ei gilydd, *Teulu Duw*. Ac y mae John Roberts, gŵr a ddaeth i'r teulu trwy bregethu Howell Harris, Trefeca yn y ddeunawfed ganrif wedi sôn wrthym am y fraint o gael perthyn i'r Teulu hwnnw. Dywed wrthym:
>Braint, braint
>Yw cael cymdeithas gyda'r saint,
>Na welodd neb erioed ei maint;
>Ni ddaw un haint byth iddynt hwy;
>Y mae'r gymdeithas yma'n gref,
>Ond yn y nef hi fydd yn fwy.

Y mae hi'n fraint am ein bod ni yn cael ein cyfrif yn aelodau o deulu Duw. Oherwydd y mae Duw yn gwbl unigryw. Duw y Gair a Duw y Cariad, Duw Greawdwr a'r Cynhaliwr, Duw'r Tad, a Duw y cydnabyddwn amdano gydag Eifion Wyn:
>Dy garu, digon yw,
>Wrth fyw i'th wasanaethu;
>Ac yn oes oesoedd ger dy fron
>Fy nigon fydd dy garu.

Roeddwn yn Florida ym mis Tachwedd 2005, ac ar y ffordd y bore hwnnw o'r gwesty i ddal y bws am Disneyworld, dyma'r ŵyr Tomos, 7 oed, yn troi ataf yn sydyn, 'Dad-cu, pwy wnaeth Duw?' Aeth ei gwestiwn â'm hanadl. Roeddwn i wedi fy syfrdanu am eiliad. Dyma fi'n ateb: 'Y mae Duw wedi bod erioed. *God has always been.* Sut fedrai un a dreuliodd 44 blynedd fel Gweinidog eglwys a bachgen bach ar ddechrau'r daith (3 blynedd mewn Ysgol Sul) amgyffred y fath osodiad? Ond mi wn fod Duw o dragwyddoldeb i dragwyddoldeb, a derbyniaf ddoethineb Llyfr y Pregethwr:

Gwnaeth bopeth yn hyfryd yn ei amser, a hefyd rhoddod dragwyddoldeb yng nghalonnau dynion; eto ni all dyn ddirnad yr hyn a wnaeth Duw o'r dechrau i'r diwedd.

Y mae dirgelwch mawr yn perthyn iddo, ond ef yw'r Duw byw. Y bennod gyntaf i mi ei hastudio ar gyfer y dasg o bregethu oedd y ddeugeinfed bennod o Lyfr Eseia. Gwaith y gŵr o broffwyd a elwir Ail Eseia. Ac fe gofiwn ei gwestiwn: "bwy gan hynny cyffelybwch Dduw?' 'Tebyg i bwy?' meddai'r Saint? Ac y mae'r ateb gyda ni – Tebyg i'w fab, Iesu Grist.

Wrth in wrando'r Iesu,
Haws adnabod Duw;
Ac wrth gredu ynddo
Mae'n felysach byw.

Y mae Paul yn atgoffa Timotheus, a ninnau a roddodd ein gobaith yn y Duw byw, mai ef hefyd sy'n waredwr i bob un ohonom, ac meddai, ond i'r credinwyr yn fwy na neb. Y mae'r anghredadun yn gallu gwerthfawrogi'r hyn a ddywed Ail Eseia am Dduw: 'Codwch eich llygaid i fyny ac edrychwch pwy a greodd y pethau hyn.'

Un o'r llyfrau a ddaeth yn *best seller* yw cyfrol Gavin Pretor-Pinney *Cloudspotter's Guide* (gwrthododd 28 o gyhoeddwyr ystyried cyhoeddi y gyfrol) ond erbyn y Sulgwyn 2006 yr oedd ymysg 10 llyfr a werthwyd orau ym Mhrydain. Molawd i'r cymylau sydd ganddo. Dyma ei eiriau (*Guardian*, 1 Mehefin 2006) – *Cloud Appreciation Society* – *internet* – gyda aelodaeth o 4 mil). '*But there's an Arabic phrase for someone who is lucky or blessed – they say "His sky is always filled with clouds."*' Rydan ninnau fel y teulu yn diolch am y cymylau. Yn y teulu, dydan ni ddim heb ein problemau a'n treialon. Ond mi rydan ni yn medru gweld ymhellach na'r cymylau fel y gwna Islwyn y bardd yn ei gerddi a'i emynau.

Ond fel y dywed Paul wrth Timotheus, y mae'n ysgrifennu'r llythyron, er mwyn i'r gŵr ifanc, a oedd wedi cael ei drwytho fel ninnau yn y Gair, ie yn y gyfrol sydd yn perthyn i'r teulu a hynny o'n plentyndod, wybod yn ddigon da 'sut y mae ymddwyn yn nheulu Duw, sef Eglwys y Duw byw, colofn a sylfaen y gwirionedd.'

Sut y mae ymddwyn yn Nheulu Duw? Cofio bob amser ein bod ni wedi cael ein galw, a'n hethol i'r teulu. Nid hap a damwain ydyw hi yn ein hanes. Dyna fwriad Duw, ein bod ni yn cael ein cyfarwyddo ganddo, a gan yr Iesu a gan yr Ysbryd Glân a chymdeithas ei ddioddefiadau. Y mae'r syniad o etholedigaeth yn un cyfoethog, fel y dengys Paul yn y nawfed bennod o'r

Epistol at y Rhufeiniaid:
> Ond ni ellir dweud bod gair Duw wedi methu. Oherwydd nid yw pawb sydd o linach Israel yn wir Israeliad. Ac ni ellir dweud eu bod, bawb ohonynt, yn ddisgynyddion Abraham ac yn blant iddo. Hynny yw, nid y plant o linach naturiol Abraham, nid y rheini sy'n blant i Dduw. Yn hytrach plant yr addewid sy'n cael eu cyfrif yn ddisgynyddion.'

Plant yr addewid ydan ni yn y teulu hwn. Ac y mae'r etholedig bobl yn cynnwys pobl o bob cenedl o dan y nef. Aeth Pren y Groes yn bren mawr iawn. Daeth adar y nefoedd o bob cyfeiriad i nythu yn ei ganghennau – o'r Gogledd a'r Dwyrain, y Gorllewin a'r De. Y mae pobl Dduw wedi cael eu hethol, ac y mae'r Gair yn dweud wrth Moses fel y mae'n dweud wrthym ninnau: 'Trugarhaf wrth bwy bynnag y trugarhaf wrtho, a thosturiaf wrth bwy bynnag y tosturiaf wrtho.' Sylwch pwy bynnag y mae Duw yn gweld yn dda i'w alw i'w deulu. Ac y mae'r teulu hwn yn cynnwys nid yn unig y rhai sy'n perthyn i'r Eglwys filwriaethus ar y ddaear ond sy'n perthyn hefyd i'r Eglwys fuddugoliaethus yn y nefoedd. Tystiodd Ioan yn gofiadwy ar Ynys Patmos am gymundeb y saint a'r cwmwl tystion:

> Ac ar ôl hyn edrychais, ac wele dyrfa fawr na allai neb eu rhifo o bob cenedl a'r holl lwythau a phobloedd ac ieithoedd, yn sefyll o flaen yr orsedd ac o flaen yr Oen, wedi'u gwisgo â mentyll gwyn a phalmwydd yn eu dwylo.

Yr ydym ni yn cael ein bywhau a'n cyfarch fel aelodau o'r teulu mawr. 'Canys felly y carodd Duw y byd fel yr anfonodd Ef ei uniganedig Fab fel na choller pwy bynnag a gredo ynddo ond caffael ohono fywyd tragwyddol.' (Ioan 3: 16). Ac y mae gyda ni fel teulu ddiwrnod arbennig i ddod at ein gilydd. Yr oedd y dydd hwn yn ddiwrnod arbennig o gychwyniad y teulu fel cymdeithas o gredinwyr. Cynhelid Swper yr Arglwydd ar y dydd hwn ac ar y dydd hwn y daeth yr Iesu yn rhydd o hualau'r bedd. Hwn oedd y dydd y cesglid at anghenion aelodau'r teulu oedd mewn trafferthion a thrybini. Fe ddeuwn at ein gilydd i ddathlu, i ddiolch, i addunedu ac i wynebu ar ein tasg. Cyfle i adael i'r enaid gael ei adnewyddu. Ysgrifennodd un o feirdd Lerpwl, J. Glyn Davies, englyn gwych am wlad Lleyn:
> Heulwen ar hyd y glennydd – a haul hwyr
>   A'i liw ar y mynydd
> Felly Lleyn ar derfyn dydd
> Lle i enaid gael llonydd.

Sonia yr Epistol at yr Hebreaid (4: 9 a 10) am orffwysfa'r Saboth: 'Felly y mae gorffwysfa'r Saboth yn aros yn sicr i bobl Dduw.' Ac y mae'r awdur yn rhoi disgrifiad perffaith i ni o beth yw'r profiad o fwynhau cwmni Duw. 'Gadewch inni ymdrechu felly, i fynd i mewn i'r orffwysfa honno, rhag i neb syrthio o achos yr un math o anufudd-dod.' *'Keep Sunday special'* yw'r arwyddair. Deuwn ynghyd mewn ufudd-dod ac mewn awydd i addoli Duw ac i dderbyn arweiniad yr Iesu a chysur yr Ysbryd Glân. Benjamin Francis o'r ddeunawfed ganrif a ddywedodd:

Mae Eglwys Dduw fel dinas wych,
Yn deg i edrych arni:
Ei sail sydd berl odidog werth,
A'i mur o brydferth feini.

Gwyn fyd y dinasyddion sydd
Yn rhodio'n rhydd ar hyd-ddi;
Y nefol fraint i minnau rho,
O! Dduw, i drigo ynddi.

Amen.

Pregeth 26

Adeiladu'r Eglwys

Testun: Ac ar y graig hon yr adeiladaf fy Eglwys – ac ni chaiff holl bwerau angau y trechaf arni. / *And on this rock I will build my church and the powers of death shall never conquer it.* (Math. 16: 14)

Y mae'r Iesu yn agor y drws led y pen yn y bennod hon ar y gwahaniaeth mawr rhwng y doethineb a'r deall dynol ac ewyllys y Duw byw. Nid bod Iesu Grist yn bychanu un ac yn mawrygu'r llall. Y mae angen y deall dynol i ystyried a chynllunio a pharatoi ond ar adegau ewyllys y Duw byw yw'r anghenraid arnom. A dyma ni wyneb yn wyneb â datguddiad pwysig iawn sy'n taflu golwg ar beth yw eglwys a pha fodd y medrwn ni fod yn aelodau ohoni.

Ond Pedr oedd y disgybl a gafodd y fraint o lefaru ar ran ei gyd-ddisgyblion ac ateb y cwestiwn a ofynnodd yr Iesu: 'Pwy y mae dynion yn dywedyd fy mod i?' A'r ateb: 'Ti yw Crist mab y Duw Byw.' Er mor gyfnewidiol oedd Pedr â'i dymer wyllt yn ffrydio yn barhaus, iddo ef y rhoddwyd yr ymwybyddiaeth o'r datguddiad pwysig. A dyna yw ein gobaith ni fel disgyblion a dyna obaith y byd. Dynion tebyg iddo ef ydan ni i gyd, ac nid oes angen i ni ofni ystyried ein hunain yn dilyn ôl traed Seimon, fab Jona. Ie, y Pedr ysbrydoledig hwn a edrychodd yn llygaid yr Iesu ac a'i cyffesodd ef yn Arglwydd ei fywyd, ei fyd, ei bresennol a'i ddyfodol. Ond gadewch i mi egluro tipyn mwy ar hyn er mwyn codi ein calonnau: er ein gwendid a'n methiant a'n diffygion cyson, eto ar awr arbennig fel yr oedfa hon, cawn ein hatgoffa ein bod yng nghwmni'r Crist Byw, ac wedi cael y fraint o adnabod a gwrando ac ymateb i'r Iesu fel ein Hiachawdwr a'n Harglwydd, 'Ac ar y graig hon yr adeiladaf fy eglwys.'

Nid y Pab yn Rhufain yw unig olynydd Seimon Pedr ar y ddaear. Diolch am fedru dweud hynny, er bod aml i Bab wedi bod yn gynrychiolydd da iddo fel y Pab John Paul yr Ail. Ond rwy'n diolch i mi adnabod Seimon Pedr lawer tro ar fy mhererindod, o ddyddiau ieuenctid i ddyddiau heddiw, o'm gweinidog yn Llanddewi Brefi i aml i flaenor ac aelod ar Lannau Mersi. Pobl yr oedd yn amlwg ar eu gwedd a'u hymroddiad oedd wedi trigo yn niogelwch y Goruchaf. Rwyf wedi sgrifennu ar rai ohonynt ar gyfer y cyfrolau difyr amdanom yn Lerpwl.

Ond y mae'n rhaid inni aros am ychydig gyda'r Eglwys gan fod cymaint wedi ei sgrifennu ar y pwnc. Awgryma rhai fod yr Iesu wedi defnyddio gair Aramaeg, *k'nushta*, yn y gymuned leol, fel synagog a bod y cefndir yn dirwyn yn ôl i Lyfr Daniel, y 7fed bennod, sy'n sôn am 'bobl sant y Goruchaf', a bod Sgroliau'r Môr Marw a llenyddiaeth pobl Qumran yn rhan o'r cefndir. Dywed eraill fod awdur yr Efengyl, a ysgrifennwyd yn yr iaith Roeg, wedi defnyddio *k'nushta*. Y gair Groeg *ekklesia* yw'r gair am yr Eglwys leol a'r Eglwys gyfan, sef Eglwys y Duw byw.

Ac felly cymdeithas sy'n cyfarfod yng nghwmni'r Iesu yw'r gymdeithas hon i adnabod Duw fel Tad ac i blygu i awdurdod yr Ysbryd Glân. Nid rhyfedd i'r emyn

> Mae Eglwys Dduw fel dinas wych,
> Yn deg i edrych arni;
> Ei sail sydd berl odidog werth
> A'r mur o brydferth feini.

fod yn gynhaliaeth i ni lawer gwaith

Ac y mae'r Arglwydd Iesu am inni gofio am nerth ei Eglwys: 'Pyrth uffern nis gorchfygant hi!' Gosodiad annisgwyl yw hyn. Pyrth i ddechrau. Yr oedd yr Iddew yn hoff o'r gair.

O byrth dyrchefwch eich pennau, ac ymddyrchefwch ddrysau tragwyddol a brenin y gogoniant a ddaw i mewn.

Rydyn ni'n deall ystyr pyrth o Lyfr y Salmau. Yr oedd y pyrth yn bwysig dros ben ym mywyd dinasoedd yr hen fyd. Ewch i ddinas Jerwsalem ac fe welwch nifer o Byrth, fel y Porth Prydferth y byddaf yn dotio i gael cysgodi yno. Wrth y porth yr eisteddai'r Barnwr a'r Gŵr Doeth, ac onid yno y ceid y carchar a llys y gyfraith yn reit aml?

Fe gredir yn gyson yn y Byd Dwyreiniol, yn arbennig yn llenyddiaeth apocalyptaidd, fod yna frwydr fawr i fod rhwng Teyrnas y Goleuni a Theyrnas y Tywyllwch. Holl arfogaeth y Fall ar waith. Ac y mae ein plant a'n hieuenctid yn cael eu magu'r dyddiau hyn yn y llenyddiaeth honno, sef syniadaeth Harry Potter a chyfresi fel *Star Wars*. Y maen nhw'n gwybod enwau'r creaduriaid sydd yn y frwydr gosmig. *Showdown* gosmig ond grymoedd uffern nis gorchfygant ni.

Yr Eglwys, Cymdeithas Iesu Grist, holl alluoedd y tywyllwch ni ddiffoddant ei goleuni hi. Y mae hi yma yn ein plith ni heddiw. Mi welais i'r hen gawr Satan yn codi ei ben mewn llawer lle y dyddiau hyn yng nghysgod ein hadeiladau, y tu allan i gynulleidfaoedd Iesu ac y mae wrth ei waith melltigedig ar hyd a lled y byd, ie ymhob dinas a phentref, bob rhanbarth a chyfandir.

Holl alluoedd y deyrnas sy'n difa, dinistrio ar waith, er mwyn torri calon ffyddloniaid cymdeithas Crist.

Ond rhaid i ni wybod hyn: fod cadernid a chyfraniad ac ymroddiad y cewri fel Seimon Pedr yn amlwg o hyd. Y mae ein nifer wedi lleihau yn fawr ond y mae ein hymroddiad heb ddiflannu. Y mae Eglwys yr Arglwydd Iesu yma o hyd, yn cael lle dyladwy ar ein haelwydydd, ie am hynny, a phyrth uffern nis gorchfygant hi.

Y mae'n drech na phob uffern am mai Ef sy'n ei chynnal hi, a grym Ei Atgyfodiad Ef ynom ni i gyd sy'n ei gwneud hi o hyd yn newydd. Ac mi fedrwn weddïo gyda Phantycelyn:

> O! tyred Arglwydd mawr,
> Dihidla o'r nef i lawr
> Gawodydd pur;
> Fel byddo'r egin grawn,
> Foreddydd a phrynhawn,
> Yn tarddu'n beraidd iawn
> O'r anial dir.

Amen

Pregeth 27

Prydferthwch Cynteddau'r Arglwydd

Testun: Mor brydferth yw dy breswylfod O Arglwydd y lluoedd. Yr wyf yn hiraethu, yn dyheu hyd at lewyg am gynteddau'r Arglwydd; y mae'r cyfan ohonof yn gweiddi'n llawen am y Duw byw. *How lovely is your dwelling place O Lord of Hosts! My soul longs, indeed it faints for the courts of the Lord. My whole being cries out with joy to the living God.* (Salm 84: 1-2)

Ni wn i am well darlun o addolwr na'r un a geir yn y salm hon. Y mae'r salm o'r dechrau i'r diwedd yn rhoddi inni bortread o berson sydd wrth ei fodd yn cyfarfod yn y Cysegr, ac yn awgrymu mai'r bererindod i'r Cysegr yw pinacl ei fywyd. Yn 2021 gwn am lawer un sydd yn hiraethu am fynd yn ôl i'r Cysegr gan ei bod wedi blino bellach ar oedfaon *zoom*. Y mae'r Salmydd yn disgrifio'r awydd sydd yn ei galon i gael perthynas â Duw ar lwybr yr addoli mewn man arbennig. 'Yr wyf yn hiraethu am gynteddau'r Arglwydd; y cyfan yn gweiddi a llawenhau am y Duw byw. Gwell yw diwrnod yn dy gynteddau di na mil gartref, gwell sefyll wrth ddrws yn nhŷ fy Nuw na thrigo ym mhebyll drygioni.' Y mae'n well bod yn borthor na bod yn absennol. A thrwy'r berthynas â Duw a gaiff ei swcro mewn addoli, y mae'r Salmydd yn dweud ei fod yn mynd o 'nerth i nerth', yn derbyn cefnogaeth ac adnewyddiad ysbrydol o'i gyfarfyddiad yn y Cysegr. Ac felly y mae'r Salmydd yn ein hatgoffa o werth addoliad. Gweithred y mae pobl wedi'i chyflawni ar hyd y canrifoedd, ac y mae mwy o bobl yn addoli heddiw nag sydd fel arall. Meddylier am grefyddau mawr y byd, Cristnogaeth, Islam, Bwdhaeth, Iddewiaeth, Sicism a llu o rai eraill a phob un yn disgwyl y bobl i ddod ynghyd i gapel ac eglwys, mosg, teml, synagog. Dod ynghyd i weddïo, i ganu, i wrando, i rannu, i gyfrannu ac i weithredu. Tarddodd ein haddoliad ni fel Cristnogion yn y Synagogau, yn ninasoedd Jerwsalem, Rhufain, Corinth, ac ystyr Synagog ydyw 'galw ynghyd' (*to bring together*), a hefyd mewn ystafelloedd a chartrefi'r bobl (*house churches*); a defnyddiwyd y gair Groeg am y cyfarfyddiadau a'r canolfannau hyn, *ekklesia* (Eglwys) ac ystyr hynny yw 'ei alw allan o'r byd' (*to be called out of the world*). Galw pobl o'u gwaith beunyddiol ar adeg arbennig ac mewn lle arbennig i gydnabod daioni Duw'r Creawdwr a'i ofal amdanom fel Cynhaliwr. Y mae addoli felly yn golygu galw pobl at ei gilydd, galw hwy allan o'r byd, fel y medran nhw fynd yn ôl i'r byd yn gryfach ac yn fwy awyddus fel meibion a merched i Dduw. Y mae addoli yn rhoddi anadl einioes ac egni a nerth i gymdeithas y disgyblion, yn rhoddi urddas Crist arnom, ac yn rhoddi cyfle i ddysgu am y ffydd ac i wrando ar Air Duw yn cael ei ddarllen a'i esbonio.

Y mae Duw yn llefaru heddiw fel y mae wedi llefaru erioed ac y mae gen i dri pheth i'ch atgoffa chwi yng ngoleuni'r testun:

Hiraeth am Addoli

Angerdd yr Addoli

Gwrthrych yr Addoli

Y gyntaf, HIRAETH am Addoli y Goruchaf a ddaw gyntaf. Dyna'r nodyn o eiddo'r Salmydd. Y mae pawb ohonom a gafodd ei gymell i fynychu capel ac eglwys, ac sydd wedi parhau dros y blynyddoedd, yn gwybod yn dda am yr hiraeth o gael addoli yn y modd yr ydan ni wedi cael ein dysgu. Y mae i bob traddodiad ei ffyrdd gwahanol o addoli, ac nid dull yr Anglicaniaid a'r Eglwys Babyddol ydyw dull yr Ymneilltuwyr. Y mae eu pwyslais hwy ar drefn arbennig. Y Pabyddion ym mhob oedfa yn dilyn gwasanaeth yr Offeren, a'r Anglicaniaid ar lwybr tebyg a'r Ymneilltuwyr a ninnau yn rhoddi sylw manwl i fawl a moliannu ar lwybr y Gân. Dyna waddol y Diwygiad Methodistaidd yn y ddeunawfed ganrif. Darllener cyfarwyddiadau John Wesley yn *Directions for Singing* a gyhoeddwyd yn 1761. Cymell y Methodistiaid cynnar

> to sing lustily and with good courage. Be aware of singing as if you were half dead or half asleep, but lift your voice in strength. Above all, sing spiritually. Have an eye on God in every word you sing. Aim at pleasing him more than yourself, or any other creature.

Cyngor ardderchog.

    Gyda'r seraff gôr i fyny,
    Gyda'r Eglwys lân i lawr,
    Uno wnawn fel hyn i ganu
    Anthem clod ein Harglwydd mawr:
    'Llawn yw'r nefoedd o'th ogoniant,
    Llawn yw'r ddaear, dir a môr;
    Rhoddir iti fythol foliant,
    Sanctaidd, sanctaidd, sanctaidd Iôr!'

Yn ail, ANGERDD yr Addoli, 'yn dyheu hyd at lewyg am gynteddau'r Arglwydd.' Y gair yw Angerdd / *Passion*. Y mae addoli yn sôn am deyrngarwch i Dduw, arferiad sydd yn rhoddi anrhydedd a pharch a chariad i Dduw yng Nghrist

Iesu. Ond y mae'r gair angerdd yn dweud rhagor: yn disgrifio dyhead dwfn, yr ysbryd, y teimlad cryf ein bod ni am roddi ein gorau i Dduw yng Nghrist. Meddylier am emyn Pantycelyn:
> Ymgrymed pawb i lawr
> I enw'r Addfwyn Oen;
> Yr enw mwyaf mawr
> Erioed a glywyd sôn:
> Y clod, y mawl, y parch a'r bri
> Fo byth i enw'n Harglwydd ni.

Ac felly yma – Addoli Angerddol yn golygu awydd i roddi ein gorau i Dduw. Os pum cant, hanner cant neu bump o addolwyr a ddaeth ynghyd y mae Addoli Angerddol yn fyw, yn ddisgwylgar ac yn ddidwyll. *Passionate Worship is alive, authentic, fresh and engaging.* Mewn Addoli fel hyn yr ydym yn onest gyda Duw a gyda'n gilydd. Yr ydym yn disgwyl rhywbeth i ddigwydd, disgwyl i Dduw ein cysuro, argyhoeddi, ein cyffwrdd. Rydach chi'n teimlo'r angerdd. 'Sut wasanaeth gawsoch chi?' 'Roedd y bregeth yn rhy hir, yr organ yn boddi'r gynulleidfa, y plant yn rhy swnllyd a'r capel yn rhy oer.' Negyddol iawn yw beirniadaeth felly. Ond cofiwn yr hyn sydd wedi dod, a beth y mae Duw yn ei ddweud wrthym. Yn wir beth y mae'r pregethwr yn ceisio ei ddweud, beth y mae'r emynau a'r gerddoriaeth yn ei ddweud. Beth y mae Duw yn ei ddweud trwy'r weddi, y Credo, a'r Sacrament ydyw ei fod wedi caniatáu i Ysbryd Duw i'm creu, i fy newid, a'm hysbrydoli a'm cynnal i.

Ac yn olaf GWRTHRYCH fy Addoli 'yn llawenhau am y Duw byw.'

'Dim ond Duw sydd yn medru dod â fi yn Gristion,' meddai un o weinidogion y Cyfundeb mewn homili yn ddiweddar ac yr oedd yn gwbl gywir. Rwy'n wan ac y mae'r Ysbryd Glân yn rhoddi bywyd ynof. Rwy'n llawn o wendidau ac y mae'r Iesu yn maddau, rwyf yn bell o'r gwirionedd ac y mae Duw yn ei drugaredd yn ei fwydo gyda'r gwirionedd. Y bywyd Cristnogol yw'r bywyd hwn sydd yn rhoddi i ni, Duw sydd yn ei gynnal, Iesu yw'r Sylfaen, ar y graig yr adeiladaf fy eglwys. Duw sydd yn ein diogelu ac yn ein caru a'r Ysbryd Glân sydd yn ein bendithio yn ei wasanaeth a'i addoliad.

Roeddwn yn gofyn i wraig amlwg, beth oedd ei hoff ddihareb, a'r ateb a gefais oedd 'Heb Dduw, heb Ddim.' Dafydd Charles yr Ail o Sir Gaerfyrddin a ddywedodd:

Tydi sy'n deilwng oll o'm cân,
Fy Nghrëwr mawr a'm Duw;
Dy ddoniau Di, o'm hamgylch maent
Bob awr yr wyf yn byw.

Diolchaf am dy gariad cu
Yn estyn hyd fy oes;
Diolchaf fwy am Un a fu
Yn gwaedu ar y groes.

Diolchaf am gysuron gwiw
Wyf heddiw'n eu mwynhau;
Diolchaf fwy am ddoniau sy'n
Oes oesoedd i barhau.
Yn enw'r Iesu. Amen

Pregeth 28

Cyfarfod yn enw'r Arglwydd

Testun: Beth amdani, ynteu, frodyr? Pan fyddwch yn ymgynnull, bydd gan bob un ei salm, ei air o hyfforddiant, ei ddatguddiad, ei lefaru â thafodau, ei ddehongliad. / *To sum up, my friends: when you meet for worship, each of you contributes a hymn, some instruction, a revelation, an ecstatic utterance, or the interpretation of such an utterance.* (1 Corinthiaid 14: 26)

Yr ydym yn cael breintiau cyson wrth ymgynnull o Sul i Sul ac o wythnos i wythnos i'r Gymdeithas Gristnogol. A da o beth yw ein bod ni yn mynd yn ôl i'r patrwm sydd ar ein cyfer yn Llyfr yr Actau yn hanes yr Eglwys Fore. Yn y fan honno, y mae'r ysbrydoliaeth yn gwbl ddigonol i'n cynorthwyo ac i'n hysbrydoli i wynebu ar anawsterau a threialon sydd yn aml yn ddigon tebyg yn ein dyddiau ni i'w dyddiau nhw, sef diffyg brwdfrydedd a diffyg ymgysegriad. Onid yw'r ddau yn mynd gyda'i gilydd ac yn deillio yn y pen draw o argyhoeddiad neu ei ddiffyg?

    Mi wn fod fy Mhrynwr yn fyw,
    A'm prynodd â thaliad mor ddrud;
    Fe saif ar y ddaear, gwir yw,
    Yn niwedd holl oesoedd y byd.

Dyna'r argyhoeddiad sydd gennym ar hyd y daith, fod Iesu yn Iesu sy'n fyw ac yn teyrnasu, yn arwain a bugeilio ei braidd ar bob amgylchiad. Ac felly, mi hoffwn i chwi sylwi yn yr oedfa hon ar **DRI** pheth.

Yn gyntaf, **Yr Angen. Angen i gymdeithasu ac i addoli.** *The need of fellowship and corporal worship.*

Beth y mae gwasanaeth yn ei olygu? Wel, mae'r holl gefndir yn un digon cymhleth. Ceir mwy nag un agwedd i'r gwirionedd hwn. Daw rhai o'r ystyron o'r hen fyd, o fyd y gwas a'r Meistr, y caethwas a'i berchenog. Ond yn nysgeidiaeth Iesu, y mae'r pwyslais yn dra gwahanol. Newidiwyd y berthynas rhwng Duw a dynion, a chofiwn eiriau cysurlawn Iesu i'w ddisgyblion:

Nid ydwyf mwyach yn eich galw yn weision, oblegid nid yw'r gwas yn gwybod beth y mae ei feistr yn ei wneuthur. Ond mi a'ch gelwais chwi yn gyfeillion, chwi sydd yn llaesu dwylo o dro i dro i fod yn gyfeillion; oblegid pob peth a'r a glywais gan fy Nhad a hysbysais i chwi.

Nid gorfodaeth sydd yma ond dynion a merched yn dewis gwasanaethu, yn gweld yr angen am weddi a chymdeithas ei bobl, am arweiniad ac adnoddau ysbrydol. Gweini gyda'u dwylo wrth y byrddau fel y gwnâi y diaconiaid, gweini yn ôl Pedr fel yr oedd y proffwydi yn gweini. Yn wir, y mae'r gwasanaethu hwn ar lwybr y cysegr ac ar lwybr ein hymlyniad wrth yr Efengyl yn amlygu cariad Duw, meddai awdur yr Epistol at yr Hebreaid:

> Canys nid yw Duw yn anghyfiawn, fel yr anghofio eich gwaith (dynion sydd yn gwneud peth felly) a'r llafurus gariad, yr hwn a ddangosasoch tuag at ei enw ef, y rhai a weiniasoch i'r saint, ac ydych yn gweini.

Yn wir, yn y ffordd hon y mae deall gweinidogaeth yr Arglwydd Iesu Grist. Gellir crynhoi ei fywyd yn nhermau gwasanaeth dyddiol, costus. Gwrandewch ar ei eiriau:

> Megis na ddaeth Mab y Dyn i'w wasanaethu, ond i wasanaethu, ac i roddi ei einioes yn bridwerth dros lawer.

Fe'm galwyd gan fy Nuw
I wasanaethu f'oes;
Boed im ymroi i'r gwaith, a byw
I'r Gŵr fu ar y Groes.

Wedi dod yma i ddysgu, gwasanaethu a wnawn wedi 'r cyfan.

Yn ail, **Yr Amrywiaeth.** *The Variety.*

Fe'i ceir yn amlwg yn adnod y testun. Nid oes dim ar goll o gwbl yma. Y mae'r cwbl yn gyflawn ar ein cyfer.

Y Gân. Dyna'r dechrau. Y Salm soniarus sydd yn codi calon y crediniwr yw'r Salm hon. Dyna yw pregethu yn ei hanfod. Llefaru â thafodau y dylem ond bob amser gofalu bod ein geiriau yn llawn o oludoedd gras. Dyna sydd ynddynt. Peth dieithr yn ein traddodiad ni yw Pentecostaliaeth heddiw ond felly yr oedd hi yn Llangeitho yn nyddiau'r Tadau Methodistaidd yn y blynyddoedd 1762 i 1765. Ac fe ddigwydd yn nhraddodiad y Pentecostiaid ar draws y byd y flwyddyn hon. Y mae felly i Bentecostaliaeth ei le yn y siaced fraith sy'n perthyn i Gorff Crist ar y ddaear. Ei ddehongliad grymus ef o'r Ysbryd yn achub hyd yr eithaf. Diolch am y dehongli, am y dwyster a'r daioni. Hefyd am y rhai ymhob oes a fu yn dehongli'r Ysgrythurau mewn Ysgol Sul a Seiat a phulpud fel ein bod ni heddiw yn medi eu cynhaeaf. Oherwydd yr ydym ni yn anwybyddu Ysgol Sul yr Oedolion a Seiat a phrofiad y credadun yn y ganrif hon fel capeli. Y mae eithriadau prin. Rydan ni'n ddigon dihid o lawer o'r bobl dda hyn a gysegrodd y cyfan i helpu'r achos. Y mae eu cyfrolau o bregethau ac esboniadau yn casglu llwch ar y silffoedd yn ein siopau ail-law. Ond yn eu cyfnod, bu galw mawr ar esboniadau y Calfiniaid a enwaf fel John Jenkins (Hengoed), James Hughes, (Iago Trichrug) Llundain, Dr Cynddylan Jones, Caerdydd, Dr D. M. Phillips, Tylorstown ac R. S. Thomas, Abercynon. Ac y mae cryn lawer o waddol grefyddol dda yn eu gwaith o hyd. Gwn hynny o brofiad darllen aml i esboniad o'u heiddo. Dilynwch yr esiampl. Ni ddylem eu dibrisio ond cyrchu'r cyfrolau, eu prynu a'u hail agor yn awchus er ein lles ysbrydol.

A dyna sy'n synnu. Dyn a aiff i'r ffynnon, a ble y mae honno ond yn yr Ysgrythurau. Pa le bynnag y trowch chi, mi welwch chi yr un darlun sydd yn adnod y testun. Cymerwch y cyngor a gawn yn y drydedd bennod o'r Epistol at y Colosiaid:

> Preswylied gair Crist ynoch yn helaeth ym mhob doethineb, gan ddysgu a rhybuddio pawb eich gilydd mewn salmau a hymnau, ac odlau ysbrydol, gan ganu trwy ras yn eich calonnau i'r Arglwydd. A pha beth bynnag a wneloch, ar air neu ar weithred, gwnewch bopeth yn enw'r Arglwydd Iesu, gan ddiolch i Dduw a'r Tad trwyddo Ef.

Pan drown at Epistol Cyntaf Paul at y Corinthiaid, pennod 14, mi gawn ein hatgoffa eto o'r amrywiaeth – rhoddi diolch, angen gwrando yn astud, llefaru gyda grym, canu yn soniarus, dweud gair pwrpasol, cadw'n dawel pan fo angen, pwyso a mesur a dysgu am Deyrnas Dduw. Nid oes anrhefn o gwbl, dim ond trefn rasol yr Arglwydd, er bod yna rybudd y dylid caniatáu i'r amrywiaeth gael ei weithredu mewn dull a fyddai'n weddus i bawb sy'n bresennol. Y peth mawr na ellir mo'i or-bwysleisio ydyw hyn – y mae cyfle a lle i bob person yn Eglwys Iesu Grist, pa ddoniau bynnag sydd gennym. Gan mai cynorthwyo'r saint yw gwaith addoli a gogoneddu Duw, a chan ein bod wedi derbyn rhoddion oddi wrth Dduw, yr ydym yn ei **ogoneddu** ef wrth ddefnyddio'r **doniau** hyn. Y mae lle i ganu ac i weddïo, i ddweud gair ac i ddehongli. Pawb i wneud ei gyfran yw hi. 'All pawb ddim pregethu o fewn yr Eglwys na thu allan iddi, ond mi all pawb o blant Duw weddïo yn dawel ac os yn bosibl yn gyhoeddus heb lyfr gweddi o flaen ein hwynebau. Gall pawb ddweud 'Amen'. Cofiwn bennill anfarwol Isaac Watts:

> Let those refuse to sing
> Who never knew our God;
> But children of the heavenly King
> May speak their joys abroad.

Ac yn olaf, **Yr Adeiladu.** *The building of character.* Yr ydym yma i gael ein hadeiladu yn y Ffydd a draddodwyd i'n tadau a'n teidiau. Y mae pob aelod i dyfu, i aeddfedu wrth ddefnyddio y rhoddion a gafodd. Os mai dawn canu a gawsoch – canwch i'r Arglwydd. Os mai dawn gweddio sydd yn eich bywyd, gweddïwch yn ddi-baid. Y mae Martin Luther yn sôn ei fod ef yn gweddïo dair awr bob dydd. Yr ydym i arbrofi a chwilio'r patrwm sydd gan Dduw ar ein cyfer. Bod yn barod i ymateb yn greadigol. Dyna i chi rodd a dawn yw honno. Rhywun sy'n barod i wneud yr hyn yr ydach chi'n ei ofyn iddo oddi wrth Dduw. Diolch i chwi, frodyr a chwiorydd, eich bod yn cytuno â mi ac yn dal i wrando'n astud. 'Fydda' i byth yn disgwyl neb i wrthod o fewn Eglwys yr Arglwydd Iesu wrth gyflawni gwaith yr Arglwydd. Y mae yn anrhydedd – ond y mae'n rhaid i mi gyfaddefaf bod yn rhaid eich aeddfedu fel y grawn – ac yna eich adeiladu chwi yn rhan o Gorff Crist. Cofiwch hynny. Nid er eich mwyn eich hunain yr ydach chi yn tystio ac yn ffyddlon, ond er mwyn Cymdeithas y Testament Newydd – y peth pwysig wedi'r cyfan yw cael pobl i addoli a gwasanaethu Duw cyn mynd allan i wasanaethu eu hunain ar eraill. Dyna'r ffordd i'n gwneud yn Grist debyg, ond golyga ymdrech i gyd adeiladu a helpu tyfiant y credadun fel y medr ef roddi nerth i Gymdeithas Cyfeillion Didwyll y Crist. Gwaith y proffwydi yw hi bob amser:

Yr hwn sydd yn llefaru â thafodau dieithr sydd yn adeiladu ei hunan:

eithr yr hyn sydd yn proffwydo, sydd yn adeiladu yr Eglwys.

Ac y mae Ysbryd Duw a'r Ysbryd Glân yn cyd weithio ymysg y rhai a alwyd yn ddisgyblion fel bod pob un ohonom yn rhoddio yn deilwng. Dyna i ni y fraint aruchel o wasanaethu ein Harglwydd a'i Eglwys yn ein hoes ddiddorol lle y mae gennym ddigon o gyfle. Yn ei Enw Ardderchog. Amen.

Pregeth 29

Gweddiwch dros ein gilydd

Testun: Gweddïwch dros eich gilydd, fel y'ch iachaer. Llawer a ddichon taer weddi'r cyfiawn. / *Pray for one another, and then you will be healed. A good man's prayer is powerful.* (Iago / James 5: 16)

Nid oedd dewis gennyf ond dewis y testun hwn. Daeth llythyr fore Gwener o Ddyffryn Dyfi – gwerinwr ydoedd yn diolch am y gyfrol fach honno, *Gweddïau'r Cristion,* ar yr un diwrnod yr oeddwn yn casglu o'r argraffydd yn y Bala y trydydd argraffiad o'r gyfrol, *Gweddïau'r Cristion.* Er pan gyhoeddwyd y gyfrol ym 1976, y mae hi wedi gwerthu cannoedd o gopïau ymysg y Cymry Cymraeg. Bellach y mae hi wedi gwerthu rhai miloedd. *'Gweddïwch dros eich gilydd'* yw hi. Ac felly, a gawn ni ystyried **TRI** pheth:

Yn gyntaf, rhaid ystyried **gweddi'r cyfiawn /** *the prayer of the righteous.*
'Taer weddi'r cyfiawn.' Y gŵr neu'r wraig sy'n arfer gweddïo. Y rhai sy'n gyfryngau gras Duw i ddynion ac i'r byd yw y rhain. Ac y mae gweddi y gŵr cyfiawn yn medru bod yn hynod o rymus. Ac y mae Iago yn cymryd enghraifft o Weddi'r Cyfiawn. Daw o'r Hen Destament o weinidogaeth y proffwyd Eleias. Ef yw'r enghraifft a gyflwynir. Ac y mae'r dewis yn un da am y rheswm hyn. Dyn oedd ar dân oedd Eleias. Dyma ddyn a gredai mewn gweddi. Yr oedd ganddo frwdfrydedd dros holl fater gweddi. Gweddïai'n gyson, â thaerineb yn y gweddïo hwnnw. Ac y mae Iago am ddweud peth arall wrthym. 'Clywch,' meddai, 'nid wyf wedi dewis Eleias am ei fod yn perthyn i elît y gweddïwyr mawr, ond am ei fod yn ŵr fel ninnau. *He was a man just like us.'* Ac y mae hyn eto dipyn yn wahanol i'r arfer. O! fe feddyliwyd amdano gan y proffwyd Malachi fel yr enghraifft o Broffwyd y Farn, Proffwyd y Pethau Diwethaf neu, a defnyddio'r gair o fyd diwinyddiaeth, Proffwyd yr Eschatoleg. Dyma'r adnod:

> Wele, mi a anfonaf i chwi Eleias y proffwyd, cyn dyfod Dydd Mawr ac ofnadwy yr Arglwydd"

Yn wir, yn nyddiau y Testament Newydd, fe edrychid ar Eleias fel gŵr ar ei ben ei hun, tebyg i Ioan Fedyddiwr. Gwyddai Iago am hyn i gyd, ond yr hyn yr oedd am inni ei ddysgu yw bod Eleias yn weddïwr mawr. Nid oherwydd ei allu i iachau na'i ddoniau i ddysgu na chymorth goruwch-naturiol y cafodd weld y wyrth o fyd natur – glaw ar ôl tair blynedd a chwe mis o sychder – ond oherwydd iddo weddïo yn ddwys a dyfal, ac iddo weddïo trwy'r adeg gyda thaerineb. Gweddi o'r galon ydoedd. Y mae'n dda i sylwi fel y cyfieithwyd y taerineb yma gan rai o'r cyfieithwyr. Dyna ydyw ymgais dda gan y *Jerusalem Bible*, er enghraifft, sef *'heart-felt prayer'*. Y mae Duw yn gwrando gweddi'r cyfiawn. Dyna a ddywedir wrthym yn Llyfr y Diarhebion: *'Pell yw yr Arglwydd oddi wrth y rhai annuwiol; ond efe a wrendy weddi y cyfiawn.'* Dyn yw'r dyn cyfiawn sy'n credu yn Nuw ac yn ei addewidion. Y mae'n ymddiried ynddo. *'Trust in the Lord.'* Dyna yw arwyddair y Gŵr Cyfiawn:

Canaf am yr addewidion
Ar fy nhaith
Lawer gwaith
Troesant yn fendithion.

Yn ail, **y ddyletswydd o weddïo dros ein gilydd.** *The duty of praying for one another.*

Y mae hyn yn rhan o fraint y Cristion! Gweddïo dros arall. Arferiad hyfryd yw i'r hen weddïo dros yr ifainc, a'r ifainc dros yr henoed. Weithiau fe ddywed rhywun, 'Rydw i wedi mynd yn rhy hen i hulio'r byrddau ac i fynychu'r holl gyfarfodydd ar y Sul ac ar noson waith,' ond ffrindiau, 'does neb wedi mynd yn rhy lesg, a does neb â gormod o bwysau'r blynyddoedd arnynt i weddïo dros arall.

Ni fethodd gweddi daer erioed
A chyrraedd hyd y nef,
Ac mewn cyfyngder, f'enaid, rhed
Yn union ato ef.

Ond cofiwn fod angen gweddïo dros bobl, pa gyflwr bynnag y maent ynddo. Dylem weddïo dros y rhai sydd mewn caethiwed am eu daliadau, fel y brawd hwnnw, Yasif Begun o Rwsia o blith yr Iddewon ac eraill o blith y Rwsiaid eu hunain am eu bod yn galw am ddemocratiaeth lawn. Y cyhuddiad yn erbyn Begun oedd iddo ddysgu i'r Iddewon eu traddodiadau a'u cefndir. Dylem weddïo dros y rhai sydd yn arwain, ar iddynt gael deall ac ar iddynt gael gras i glywed cri y rhai, fel hwythau, sydd am gyfle i fwynhau y byd hwn. Dylem weddïo dros y rhai sy'n croesi'r lli i'r wlad sydd 'y tu hwnt i'r bedd.'

Dyna a ddigwyddodd pan fu farw y gŵr duwiol hwnnw, Nicholas Ferrar, yn yr ail ganrif ar bymtheg. Ymgasglodd ei deulu o bell ac agos at ei gilydd yn y gymdeithas yn Little Gidding, Swydd Huntingdon. Ac ar ei wely angau, galwodd ei ffrindiau a'i deulu a gofyn iddynt weddïo dros ddyn a oedd ar farw. Yn sydyn, fe'i cododd ei hun i fyny ar ei eistedd. Daeth ei lais yn gryf ac edrychodd i fyny ac o'i amgylch, gyda hapusrwydd yn ei lygaid. *'Oh what a blessed change is here,'* meddai. *'What do I see? I have seen a great feast. Oh magnify the Lord with me.'* Dyma un o'i deulu yn siarad. *'At a feast, dear father?'* *'Aye,'* meddai hwnnw, *'at a great feast, the Great King's Feast.'* Caeodd ei lygaid. Gorweddoddi yn ôl. Yn dawel fodlon ar daith yr anialwch. Anadlodd ei anadl olaf. Dyn a weddiai dros bawb a adnabu oedd Nicholas Ferrar, a chafodd yntau ei groesawu i Wledd y Priodfab. Bu yn meddwl llawer a cherdded yn egniol ac yn cyhoeddi hyd y medrai am y perthyn godidog sydd i'r pererin ar ei daith i dragwyddoldeb. Dyn oedd hwn oedd yn arfer gweddïo yn gyson ar hyd y dydd. A phob tro yr ydym yn gweddïo, yr ydym ninnau ar drothwy Gwledd y Priodfab, wrth Borth y Nefoedd. Fe gafodd Ferrar wahoddiad i'r Wledd fel y cawn ninnau.

O gymryd hwn o ddifrif, y mae cymaint i'w gael yma. Yr ydym yn rhannu'n bywyd gydag eraill. Y mae byd amser a byd y tragwyddol yn agosach i'w gilydd nag yr ydym ni yn barod i gydnabod nag i feddwl yn aml amdano. Y mae cryn lawer o deithio i'w wneud rhyngddynt ar adenydd gweddi. Dylem weddïo dros y rhai adawodd fyd amser a gofyn iddynt hwythau weddïo drosom ninnau.

Yn drydydd, **gweddïwch dros y cleifion,** *'fel y'ch iachaer.'* *We are obliged to pray for the sick, 'that you may be healed.'*

Y Meddyg Da.
 Ti fu gynt yn gwella'r cleifion,
 Feddyg Da,
 Dan eu pla,
 Trugarha wrth ddynion.

Y mae'r sefyllfa ddynol yn gofyn am eich gweddïau am fod cymaint o ddirgelwch yn perthyn iddo a chymaint o ddioddefaint. Gwyddom, wrth gwrs, am ddynion da sy'n dioddef. Dylem weld pob ymdrech fel ymdrech gweddi. Diolchwn am ymdrech y Meddyg, fel y sonia Elfed amdano:
 Llaw a deall dyn perffeithia,
 Er iachâd
 A rhyddhad,
 Nefol Dad, i dyrfa.

Y mae cymaint o agweddau i'r Weinidogaeth Iacháu. Y mae gwyrthiau yn dal i ddigwydd. Iachâd ysbrydol. Iachâd emosiynol. Iachâd meddyliol. Iachâd corfforol. Ond fel y pwysleisir mor aml, nid oes fformiwla – dim ond ffydd.

Gwellheir rhai, tra bo eraill yn para yn eu cyflwr ond nid yn hollol yr un fath. Ond profiad y rhai sy'n edrych fel pe bai hi yr un fath yw eu bod nhw hefyd yn teimlo'n well, ac o leiaf yn medru dygymod â'r sefyllfa. Y mae hynny'n wir am feddyginiaeth. Ond mae Iago wedi deall y gall hyn ddigwydd. Nid yw gweddïo unwaith dros y claf yn ddigon. Gweddïo yn barhaus yw'r gyfrinach bob amser.

Rydach chi'n cofio Iesu Grist yn gweddïo gyda'r dyn dall ym Methsaida. Fe ddywedir wrthym fod Iesu wedi eiriol drosti ddwywaith. Gweld yn bell. 'Ac ar ôl hynny, y gosododd efe ei ddwylo drachefn ar ei lygaid ef.' Os oedd y Meddyg Da ei Hun yn gweddïo ddwywaith, yna y mae'n rhaid i ninnau gofio gwneud yr un fath. Peth creulon ydyw dweud. 'Y mae'n rhaid ichi gredu eich bod chi wedi cael eich iacháu.' Y mae gweddïo eto yn arwydd o'ch diffyg ffydd. Derbyniwn ein harweiniad. Deisyfwn amdano. Gweddïwn gyda gwahoddiad yr emyn hwn yn ein meddyliau:

    Y mae'r balm o ryfedd rin
    Yn Gilead,
    Ac mae yno beraidd win
    Dwyfol gariad;
    Yno mae'r Ffisigwr mawr,
    Deuwch ato,
    A chydgenwch, deulu'r llawr,
    Diolch iddo!

Amen.

Pregeth 30

Ffyddlon i'r Funud Olaf

Testun: Bydd ffyddlon hyd angau, a rhof iti goron y bywyd. / *Be thou faithful unto death, and I will give thee the crown of life.* (Datguddiad / *Revelations* 2: 10)

Y mae'n rhaid imi gydnabod bod yr adnod hon wedi cael ei serio ar fy meddwl ers y Cyfarfod Misol cyntaf y bûm ynddo erioed, a hynny yng ngwaelod Sir Aberteifi. Cyfarfod Misol y Myfyrwyr ydoedd. Holi Profiad. Ni ar ddechrau'r daith yn gwrando ar gyngor un o weinidogion y Sir. Gweinyddwyd y Sacrament o Swper yr Arglwydd i gloi'r orig. A'r cyngor yn cael ei roddi: dydw i ddim yn cofio llawer a ddywedwyd, ar wahân i'r adnod hon. Cyngor o ddal ati ydoedd fel Cristion a Gweinidog maes o law, heb edrych yn ôl, a hynny o enau gweinidog capel Siloh, Llanbedr Pont Steffan, y Parchedig J Trefor Lloyd. Yr oedd ef yn ymgorfforiad o'r ymgysegru a ofynnid amdano oddi wrthyn ni gywion bregethwyr.

Mwya' i gyd y bydda' i'n meddwl am yr adnod a'r cyngor, mwya' i gyd y bydda' i'n deall mai dyma un o rinweddau mawr y Bywyd Cristnogol. Nid oes ryfedd i Ioan ar Ynys Patmos ddweud am hyn. Wedi'r cyfan, yr oedd y Cristnogion yn cael eu herlid gan yr Ymerodraeth Rufeinig. Hawdd oedd iddynt fod wedi digalonni a thorri calon a rhoddi'r gorau iddi fel tystion. 'Byddwch ffyddlon hyd angau,' meddai Ioan. 'Peidiwch â thorri calon.' Pam? Wel am DRI rheswm.

Yn gyntaf, **oherwydd esiampl y rhai a fu'n dystion i Iesu Grist. 'y ffyddlon rai.'** / *We are not to be discouraged because we have the example of those who have testified to Jesus Christ.*

Dyma fel y disgrifir y disgyblion a ddaliodd bwys a gwres y dydd sef y disgyblion ffyddlon. Dyma'r darlun sydd gennym ar ddechrau yr ail bennod o'r Ail Epistol at Timotheus, sef *Y Milwr Da i Iesu Grist*. Y mae dysgeidiaeth yr Eglwys i'w rhoddi yn nwylo dynion ffyddlon a fydd yn barod i'w throsglwyddo i arall. Gwrandewch:

> 'Cymer y geiriau a glywaist gennyf fi yng nghwmni tystion lawer.' meddai Paul wrth y pregethwr ifanc, Timotheus, 'a throsglwydda hwy i ofal dynion ffyddlon a fydd yn abl i hyfforddi eraill hefyd.'

Y dynion ffyddlon. Dynion y medrwch chwi ddibynnu arnynt.
Y mae'n drist i glywed rhywrai mor aml yn dweud am ddynion amlwg – 'Fedrwch chi ddim dibynnu arnyn nhw.' 'Anffyddlon.' Ac eraill, o blith y bobl ieuainc yn arbennig, sy'n ffyddlon yn unig pan maen nhw yn gwneud rhywbeth. Cofiaf fynychu Sasiwn yn nhref Pwllheli a gwrando ar Hanes yr Achos wedi ei baratoi yn raenus gan Leonard Roberts, athro wedi ymddeol. Dyma fraslon o hanes pethau tua Llŷn ac Eifionydd:

> Cawn bresenoldeb ein haelodau ieuainc mewn oedfa pan wahoddir nifer ohonynt i gynnal gwasanaeth – ac y mae pawb yn werthfawrogol o'u parodrwydd. Nis gwelir mohonynt am wythnosau wedyn.

Y mae hyn yn resyn, ac yn fwy na hynny, oherwydd y mae yn mynd yn groes i'r graen i holl draddodiad yr Eglwys a'i holl bwyslais hi. Pan sylwn yn y Testament Newydd ar y ffyddlon rai – ar enwau newydd a dieithr i'n clyw – enwau y rhai a fu'n gefn i'r Achos, deuwn ar draws enwau anghyfarwydd i'n clyw. Nid enwau Pedr a Phaul oeddynt – ond enwau y gwragedd a gwerinwyr bro a bryn, ac fel y dywed Paul ei hun, pobl fel Timotheus, Tychicus, Epaphras, Onesimus oedd y rhain. Hwy sydd yn rhestr Paul. Ac yn rhestr Pedr, fe ddaw Silfanus, y brawd, meddai Pedr, y gellir ymddiried ynddo. Ac yn Epistolau Ioan, fe ddeuwn i adnabod un arall, sef Gaius, gŵr a rodiai yn y gwirionedd. Dyma fu cryfder eglwysi Cymru a phob eglwys arall ar hyd y canrifoedd: meddu ar ferched a dynion oedd yn ffyddlon i Grist.

> Os edrych wnaf i'r dwyrain draw,
> Os edrych wnaf i'r de,
> Ymhlith a fu, neu ynteu ddaw,
> 'Does debyg iddo Fe.

Dyna iaith y ffyddloniaid. 'Mae dy degwch wedi'm hennill ar dy ôl.' Rwyf wedi cyfarfod â brodyr a chwiorydd ym Morgannwg yn y chwe degau yn eu hen ddyddiau a gafodd brofiadau gorfoleddus wrth fynd trwy fwlch yr argyhoeddiad adeg Diwygiad 1904-5. Braf oedd eu clywed yn adrodd am wyrthiau'r Arglwydd yn y cymoeddd glo lle y cefais gefnogaeth ddi-ildio a pharch na allaf ei anghofio. A'r canlyniad oedd oes gyfan ar ran y glowyr fel Robert Roberts o Abercynon a gweithiwr dur fel Siencyn Lewis. Pontrhydyfen, o dystiolaethu yn llewys ei grys ar galeri yr hen gapel annwyl i ras yr Efengyl, a blynyddoedd lawer o wasanaeth iddo ef a'i briod o'r Tŷ Capel ym mhob cylch o fywyd Eglwys yr Arglwydd Iesu Grist. Dyma bobl a fu'n dangos Crist yn eu heglwysi. 'A'r hwn a'i gwelodd a dystiolaethodd.' Ac yn yr oedfa yma,

O! na chaem ni olwg hyfryd
Ar ei wedd, Dywysog Bywyd.

Oherwydd yn ail, **fod gennym air i'n cenhedlaeth, sef gair ffyddlon** *Duw* **ydyw.** *We have a word for our generation. the faithful word of God.*
Dyna elfen sydd i'w weld yn yr Epistolau Bugeiliol, ie y *Pistos Logos*. Datganiad sy'n wir ac un y medr y disgyblion ddibynnu arno. Trown am eiliad at enghreifftiau o hyn. Yn gyntaf o Epistol Paul at Timotheus:

> A dyma air i'w gredu, sy'n teilyngu derbyniad llwyr: daeth Crist Iesu i'r byd i achub pechaduriaid.

Ac o Titus: bod rhai sy'n credu yn Nuw i wneud gweithredoedd Duw – yn gyfryngau ei ras a'i gariad a'i gydymdeimlad. A beth, yn ôl Ioan yw neges y Crist Atgyfodedig? 'Wele, yr wyf yn gwneud pob peth yn newydd.' Dywedodd hefyd, Ysgrifenna, oherwydd dyma eiriau ffyddlon a gwir.'

Geiriau ffyddlon. 'Does dim newid arnynt. Y maent yn llefaru wrth bob cenhedlaeth am fawrion weithredoedd Duw. Llefaru oddi wrth Dduw i feidrolion. Eisiau Duw sydd ar feidrolion. Gwelodd y teithiwr talog a difyr, George Borrow, ar gyrion dinas Caer, dinceriaid Gwyddelig. Tybion nhw mai offeiriad ydoedd. Ni allai eu hargyhoeddi nad gŵr mewn urddau eglwysig mohono. Dim byd yn cydio. Penderfynodd ddianc o'u gafael ond ni chafodd lonydd. Rhedent ar ei ôl gan weiddi yn uchel. *'Give us God, sir, give us God.'* Dyna gri ein hoes ni – 'Ti wyf yn ei 'mofyn, Arglwydd.' Eisiau Duw sydd ar y bobl. Ei weld yn Iesu Grist. Daw goleuni gwybodaeth gogoniant Duw i'r golwg i ni yn wyneb Iesu Grist.

Yn olaf, **am fod Duw yn Iesu Grist yn ffyddlon.** *God in Jesus Christ is a faithful witness.*
Y mae Ioan yn Llyfr Datguddiad wedi defnyddio y gair **ffyddlon** i ddisgrifio yr Arglwydd Iesu. Dyna'i ddisgrifiad ohono: Iesu Grist y **tyst ffyddlon**. Ac yn ei weledigaeth o'r hwn a farchoga y ceffyl gwyn, fe sonnir mai enw marchog oedd y **ffyddlon a'r gwir**. Yr Iesu yw'r un yr ydym i ddibynnu arno. Ef yw **y tyst ffyddlon:**

Gweld wyneb fy Anwylyd
Wna i'm henaid lawenhau,
Trwy'r cwbl ges i eto,
Neu fyth gaf ei fwynhau;
Pan elont hwy yn eisiau,
Pam byddaf fi yn drist
Tra caffwyf weled wyneb
Siriolaf Iesu Grist?

Ef sy'n Wrandawr Gweddi. Ie, Ef sy'n aros, yn ein cysuro ac yn ein cofio ar lwybrau bywyd. Amen.

Ynot, Arglwydd, gorfoleddwn,
Yn dy gariad llawenhawn,
Cariad erys fyth heb ballu,
A'i ffynhonnau fyth yn llawn.
Frenin nef a daear lawr,
Molwn byth dy enw mawr.

Pan fo dynion yn gwrthod credu, y mae Duw yn dal yn ffyddlon. Dyma'r nodyn sydd i'w ganfod trwy'r Ysgrythurau, boed yn y Salmau, yn y Proffwydi neu yn y Testament Newydd. Pan oedd y genedl yn anffyddlon, yr oedd Duw yn ffyddlon iddynt yn Jeriwsalem, ac ar lan afonydd Babilon.

Y mae y gair **ffyddlon** yn air i'w drysori a'i anwylo. Y mae'n disgrifio pobl **ffyddlon,** y disgybl y medrwch chi ddibynnu arno, y disgybl sydd â'i air yn ffyddlon am ei fod yn trin Gair y Bywyd yn onest o gydwybodol. Y mae'n disgrifio y disgybl sy'n ymddiried yn Nuw ac yn ei Fab, Iesu Grist. Dywed Pantycelyn:

Ymddiriedaf yn dy allu,
Mawr yw'r gwaith a wnest erioed,
Ti gest angau, ti gest uffern,
Ti gest Satan dan dy droed,
Pen Calfaria,
Nac aed hwnnw byth o'm cof.

Yn ei Enw. Amen

Pregeth 31

Y Tad Tragwyddol

Testun: Abba! Dad! meddai, y mae pob peth yn bosibl i ti. / *Abba Father! All things are possible to thee.* (Marc 14: 36)

Rhan o weddi Iesu yng Ngethsemane sydd yma, ac mae'r adnodau hyn, o adnod 32 hyd 42 yn ein dwyn, heb unrhyw amheuaeth i'r cysegr sancteiddiolaf. Llwyddodd Thomas Lewis, y gof caredig o Dalyllychau yn rhyfeddol i gyfleu'r darlun:

Wrth gofio'i riddfannau'n yr ardd,
a'i chwys fel defnynnau o waed,
aredig ar gefn oedd mor hardd,
a'i daro â chleddyf ei Dad,
a'i arwain i Galfaria fryn,
a'i hoelio ar groesbren o'i fodd,
pa dafod all dewi am hyn?
Pa galon mor galed na thodd?

Dyma gyflwyno'r Arglwydd Iesu Grist yn ei ing, ac yntau Fab Duw a Mab y Dyn yn gorfod gwneud y dewis ar adeg anodd yn ei hanes. Yr oedd angen **dau** beth arno yng Ngardd Gethsemane. Yn gyntaf, cyfeillgarwch dynol, ac yn ail cyfeillgarwch dwyfol. Angen Duw ar y Gwas Dioddefus. Y mae dyn wedi cael ei greu ar gyfer cyfeillgarwch. Nid meudwy mohono, ond un a grëwyd i fod mewn cymdeithas ag eraill. Ac yn ein cyfyngderau a'n hargyfyngau yr ydym yn awyddus i gael rhywun gyda ni yn nydd y siom a'r galar. Pan fo'r claf yn ddifrifol wael, yr ydym yn ddiolchgar i ffrind neu berthynas neu gymydog neu gaplan neu weinidog am alw heibio am bum munud, os hynny. Dim ond i fod yno. Nid i sgwrsio na phregethu na gweddio ond yn hytrach gwneud dim, ar wahan i ddangos cydymdeimlad ac i gefnogi eraill yn yr oriau cyfyng, caeth. A dyna oedd dymuniad Iesu: 'Eisteddwch yma tra byddaf yn gweddïo.'

Dewisodd Iesu dri oedd wedi bod gydag ef ar amgylchiadau mawr y bywyd Cristnogol, sef Pedr, Iago ac Ioan, i ddod gam ymhellach gydag ef. Rhannodd ei faich gyda hwy. Baich yr arswyd a'r ofn – ofn angau a'r Groes. 'Y mae f'enaid yn drist iawn hyd at farw. Arhoswch yma a gwyliwch.' Ac yna fe alwodd ar ei **Dad,** a phan aeth yn ei ôl ar ôl y sgwrs weddigar, yr oedd y disgyblion yn cysgu. Yr oeddynt wedi anghofio. Ac felly y bu hi. Gan Abba ei

Dad Nefol y cafodd ei gymorth, a chanddo ef y cawn ninnau ein goleuni a'n gweledigaeth i wynebu ar fywyd yfory.

Hoffwn danlinellu **tri** pheth o'r darlun a gawn ni o Dduw yng ngeiriau dwys Iesu Grist.
Yn gyntaf, **mai Duw sy'n Dad yw ef.** / *God as a father.*
Gwraig ryfeddol iawn yn Eglwys Heathfield Road, Lerpwl oedd Mrs Pugh Davies, Druidsville Road, pan gyrhaeddais i y ddinas fywiog yn 1968. Hyhi a'i chwaer roddodd y gŵn yn y Traddodiad Diwygiedig, gŵn Genefa John Calfin, a wisgid gan y Gweinidog. Y tro cyntaf ym 1947 y gwisgodd y Dr R Glynne Lloyd ef, ac yna ei olynydd y Parch E. Watkin Jones ym 1949 a'r tro olaf pan ddeuthum yma yn weinidog. Yr oedd hi'n hoff dros ben o ddyfynnu ei mam, a hwythau wedi colli eu tad yn ifanc, 'Be' wnawn ni?' A'r ateb bob tro. Mi ofalith y Tad Nefol amdanom.' Ac yna, mi fyddai hi'n dyfynnu pedair llinell olaf emyn Richard Jones, Y Wern, Llanfrothen (gŵr nad ydym fel Cymry nac fel Cyfundeb wedi gweld ei wir fawredd):

Cred nad diystyr gan dy Dad
Yw gwrando gwaedd dymuniad gwiw,
Pe byddai d'enaid yn rhy fud
I'w dwedyd gerbron Duw.

A dyna brofiad Iesu Grist yntau. Y mae Ysgrythur y Testament Newydd i gyd yn unfarn mai un o nodweddion mwyaf amlwg bywyd Iesu Grist oedd ei berthynas unigryw â Duw ei Dad. Perthynas â rhyddid yn perthyn iddi oedd hon. A dyna pam iddo ddefnyddio y gair 'Abba' – gair o anwyldeb. Gair Aramaeg am Dad a ddefnyddid gan blant ac oedolion fel ei gilydd wrth gyfarch eu tadau dynol. Dyma oedd y ffordd oedd gan Iesu bob amser. Nid oes dim byd tebyg yn nuwioldeb yr Iddew nac yn ei Ysgrythurau cyn dyfodiad Iesu.

Dyma'r ffordd a ddefnyddiai Iesu bob amser. A dyma ei gyngor i ninnau wrth gyfarch Gorsedd Gras Duw: 'A phan weddïwch, dywedwch, *Ein Tad, yr hwn wyt yn y nefoedd*.' Sylwch nad 'FY NHAD' a ddywed, ond 'EIN Tad' – tad yr holl ddisgyblion. Ac am hynny, rydym ninnau hefyd yn blant i Dduw. Plant y Tad ydach chi a minnau.

O! Dad, yn deulu dedwydd – y deuwn
A diolch o'r newydd,
Cans o'th law y daw bob dydd
Ein lluniaeth a'n llawenydd.

Yn ail, **y mae'n Dduw sy'n deall. 'Abba! Dad'.** *He is a God who understands.*

'Abba! Father!'
Nid rhyfedd i Iesu bwysleisio maddeuant a chydymdeimlad Duw. Y Duw sy'n maddau ydyw ein Duw ni, sy'n cynnal y dystiolaeth amdano'i Hun. Ac yr oedd Iesu yntau yn barod i blygu i ewyllys y Duw hwn. Hyd yn oed yn yr awr fawr hon yn Ngethsemane, yr oedd Duw yn **Dad**. 'Y Duw trugarog a graslawn.' Ac y mae'r profiad o'r Duw sy'n trugarhau wrthym yn batrwm i bawb ohonom ninnau. Dyna'r safon. Bendithio y rhai sy'n melltithio. Gwneud daioni i'r rhai sydd yn anwybyddu'r Goleuni ac sydd yn dal i gasáu. Gweddïo dros y rhai sy'n gwneud y gwaethaf i Achos Crist a'i ddisgyblion. Pam y dywedwch fel yna? Wel dyna pam:

> Fel y byddech blant i'ch Tad, yr hwn sydd yn y nefoedd; canys y mae efe yn peri i'w haul godi ar y drwg a'r da, ac yn glawio ar y cyfiawn a'r anghyfiawn.

Ond i hyn ddigwydd, y mae'n rhaid patrymu ein holl ymateb ar Dduw. Mewn geiriau eraill, y mae'n rhaid inni fod yn ddynion newydd. Ni allwn wadu nad yw yr Efengyl yn galw'n gyson am ymateb felly:

> Felly y cychwynodd Iesu Grist ei weinidogaeth gyhoeddus yng Ngalilea: yr amser a gyflawnwyd a theyrnas Dduw a nesaodd: edifarhewch a chredwch yr Efengyl.

'Allwn ni ddim deall y natur ddynol na deall Teyrnas Dduw heb y newid hwn. Ysgrifennodd diwinydd yn ddiweddar: *'God's overwhelming compassion is not cheap grace, but transforming grace.'* Y Gras sy'n gweddnewid.

A dyna'r pwynt olaf – **y mae Duw yn ddigon. Duw a digon. 'Y mae pob peth yn bosibl i ti.'** / *God is all-sufficient. 'Everything is possible for you.'*
  Diwalla bob peth byw
  O hyd â'i 'wyllys da.
  Un dafn o'i fôr sy'n for i mi,
  Nesáu at Dduw sydd dda i ni.

Ac mi hoffwn gloi'r neges trwy bwysleisio hyn. Y mae Duw yn agos – 'at y rhai oll a alwant arno.' Yn nysgeidiaeth Iesu Grist y mae'r pwyslais hwn yn brigo i'w wyneb o hyd ac o hyd. Nid Duw y Barnwr yw'r Duw a bortreadir ond y Duw sy'n cydymdeimlo. Duw sy'n maddau. 'Pa Dduw sy'n maddau fel Tydi – yn rhad?' 'Does neb. Nid yw y ddysgeidiaeth ar farn yn yr Efengylau ar yr un lefel â'r ddysgeidiaeth ar Gymodi. Dyma ymateb y Duw sy'n ddigon – sef dod yn **agos**. Y mae'n derbyn pechaduriaid. 'O! Arglwydd, derbyn finnau.' Dyma'r Duw sy'n ehangu terfynau ei Deyrnas. Dyma'r Duw sydd yn cyffwrdd â'r disgybl sydd y tu fewn a'r tu allan i'w Eglwys, y Cyfiawn a'r pechadur.

Trowch at y mwyaf Iddewig ei gwneuthuriad o'r pedair Efengyl, sef Mathew. A beth a welwch? Y rhai anhebyg yn ymateb i'r Duw sy'n agos – y Doethion, Canwriad, y Wraig o Syro-Phoenicia oedd yn un o'r Canaaneaid, y defaid yn Nameg y Defaid a'r Geifr yn y Farn Olaf. Pob un ohonynt yn ymateb am fod Duw wedi dod yn agos at ei bobl. Fel Baban, fel Meddyg, fel un o'r Tlodion a'r Cleifion a'r Carcharorion. A chytunwn â phwyslais Ioan yn ei Efengyl mai agosatrwydd cosmig yw hwn, lle bynnag yr rydym. Fel y dywed yr emynydd: 'Y mae Duw yn llond pob lle, ac yn bresennol ym mhob man,' ac y mae'n agos at bob un fel Duw Byw. 'Canys felly y carodd Duw y byd ...'

Iesu yw'r un a wnaeth Dduw yn agos. Dyna oedd ei brofiad ef, a'n profiad ninnau yw mai yng Nghrist Iesu y gwelwn oleuni a gwybodaeth Duw yn wyneb Iesu Grist. Daeth Duw i'n daear. Y mae e'n agos, Amen.

Pregeth 32

Perffeithrwydd Cariad

Testun: Nid oes ofn mewn cariad, ond y mae cariad perffaith yn bwrw allan ofn; y mae a wnelo ofn â chosb, ac nid yw'r hwn sy'n ofni wedi ei berffeithio mewn cariad. / *Because fear hath torment. He that feareth is not made perfect in love.* (I Ioan / *John* 4: 18)

Pan ddaw y cariad dwyfol i'n bywydau y mae ofn yn sicr o ddiflannu. Dyna yn syml yw'r neges sydd yn y testun. Ond y mae'n haws ei ddweud na'i wireddu. Oherwydd y mae ofn yn rhan o'n byw, ac er ein bod ni wedi cael ein trwytho yn yr Ysgrythurau, eto y mae'n anodd osgoi yr ofn sydd yn llechu yn ein calonnau a'n meddyliau. Y maent mor naturiol ac y maent yn ein hamgylchynu fel y gwyddom o brofiad na allwn ni ddim bod yn bobl heb ofn. Y mae'n rhan o'n personoliaeth. Ofn sydd yn ein gwneud ni yn ofalus a gwyliadrus yn ein gwaith a'n diddordebau. Rydan ni'n clywed rhywrai weithiau yn dweud am ambell i blentyn, 'Does dim ofn arno fe!' Y mae'r plentyn hwnnw mewn perygl am ei einioes. Perygl o fentro gormod. Oherwydd y mae'r adar a'r anifeiliaid yn ochelgar ac yn ofnus. Ambell waith, mi fydda' i'n gweld cath neu gi ar ochr y ffordd, ac yn awyddus i groesi rhwng olwynion y moduron, ac yn sydyn reit, yn ail-feddwl, ac yn peidio. Sut mae esbonio hynny? Arferiad neu ofn. Ie yn sicr, ofn. Sylwch ar yr adar bach yn yr ardd. Chwilio am fwyd yw'r rheswm eu bod nhw yno. Ond y maent yn edrych oddi amgylch, rhag i greaduriaid eraill ddod amdanynt. Yr ofn yn eu gwneud mor wyliadwrus ac yn ochelgar. Ofn naturiol yw hwn. Nid ofn felly sydd yma, ond yr ofn sy'n dod am ein bod ni'n amharod i ymddiried yn Iesu Grist ac yn Nuw ein Tad. OFN sydd yn parlysu dyn; yn wir, yng ngolwg Iesu Grist, ofn sy'n gyfystyr â phaganiaeth.

Na ofelwch am eich bywyd" meddai'r Arglwydd Iesu, beth a fwytaoch, neu pa beth a yfoch, neu am eich corff pa beth a wisgoch. Onid yw'r bwyd yn fwy na'r corff, a'r corff yn fwy na'r dillad?

Y mae hi'n hawdd pryderu am y manion bethau yn hytrach na chofleidio ei gariad anfeidrol, y cariad sy'n rhoddi heddwch cydwybod a meddwl tawel. Yng ngeiriau'r emynydd:

> O gariad, O gariad, anfeidrol ei faint,
> Fod llwch mor anheilwng yn cael y fath fraint.

Y mae perffaith gariad yn bwrw allan yr ofnau. Ond beth yw'r ofnau hynny? Dyma'r frwydr fawr, gosmig rhwng yr ofn a'r cariad. Dyma'r frwydr oedd i'w gweld a'i chanfod yng ngweinidogaeth Iesu. Ac mi fedrwn ail-ganfod y frwydr yn y rhannau hynaf o'r Efengylau. Plant yn cael eu dysgu yn yr ysgolion am ffynonellau y Testament Newydd, Marc, Luc ac yna dogfennau eraill, fel y 'Q' o'r Almaeneg, *Quelle*, sef ffynhonnell. Ac yn 'Q' fe welwn mai'r peth mawr yw symud yr ofnau a oedd fel cadwynau yn y meddwl, yn gwneud dynion yn garcharorion ac yn gaethiwus i ofnau o bob math ac i ofn anghofio yr Anfeidrol. Y mae gennym ninnau ein hofnau.

Ofn Afiechyd / *Fear of Illness.*

Dyma'r ofn sydd wedi parlysu dyn ar hyd y canrifoedd. Yr afiechydon y mae dyn wedi eu hwynebu oherwydd bod perffaith gariad yn bwrw allan ofn. Llwyddodd crefydd am gyfnodau hir oherwydd ofn afiechyd. Cymerer, er enghraifft, rai o ddiwygiadau mawr Cymru; onid ofn oedd yn gyrru pobl ar eu gliniau. Meddyliwn am Ddiwygiad Beddgelert yn 1819: tlodi a chyfyngder yn ôl fy marn i mewn masnach oedd wrth wraidd y diwygiad hwnnw. Ffermwyr yn ardal Dolwyddelan a Rhyd-ddu yn mynd yn fethdalwyr; dosbarth gweithiol ymron â newynu. Ffactorau economaidd a chymdeithasol yn gwasgu'r bobl gyffredin o fore hyd nos. Creu ofn arswydus yn eu bywydau caled nes eu gorfodi i ymbilio ar ein gliniau mewn gweddi ac wrth adrodd caneuon y Ffydd. Ie. Ofn oedd wrth wraidd ymateb y dychweledigion.

Edrycher am foment ar Ddiwygiad y geri marwol, *y cholera*, yn 1831-2, a gyrhaeddodd Lerpwl o Hull ar draws y Pennines. Cafodd afael ar bobl Lerpwl, Cilgwri a yna Treffynnon. Gwelid Capel y Methodistiaid Treffynnon yn llawn am bump o'r gloch y bore gan bobl yn arswydo rhag y *cholera*. Ewch i Ddinbych wedyn. Bu farw 47 o drigolion yno a 35 ohonynt yn Heol Henllan yn unig. Daniel Jones o Lerpwl a symudodd i fyw i'r dref, mab yr hanesydd Robert Jones, Rhoslan, Eifionydd yn disgrifio meddygon yn ofnus ddigon yn mentro o dŷ i dŷ. Clywodd yn gyson sŵn yr hers. Llenwid ei fywyd ag ofn. 'Pam ein bod ni wedi ein harbed? meddai droeon. Gwelodd *y* Cyfarfod Gweddi yn blodeuo. Cyfrifwyd saith gant yn yr Ysgol Sul. Ciliodd y clefyd a daliodd yn flodeuog. Cyfarfod Gweddi y Diolchgarwch. Dywedir bod Gwilym Hiraethog wedi offrymu gweddi yn Ninbych adeg y geri marwol a chymaint o arddeliad fel y bu hi'n destun siarad am flynyddoedd. Ond fe enillwyd y dydd ar y *cholera*, oherwydd i rai o weision yr Arglwydd ymaflyd yng ngobaith yr Efengyl yn y cariad nad oedd terfyn iddo'n bod. Dyna Robert Ellis, y bardd a gweinidog y Bedyddwyr, a adnabyddid fel Cynddelw, yn wynebu ar y geri marwol yn realistig yng Nghaernarfon ym 1866. Cafwyd nifer o gyfarfodydd ymbilio ond credai ef nad oedd y clefyd yno oherwydd cyflwr pechadurus ac annuwiol y dref. Daliai Cynddelw i ddweud yn gadarn wrthynt mai y carthffosydd aflan oedd yn y dref oedd achos yr afiechyd ac nid bywyd a buchedd y trigolion da na drwg. Ni symudwyd ofn afiechyd mewn moment ond gwelwyd yr Efengyl a bregethai Cynddelw, sef 'perffaith gariad' y Crist yn lleihau yn ddirfawr yr ofn. Ciliodd yr ofn pan wrandawodd arweinwyr y dref ar ei gynghorion. Bu yn dyst da i'r Iesu ar bob ffrynt.

Ofn arall yw **aniogelwch ac ansicrwydd.** / *Insecurity yw'r gair Saesneg.*

Ofni mentro ymlaen ac wynebu ar gyfnod newydd yw un o broblemau sylfaenol y cyfnod hwn. Aros yn ein hunfan. Dibynnu ar yr adnoddau sydd gennym. Y mae'n demtasiwn, gan ein bod yn teimlo'n ddiogel. Dim ond yr hyn a'r hyn sydd gennym sy'n ddiogel. Y mae pob cam a gymerwn yn golygu y medrwn fethu. Ond y mae perffaith gariad yn bwrw allan 'aniogelwch'. Plant i Dduw ydach chwi. Yr wyf am i chwi fod yn llawen. Llyfr y Salmau, 'Na ofelwch, gan ddywedyd, 'Beth a fwytawn, beth a yfwn beth a wisgwn.' Neges yr Efengyl ydyw fod Duw yn gwybod yn well na neb am ein hanghenion. Cofiwn y cyngor: 'Oblegid gŵyr eich Tad Nefol fod arnoch eisiau'r holl bethau hyn.' 'Llawenydd yr wyf yn ei roddi i chwi.' A hwnnw a'ch ceidw yn y Ffydd.

Ofn Angau / *Fear of Death.*

Pan ôn'i blentyn, mi fyddai gen i ofn mynd heibio'r fynwent ar nos dywyll yn y gaeaf. Yr oedd yna wraig o'r enw Jane Eben a'i thŷ hi yn ffinio â'r fynwent. Oedd ganddi hi ofn? Nac oedd, wir. 'Mae ofn y rhai sy'n byw yn y pentref yn fwy arnaf na'r rhai sy'n gorwedd yn ddigon tawel yn erw Duw' oedd ei hateb call. Yr oedd hi'n iawn. Ar un ystyr, y lle gorau am ddiogelwch yn y byd, ie yn unman ydy'r fynwent! Newidiodd y diweddar Barchedig J. W. Jones y pennill a genir:

Mor ddedwydd yw y rhai trwy ffydd
Sy'n mynd **o** blith y byw
i'r cwpled:
Mor ddedwydd yw y rhai trwy ffydd
Sy'n mynd **i** blith y byw.

Ac y mae ofn angau wedi cael ei symud ym muddugoliaeth Iesu Grist. Rhoddodd Iesu obaith newydd i'r hen fyd wrth goncro marwolaeth:

Bu'n angau i'n hangau ni
Wrth farw ar y pren,
A thrwy ei waed y dygir llu
Trwy angau, i'r nefoedd wen.

Y mae Iesu, trwy farw, wedi rhoi bywyd i filiynau o saint yr Eglwys Gristnogol.

Os dyrchefir fi oddi ar y ddaear, meddai, os y bydda' i farw, mi dynnaf bawb ataf fy hun.

Mae perffaith gariad yn bwrw allan ofn.

Ofnau ein bywyd; ofnau ein pryder ac ofnau ein dyddiau. Y mae arnom ofnau o hyd heb adnabyddiaeth o'n Heiriolwr. Cyhoeddwn am nerth a grym cariad y Groes i'n meddiannu. Dialedd sydd yn elyn i bobl y cariad. Yr oedd pobl yn arfer gofyn i Mahatma Gandhi lle yr oedd ef yn cael ei nerth anhygoel ac yntau yn edrych mor fregus ei gorff. Dyma oedd ei ateb, 'Yng nghyfrolau sanctaidd yr India ac yn yr Efengyl ... yn y Bregeth ar y Mynydd.' Gofynnodd rhywun iddo pam nad oedd ef felly yn arddel yr enw o Gristion, ac yr oedd ei ateb yn ein sobri, 'Mi fydda' i'n Gristion pan wela' i y Cristnogion yn byw dysgeidiaeth eu Meistr.' Dyma'n dyhead ni o hyd, sef gosod Cariad Duw ar waith yn ein bywydau, yn ein Heglwys, ac yn mhob cenedl o dan haul y nen.

Dacw gariad, dacw bechod
Heddiw ill dau ar ben y bryn,
Hwn sydd gryf, hwnacw'n gadarn,
Pwy enilla'r ymgyrch hyn?
Cariad, cariad
'Wela' i'n perffaith gario'r dydd.

Y mae perffaith gariad yn bwrw allan ofn.' Dyna yn fyr ein cred. Er mwyn ei enw. Amen.

Pregeth 33

Rhyddid yr Ysbryd

Testun: Yr Ysbryd yw'r Arglwydd hwn. A lle y mae Ysbryd yr Arglwydd, y mae rhyddid. / *Where the Spirit of the Lord is, there is liberty.* (2 Corinthiaid 3: 17)

Yr ydym yn hoff iawn y dyddiau hyn o gyfeirio at ryddid, yn arbennig rhyddid rhag newyn a rhyddid rhag gormes, rhyddid i gyhoeddi'r Gair a rhyddid i ddysgu am Iesu Grist. Yn wir, dyma'r nodyn a glywyd yn nechrau gweinidogaeth Iesu Grist yn y synagog yn Nasareth. Darllenodd Iesu eiriau'r proffwyd:

> Ysbryd yr Arglwydd sydd arnaf i oherwydd iddo fy eneinio i bregethu i'r tlodion, i iacháu y drylliedig o galon, ac i bregethu gollyngdod i'r caethion.

Dyna oedd y Weinidogaeth fawr i fod fel cenhadaeth - i gyhoeddi rhyddid i'r caethion. A da inni gofio bod arweinwyr yr Eglwys yn y Trydydd Byd yn ein dysgu ni heddiw fod angen i ni bwysleisio hyn o hyd. Hwy sy'n gorfod tystio i Iesu Grist mewn dyddiau anodd pan yw'r awdurdodau bydol yn ormesol ac yn unbenaethol. Ac yng ngoleuni hyn y gwelodd Iesu ei weithred aberthol ar y Groes:

> Canys daeth Mab y Dyn, nid i'w wasanaethu, ond i wasanaethu ac i roi ei einioes yn bridwerth dros lawer.

Ystyr y gair pridwerth yw'r pris a delir er mwyn rhyddhau carcharor neu gaethwas. Felly, holl bwrpas gweinidogaeth Iesu Grist ar y dechrau fel ar y diwedd oedd dwyn rhyddid i ddynion yn eu caethiwed. 'Os y Mab, gan hynny, a'ch rhyddha chwi, rhyddion fyddwch yn wir.'

Ac felly y mae **tri** pheth gennyf.

Yn gyntaf. **Y mae rhyddid yr Efengyl yn ein harbed rhag ofergoeliaeth.** / *The freedom of the gospel saves us from superstition.*

Yr ydym yn byw mewn oes dechnolegol, wyddonol, ac eto yr ydym yn hynod o ofergoelus. Y mae dros ddwy fil o bobl yn dweud ffortiwn ym Mhrydain Fawr ac y maent yn ennill ar gyfartaledd bump ar hugain o filoedd y flwyddyn. Gwelir bron pob papur dyddiol a chyfres y sêr ynddynt. Yn wir, y mae rhai o'r papurau Cymraeg yn gwneud hyn bellach. Bu rhaglen deledu

S4C *Brecwast* a chanddi astrolegwr arni. Dewiniaeth ac ofergoeliaeth ydyw hyn mewn dillad crand.

Yr oedd yr hen fyd yn llawn ohono y tu fewn i'r Ymerodraeth Rufeinig. Yr oedd yr Ymerawdwr yn byw ran amlaf yng ngrym ofergoeliaeth. Dychryn a braw dyddiol yn eu plith. Yr hyn a eilw Paul yn *stoicheia* yn cael y llaw drechaf, sef y sêr a'r planedau ac elfennau eraill yn perthyn i fyd dewiniaeth. Ymadrodd Paul amdanynt oedd y *'stoicheia* llesg a thlawd'. Dyna frwydr Paul oedd argyhoeddi ei gyd-Gristnogion nad oedd angen iddynt blygu na pharchu syniadaeth ond yr hyn oedd wedi ei seilio ar ddaioni Duw. Anghofiwn am y byd afreal, ac weithiau ar fyd lle y mae'r tywyllwch yn diffodd y goleuni. Meddwl hollt yw meddwl sy'n gyfrifol am ofergoeliaeth. Nid na ddylai rhywun roi sylw i ofergeoliaeth, ond ei gymryd digon o ddifrif i'w herio a'i ateb. Oherwydd nid rhywbeth negyddol mo'r rhyddid Cristnogol. Y mae **dwy** agwedd iddo – rhyddid oddi wrth a rhyddid i ... A rhyddid i beth? Ac ateb yr Efengyl? 'Y cyfiawn drwy ffydd a fydd byw.'

Y mae'r cyfieithiad Cymraeg ag angen ei ystyried o'r newydd gan y bydd y cyfiawn fyw trwy ffydd. Cael ei gyfiawnhau trwy ffydd a wna'r Cristion, a chanlyniad hynny yw byw yn fuddugoliaethus. Y mae'r dyn sydd, trwy ffydd yn yr Arglwydd Iesu Grist, wedi ei wneud gan Dduw yn berson rhydd o gaethiwed pechod, ac felly yn abl i feddiannu y bywyd tragwyddol.

A dyna'r ail beth, mai **gwerth y rhyddid ydyw rhyddhau dynion o gaethiwed pechod.** / *The worth of this freedom is that it frees men from the captivity of sin.* Rhaid cyfeirio yn awr at y geiriau sydd yn y Testament Newydd, geiriau allweddol, a phob un ohonynt yn eirau rhyddid. Cawn eiriadur ohonynt. Maddau yw'r gair cyntaf a ddaw i'n meddyliau, ie a maddeuant llwyr a llawn. Deallodd Pantycelyn y gwirionedd hwn:
    Arglwydd, rhaid i mi gael bywyd;
    Mae fy meiau yn rhy fawr,
    Fy euogrwydd sy'n cydbwyso
    A mynyddoedd mwya'r llawr:
    Rhad faddeuant, gwawria bellach,
    Gwna garcharor caeth yn rhydd,
    Fu'n ymdreiglo mewn tywyllwch
    'Nawr i weled golau dydd.

A dyna inni ddiwinydd arall, Thomas Jones o Ddinbych, wedyn, yn tanlinellu'r un gwirionedd:

A oes gobaith am achubiaeth?
Oes maddeuant am bob bai?
A oes hedd a meddyginiaeth?
A oes Ceidwad i'r fath rai?
'Oes,' medd Duw o'r nef yn eglur,
'Mi ddarperais aberth llawn,
Y mae hedd a gras a chysur
Gen i'n rhoddion parod iawn.'

Ac meddai Morgan Rhys o Lanfynydd yntau:
Daeth blwyddyn y caethion i ganu –
Doed meibion y gaethglud ynghyd,
A seiniwn drwy'r nefoedd a'r ddaear
Ogoniant i Brynwr y Byd.
Mae Brenin y Nef yn y fyddin,
Gwae Satan a'i filwyr yn awr,
Trugaredd a hedd sy'n teyrnasu,
Mae undeb rhwng nefoedd a llawr.

Ac y mae pob gair a phob emyn a ddyfynwyd yn awr yn tystio am ryddhau dynion o gaethiwed pechod a'u gwneud yn ddynion rhydd yn yr Efengyl.

Lle mae Ysbryd yr Arglwydd, yno y mae rhyddid.

ac

Oherwydd deddf ysbryd y bywyd yng Nghrist Iesu a'th rhyddhaodd di oddi wrth ddeddf pechod a marwolaeth

ydyw geiriau gwefreiddiol yr Epistol at y Rhufeiniaid.

Yn olaf, **mai y pris a dalwyd am y rhyddid hwn oedd aberth Iesu Grist ar groes Calfaria.** / *The price paid for such freedom was the sacrifice of Jesus Christ on Calvary.*

Yr ydym wedi tystio heddiw mai dynion rhydd yw'r Cristnogion, ond rhydd oddi wrth beth, meddwch chi? Wel, fe geir yr ateb yn adnodau agoriadol yr Epistol at y Galatiaid:

Yr Arglwydd Iesu Grist, yr hwn a'i rhoes ei hun dros ein pechodau, i'n gwaredu ni o'r oes ddrwg bresennol.

Y Carchar a'r Caethiwed y mae angen ein gwaredu oddi wrthynt yw'r 'byd drwg presennol'. Y gair *aiôn* a gyfieithir yma gan 'fyd'. Nid y byd materol a olygir. Nid yw'n ddrwg bob amser. Nid o'r byd materol y mae angen ein gwaredu ond o'r 'oes ddrwg bresennol'. Beth sy'n gyfrifol felly fod yr oes bresennol yn oes ddrwg? Y mae'r ateb wedi ei roddi. Pechodau dynion sydd yn rhoddi stamp drygioni ar hanes ac yn troi bywyd yn gaethiwed ac yn garchar. Dyn yn barod i roddi popeth arall yn lle Duw. Gorseddu gau-dduwiau yn ein cylchoedd. Rhoddi awdurdod i'r Wladwriaeth ac i ddynion nad oes ganddynt awdurdod. Y mae dyn yn medru bod yn greadur nobl. Felly hefyd y gymdeithas wareiddiedig. Ond pan ddwyfolir dyn mewn cymdeithas neu wlad, y mae caethiwed yn brofiad.

Yr oedd Paul yn parchu traddodiad. Bu'n rhaid iddo ddysgu nad oes gan draddodiad awdurdod di-amodol. Oherwydd fe wnaeth traddodiad Saul o Darsus yn ormesydd: teithiodd o Jerwsalem i Ddamascus i erlid yr Eglwys ac i wrthryfela. Crefydd ar ei waethaf. Medrai fynd yn gaethiwed. Deddf Moses yn crebachu y gwroniaid. Safon uniongyrchol oedd y Ddeddf. Yr oedd y Ddeddf yn dda. Yr oedd lle iddi, ond nid Duw mohoni. Peth dros dro yw'r **ddeddf.** Ond y mae rhyddid am byth. Ffrwythau'r Ysbryd. Cofiwn beth ydynt:

Cariad, llawenydd, tangnefedd, hirymaros, tiriondeb, daioni, ffydd, addfwynder, hunan-feistrolaeth.

I ryddid y'ch galwyd yn frodyr. I ryddid y rhyddhaodd Crist ni. Ac y mae hyn i ymledu trwy'r Greadigaeth i gyd. Oherwydd y mae hiraeth y greadigaeth yn disgwyl am ddatguddiad meibion Duw. Ac mewn gobaith y rhyddheir y greadigaeth hithau o gaethiwed llygredigaeth i 'ryddid gogoniant plant Duw.' Hwn yw y newydd da i bob un ohonom. Yn Enw'r Gwaredwr. Amen.

Pregeth 34

Disgwyl y Gogoniant

Testun: A disgwyl am y gwynfyd yr ydym yn gobeithio amdano yn ymddangosiad gogoniant ein Duw mawr a'n Gwaredwr Iesu Grist. / *Looking for that blessed hope and the glorious appearing of the great God and our Saviour Jesus Christ.* (Titus 2: 13)

Y mae ein holl grefydd a'n bywyd fel disgyblion i'w ganolbwyntio ar wrthrych mawr y ffydd, sef ein Duw mawr a'n Gwaredwr, Iesu Grist.
Come, Thou long-expected Jesus,
Born to set Thy people free,
From our fears and sins release us,
Let us find our rest in Thee.

Felly y canodd Charles Wesley. Fe ddaeth ein Gwaredwr, Iesu Grist i'n byd i weithredu ewyllys ei Dad. Dyna oedd y dyhead mawr oedd ganddo: paratoi calonnau a meddyliau dynion i dderbyn y Deyrnas. Nid gwaith hawdd yw hynny, gan ein bod yn greaduriaid balch ac hunanol ac am ein gosod ein hunain bob amser yn gyntaf ac yn flaenaf. Y 'FI' fawr. Ond mae Iesu yn galw arnom i ymwadu â ni ein hunain ac i godi a chario'r Groes. Ef yw'r Gwaredwr sy'n lleihau'r Hunan:
Os Efe gaiff ei le
Daw y ddaear fel y ne'.

Nid dyn da yn unig mo Iesu Grist, nac arweinydd ac athrylith crefyddol yn unig. Yr oedd yn Dduw mewn cnawd, ac felly yn llanw'r ddaear a'r nef. Soniodd lawer am hyn. Onid ef a soniodd wrthym am yr arfaeth:
Cyn bod Abraham, yr oedd yr Iesu.
Myfi a'r Tad, un ydym.

Hynny yw, y mae ewyllys Duw yn llywio fy ymateb i i fywyd a'i alwadau. A'r cyhuddiad a ddygwyd yn erbyn y Gwaredwr yn Llys y Sanhedrin a'r Prawf oedd – *'oherwydd fe'i gwnaeth ei Hun yn Fab Duw.'* Hwnnw oedd y cyhuddiad. Ond beth yw'r profion sydd gennym fod yr Iesu hwn yn Dduw ac yn Waredwr, ac i ddwyn gwynfyd i'n bywyd ninnau fel disgyblion. Sut fedr yr Iesu fod yn Waredwr? Y mae e'n Waredwr, meddwn.

Yn gyntaf, **oherwydd ei allu a'i awdurdod. dyna pam ei fod yn waredwr.** / *Jesus is saviour because of his might and authority.*
'Ni lefarodd Duw erioed fel y dyn hwn.' Yr oedd awdurdod ganddo i wella'r cleifion ac i ymlid y cythreuliaid ac i godi'r marw'n fyw. Awdurdod Duw oedd ganddo, fel y mae Pantycelyn wedi gosod y peth mor gelfydd:
> Gad im glywed sŵn dy eiriau,
> Awdurdodol eiriau'r nef
> Oddi mewn yn creu hyfrydwch
> Nad oes mo'i gyffelyb Ef.

Yr oedd gan Hwn awdurdod i dawelu stormydd y greadigaeth a stormydd y gydwybod a'r galon. Tawelodd storm ar Lyn Galilea. Yr oedd ganddo awdurdod i wella'r cleifion:
> Ti fu gynt yn gwella'r cleifion,
> Feddyg Da
> Dan eu pla,
> Trugarha wrth ddynion.

Y mae'n cofio teulu'r poen i gyd. Yr oedd ganddo awdurdod i lanhau afiechydon o bob math. Y mae rhai penodau yn llawn o'i allu a'i awdurdod, fel yr wythfed bennod o'r Efengyl yn ôl Sant Mathew, lle y cawn ein cludo i odre'r mynydd a'r tyrfaoedd wedi dod at ei gilydd, a Iesu yn glanhau y dyn gwahanglwyfus. Estynnodd Iesu ei law a chyffwrdd ag ef gan ddweud, 'Yr wyf yn mynnu, glanhaer di.' Fe iachaodd was y canwriad yng Nghapernaum. Fe gafodd ei blesio yn ffydd y canwriad; ac fe iachawyd y gwas am hynny. Ac yna, fe iachaodd fam-yng-nghyfraith Simon Pedr yng Nghapernaum, a lliaws eraill. Yn wir, y disgrifiad a gawn yw 'llawer'. 'Ac fe fwriodd allan yr ysbrydion â'i air, ac iacháu pawb oedd yn dioddef.'

Yn ail, **oherwydd iddo fyw fel Gwaredwr.** / *Jesus is Saviour because he lived as a Saviour.*

Ein problem ni yw byw ein ffydd a'n crefydd yn gonfesiynol, a hynny mewn gwlad sy'n amharod i roddi cyfle i Gristnogaeth gael y cyfleon a fyddai'n newid y cymunedau yn llwyr er lles y trigolion. Ond y gwendid mwyaf yw ein diffyg menter ninnau fel gweinidogion ac enwadau, a'n hofnau a'n hamharodrwydd i fod yn well disgyblion. Ond yr oedd Iesu Grist yn berffaith. Gosododd awdur yr Epistol at yr Hebreaid y gwirionedd hwn yn gelfydd. Gwrandewch arno:

Canys nid archoffeiriad heb allu cyd-ddioddef â'n gwendidau sydd gennym, ond un sydd wedi ei brofi ym mhob peth, yn yr un modd â ni, ac eto heb bechod.

Ceisiodd Satan a Theyrnas y Tywyllwch ei demtio i gymrodeddu ac i fod yn boblogaidd gyda'r dyrfa trwy gyflawni campau a chreu syndod a rhyfeddod. Ond fe wrthododd Iesu. Am nad diddanwr mohono ar lwyfan ond Diddanydd anfonedig nef, gallwn ni lawenhau.

Yn drydydd, **y mae gennym atgyfodiad Iesu fel prawf o'i hawl i fod yn Waredwr.** / *We have the resurrection of Jesus as proof that he is the Saviour of mankind.*

Llyncwyd angau mewn buddugoliaeth. O angau, lle mae dy fuddugoliaeth? O angau, lle mae dy golyn? Ond i Dduw y byddo'r diolch, yr hwn sy'n rhoddi'r fuddugoliaeth i ni trwy ein Harglwydd Iesu Grist.

A dyna pam nad yw ein llafur yn ofer yn yr Arglwydd. Oherwydd tystion i'w Atgyfodiad ydan ni. Mi dreuliais i amser hyfryd un haf ar bererindod i'r Aifft a daeth pedwar gweinidog Cymraeg yn y parti i weld y temlau a'r pyramidiau sy'n tystio mai arwyr ddoe ydynt i gyd. Ond y mae gennym ni Arwr ar gyfer yr **heddiw.** Nid oedd angen Pyramid fel bedd iddo ef. Y mae ei feddrod yn wag.

    Fe gododd y Ceidwad, boed moliant i Dduw,
    Fe goncrwyd marwolaeth, mae'r Iesu yn fyw!

Ac yn olaf, **y mae'n Waredwr am fod miloedd ar filoedd o bobl yn barod i dystio i hynny.** / *Jesus is Saviour because thousands and thousands of folk are ready to testify to such truth.*

Y mae Hwn, sy'n meddu awdurdod y Meddyg a'r Athro, y Proffwyd a'r Storïwr yn gweddnewid bywydau pobl ym mhob rhan o'r byd ac ymhob gwlad. Y mae'n medru troi y dyn a'r ddynes salaf mewn cymdeithas yn bobl sensitif a chynnes a chariadus. Dyna beth yw gwyrth, ie troi y cybydd yn haelionus; troi gŵr y dial a'r casineb yn ŵr cymod a charu; troi y clust-fyddar a'r difater yn frwdfrydig dros waith yr Efengyl.

Os oes unrhyw un yn barod i dderbyn Iesu y mae'n greadur newydd. Yr hen bethau a aethant heibio.

Trwy ffydd y mae Iesu yn dod yn Waredwr i ni. Y mae ganddo awdurdod i'n hanfon allan i genhadu ac i gyhoeddi'r Efengyl. A dyma'r fraint fwyaf y medr neb ei chael, sef ei alw i gyhoeddi Iesu'r Gwaredwr. Y mae e'n gwahodd disgyblion heddiw fel ddoe:

> Yr Iesu sy'n fy ngwadd
> I dderbyn gyda'i saint
> ffydd, gobaith, cariad pur a hedd
> a phob rhyw nefol fraint.

Y mae Satan a'i ganlynwyr yn ffroen-uchel, yn gwrthod cydnabod ei arglwyddiaeth, ond y mae Crist yn ein cymell i sefyll yn y bwlch heb ofn, gan ein hatgoffa na fedr un gelyn na grym na phwer na thywysog ymyrryd na dinistrio y berthynas sydd rhwng Iesu Grist a'i ddisgyblion. Am ei fod yn Waredwr, mae yn ein harbed rhag cosb pechod. 'Yr hwn a elwir ... yr hwn a wared ei bobl oddi wrth eu pechodau.' Am ei fod e'n Arglwydd, y mae'n rhoddi nerth i orchfygu pechod a cherdded law yn llaw gydag ef. Y mae gennym drysor, er bod y trysor hwn yn aml mewn llestri pridd. Ond nid mewn llestr y mae'r Iesu ond yn ein bywydau ni, ei ddisgyblion .

> Iesu, Iesu, rwyt ti'n ddigon,
> rwyt ti'n llawer mwy na'r byd;
> mwy trysorau sy'n dy enw
> na thrysorau'r India i gyd:
> oll yn gyfan
> ddaeth i'm meddiant gyda'm Duw.
>
> Amen.

PREGETHAU AR GYFER ACHLYSURON ARBENNIG

GŴYL Y GENI

Pregeth 35

Mawredd Ioan Fedyddiwr

Testun: A daeth gair Duw at Ioan, fab Sachareias, yn yr anialwch. / *The Word of God came unto John, the son of Zacharias in the wilderness.* (Luc / *Luke* 3: 2).

Dyma ddigwyddiad rhyfeddol. Y mae'n rhyfedd i Air Duw ddod at Ioan yn y diffeithwch o bob man. Ond felly y digwyddodd cyn ac ar ôl hynny. Ond y mae rhyfeddod yn air digon teg i ddisgrifio'r profiad a'r alwad a gafodd Ioan Fedyddiwr. Yn wir, dyna'r gair sy'n ffitio holl hanes yr Adfent a Gŵyl y Geni – rhyfeddod. Hwn oedd y gair y cafodd Ann Griffiths afael arno – yr union air i ddisgrifo Duw a'retifedd i'r Byd:
Rhyfedd, rhyfedd gan angylion,
rhyfeddod mawr yng ngolwg ffydd,
gweld Rhoddwr bod, Cynhaliwr helaeth,
a rheolwr popeth sydd,
yn y preseb mewn cadachau
ac heb le i roi'i ben i lawr,
eto disglair lu'r gogoniant
yn ei addoli'n Arglwydd mawr.
Ond sut air a ddaeth i Ioan?

Yn gyntaf, yr oedd yna **Air annisgwyl** – yn yr anialwch. Y mae'n ddigon hawdd meddwl am y Gair yn dod i ddynion pan fyddant yn darllen y Beibl. Felly y daeth y weledigaeth i lawer un – i Awstin Sant a Martin Luther, ac Esgob Montefiore yn ein dyddiau ni. Dod ar lwybr y disgwylid iddo ddod. Fe ddaeth y Gair lawer gwaith ar lwybr gwasanaeth ac addoli. Darllenwn yn barhaus am frodyr a chwiorydd a gafodd eu dwysbigo gan y Gair mewn oedfa. Cofio clywed am gyfarfodydd gweddi undebol ym Mae Colwyn, bum mlynedd yn ôl, pryd y teimlwyd pwerau ac eneiniad. Ac meddai'r gweinidog

wrth adrodd yr hanes, 'Fe ddigwyddodd un peth na welais i mohono o'r blaen – y gynulleidfa yn torri allan i ganu emyn y Parchedig W. Rhys Nicholas':
>Tydi a wnaeth y wyrth, O Grist Fab Duw,
>tydi a roddaist i mi flas ar fyw;
>fe gydiaist ynof drwy dy Ysbryd Glân ...

Yr oedd haleliwia'r Gair yng nghalonnau y gynulleidfa. Ond y mae'r anhebyg yn digwydd – y Gair yn dod i'r diffeithwch. Dyma ydyw thema yr Adfent. Daeth Gair Duw at Ioan Fedyddiwr yn anialwch Jwdea.

Y mae rhai ohonoch wedi gweld yr anialwch hwnnw. Y mae pob pregethwr ar ei golled os na welodd yr olygfa. Yr olygfa, yn ôl yr awdurdod pennaf ar ddaearyddiaeth Palestina'r Beibl, sef George Adam Smith a luniodd ac a fowldiodd gymeriadau fel Amos y proffwyd a rhagredegydd i'r Meseia, ie Ioan Fedyddiwr ei hun.

'Does dim pridd i'w gael yno. 'Does dim digon o law. Y mae *peth* tyfiant, mae'n wir – digon, hwyrach i gynnal y defaid a'r geifr. Dyna'r diffeithwch y daeth y Gair iddo, sef y lle mwyaf annisgwyl.

Yn ail, **Gair addas** oedd y Gair – addas i Ioan Fedyddiwr, addas i'w gofnodi wrth baratoi ar gyfer dyfodiad Iesu Grist, addas ar gyfer dynion mewn diffeithwch. Dyna y mae'n rhaid ei gofio. Oherwydd un disgrifiad digon teg o'n byd yw disgrifiad yr emynydd, Pantycelyn, o'n byd fel anialwch:
>Tyred, Iesu, i'r anialwch,
>at bechadur gwael ei lun,
>ganwaith ddrysodd mewn rhyw rwydau,
>rhwydau weithiodd ef ei hun;
>llosg fieri sydd o'm cwmpas,
>dod fi i sefyll ar fy nhraed,
>moes dy law, ac arwain drosodd
>f'enaid gwan i dir ei wlad.

Gall profiadau'r daith wneud bywyd yn ddiffeithwch. Profedigaethau bywyd. Ond y mae Gair Duw yn troi'n obaith a chysur a nerth. Felly y gwelodd Robert ap Gwilym y sefyllfa yn ei englyn:
>Er cwyno lawer canwaith – a gweled
>>Twyll y galon ddiffaith,
>>Ni fyn Duw o fewn y daith
>>Droi neb i dir anobaith.

Cymro diddorol iawn oedd D. R. Davies a fu yng nghanol y bywyd gwleidyddol yn Iowr, yn weinidog gyda'r Annibynwyr, ond a ddaeth yn drwm o dan ddylanwad y Llyfr Gweddi Gyffredin a throi yn Eglwyswr. Fe fu ym Mhenarlâg a chafodd ei ordeinio yn offeiriad. Ysgrifennodd hanes ei bererindod o dan y teitl, *In Search of Myself.* Profiad y diffeithwch sydd ganddo. Ei fywyd mewn sefyllfa dorcalonnus. Ond yn yr argyfwng hwnnw, fe ddaeth Gair Duw iddo. Dyma oedd y trobwynt a'i newidiodd a'i wneud yn ddyn hollol newydd. Daeth perarogl yr ardd yn hytrach na gwacter y diffeithwch i brydferthu ei fywyd.

Ac y mae Luc am bwysleisio addasrwydd y Gair i Ioan Fedyddiwr trwy ei wreiddio mewn hanes. Pam hynny? Wel dim ond i bwysleisio – i danlinellu – a dyna'r foment a'r eiliadau i'w trysori. 'Does dim byd arall mor bwysig â hyn. Trysorwch y Gair, am ei fod e'n addas i chwi ac i minnau.

Ac yn drydydd, **Gair yr Alwad,** Gair Duw. Y mae'n bwysig i ddweud mai dyma'r unig le yn y Testament Newydd y ceir yr ymadrodd, ond y mae i'w weld yn aml yn yr Hen Destament. Fe'i defnyddiwyd am Ioan am ei fod yn llinach y proffwydi mawrion yn yr Hen Destament. Ac y mae'r ymadrodd *Gair Duw* yn werth ei anwylo – nid cyfeirio y mae at yr Efengyl gyflawn. Nid dyna a ddaeth i Ioan Fedyddiwr yn yr anialwch – ond gair arbennig ar gyfer tasg arbennig. Daeth ysbrydoliaeth ddwyfol i ŵr yng nghanol diffeithwch anial a digalon. A beth wnaeth y Gair ond anfon Ioan allan i bregethu ac i gyhoeddi yr angen am edifeirwch: 'Edifarhewch, canys nesaodd Teyrnas Nefoedd.'

Yr angen am **gredu.**

Gair Duw sy'n anfon dynion allan. Nid yw pob un yn cael yr alwad i bregethu fel Ioan ond y mae yn cael ei alw i dystio i'r argyhoeddiad sydd ynom mai Duw ydyw awdur pob daioni a thegwch. Y mae ei fyd ef yn fyd cyfiawn a chwarae teg, rhaid cydnabod bod y Creawdwr yn fwy na'i greadigaeth. Pan wnawn ni hynny, yna fe welwn y cread yn rhodd i ni, yn llawn o ddaioni y Rhoddwr.

Un o arwyr yr Eglwysi Uniongred ydyw gŵr o'r enw Sant Maximum – gŵr a gafodd ei alw gan Dduw, ac a sylweddolodd ei fod ef yn medru caru dynion a'u byd yn Nuw:

> *Knowing God he knows him as all in all things and all people. He knows him as 'All' since there exists nothing in anything which does not belong to God.*

Pan gilio'r haul o orwel byd,
Daw'r lloer i ddringo'r nef,
Pan gilio'r ddau, gwelwn o hyd
Ei seren lachar Ef.

Dyna oedd cerdd y Dr J. Gwyn Griffith. Y mae Gair Duw yn dod i ddyn i'w anfon allan yn Dyst i Fab y Dyn. Dyna oedd prif bwrpas Ioan mewn bywyd. Dyma ydyw galwad yr Adfent, sef i bwyntio at, i gyhoeddi, i argyhoeddi Adfent Iesu. Y mae'n waith nad oes terfyn iddo. Gwaith dynion ac angylion ydyw, holl lu'r nef a'r cwmwl tystion. Cafodd Moses, Eleias, Ioan, Iesu, Awstin Sant, Martin Luther, Howell Harris, Kagawa o Siapan – pob un ohonynt alwad fel canlyniad i ddyfodiad Duw atynt yn ei Air. Dyna mae ei ddyfodiad ef yn ei gyflawni. Rhoddi arweiniad a chonsarn a neges yn ein genau. Ac mi all ddigwydd yn y diffeithwch. Yn y diffeithwch y clywodd Moses yr alwad, ac Eleias hefyd. 'Does dim llais arall yn galw yn yr anialwch ond llais y Diafol. Yn yr anialwch y profodd yr Arglwydd Iesu rym a chlyfrwch y Temtiwr. Yn yr un anialwch ag y clywodd Ioan yr alwad.

Anialwch oedd y byd cyn dyfod Iesu Grist. Popeth yn sychu i fyny. Ond i'r anialwch y daeth y Neges. Fe wyddom ninnau am sychder ac am anialwch ein calonnau. Ond ni fedrwn ni godi ein golygon. Daw'r neges a'r Gair atom:
> Hark! A thrilling voice is sounding;
> 'Christ is nigh' it seems to say;
> 'Cast away the dreams of darkness,
> O ye children of the Day'.

Amen.

Pregeth 36

Duw yn mynegi ei hun yn yr Iesu

Testun: Duw, wedi iddo lefaru lawer gwaith a llawer modd gynt wrth y tadau trwy'r proffwydi, yn y dyddiau diwethaf hyn, a lefarodd wrthym ni yn ei Fab. / *God, who at sundry times and in diverse manners spake in time past unto the fathers by the prophets, hath in these last days spoken unto us by his son.* (Hebreaid / *Hebrews* 1: 1-2)

'Rwy'n hoff iawn o'r Epistol at yr Hebreaid am fod yr epistol mor wahanol, mor athronyddol ei agwedd, ac mor glasurol ei fynegiant. Dim ond awdur a oedd wedi ymdrwytho yn llenyddiaeth gwlad Groeg a fedrai ysgrifennu brawddegau mor gelfydd â'r hyn a welir yn yr Epistol hwn. Ac y mae'n agor yr epistol yn hollol wahanol i bob un o'r llythyron o'r Epistolau eraill trwy ddangos yn gwbl eglur mai gwaith arloesol y Testament Newydd ydyw cyhoeddi am ddyfodiad Iesu Grist i blith plant dynion. Dyna yw'r Nadolig: cyfle i ddynion gofio yr hyn a wnaed er ein mwyn, rhoddi cyfle i ni blygu yn wylaidd gerbron Gorsedd Duw i ganmol ei ofal a'i ddarpariaeth tuag atom. A chofiwn **dri** pheth yng ngoleuni adnod y testun:

Yn gyntaf, **fod y llefaru trwy'r Mab yn llefaru cyflawn.** / *complete revelation.*

Peidied neb â meddwl am foment mai ceisio dangos pa mor anghyflawn oedd y proffwydi oedd pwrpas yr Epistol at yr Hebreaid. Ond dangos pa mor arbennig fu'r proffwydi oedd ei amcan. Hwy, wedi'r cyfan, oedd cydwybod Israel. Eu gwaith hwy oedd llefaru holl gynghorion Duw, heb ofn brenin na llys na gwlad. Dweud yn gwbl eglur yr hyn y dylai eu cyd-ddynion ei glywed a gweithredu arno.

Ond er mor arbennig oedd llefaru y proffwydi, nid oeddynt i'w cymharu â'r llefaru yn Iesu Grist. Llefaru bratiog ydoedd eu llefaru hwy. Rwy'n meddwl bod y gair Saesneg *fragmentary* yn air cymwys i ddangos pa fath o ddatguddio a ddigwyddodd. Dynion un gwirionedd oedd y proffwydi ran amlaf. Cymerwch chi DRI o broffwydi mawr yr wythfed ganrif cyn Crist, sef Amos, Eseia o Jerwsalem a Hosea. Galwad Amos oedd yr alwad am gyfiawnder cymdeithasol. Dyna oedd yn ei flino – gweld y cyfoethogion yn ecsploetio y tlodion yn eu trachwant. I Eseia o Jeriwsalem, y peth mawr, ysgytiol yn ei hanes e oedd cyhoeddi am **sancteiddrwydd Duw.** Dyma'r Duw

a'i galwodd yn ystod yr addoliad yn y Deml – y Sanctaidd Iôr. Profiad Eseia oedd:
>   Llawn yw'r nefoedd o'th ogoniant,
>   Llawn yw'r ddaear, dir a môr;
>   Rhodder iti fythol foliant,
>   Sanctaidd, Sanctaidd, Sanctaidd Iôr.

I Hosea, ac oherwydd ei brofiadau chwerw yn ei gartref ei hun, fe gyhoeddodd yn enw Duw, ryfeddod y **cariad sy'n maddau** – *the forgiving love of God*. Yr oedd pob un o'r tri – drwy eu profiadau o fywyd a phrofiadau'r genedl, wedi cael gafael ac wedi mynegi darn o **wirionedd Duw**. Nid oedd un ohonynt wedi cael gafael ar yr **holl wirionedd** – ond gyda Iesu, yr oedd hi'n wahanol iawn. Nid darn o'r gwirionedd oedd ganddo, ond y gwirionedd i gyd: 'Myfi yw'r ffordd, y gwirionedd a'r bywyd.' meddai. Yn Iesu Grist, yr oedd Duw yn ei fynegi ei Hun yn gyflawn.

Yn ail, **fod y llefaru trwy'r Mab yn llefaru uniongyrchol.**
Y mae llefaru'r proffwydi yn llefaru grymus:
>   Darfu i Moses a'r proffwydi
>   ddweud amdano cyn ei ddod.
>   Iesu yw, Gwir Fab Duw.
>   ffrind a Phrynwr dynol-ryw.

Ac y mae'r emynydd wedi disgrifio'n gwbl gywir arwyddocâd Iesu – gwir Fab Duw. Ffrindiau i Dduw oedd y proffwydi – y Mab yw Iesu. Yr oedd y proffwydi wedi cael gafael ar ran o fawredd a phwrpas yr Anfeidrol – ac Iesu oedd y meddwl hwnnw. Dyna sut y mae deall a gwerthfawrogi y profiadau rhyfeddol a gafodd – yn y Bedydd – yng Nghesarea Philippi – yn yr Ymgnawdoliad – yn ei Ddioddefaint ar y Groes:
>   Hwn yw fy annwyl Fab, yn yr hwn y'm bodlonwyd.

Dyna hefyd y llawenydd yn nhueddau Cesarea Phillippi pan ganfu fflach y datguddiad o'r nef yng Nghyffes Pedr:
>   Ti yw y Crist, Mab y Duw Byw.

Ym mhob gweithred o iacháu, o ddysgu, o hyfforddi, o ddwysbigo, yr oedd y llefaru yn llefaru uniongyrchol. Llefaru'r Mab oedd llefaru'r Tad:
>   A phan ddaeth cyflawnder yr amser, y danfonodd Duw ei Fab, wedi ei wneuthur o wraig, wedi ei wneuthur o dan y ddedf.

Duw sy'n llefaru'n uniongyrchol wrthym ni yn ei Fab. Ac nid oes o fewn y Beibl rannau sy'n pwysleisio gwaith y Mab yn fwy na'r penodau cyntaf yn y

Llythyr at yr Hebreaid.

Yn drydydd, **y mae'r llefaru drwy'r Mab yn llefaru terfynol.**
Fe ddywedir cryn lawer wrthym yn nechrau'r bennod hon am y llefaru terfynol hwn. Fe ddywedir wrthym fod **Gogoniant Duw** yn perthyn iddo. Dyna wirionedd y mae'n werth syllu arno am foment. Iesu Grist yw **Gogoniant Duw.** Ac felly, fe welwn o'r newydd sut fath o gariad sydd gan Dduw tuag atom. Cariad yw hwn sy'n barod i ddioddef – a maddau – a derbyn drachefn yr hwn a grwydrodd ymhell.

Iesu Grist yw cyfrwng y gweithredu creadigol a berthyn i Dduw. Dyna fel y deallodd yr Eglwys Fore y gwirionedd – iddynt hwy, Iesu oedd yn rhan o'r Creu; yr Hwn a **greodd** yw'r Hwn a **achubodd** y byd. Dyna pam bod y Groes ar lwybr y **crud,** a'r Mab Bychan a goncrodd bwerau'r tywyllwch i'w weld mor eglur yn y darlun. Goruchafiaeth yw gair sy'n crynhoi brwydr Calfaria a Gorffennwyd. Mae'n derfynol:

> Un waith am byth oedd ddigon
> i wisgo'r goron ddrain;
> un waith am byth oedd ddigon
> i ddiodde'r bicell fain:
> un aberth mawr yn sylwedd
> yr holl gysgodau i gyd;
> un Iesu Croesheoliedig
> yn Feddyg trwy'r holl fyd.

Ac yna'r **Atgyfodiad.** 'Yr Iesu hwn a gyfododd Duw i fyny.' Ei lais a'i awdurdod Ef wedi'r Esgyniad i'r 'gogoniant oedd iddo gyda'r Tad cyn bod y byd' ydyw hyn. Gwir y dywedodd Ioan ar Patmos:

> Myfi yw Alffa ac Omega, y dechrau a'r diwedd. A'r hwn wyf fyw, ac a fum farw, ac wele byw ydwyf yn oes oesoedd, Amen. Ac y mae gennyf agoriadau uffern a marwolaeth.

> Mawr yw Ef yn y nef
> Ar ei orsedd gadarn gref.

Crëwr y bydoedd oll ydyw Gwaredwr y Byd. Y mae'r ddaear i gyd – gan gynnwys Dyn – yn deml i ogoniant Duw. T. S. Elliott sy'n sôn mor arbennig am hyn:

We praise Thee, O God, for the Glory displayed in all the creatures of the earth.

Y mae Duw wedi ei ddatguddio'i Hun yn holl amryliw ac amrywiaeth ei greadigaeth, ond mewn ffordd na fedrwn ni mo'i anwybyddu, fe'i datguddiodd ei Hun yn ei Fab, Iesu Grist. Duw mewn cnawd – y dwyfol nid yn unig ar enau y proffwydi ac yn eu geiriau a'u cenadwri ond yn ffaith yn hanes y byd ac ar waith yn ein mysg.

Cododd yr Ymgnawdoliad bobl o'r llwch a rhoddi urddas iddynt. Ac er amharchu'r ddelw lawer gwaith eto, ni allwn anghofio bod bywyd i gyd oherwydd geni'r Mab yn rhan o iachawdwriaeth Duw ar gyfer dynoliaeth. Gwisgwyd y greadigaeth â mantell ei gariad. Ni allwn anghofio bod y byd yn Un yng Nghrist Iesu.

The prophets had indeed the word of God, but they themselves were not the word. He is God Himself.

Datguddiad cwbl arbennig, terfynol yw'r datguddiad a goronir yng Ngŵyl y Geni. Amen.

Pregeth 37

Gwerth y Goleuni i Fywyd y Byd

Testun: Goleuni i oleuo y Cenhedloedd, a gogoniant dy bobl, Israel. *A light to lighten the Gentiles. And the glory of thy people Israel. (Luc/Luke 2: 32)*

Rhoddwn yr argraff yn aml fod pawb o arweinwyr yr Iddewon yn disgwyl am Feseia gwladol i dorri iau y Rhufeiniaid. Arweinydd gwleidyddol a gwladol a fyddai yn dwyn rhyddid drachefn i'r Iddewon. Ac yr oedd carfan dda ohonynt yn derbyn y safbwynt honno. Ond nid pawb o bell ffordd, ychwaith. Yn Israel yn nyddiau Iesu, yr oedd yno arweinwyr a elwid 'Y Rhai Tawel yn y *Tir'* (*Quiet in the Land*) ac ymhlith y rheini, yr oedd Simeon o Jerwsalem – gŵr a elwir yn gyfiawn a duwiol, yn disgwyl am ddiddanwch yr Israel. Gŵr oedd hwn a gredai yng ngrym gweddi a disgwyl fel eraill yn amyneddgar, hyd nes i Dduw ddyfod atynt i'w cysuro a'u diddanu. Ar hyd ei oes, bu Simeon yn disgwyl y dyfodiad, a'r addewid iddo oedd cael byw i weld yr Eneiniog. Yn y Baban Iesu, fe adnabu y Brenin hir-ddisgwyliedig ac addawedig. Yr oedd Simeon bellach yn barod i ymadael mewn heddwch â'r byd hwn, ac fe ganodd ei gân o ddiolchgarwch i Dduw am y newyddion da:

> Canys fy llygaid a welsant dy iachawdwriaeth, yr hon a baratoaist gerbron wyneb yr holl bobloedd; Goleuni i oleuo y Cenhedloedd, a gogoniant dy bobl, Israel.

Dyma un o emynau mawr y Ffydd Gristnogol – emyn sy'n cyhoeddi y gobaith a'r goleuni a ddaeth i'n byd yn Iesu Grist. Ac fe ddysgodd Simeon ni i feddwl am Iesu Grist fel un sydd yn agor, fel un sydd yn goleuo, ac fel un sydd yn cymodi dynion â'i gilydd.

Yn gyntaf, **Yr Agorwr.**

Yr un sydd i agor llygaid a chalonnau dynion i'r Goleuni, i gynorthwyo trwy estyn llaw i bobl allu dod i'r Deyrnas. Dyna a wnaeth Iesu – agor llygaid a chalonnau dynion i'r Deyrnas. Cyhoeddi am y Deyrnas. Ac ystyr y term *Teyrnas Nefoedd* ydyw Teyrnas Dduw. Fe ddysgwn am y Deyrnas hon yng Ngweddi'r Arglwydd:

> Deled dy Deyrnas –
> Gwneler dy ewyllys ar y ddaear megis yn y nefoedd.

Dyna'r disgwyl. Dyna'r diffiniad. Dyna'r gwirionedd. Teyrnas Dduw yw'r gymdeithas honno ar y ddaear lle y mae ewyllys Duw yn cael ei gario allan, fel y mae yn y Nefoedd. Ond fel y rhybuddiodd Simeon, mi fyddai yna wrthwynebiad i'r fath Deyrnas. Oherwydd, 'all neb fod yn niwtral wyneb yn wyneb ag Iesu Grist. Yr ydym yn barod i'w dderbyn neu ei wrthod. Naill ai dweud a wnawn:

> Mawr yw Iesu yn ei Berson,
> mawr fel Duw, a mawr fel dyn;
> mawr ei degwch a'i hawddgarwch,
> gwyn a gwridog, teg ei lun:
> mawr yw Ef yn y nef
> ar ei orsedd gadarn gref.

neu ynteu ddweud, 'Ymaith ag Ef, Croeshoelier Ef.' Nid oes modd eistedd ar y ffens. 'Yr hwn nid yw gyda mi, y mae yn fy erbyn' meddai Iesu. Ond cofiwn mai dod i agor calonnau a llygaid y deillion ysbrydol a wnaeth y Mab Bychan:

> Frodyr, dewch llawenhewch,
> Diolchwch iddo, byth na thewch.

Yn ail, **Ef yw'r Goleuni ei Hun.** Y mae'r Ysgrythurau yn llawn o'r gymhariaeth ynglŷn â **goleuni.** Gwrandewch ar Eseia o Jeriwsalem:
> Y bobl a rodiasant mewn tywyllwch a welsant oleuni mawr; y rhai sydd yn aros yn nhir cysgod angau y llewyrchodd goleuni arnynt.

Ac meddai Efengyl Ioan wrth gymharu Iesu Grist ag Ioan:
> Nid ef oedd y goleuni; eithr efe a anfonasid fel y tystiolaethai am y Goleuni. Hwn ydoedd y Gwir Oleuni, yr hwn sydd yn goleuo pob dyn a'r y sydd yn dyfod i'r byd.

Ac nid oes rhaid imi ddweud bod y Goleuni hwn yn bod, nid yn gymaint i'r llygaid ond ar gyfer ein heneidiau. Gwybodaeth o ffyrdd Duw a'i gariad, ac yng ngoleuni cariad Duw y mae deall y dyfodiad yn y lle cyntaf.

> *Canys felly y carodd Duw y byd gymaint fel yr anfonodd Efe ei Uniganedig Fab, fel na choller pwy bynnag a gredo ynddo Ef, ond caffael ohono fywyd tragwyddol.*

Caru'r byd – nid cenedl, ac nid yn unig y bobl oedd yn ei garu Ef ond y byd cyfan. Byd adeg y Nadolig. Byd Simeon a byd Herod – y da a'r drwg, yr addfwynaf o blant dynion a'r creulonaf ohonynt. Goleuni ar gyfer y dyn anniolchgar sydd byth yn meddwl am y Goleuni – y mae pob un yn cael ei glymu yn y Goleuni hwn. Fel y dywedodd Awstin Sant:

Y mae Duw yn caru pob yr un ohonom fel pe bai dim ond un ohonom i'w garu / *God loves each one of us as if there was only one of us to love.*

Dyma oedd yn arbennig i'w gyhoeddi meddai Horatius Bonar:

> Mi glywais lais yr Iesu'n dweud
> Goleuni'r Byd rwyf fi;
> tro arnaf d'olwg, tyr y wawr,
> A dydd a fydd i ti".
> At Iesu edrychais; ces fy Haul
> fy haul a'm Seren yw;
> Ac yn ei olau rhodio wnaf
> Nes cyrraedd draw i dref.

Yn drydydd, **Tywysog Tangnefedd yw'r Iesu Hwn. Y Cymodi.**

Galwodd Eseia Iesu yn Dywysog Tangnefedd, ac yn y garol gyntaf a ganwyd gan yr angylion wrth y bugeiliaid uwch ei grud, dyma a glywyd:

> Gogoniant yn y goruchaf i Dduw, ac ar y ddaear tangnefedd i ddynion ewyllys da.

Hwn yw ein Harglwydd ni – Arglwydd y cymodi.

Fe glywn weithiau bobl yn dweud, 'Pam nad yw Duw yn gweithredu yn ei allu, yn gwneud yr hyn y soniodd y Salmydd amdano?'

Gwna i ryfeloedd beidio hyd eithaf y ddaear; efe a ddryllia y bwa, ac a dyrr y waywffon.

'Pam na fedr Duw ymyrryd i atal y drygioni arswydus a welwn o ddydd i ddydd yn ein byd?' A'r ateb yw fod Duw wedi ymyrryd. Fe anfonodd ei Fab i'r byd i gyhoeddi wrthym mai ffordd cymod a chariad a thangnefedd yw'r ffordd ar gyfer dynion. Ond ar hyd y canrifoedd fe gafwyd pobl yn gwrthod y ffordd hon. 'Dydy'r byd ddim wedi cydweithredu fel y dylai gyda Duw.

Yn ei oes ei hun, felly y bu hi – ac yn ein canrif ninnau, fe wyddom am bobl sydd yn amharod i dderbyn neges y cymod. Y cymod rhyngom ag Ef ei Hun, a'r cymod rhyngom â'n gilydd. Dyna sydd werthfawr.

Gwelais lun a dynnwyd o Eglwys Gadeiriol San Paul yn Llundain yn ystod yr Ail Ryfel Byd. Dangosai'r llun y tŵr *(dome)* yn ystod oriau'r nos, yng ngoleuni llachar hwnnw oedd yn chwilio'r nen am eroplên yr Almaenwyr. Dyma lun o gyferbyniad, a'r cyferbynnu hwnnw yn digwydd rhwng tywyllwch a goleuni llachar y goleuadau – a'r nen yn ddu. Cyferbynnu a allai fod yn sefyll dros y gwahaniaeth oedd yn bod rhwng yr Eglwys fawr (sumbol o heddwch) a'r goleuni a ddefnyddiwyd i amddiffyn Llundain rhag y gelyn. Goleuni a thywyllwch, rhyfel a heddwch i'w weld.

Fe ddaeth y Rhyfel Mawr i ben a gosodwyd y goleuni o'r golwg dros dro. Ond y mae'r Eglwys yn aros yn arwyddlun (*emblem* yn Saesneg) o heddwch a chariad a chymod. Fe welir yr Eglwys gan filoedd ar filoedd mewn cwrs penwythnos. Ac fe gyhoeddir iddynt fel y mae Teyrnas Iesu Grist yn cael lle yng nghalonnau dynion. Y mae goleuni yn dod yn lle'r tywyllwch, a daioni yn tyfu'n gryfach na drygioni. Pe bai pawb yn byw fel y dymunodd yr Arglwydd Iesu Grist, yna fe wireddid dyhead yr emynydd:

    Fel na byddo mwyach na dial na phon,
    Na chariad at ryfel, ond rhyfel yr Oen.

    Tywysog Tangnefedd wna'n daear o'r diwedd
    yn aelwyd gyfannedd i fyw;
    ni fegir cenfigen na chynnwrf an chynnen,
    Dan goron bydd diben ein byw.

Amen.

Pregeth 38

Cyfaredd yr Enw ar y Mab bychan

Testun: A gelwi ef Iesu. / *And you shall give him the name Jesus*. (Luc 1: 31)

Mawredd Luc fel hanesydd yw bod ganddo ddawn i nodi y manylion, a dyma un o'r manylion sy'n llenwi'r darlun. Oherwydd y mae pob dyn a anwyd wedi derbyn enw, ac y mae'r enw a roddwyd arnom yn golygu cymaint. *'What's in a name?'* meddai Shakespeare. Wel, yr ateb ydi popeth. Ac yr oedd yr Iddew yn dewis yn ofalus. Yn wir, yr oedd iddynt ffordd a dull ardderchog o wneud. Rhoddid dau enw i'r mwyafrif. Enw i ddechrau ag ystyr arbennig iddo – ystyrlawn, symbolaidd. Ac yna ar ôl i'r plentyn dyfu, a haeddu enw gwahanol, fe roddid enw arall iddo. Enw oedd hwn yr oedd ef bellach wedi ei ennill trwy ei ymdrechion a'i ddaioni ei hun. Ac felly, i'n pwrpas ni, edrych a wnawn ar yr enw a'r enwau a gafodd Iesu – yr enwau a enillodd Iesu, a'r enw sydd yn ein clymu ni â'n Gwaredwr.

Yn gyntaf, **Yr Enw a Gafodd y Mab Bychan – Iesu.**
Enw oedd 'Iesu', ac enw digon cyfarwydd a phoblogaidd yn nyddiau Joseff a Mair. Rhoddwyd ef yn aml ar blant mewn cof am un o wŷr enwog yr Hen Destament, Joshua – a arweiniodd ei genedl i mewn i Wlad yr Addewid. Y mae pob cenedl a gwlad yn y byd a chanddynt bobl tebyg i Josua. Glyndŵr a Llywelyn yn hanes y Cymry a Wellington a Churchill yn hanes y Saeson. Pobl a fu'n arweinwyr doeth ac a fu yn arwain mewn argyfyngau yn hanes rhyfeloedd ydy'r rhain. Ond y mae'r Gwaredwr hwn yn wahanol iawn i Josua. Oherwydd arbed pobl oddi wrth eu pechodau yw pwrpas Iesu. Y mae'n wir fod pobl sydd o dan gyfaredd Iesu yn barod hefyd i amddiffyn gwerthoedd yr Efengyl, yn barod i arddel y da a'r gwir, ac i bledio achos y gwan a'r difreintiedig, amddiffyn hawliau dynol a breintiau cenedl a gwlad. Ac y mae'r gwr sydd yn derbyn Iesu yn **Waredwr** yn gweld yr angen am wreiddiau mewn bro a chenedl yn ogystal a gweld ei fywyd yn nhermau dinesydd yr holl fyd. Dydy caru cenedl ddim yn groes i garu byd.

Ac felly, Gwaredwr cariadus ydyw Iesu, fel y deallodd ein hemynwyr bron i gyd – ac y maent wedi amgyffred bod yn rhaid codi'n golygon o Fethlehem i Galfaria i ddeall ystyr yr enw. Ond diolch am yr enw a'r hyn a wnaeth y Ceidwad:

'Rwy'n dewis Iesu a'i farwol glwy
Yn Frawd a Phriod imi mwy;
Ef yn Arweinydd, Ef yn Ben
I'm dwyn o'r byd i'r nefoedd wen.

Ffordd newydd wnaed gan Iesu Grist
I basio heibio i uffern drist,
Wedi'i phalmantu ganddo Ef
O ganol byd i ganol nef.

Yr enwau a enillodd Iesu yn ystod ei weinidogaeth. Maent yn niferus iawn:

Oen Duw. Fe gafodd yr enw hwnnw ar ddechrau ei weinidogaeth. 'Wele Oen Duw, yr hwn sydd yn tynnu ymaith bechodau'r byd.' A beth am emyn mawr Williams, Pantycelyn?

O! nefol, addfwyn Oen

Sy'n llawer gwell na'r byd,

A lluoedd maith y nef

Yn rhedeg arno'u bryd.

Y Tyst Ffyddlawn. Tyst ffyddlawn i Dduw y Tad – yr hwn sydd yn ein hysbysu ni am gyngor Duw. Dyma'r Tyst Ffyddlawn o drefn a chariad Duw i'r byd i amlygu i ddynion ei gonsarn a'i garedigrwydd.

Y Bugail Da. Y Bugail sy'n arwain y praidd; y bugail sydd yn ein hamddiffyn; y bugail sy'n barod i aberthu: 'Myfi yw y Bugail Da. Y Bugail Da sydd yn rhoddi ei einioes dros y defaid.' Darlun o'r Bugail yn cyrchu y ddafad golledig sydd gennym:

Y Bugail mwyn o'r nef a ddaeth i lawr,
I geisio'i braidd trwy'r erchyll anial mawr:
Ei fywyd roes yn aberth yn eu lle,
A'n crwydrad hwy ddialwyd arno fe.

Y Cyntaf-Anedig oddi wrth y Meirw. Hynny yw, teitl am yr offeiriad. Daeth Iesu i offeiriadu i'r byd, ac wrth gyflawni gwaith yr offeiriad, bu'n rhaid iddo 'ddioddef gwaradwydd a phoen a'r felltith ar Galfari fryn.' Gallasai ddysgu fel proffwyd a llywodraethu fel brenin heb farw, ond ni allsai fod yn offeiriad heb ddioddef gwaradwydd y Groes.

Mab Duw. Dyna'r teitl a roddwyd iddo gan Seimon Pedr yn y Seiat yng Nghesarea Philippi pan ofynnodd Iesu Grist gwestiwn digon naturiol, 'Pwy y mae dynion yn dywedyd fy mod i, fab y Dyn?' Ac fe gafwyd yr atebion arferol. Rhai mai Eleias ydoedd; eraill mai Jeremeia ydoedd; eraill drachefn mai un o'r proffwydi oedd Hwn. Ac yna daw yr ateb gwefreiddiol oddi ar wefusau Pedr: 'Ti yw y Crist, Mab y Duw Byw.'

Tywysog Brenhinoedd y Ddaear. Efe sydd yn gosod tywysogion a brenhinoedd i lywodraethu, ac efe sydd yn ysgwyd y teyrnasoedd. Dysgodd bobl mewn llawer gwlad i ddweud eu cwyn wrtho pan oedd brenhinoedd a llywodraethwyr y ddaear yn tresmasu a gorthrymu ar yr anghenus.

Tywysog Tangnefedd. Dyna deitl a roddwyd arno yn ei enedigaeth, ac a enillodd ar hyd ei weinidogaeth, yn wir. Wrth ddilyn ffyrdd Iesu, y mae gobaith i'n byd a'n cenhedlaeth:
Tywysog tangnefedd wna'n daear o'r diwedd
Yn aelwyd gyfannedd i fyw;
Ni fegir cenfigen na chynnwrf na chynnen,
Dan goron bydd diben ein Duw.

Yn drydydd, **Yr Enw a ychwanegwyd at yr Enw ar ei Enedigaeth – Crist.** Yr oedd disgwyliad mawr ymhlith ei gyd-genedl am y person nodedig a fyddai'n dod i'w harbed o'u hannibendod a'u trybini. Enw a roddwyd oedd y Meseia, sy'n golygu 'Yr Eneiniog Un' a'r fersiwn Groegaidd ar yr enw Hebraeg, Meseia yw Crist. Yr un ystyr. A gwelodd ei ganlynwyr Iesu fel y Meseia, yr Achubydd, a dyma yr enw a ychwanegwyd gan ei gyfeillion, ei ddisgyblion a'i ganlynwyr. Ac yn fuan daeth yr enw i'w gysylltu â'r enw gwreiddiol, a 'fedrwn ni ddim meddwl amdano ond fel Iesu Grist.

Y mae'r gair *eneinio* â **dau** ystyr iddo yn y Testament Newydd. Yn gyntaf, eneinio'r claf a'r clwyfus, fel y'n dysgir yn Epistol Iago. Ond hefyd y mae ystyr arall – fel nod Duw a'i fendith ar berson a osodwyd o'r neilltu i gyflawni ei waith arbennig. Y mae eneinio Dafydd yn frenin yn enghraifft o'r peth. Ac felly, fe eneiniwyd Iesu wrth iddo dderbyn teitl, Iesu Grist. Fe'i hanfonwyd gan Dduw fel y deallodd Dafydd Jones o Gaio:
Wele, cawsom y Meseia,

Cyfaill gwerthfawroca' 'rioed;
Darfu i Moses a'r proffwydi
Ddweud amdano cyn ei ddod:
Iesu yw, gwir Fab Duw,
Ffrind a Phrynwr dynol-ryw.

Yr ydym ni ran amlaf yn sôn ac yn siarad am y Gwaredwr fel Iesu Grist, ac y mae'r geiriau yn dod i'n gwefusau yn syml. Ond mewn gwirionedd, fe ddylem feddwl amdano fel Crist Iesu. *Yr Eneiniog* i ddechrau, oherwydd dod i'n daear fel Meseia a wnaeth Hwn, yr Un oedd i arbed ac i achub fel yr oedd Duw wedi addo yn y Tadau a'r Proffwydi:

O! Fab y Dyn, Eneiniog Duw, fy Mrawd, a'm Ceidwad cry':
Ymlaen y cerddaist dan y groes a'r gwawd
Heb neb o'th du.
Cans llosgi wnaeth dy gariad pur bob cam,
Ni allodd angau'i hun ddiffoddi'r fflam.

A dyma'r Iesu yn dweud wrthym am yr hyn a wnaeth y Mab pan ddaeth i'n daear – bu fyw ac hefyd bu farw ar y Groes fel Ceidwad i'n harbed oddi wrth ein pechodau, Amen.

YR ATGYFODIAD

Pregeth 39

Gorfoledd Mair Magdalen

Testun: Yr oedd gwragedd hefyd yn edrych o hirbell; yn eu plith yr oedd Mair Magdalen, a Mair mam Iago Fychan a Joses a Salome, gwragedd a fu'n ei ganlyn a gweini arno pan oedd yng Ngalilea, a llawer o wragedd eraill oedd wedi dod i fyny gydag ef i Jerwsalem. / *A number of women were also present, watching from a distance. Among them were Mary of Magdala, Mary the mother of James the younger and of Joseph, and Salome, who had all followed him and waited on him when he was in Galilee, and there were several others who had come up to Jerusalem.* (Marc 15: 40 a 41)

Y mae'r adnodau hyn yn allweddol yn yr Efengylau am **dri** rheswm. Yn gyntaf, cadarnheir yr hyn a wyddom am hanes ein crefydd o'r dyddiau cynnar, sef cefnogaeth ac ymroddiad merched i waith Iesu Grist. Yn wir, cyn gweinidogaeth Iesu, cawn enghreifftiau o wragedd a fu'n barod iawn eu cymwynas i grefydd, fel Hannah a gysegrodd ei mab Samuel i waith y Deml. Yn ail, am fod yr efengylwyr yn amharod iawn i roddi llawer o sylw i'r gwragedd a fu mor gefnogol i waith Iesu Grist, ni sonnir amdanynt fel y dylid. Dyma'r ffordd o hyd a ddefnyddir gan y cyfryngau. Y mae'n anodd o hyd cael sylw a chyhoeddusrwydd i weithredu creadigol adeiladol. Ac yr oedd Marc yn ofalus iawn fel yr oedd e'n defnyddio ei *sources* o'r hanes. Hyd y foment hon – y bymthegfed bennod – yr oedd Marc wedi sgrifennu'n unig am y dynion a ddilynai Iesu. Ond yn awr, y mae'n gorfod cydnabod bod y gwragedd hefyd wedi bod yn fawr eu dylanwad yng ngweinidogaeth yr Arglwydd Iesu. Ac y mae yn eu henwi: Salome; Mair, Mam Iago Fychan ac enw mwy adnabyddus Magdalen; a dyna'n drydydd, pam fod yr adnodau hyn yn gwbl arbennig gan fod Marc yn dod ag enw Mair Magdalen i'r darlun ac i'r hanes. Ac aros gyda hon fydd fy thema. Dywedaf **dri** pheth.

Yn gyntaf, **merch a gafodd gam ydyw.** *Here is a woman who has been wrongly judged.*

Y gwir plaen ydyw hyn – fod Mair o Fagdala mor bwysig i dyfiant mudiad Iesu ym Mhalestina ag ydyw Pedr ac Iago ac Ioan a'r digyblion eraill. Ond nid felly y gwelodd yr Eglwys Fore yr hanes. Yn wir, fe gafodd Mair gam am i'r Eglwys ei huniaethu hi â'r wraig a oedd yn bechadures, y wraig a werthai ei chorff fel putain yn ôl Efengyl Luc, pennod 7: 36-50. Yn ôl y darn hwnnw, fe wahoddwyd Iesu gan y Phariseaid i bryd o fwyd, ac fe glywodd merch o bechadures ac fe ddaeth gyda pherarogl – ennaint drud, gwerthfawr ac yn ei dagrau fe gusanodd ei draed ac eneinio Iesu. 'Does dim sôn am Mair o Fagdala yn y fan honno. Nyni, esbonwyr a phregethwyr a dadogodd yr enw Mair o Fagdala ar y bechadures ddi-enw a gyflawnodd weithred o gariad ar Iesu Grist. Yn wir, rydym wedi gwneud hyn oherwydd bod Luc ar ddechrau yr wythfed bennod yn ei Efengyl ef yn nodi y gwragedd oedd yn teithio gydag ef, ac yn nodi hefyd fod ar bob un ohonynt rywbeth yn bod arnynt.

Yr oedd y Deuddeg gydag ef, ynghyd â rhai gwragedd oedd wedi eu hiacháu oddi wrth ysbrydion drwg ac afiechydon: Mair a elwid Magdalen, yr un yr oedd saith cythraul wedi dod allan ohoni, Joanna, gwraig Chwsa, goruchwyliwr Herod, Swsanna, a llawer eraill. Yr oedd y rhain yn gweini arno o'u hadnoddau eu hunain.

Ond dangos a wna'r darn hwn fod Mair o Fagdala yn wraig hynod o ddylanwadol fel yr oedd Joanna, gwraig un o brif swyddogion Herod Frenin. Be' wyddon ni, felly, amdani? Gwyddom i ddechrau mai o Fagdala yr hannai. Pentref bychan ar lan Llyn Galilea oedd Magdala. Ond erbyn dyddiau gweinidogaeth Iesu, yr oedd hi wedi gadael bro ei mebyd. Pe bai hi'n byw yno o hyd, mi fyddai ei galw hi yn Fair o Fagdala yn ddi-werth o beth. Merch heb gartref, yn ddi-briod ac yn perthyn i'r grŵp hwnnw o wragedd a ddilynai Iesu. Gellir ei chymharu â'r pregethwyr teithiol o'r enw Cynic a adawai deulu, eiddo a chartref ar neges y cyhoeddi. Ac ymhlith y rheini, fe wyddom am ferch o'r enw Hipparchia, merch hardd o deulu cyfoethog, a fu yn ffyddlon trwy Wlad Groeg. Ond o'r cychwyn cyntaf fe fu Mair o Fagdala ymhlith y disgyblion.

Ac yn ail, **merch a dystiodd dros Iesu ydoedd.** *Here is a woman who testified for Jesus' sake.*

O'r wybodaeth sydd gennym, o archaeoleg i dystiolaeth y tu allan i'r Ysgrythurau (fel Josephus, yr hanesydd Iddewig) fe berthynai Mair i'r tystion hynny a ddilynodd Iesu, fel y disgyblion hwythau o bentref i bentref. Gallwn ddweud llawer amdani hi. Yr oedd bywyd yn galed i hon. Ni wyddai o le y deuai'r darn nesaf o fara. Gallai geisio, fel y disgyblion, chwilio am waith i labro (*casual labour*). Wedi'r cyfan, y wraig a wnâi y gwaith trymaf ym Mhalestina, ym myd adeiladu ac yn sicr yn y diwydiant pysgod ar lannau

Llyn Galilea. Felly, y mae hi heddiw hyd yn oed yn rhai o wledydd y Trydydd Byd.

Ac y mae Marc yn dweud bod y gwragedd wedi gweini ar Iesu yng Ngalilea. Nid yw hyn yn golygu wrth y byrddau, oherwydd mi fyddai'r unigol ('gweini arno') yn hollol annealladwy. Nid oedd Iesu wrtho'i Hun pan oedd e'n teithio. A chan mai pobl ar grwydr oeddynt – heb un man sefydlog i'w alw'n gartref – ni ellir dychmygu gweini yn nhermau hulio'r bwrdd mewn cartref. Y mae y *Diakonia Christon* yn cyhoeddi mai Iesu yw'r Meseia, a bod Teyrnas Dduw ar ddyfod. Ac felly, merch a oedd yn barod i ddweud wrth eraill am Iesu a'i newyddion da oedd y ferch hon. Yr oedd gan ferched eu cyfle yng nghyhoeddiad y gwirionedd, ac yn y gwaith o adeiladu'r Deyrnas. Yr oeddynt hefyd yn barod i ddechrau y Teulu Newydd: yn y cyfnod argyfyngus hwn gyda diweithdra yn bod a'r modd yr ecsploetiwyd hwy gan deulu Herod a'r Rhufeiniaid a oedd yn gofyn cymaint mewn trethi, ac awydd y tirfeddianwyr i glymu fferm wrth fferm. Yr oedd hi'n ddrwg ar y dyn fel ar y ddynes. Ac yn y sefyllfa hon, yr oedd Iesu yn cynnig gwaredigaeth. Yr oedd y gwerthoedd yn cael eu gosod. Dynion ar ddarfod amdanynt yn derbyn iechyd. Iachâd yn dod i fywydau y bregus. Begariaid afiach yn cael eu gwneud yn holliach a'u derbyn i'r teulu. Cariad yn llywodraethu a chydymdeimlad yn cael ei weithredu. Hwy oedd lladmeryddion y greadigaeth newydd.

Ac yn drydydd, **merch a ddangosodd ddewrder anghyffredin yn nydd y siom a'r galar.** / *Here is a woman of tremendous bravery in the light of such disappointment and bereavement.*

Fe gofiwn yr hanes: y siom a ddaeth i galon y disgyblion pan osodwyd Iesu Grist ar y groes. Yn ôl Marc, fe ddiflannodd y disgyblion. *The disciples ran away in terror.* Yr oedd hi'n beryglus i unrhyw aelod oedd yn perthyn i fudiad yr Iesu hwn i fod yn rhy amlwg. Tystiolaeth Josephus yw bod yr awdurdodau yn fflangellu pob un a feiddiai anghydweld neu a ddangosai eu hochr. Yr oedd mynd i ymyl y bedd yn ddigon. Dyma weithred beryglus a gweithred sy'n haeddu rhoddi sylw iddi.

Mae rhai o'r esbonwyr wedi cyfeiliorni wrth esbonio hanes y Bedd Gwag. Dywed Bultmann, er enghraifft, fod pobl heb wybod am hir amser fod y bedd yn wag oherwydd tawedogrwydd y gwragedd. Ond fe ddangosodd dynes o'r enw Luise Schottroff mai yr hyn sydd yn yr hanes o eiddo Marc yw galwad Mair a Mair Magdalen a rhai o'r gwragedd i gyhoeddi yr Atgyfodiad. Y mae Marc yn barod i ddod â'r gwragedd i blith y disgyblion – y Pedr ofnus a'r Fair o Fagdala a grynai o arswyd. Hwy oedd i gario'r neges i blith pobl. Ac i'r Eglwys yma yn Jerwsalem, yr Eglwys a ofnai yr awdurdodau – hwy oedd sumbolau gobaith a dewrder. Os medrai Pedr a Mair o Fagdala wynebu ar fywyd yng ngrym y Crist Atgyfodedig, mi fedrent hwythau, ac yn wir, mi fedrwn ninnau wneud hynny. Oherwydd fel y dywed yr alltud o Lundain, Robert Owen (Eryron Gwyllt Walia):

    Pob gallu llawn, trwy'r byd a'r nef
    Sydd yn ei law yn awr,
    Ni rwsytra gallu uffern gref
    Ddibenion Iesu mawr.
        Amen.

Y PENTECOST

Pregeth 40

Gwaith yr Ysbryd Glan ar Ŵyl yr Esgyniad

Testun: Ond fe a dderbyniwch nerth wedi i'r Ysbryd Glân ddod arnoch, ac a byddwch yn dystion i mi yn Jerwsalem, yn holl Jwdea a Samaria, ac hyd eithaf y ddaear. / *But ye shall receive power, after that the Holy Ghost is come upon you: and ye shall be witnesses unto me both in Jerusalem, and in all Judea, and in Samaria.* (Actau 1: 8)

Ychydig o gapeli Ymneilltuol sydd yn gwneud unrhyw sylw o Ŵyl yr Esgyniad. y mae yna eithriadau. Ond y mae hi yn ŵyl bwysig, oherwydd 'fedrwn ni ddim deall Gŵyl y Pentecost hebddi. Ein trafferth ni ynglŷn â'r Esgyniad yw fod cyn lleied wedi ei ysgrifennu am y digwyddiad hwn yn yr Ysgrythurau. Ond y mae Luc yn ein tywys ni yn arddechog yn y bennod gyntaf o Lyfr yr Actau. **Tri** pheth a ddywedodd e wrthyn nhw.

Yn gyntaf, **fod yna Addewid ar ein cyfer.** / *There is a Promise for us.*

'Doedden nhw ddim i fod yn amddifaid, fel defaid ymhlith bleiddiaid. 'Does dim byd yn waeth na theimlo bod gyda chi neb i'ch cefnogi. Ac felly meddai Iesu Grist, 'Codwch eich calonnau.' Yr addewid yw y 'bydda' i gyda chwi bob amser hyd ddiwedd y byd.'

Nid yn unig fi sy'n dweud hynny ond dyna addewid fy Nhad. A chofiwch fod yn addewid i chwi ar ddiwedd eich pererindod ar y ddaear. Ac mae'n rhaid i mi gael cyfle i'ch atgoffa chwi o'r addewid hwnnw hefyd, addewid gogoneddus a gwerth ei gyhoeddi.

Yn nhŷ fy Nhad y mae llawer o drigfannau, a phe amgen, mi a ddywedaswn i chwi. Yr wyf fi yn myned i baratoi lle i chwi. Ac os myfi a af, ac a baratoaf le i chwi, mi a ddeuaf drachefn, ac a'ch cymeraf chi ataf fu hun, fel yr wyf fi, y byddwch chwithau hefyd.

Dyna'r addewid.

Yn ail, dywedodd Iesu Grist, cyn ymadael â'i ddisgyblion, am iddynt beidio colli golwg ar y dirgelwch mawr, 'Ni pherthyn i chwi wybod yr amseroedd a'r prydiau.' Nid dweud wrthynt:

Wel, mewn ychydig ddyddiau, ond byddwch yn ddisgwylgar, yn barod, yn awyddus i dderbyn y grymusterau sydd at eich gwasanaethau.

Ac yna, meddai Iesu ar ôl i'r Ysbryd Glân ddod, 'dw i am ichi lamu mewn gorfoledd, a chludo'r newyddion i bellafoedd y ddaear.'

Y mae'n enwi Jerwsalem, fy hoff ddinas, a honno oedd hoff ddinas fy Iesu. Bum yno ddau ddeg dau o weithiau. Y mae Jerwsalem yn sumbol o bopeth sydd yn dda mewn bywyd, a phopeth sydd yn ddiflas mewn bywyd. 'Does dim rhyfedd fod pererinion, ar hyd y canrifoedd, wedi cerdded yno. Ffrind i mi oedd y diweddar Gerard Hughes, o Urdd y Jesiwitiaid / *Society of Jesus*. (Llwyddais i'w gael i ddod i Lerpwl ar Sadwrn, ym mis Rhagfyr 1989 i'n hannerch yng nghapel Bethel). Ef yw awdur y cyfrolau difyr: *The God of Surprises, Walk to Jerusalem in Search of Peace.* Do fe gerddodd trwy'r Iseldiroedd, yr Almaen, Munich, Bavaria, Awstria, Yugoslafia, Albania, Haifa a chyrraedd Jeriwsalem yn ddiogel. A'r hyn a gafodd Gerard Hughes oedd tristwch a digalondid. Cymaint o sŵn byddarol ar y bererindod.. Y byd i gyd yn Jeriwsalem fel pe bai'n mynnu darn o etifeddiaeth y Ddinas Sanctaidd. Y mae'r Iddewon yn mynnu'r lle blaenaf. Ond i'r Cristion, dyma'r ddinas lle yr wylodd Iesu. Medd pobl Mohammed, 'Mae gyda ni ran yn y ddinas hon.' Dyna y rheswm nad oes heddwch ar gael yno.

'Fedrwn ni ddim disgwyl bod Jeriwsalem yn wahanol i unrhyw ddinas arall. Eto i'r ddinas hon y daeth yr Ysbryd Glan yn rymus. Yno y profais i yr Ysbryd fy hun ar nos Sul y Pasg, 1992. Yr oedd hwn yn un o brofiadau mawr fy mywyd. Yr oedd yn brofiad o'r un Ysbryd Sanctaidd a ddaeth i'r disgyblion ar ddydd y Pentecost. Rwyf am adrodd yr hanes wrthoch chi. Gwynt grymus yn agor ac yn ysgwyd y ffenestri ac yn chwyddo fy llais innau ar lwybr gweddi nes cyrraedd y cleimacs. Yr oeddwn, fel Ioan, yn Ysbryd yr Arglwydd ar Ddydd yr Arglwydd. Geiriau Gerard Hughes:

> *I had walked to Jerusalem to find Christ's peace. I left Jerusalem knowing that his peace is offered to us in every place and at every time. For its dwelling place is in our hearts.*

I Samaria, lle yr oedd crefydd arall a ffordd wahanol o fyw, ac eto yr oedd yna sychaf yno am Grist fel y tystiodd y Wraig o Samaria wrth Ffynnon Jacob. Ac y mae sychaf Samaria yn ein byd heno:

Y Gŵr wrth ffynnon Jacob
Eisteddodd yno i lawr.
Tramwyodd trwy Samaria,
Tramwyed yma'n awr.

Dyna'r addewid. Ac yna, sylwch 'hyd eithaf y ddaear' – i bob man a phob gwlad ar bob cyfandir. A diolch a wnaf bellach ein bod ni wedi gwrando a phobl wedi mentro cludo'r newyddion da yng ngrym yr Ysbryd Glân i bellafoedd byd. Ac y mae gyda ni'r Cymry stori fawr o ddyddiau Josiah Hughes o Lerpwl ym Malacca, a Thomas Jones, Beriw a Lerpwl a fu yn Cherrapunji a Mizoram – ddaeth ef ddim yn ôl mwy na John Davies, Llanfihangel yng Ngwynfa, ffrind i Ann Griffiths, a dreuliodd ei holl ddyddiau ar Ynys Tahiti am 55 mlynedd; Timothy Richards, Ffaldybrenin i Tseina, a Griffith John i'r un wlad a Helen Rowlands (Helen o Fôn) i Silchar a Sylet, sef Bangladesh ein dyddiau ni, a'r doctoriaid meddygol, Dr H. Gordon Roberts a Dr R. Arthur Hughes i ofalu yn Shillong am Ogledd Ddwyrain yr India. Y mae hi yn stori fawr, gwerth ei chofio, a gwerth ei dweud. Ac felly, beth yw Gwaith yr Ysbryd Glân? Ga'i ddweud **tri** pheth:

Yn gyntaf, **Gogoneddu Crist.** *Glorifying Christ.*

Oherwydd y mae'n rhaid pwysleisio bod Ysbryd Duw wedi bod ar waith o'r cychwyn – yng nghreadigaeth y bydysawd, wedi ysbrydoli y bobl y cofnodwn ei fawrion weithredoedd yn yr Ysgrythurau, wedi bod yn gynhaliaeth i Iesu wrth iacháu a dysgu a chyhoeddi y Deyrnas, ac wedi dod yn rymus at y disgyblion a'u gwneud yn apostolion, ac wedi dwyn i fodolaeth ei Eglwys ar y ddaear. Y mae Duw yn bennaf ar waith yn ei fydysawd, y mae'r Mab yn achub y ddynoliaeth. Beth yw gwaith yr Ysbryd? Ac fe fyddai cael yr ateb yn Efengyl Ioan 16, adnodau 13 a 14:

> Ond pan ddêl efe, sef y Gwirionedd, efe a'ch tywys chwi i bob gwirionedd, efe a'm gogonedda i.

A felly, gwaith yr Ysbryd Glan yw gogoneddu Iesu Grist. Pa mor bwysig bynnag yw'r Ysbryd Glân, y mae'n pwysleisio mai ei briod waith ydyw gogoneddu Iesu Grist. Lle bynnag y mae pobl yn rhoddi lle a dylanwad i Iesu Grist, y mae yr Ysbryd Glan ar waith. Cofiwn eiriau'r emynydd, Williams, Pantycelyn:

Iesu, Iesu, rwyt ti'n ddigon.

ac eto...

Cymer, Iesu, fi fel rydwyf,
Fyth ni allaf fod yn well.

Yn ail, **Dysgu am Iesu Grist ein Gwaredwr.** *Learning about Jesus Christ our Saviour.*

'Eithr, pan ddêl y Diddanydd, yr hwn a anfonaf i chwi oddi wrth y Tad (sef Ysbryd y Gwirionedd, yr hwn sydd yn deillio oddi wrth y Tad) efe a dystiolaetha amdanaf fi.' Fe wyddai y disgyblion fod yr Ysbryd wedi dod ar y proffwydi, ond yn awr, y maen nhw yn cael eu hatgoffa bod yr Ysbryd Glân yn mynd i ddod arnyn nhw, pobl gyffredin Palesteina, a fu yn pysgota, yn derbyn yr Ysbryd Glan yn helaeth. Pa brawf? Oherwydd iddynt lwyddo i beidio llithro i'r llaid a llygru defaid Duw. Meddyliwch am Mathew, Luc a Marc, a'r brawd di-newid Q (*Quelle* – ffynhonnell) yn sôn bod yr Ysbryd Glân yn gogoneddu Crist trwy'r cyfan, ac y mae'r Diddanydd yn ein harwain i'r ddysgeidiaeth am Iesu. Ysbryd Glân i'n dysgu ni yn ddiwinyddol. Dyna sydd ar goll heddiw. Dim digon o gynhaliaeth ddiwinyddol. Gweinidog byth yn darllen diwinyddiaeth, athroniaeth a llenyddiaeth. Y mae hynny yn drist.

Eithr y Diddanydd, yr Ysbryd Glân, yr hwn a enfyn y Tad yn fy enw i, efe a ddysg i chwi yr holl bethau a ddywedais i chwi.

Canlyniadau y cyfan ydyw clasur o epistol fel yr Epistol at y Rhufeiniaid i ddatguddio holl ddiwinyddiaeth fawr y Testament Newydd. Duw yn ei ddatguddio ei Hun yn Iesu. Duw cariad yw Iesu. Cyfaill ym mhob ryw storm yw Crist. Tosturi sydd ganddo i bob un a ddaw ato. Llawenhawn yn yr Iesu. Ac y mae'r Ddysgeidiaeth yn broffwydol. Ioan 16: 13: 'Efe a'ch tywys i bob gwirionedd.' Ac fe gawn hynny. 'A'r pethau ar ddyfod, efe a fynega i chwi' yn Rhufeiniaid 11, 1 Corinthiaid 1: 15 a Llyfr y Datguddiad, fe gawn Dduw ar waith yn mywyd y Mab. Gwireddwyd proffwydoliaeth y canrifoedd.

Yn drydydd, **Cyfarwyddo Cristnogion** i **wasanaeth**, ac mae'n wasanaeth arbennig o fod yn dystion i eithafoedd y ddaear. *Giving direction for Christians in Service.* Rwyf am roddi un enghraifft o Lyfr yr Actau (13-2-4) – yr hanes o Antiochia.

Ac fel yr oeddynt hwy yn gwasanaethu'r Arglwydd, ac yn ymprydio, dywedodd yr Ysbryd Glân, 'Neilltuwch i mi Barnabas a Saul, i'r gwaith y gelwais hwynt iddo.'

Y mae'r Ysbryd Glân yn dal i alw yn ein byd ni, yng Nghymru fel yn Lerpwl, ond y mae yn galw'n daer. Y mae'n dal i alw. 'Dydy o ddim yn galw bob amser yr un fath. Yn Antiochia, yr oedd yr Eglwys yn mynd â'i gwaith yn hynod o ddistaw ac o ddifrif hyd eithaf ei gallu a'i gwybodaeth. Dyma'r Ysbryd Glân yn llefaru. A dyna ystyr adnod y testun. Er croeshoelio Iesu, ni fethodd cenhadaeth ei Dad. Y mae Iesu yn fyw, ei dystion yn barod, a'r Ysbryd Glân am eu cynnal ar y daith. Ac fe ddaeth y cyfan ar Ddydd y Pentecost. Dechreuwyd gwaith sydd heb ei orffen, ac fe welwn ni ganlyniadau'r genhadaeth yn ddifesur ar hanes y ddynoliaeth. A chofiwn am bregeth fawr Pedr ar Ddydd y Pentecost a hanfod ei genadwri oedd fod Duw ar waith a bod Crist i gael ei ogoneddu. Ac amcan y cyfan yw argyhoeddi holl ddynolryw i newid buchedd a bywyd, ein hargyhoeddi ni oll o werth y ffydd, ein hargyhoeddi ni fod Crist wedi ein galw i'r winllan werdd. Ac meddai'r emynydd David Saunders o Ferthyr Tudful:

> Anfon saethau argyhoeddiadau
> I galonnau'r oedfa hon.

Dyna'n gobaith o hyd a dyna pam y daliwn i baratoi ar gyfer y pulpud cyfoes – yn ei Enw. Amen.

DIOLCHGARWCH

Pregeth 41

Bendithio yr Arglwydd a Dioilchgarwch i'r Creawdwr

Testun: Fy enaid, bendithia yr Arglwydd, a phaid ag anghofio ei holl ddoniau ef. / *Bless the Lord O my soul: and forget not all his benefits.* (Salm 103: 2)

Dyma un o Salmau y Diolch. Y mae hi'n salm fel Salm 104 sydd i'w darllen yn oedfaon y Diolchgarwch. Y mae'r Salmydd wedi cael gafael ar yr hanfodion, wedi gweld Duw fel y mae – Duw sy'n creu, yn cynnal ac yn caru. Dyma'r Duw fu'n creu y byd. Dyma'r Duw sydd yn cynnal y greadigaeth o hyd. Y mae'n caru y cyfanfyd. Y mae lle gan Dduw i gedrwydd Libanus, fel y mae ganddo le i'r cwningod a'r geifr, y llew a hyd yn oed anifeiliaid anghyfarwydd fel y Lefiathan – ymlugsiaid heb rifedi, bwystfilod bychain a mawrion. Y maent i gyd yma. Pob un a'i gyfle, ac yn y cwbl hyn y mae dynion yn diolch am y trugareddau. Oherwydd dyna wendid pennaf dyn, sef tueddu i anghofio. Y mae yn digwydd ar lefel personol. Dyna un o'r gwersi cyntaf y bu'n rhaid imi ei dysgu yn y Weinidogaeth. Yr oedd brawd yn aelod yn Hermon, Penrhiwceibr ac yr oeddwn yn hoff iawn ohono. A phob tro yr oedd angen, mi fyddwn i yn mynd ag ef i'r ysbyty. Ar ôl dod adref, mi fyddai'n ail-ymaflyd yn ei fyw bob dydd, ond anodd oedd ei gael i'r capel. Ac yr oedd pobl eraill yn methu deall hyn. Bu'n rhaid dysgu bod yn ddoeth a derbyn bod anniolchgarwch i'w gael, fel y mae diolchgarwch i'w gael. Y peth oedd yn brifo fwyaf oedd bod y brawd yn gwybod fod arno gyfrifoldeb i ddiolch i Dduw yn Iesu Grist, ond yr oedd yn amharod iawn i gydnabod hynny yn y dirgel nag yn gyhoeddus.

Dyna un ffordd o ail-gyfieithu adnod y testun: 'Fy enaid, dywed ddiolch yn fawr wrth Dduw, ac nac anghofia ei holl rhoddion Ef.' Neu, fel y clywais adnod arall o'r Salmau yn cael ei chyfieithu, *'Let those whom the Lord has delivered say so.'* Y mae yna amser i fod yn ddistaw. Ond y mae yna amser i fod yn ddiolchgar hefyd. Ac felly gadewch i ni ystyried **tri** pheth y tro hwn:

Yn gyntaf, **diolch yn ddidwyll am ein byd.** *We are obliged to give thanks for our World.* Pa le bynnag yr ydym, y mae gennym le i ddiolch. Diolch am Gymru, a'n hiaith; diolch am gapel ac eglwys, diolch am deulu a chymdeithas, am atgofion ac adnoddau sydd yn ein cynorthwyo.

Diolch iti, Arglwydd,
Nid ateliaist ddim,
Cysgod, bwyd a dillad,
Ti a'u rhoddaist im.

Diolchwn yn ostyngedig. Fe allwn, meddai rhyw bregethwr, ddiolch gyda geiriau y Pharisead a aeth i'r Deml i weddïo, ond fe allwn wneud hynny heb fod yn yr ysbryd iawn. Fe gofiwn eiriau hwnnw. Gadael hi yn y fan yna. Peidio ychwanegu. Diolch didwyll yw hyn. Diolch ein bod wedi derbyn y breintiau, a beth fyddai ein hanes pe baem heb eu derbyn? Mi fyddem ninnau yn torri rheolau yn rhacs. Nid teulu yn unig sy'n gyfrifol am ddrwgweithredwyr, ond y mae'r gymdeithas y mae yn troi ynddi – neu wedi ymwadu â hi.

'Rwy'n dotio at y cwestiwn a ofynnwyd unwaith i'r cyfrinydd nodedig hwnnw, William Law, 'Pwy yw'r sant mwyaf?' Y mae gennym ni i gyd ein hatebion. Clywais bobl yn dweud am ambell un, 'Roedd e'n sant.' Am ei fod yn ffyddlon, yn ffrind, yn berson cyfrifol, yn llawn gweithgarwch, yr oeddynt yn ei alw yn sant. Ymarfer eu ffydd. Ie, ond ateb William Law oedd hyn: 'Yr amlaf ei ddiolch, hwnnw yw'r sant mwyaf.' Dyn sy'n diolch yn ddidwyll, sy'n teimlo ei fod yn nyled Duw yn feunyddiol – dyna sant. Gŵr fel y Salmydd sy'n gofyn gyda didwylledd, 'Pa beth a dalaf i'r Arglwydd am ei holl roddion i mi?'

Yn ail, **diolch o ddifrif am ein breintiau.** *As well as giving thanks for our wonderful World, we are to give sincere thanks for our privileges.* Dyna yw pwrpas yr ŵyl hon. Cynhaeaf. Cyfle i ddiolch am freintiau bob dydd a breintiau pob blwyddyn. Breintiau sydd bob amser ar gael a breintiau sydd ar gael yn unig pan ydym yn ymorol amdanynt. Y maent yn rhy niferus i'w rhifo – ond y mae'n dda o beth i ni fod yn eu gwerthfawrogi. Yng nghanol anghysur y byd, *'Count your blessings,'* meddai'r hen gân gynt. Cyfrif y bendithion un ac un. Yng nghanol y byd sy'n barod i ddangos ei ddannedd mewn dialedd, diolchwn am angylion sy'n tramwyo ar hyd ein ffyrdd a'n cylch. *The angels of mercy.* Angylion trugaredd.

Y mae stori - un wir – am frawd oedd wedi digio gyda'r capel a'i bobl. Yr oedd e am roddi gwers iddynt. Fe benderfynodd ymaelodi mewn capel arall ar ôl y Cyfarfod Gweddi Diolchgarwch. Gwneud *clean sweep* yr adeg honno. Aeth un o'r rhai a oedd wedi medru dygymod ag ef a'i wendidau ymlaen i ddechrau y gwasanaeth. Darllenodd y bennod hon sydd yn sôn am y bendithion, ac ar ei weddi, fe aeth ati i sôn am y bendithion ysbrydol a dderbyniodd ef ar hyd y blynyddoedd yng nghwmni ei gyfeillion. Ni chlywyd mwy o sôn am y tocyn aelodaeth.

'Wnes i erioed sylweddoli fy mod i wedi derbyn cymaint o bethau a bod yma gystal lle yn y Tabernacl hwn' oedd ei eiriau, pan holodd rhywun mwy busneslyd na'i gilydd beth oedd wedi digwydd i'w fwriad. Yr oedd wedi tueddu i anghofio rhai bendithion – bendithion nad oedd ef yn eu haeddu a bendithion yr oedd ef wedi eu cymryd yn ganiataol. Yr oedd y brawd, fel ninnau yn yr un sefyllfa â Jacob gynt yn Llyfr Genesis. Y mae'r cyfieithiad Cymraeg yn gosod y peth mewn dull cofiadwy – bod Jacob wedi llefaru, 'Ni haeddais y lleiaf o'th holl drugareddau Di.'

Yn drydydd, **diolch i Dduw am Efengyl ei fab.** *We ought to give thanks to God for the Gospel of his Son, Jesus.* Fe ganwn rai emynau yn aml, aml, ac y mae'n werth eu clywed drosodd a throsodd. Emyn sy'n sôn am roddion Duw yn Iesu Grist, Cyfryngwr Duw a Dynion ydyw. Ceidwad i'r Colledig. Am yr addewidion o fyd newydd a nef newydd.

O'r nef mi glywais newydd,
Fe'm cododd ar fy nhraed."

Yr oedd Iesu yn atgoffa ei ddisgyblion o hyd fod ganddynt le i ddiolch am y Deyrnas. Rydan ni'n cofio amdano yn diolch yn gyson i'w Dad: 'O Dad nef a daear.' Diolch hefyd i'w ddisgyblion:

'Chwychwi yw y rhai a arosasoch gyda mi yn fy mhrofedigaethau, ac yr wyf fi yn ordeinio i chwi deyrnas megis yr ordeiniodd fy Nhad deyrnas i minnau'. Dyna ffordd Iesu o ddiolch. Diolch i'w ddeiliaid a'i ddisgyblion ffyddlon a theyrngar. 'Dyw e byth yn anghofio diolch:

Bûm yn newynog, a rhoesoch imi fwyd. Bu arnaf syched, a rhoesoch imi ddiod. Bûm yn glaf ac ymwelsoch â mi. Bûm yng ngharchar a daethoch ataf. Deuwch chwi, fendigedigion fy Nhad, etifeddion y Deyrnas a baratowyd i chwi.

Dyna ffordd yr Efengyl – cael meddiant o freintiau mawr, am inni fod yn garedig wrth bobl y breintiau bychain. A phan fydd pobl y breintiau bychain yn anniolchgar weithiau, yn trethu ein hamynedd, fe gofiwn fod Duw y Tad yn ddaionus wrth bawb ohonom, ie wrth y rhai anniolchgar a drwg a bod ei drugaredd ar ei holl weithredoedd. Ac felly ein cyfle a'n braint a'n cyfrifoldeb ydyw medru dweud yn y Cyfarfod Diolchgarwch hwn gyda'r emynydd:

Boed fy mywyd oll yn ddiolch,
Dim ond diolch yw fy lle.

Dyma **dri** pheth rhagorol, pwysig dros ben sydd gennyf ar ystlys y pulpud:

sef *transistor,* torth a Beibl. Y mae'r *transistor* yn dod â newyddion inni, a lleisiau a chanu. Y mae rhywbeth ar gyfer pawb. Ond y mae'r *transistor* yn enghraifft o allu pobl. Pobl yn darganfod. Darganfod a wna'r gwyddonydd – yr hyn sydd ar gael eisoes. Dyna a wnaeth Alexander Fleming, sef darganfod penisilin er mwyn gwella afiechyd plant a phobl fel ei gilydd. Gellir defnyddio y gallu hwn i helpu pobl neu i ddinistrio. Dyna pam bod yn rhaid bod yn ofalus ohonynt. Ac y mae'r *transistor* wedi gwneud y byd yn fach. Mi fedrwch glywed dynion o Awstralia a Phatagonia, a Canada a Rwsia ar y radio. Yn wir, y mae'r eroplên a'r teliffon wedi gwneud y byd yr ydym yn byw ynddo yn hynod o fach.

A dyna pam bod y dorth o fara yn bwysig hefyd. Oherwydd y radio, mi rydan ni'n gwybod bod pobl a phlant yn ein byd sydd heb ddigon i'w fwyta. Dim digon o fara ar eu cyfer. Duw yn darparu. 'Dydych ddim yn cofio Iesu Grist yn ein dysgu sut i weddïo, 'Dyro i ni heddiw ein bara beunyddiol.' Y mae bara yn sefyll dros bopeth y mae ei angen arnom i'w fwyta. *Shorthand* yw'r bara am bopeth arall. Y mae'r byd yn fychan, ond y mae'r cyfrifoldeb yn fawr.

A dyna'r trydydd angen sydd arnom – angen y Beibl. Gair Duw. Yr wythnos ddiwethaf, mi ges i lythyr yn erfyn arnom i gofio am Uganda, gwlad fawr yn Affrica. Y mae angen bara yno, ond y mae angen y Beibl yn ogystal. Nid oes angen bara arnom ni, ond y mae angen Beiblau. Pam fod angen Beiblau yn Uganda? Wel, am fod yno gymaint o Ysgolion Sul ac am fod yna lawer o bobl yn dod ar Ddydd yr Arglwydd i'r capeli. Sonnir am un eglwys sy'n addoli yn yr iaith Saesneg ac sy'n cynnal tair oedfa bob bore Sul. 'Does dim lle i bobl yno. Yn oedfaon cyntaf y dydd:

People have to queue for the services, which are held each hour from 7.00 to 11.00 on Sunday mornings.

Y mae angen Beibl arnynt i ddilyn y bregeth gyflawn.
    Dyma Feibl annwyl Iesu,
    Dyma rodd deheulaw Duw,
    Dengys hwn y ffordd i farw,
    Dengys hwn y ffordd i fyw.

Ac felly, y mae angen ar bobl Uganda am fara a Beibl. Bwyd a bywyd. Gellir anfon arian allan, gellir anfon rhai i weithio gyda'r VSO, ond ni ellir anfon Iesu Grist atynt. Oherwydd y mae ef yno eisoes. Er mwyn ffeindio Iesu Grist a dod i'w garu a'i ddilyn, y mae'n rhaid anfon y Beiblau atynt – er mwyn iddynt eu darllen. Drwy y geiriau sy'n sôn am Dduw a'r Iesu, fe ddeuwn yn well dilynwyr iddo. Oherwydd yn Iesu Grist yn unig mae **tri** pheth yn dod at ei gilydd:

Y TRANSISTOR – Y NEWYDDION

Y BARA – EF YW'R BARA'R BYWYD

Pan fydd rhai ohonoch yn dod i wasanaeth y Cymun, byddwn yn torri darn o fara sydd yn sefyll dros fywyd Iesu a bywyd dynion. A'r gwin am y gwaed a dywalltwtd drosom ni.

Y BEIBL – GOBAITH PAWB.
    Diolch i ti, yr hollalluog Dduw
    am yr Efengyl Sanctaidd,
    Halelwia. Amen.

PREGETHAU SAESNEG

Sermon 1

Jesus and his Religious Contemporaries

Text: And it came to pass, that, as Jesus sat at meat in his house, many publicans and sinners sat also together with Jesus and his disciples: for there were many, and they followed him. (Mark 2:15)

This is a delightful account of the ministry of healing as practised by Jesus. Mark described how Jesus, having completed his tour of the synagogues, returned to the town of Capernaum in Galilee. The crowds flocked to him when they heard that he was returning to one of his favourite haunts. So the house (probably not the house of Peter's mother-in-law) was full of people. Into this crowd came four men carrying a paralysed friend of theirs on a stretcher. They would not go through the crowd. But they had another idea. The roof of a Palestinian house was flat. It was used often as a place in which to relax and so usually there was an outside staircase which ascended towards it. It was easy to ascend to the roof and easier still to open it and repair the breach again. And so the four men dug out the filling between two of the beams and let their friend down directly at Jesus' feet. When Jesus saw what they did, he smiled and looked at the paralysed man. 'Child,' he said, 'your sins are forgiven!'"

Now there are things which are important in this Scripture account – and they are important in the healing ministry of our day, too. I would like us to focus on THREE words in this service, with each of those words beginning with the same letter. It is the letter **F.** And so we have **friendship, faith and forgiveness.**

Firstly, **Christian healing has a place within it for friendship.**
Someone has said that friendship is the best medicine in life. Here we find friendship being an important ingredient. The paralysed man was healed by means of the friends who took such trouble to get him into the presence of Jesus. **Friendship** is important in hospital as well as everywhere else. That is

why we delight in the work of *The League of Friends* – men and women who visit the sick and show consideration to them. The best visitors are those who are thoughtful – those who bring or send a card. Friendship is like every other area of life: it is something you must work at. Dr Alan McGuiness said many years ago that there is always a shortage of friendship in the Western World. In his book, *The Friendship Factor,* Dr McGuiness says that most folks don't have friendship as being on their priority list. But in the healing process, says the Gospel, there is room for staunch friends and even more friends. There is room for helping each other.

I read a story of a man who was hiking in the mountains of Scotland. Taken by surprise by a sudden snowstorm, he soon lost his way. Since he was not dressed for the chilling temperatures, he knew that he needed to find shelter fast or he would freeze to death. Time was short. Then he literally tripped over another man who was himself almost frozen to death. The hiker had a decision to make: to continue in the hope of saving himself or try to help this stranger in the snow. In an instant, he made the decision. He threw off his wet gloves. He knelt beside the man and began massaging his arms and legs. The man began to respond, and together they were able to find help. The man was able to say afterwards that in helping a fellow human being by showering friendship on him, he had actually helped himself in the end.

Secondly, **Christian healing has a place and room in it for faith.**

Our own faith as disciples and the faith of others are essential. The patient has to have the faith in the doctor, and faith in the Good Physician, our Lord Jesus Christ. Jesus taught that faith is a powerful weapon with which to face illness and disease. I have visited the USA many times and on one summer visit I read in a magazine of the miracle of faith that took place in the life of Cheryl Prewitt of Mississippi who became Miss America, back in 1980. But she was told at eleven years of age that she would never walk again. At the age of twenty-two, she walked the boardwalk of Miss America 1980. Her left leg was crushed and had to be patched with a hundred stitches. Doctors had said that she would never, ever walk again. While the damaged leg did eventually heal, it was significantly shorter than her healthy right leg.

However, at a Revival Meeting several years later, she saw her shortened left leg grow two inches instantaneously. She says she walked by 'a miracle of God', but an equally great miracle was her faith in God, and an interesting incident that happened some six years before her accident. The milkman one day looked at her and told her she was going to be Miss America. Cheryl believed him. From a single, powerful, positive thought, a positive attitude and faith was born, and Miss America 1980 was born as well. Words which become faith are the most powerful forces in the world. Positive words of love, hope, encouragement, compassion, kindness from nurses, doctors and friends can lift a patient to new heights. On the other, hand, negative words of frustration and despair can destroy one's faith, and this is sad indeed. There is no room for despair and despondency in Christian Healing. Only faith. For Jesus demands faith of those who receive the blessing of the healing.

Thirdly, **There is room in Christian healing for forgiveness.**

'Your sins are forgiven,' says Jesus to the paralysed man. It may seem an odd way in which to begin a cure. But in Palestine, during the time of Jesus, it was natural and inevitable, for they connected sin and suffering.

Jesus' faith implies courage. Cowardice and unbelief belong together. Faith includes the conviction of the power of God and of Jesus. But it is also a personal relationship and truth. Faith is a decisive condition of fellowship with God. It received, not merely healing in the body, but full health for the whole personality. It is true that great many illnesses are due to sin, and is still truer that time and time again, they are due, not to the sin of the man who is ill, but to the sin of others and to the sin of the community in pollution and nuclear fallout and acid rain.

Remember this – it is possible, more than possible, that the paralysed man believed that the infirmity was the result of his own sins. For today, we are told through the work of psychology and psychiatry that the mind and spirit are bound up with the body. So, Jesus was near the mark when he said, 'My son, your sins are forgiven.' For the power of the mind, especially the sub-conscious mind over the body is an amazing thing. For we have experienced power of God in our prayers. Disease belongs to darkness. Darkness equals evil. We are grateful for psychologists like Gustav Jung of Zurich who has shown how he discovered that the inner world is a reality.

God forgives. It is we who find it difficult to forgive and forget. Have you read the book, *Answer to Job,* Jung's spiritual autobiography? It contains such a lot of pain, anger and resentment as well as many accounts of the traditional healing of Christianity. He dedicated the book in order to serve humanity. The Job of the Old Testament feels himself to be innocent as so many who are ill are innocent. They have not sinned, and they know, like Job, that they are in God's hands, yes the God who forgives them all of their frailties. Job refuses to plead guilty: he knows that he is in God's hand, and he trusts in him, as he trusts in God the Father and in God the Mother. God is wisdom, *Sophia*, and in Mary, the Mother of Jesus, we meet with a woman of huge spirituality. Like so many who have given us insights into the world of the mind, of forgiveness, Jung was a humble man. He did not accumulate knowledge for the sake of knowledge, nor for the sake of healing troubled minds and to penetrate even more deeply into the secrets of the human psyche, the whole man. But he was blessed with insights which have given us a path to glory. This was his main business.

Jung tells us a beautiful story at the end of his book, *Memories, Dreams, Reflections* of a student who came one day to see a Rabbi and said, *In the olden days, there were men who saw God. Why don't they do not see him anymore?'* The Rabbi replied, *'Because nowadays, no-one can stoop so low.'* We need forgiveness for our lack of humility, for failing to serve God and our fellow human beings, for our inability to remember that there is an inward and an outward healing. For his name's sake, and to the glory of God, Amen.

Sermon 2

Precious Treasures – a Sermon on St David's Day

Text: But lay up for yourselves treasures in heaven, for where the treasure is, there will thy heart be also. (Matthew 6: 20, 21)

Every nation and every language and every culture has its treasures. These are the very treasures that make this life bearable and beautiful, a source of joy and Jesus reminds of a phrase that his contemporaries knew very well – treasures in heaven. The true treasure indeed that the moth cannot destroy either the rust or indeed that the thieves cannot steal. A timely message for us today – in the last few years we have seen famous treasured kingdoms crushing and crumbling like Woolworth, The Coal Industry, The High Street, Laker Airways. However powerful you are, the material treasures are insecure and can easily disappear. Build your lives on the treasures of heaven – the treasures that St David, the Patron Saint of Wales, was concerned with. Before he died, he left the Christians of his day this message – it's a message that needs to be passed on year after year. 'Be full of happiness, keep your religion and faith and do the small things that I have left you.' Be strong on earth. Let us combine the words of Jesus and the final message of one his Saints, David.

Firstly, **that happiness which a person secures upon on earth becomes his treasure in heaven**.

God has placed us on earth to do his will and carry out his work. We often give too much publicity to the deeds of evil committed by people rather than the deeds of care and love put into action by those so inspired by their faith. One of my favourite hymnwriters in the English language is Frances Ridley Havergal. She gave herself to her Saviour at the age of 15 and felt from then onwards that heaven and earth were her treasures. For the last 15 years of her life, she suffered continual pain but she dispersed radiance and happiness to others. She has given us the background to her most well-known hymn, 'Take my life and let it be', which took place among a group of friends. Frances Ridley Havergal was one of those people that Wordsworth wrote about who

Travel on life's common way
In cheerful godliness.

We are often miserable and ungrateful and as someone once said of twenty first century Christians – 'their very faces suggest that the Gospel is a funeral rather than a feast.' Even in a shipwreck, Paul could urge both crew and passengers to cheer up. It was not false encouragement. Paul believed in God's strength and power; hence his cheerful confidence. We face a hostile world, we face a city of great problems in Liverpool, but Jesus says: 'Be of good cheer, I have overcome the world.' What a promise this is to keep in our hearts, and when Christ bids us cheer up we dare not be cast down. To him the darkness has been conquered. Therefore let us be of good cheer and spread the joy of the Gospel in deeds and in our concern for the city, for this country of ours which has left the bond of European Union and will suffer on a global stage.

Secondly, **the treasures of heaven are connected with our concern for the entire creation.**

Forty five years ago, I was invited to meet a remarkable Christian at the Town Hall in Liverpool, Dom Camara. He was the Roman Catholic Archbishop of Olinda and Recife in North-east Brazil. A small man in size but with a huge heart. To him there was no creature that does not bear the Creator's mark. He listens, he helps, he prays, he acts. His meditations have been translated into many languages and in English, under the title, *A Thousand Reasons for Living*. Listen to his concern for the whole of creation and how he can see eternal truths in nature itself:

> I love looking at you,
> Hundred-year-old tree,
> Loaded with shoots and boughs
> As though you were a stripling.
> Teach me the secret
> Of growing old like you,
> Open to life, to youth, to dreams
> As somebody aware
> That youth and age
> Are merely steps
> Towards eternity.

Open our hands –
At the insurance office
I got extremely interested
In the insuring of hands

What value should be put on
the hands of artists?
the hands of doctors and nurses?
the hands of athletes?
the hands of writers?

What, oh, what value should be put on hands that beg for alms, or give,
on hands that pray
on hands that rouse. You, Lord?

The treasures

When the Roman authorities during the Decian persecution in Rome broke into a Christian Church, they were looking for treasures. The Roman Prefect demanded from Laurentius the Deacon: 'Show me your treasures at once.' Laurentius pointed out the widows and orphans who were being fed, the sick who were being nursed, the poor whose needs were being supplied. 'These,' he said 'are the treasures of the Church.' The Church has always believed this and will always do so if it is faithful to the teachings of Jesus Christ.

Thirdly, **we gather our treasures together as we glorify and praise God the Creator**. God is to be praised. This is one of the lasting contributions of Wales to Christendom: the praise of poets and hymnwriters from the early time – in the sixth century with the poems of Aneirin and Taliesin till today. We have in the Welsh language a rich storehouse of Christian literature. The Welsh poets of the Middle Ages saw all things held together by the creative power of God. They saw the world as God's world, grace and nature supporting each other. The last word should be left to St David. His life has a close association with my home village in Dyfed, Llanddewi Brefi – and his last sermon was written by an anchorite who lived in the village and who preserved the message – the message that Christ unites the world and enriches every nation. For Jesus Christ is the treasure of heaven as Ann

Griffiths, a hymnwriter from Montgomeryshire at the end of the eighteenth century, said:

> Rose of Sharon, so men name Him;
> White and red his cheeks adorn;
> Store untold of earthly treasure
> Will his merit put to scorn
> Friends of sinners
> He their pilot o'er the deep.
>
> What can weigh with me henceforward
> All the idols of the earth?
> One and all I here proclaim them,
> Matched with Jesus nothing worth;
> O to rest me
> All my lifetime in his love!

St David is a link in that chain which recognizes the fact that God is the source of all goodness. The culture of every nation and its special identity is a treasure for it makes us appreciate the vision that has inspired men of every language in the creative arts. Every language of man is a treasure. Every act of love and deed of compassion which brings happiness to people of every tongue is a treasure. Today we want to know who owns whom and who owns what and the answer in 2021 is as basic as it was to David in the sixth century. It is God our Heavenly Father. Today we think of our treasures in terms of the money we have, the property we tender and the possessions that we live in fear of losing every day, but St David knew nothing of the value of money and least of all possessions. So what was the secret of his strength? Beyond a shadow of doubt his strength lay in the quality of his life. His nearness to God his Father and his dedication as a Christian missionary and the faith which inspired him to travel (to establish 53 churches) and inspired others to be disciples.

So we have, as Welsh people, treasures, like every other nation on God's earth and we share them with each other. To discover the world of Wales is to discover a rich treasure house: to accept God in Jesus Christ is to receive the treasures of heaven. This is the thrill that unites us all in the family of man as we glorify and praise God the Creator. Amen

MYFYRDODAU

Cariwch feichiau eich gilydd

Testun: Felly tra bydd amser gennym, gadewch inni wneud da i bawb, yn enwedig i'r rhai sydd o deulu'r ffydd.. (Galatiaid 6:10)

Geiriau gwerth sylwi arnynt ydyw'r rhain o Lythyr Paul at y Galatiaid, ein hynafiaid ni fel Celtiaid. Dyma ddatganiad gwerth rhoddi sylw iddo yng nghyddestun yr hanes am y Gynhadledd a gynhaliwyd yn Jerwsalem. Cynhadledd bwysig dros ben oedd honno, a thros y canrifoedd, cynhaliwyd cynadleddau tyngedfennol yn hanes yr Eglwys. Cofiwn heddiw am Gynhadledd Jerwsalem yn trafod strategaeth yr Eglwys Fore a'r modd i weithredu yn ymarferol a chario beichiau ein gilydd..

Dylid cadw'r flaenoriaeth yma trwy gefnogi yn gyntaf **y doniau a daniwyd.**
Y mae angen amrywiaeth oddi fewn i Eglwys Dduw. Fe ymlwybrodd Paul i Jerwsalem gydag eraill - tîm ohonynt – a phan glywn pwy oeddynt, diolchwn am yr amrywiaeth o ddoniau. Pwy oeddynt? Yr oedd Barnabas yn eu plith. Gŵr poblogaidd, hynod o dderbyniol ydoedd. Yr oedd yn Iddew o ran cig a gwaed, ond yn ôl Llyfr yr Actau, ei enw cychwynol oedd Joseff. Fe'i llysenwid yn Barnabas, sef 'y mab sydd yn mynd i'ch cefnogi'. Gwyddom fod pobl fel Barnabas yn hynod o werthfawr. *The Encourager* oedd un enw arno. Rhai sydd yn cymryd diddordeb. Y mae llu ohonom yn medru talu gwrogaeth i bobl a fu'n ein cefnogi. Cefnogodd Barnabas Paul pan gafodd ei gadw allan o Eglwys Jerwsalem ar ôl ei droëdigaeth. Estynnodd Barnabas ddeheulaw cymdeithas i'r cenhadwr galluog. Yn ddiweddarach, fe anfonodd yr Eglwys yn Jerwsalem y gŵr hwn i oruchwylio y genhadaeth yn Antioch. Ac yr oedd ef yn frwdfrydig ac yn eangfrydig. Yn wir, cawn y cofnod hwn o Lyfr yr Actau (11: 22) amdano:

Wedi iddo gyrraedd, a gweld gras Duw, yr oedd yn llawen, a bu'n annog pawb i lynu wrth yr Arglwydd o wir fwriad calon, achos yr oedd yn ddyn da, yn llawn o'r Ysbryd Glân ac o ffydd.

Dyna wrogaeth gwerth ei dderbyn.

Sonnir am y dyn da mewn byd sy'n llawn o bobl ddrwg. Dywedir amdano ei fod yn 'llawn o'r Ysbryd Glân' sydd eto yn gaffaeliad i bob cenhadwr. Golyga hyn nad oedd am ddarnio Corff Crist, ond am gadw'r undeb ymhlith yr holl saint. Yna, cawn ei fod yn ŵr sydd yn llawn o ffydd gref, gadarn. Gwyddoch eiriau Iesu, y medrwch symud y mynyddoedd i ganol y môr trwy ffydd, a throi'r byd wyneb i waered fel y gwnaeth yr apostolion cynnar. Nid rhyfedd fod yna ymateb i ddisgybl o'r fath. Wyddoch chi beth a wnaeth ef? Gwireddu yr enw a roddwyd arno, ac annog yr hen erlidiwr i gyflawni ei briod waith. Aeth ar ei union i Darsis i geisio Saul, ac wedi ei gael, aeth yn gwmni iddo i Antiochia. Yno, yn y ddinas honno y defnyddiwyd y gair *Cristnogion* am y tro cyntaf erioed.

Fe flagurodd yr Eglwys a thyfu cymaint fel iddi gael cydwybod cymdeithasol. Gweithredu cariad Crist fel pobl y mudiad hwnnw, Cymorth Cristnogol. Cofio am dlodi aelodau Eglwys Jeriwsalem a chludo cymorth o saint Antiochia iddynt. Ac ar ôl dychwelyd i Antioch, fe anfonwyd y ddau ar daith genhadol i Ynys Cyprus a De Galatia. Ac ar ôl cyrraedd, dyma'r ddau ddawnus yn mynd i Gynhadledd. Blaenoriaethau y ddau yw ein blaenoriaethau ninnau. Cofiwch y rhain. Gofal am yr anghenus, y tlawd a'r difreintiedig. Galw pobl at Grist y Gwaredwr. Pwysleisio yn barhaus undeb yr eglwys leol. Ac felly, ffrindiau, y mae'n fraint gen i gyflwyno ichi ŵr arbennig iawn, Iddew o Gristion. Ac yn fwy na dim, un a oedd yn medru codi pontydd rhwng y gwahanol garfannau a dosbarthiadau oddi fewn i'r Eglwys Gristnogol.

Aelod gwerthfawr arall oedd Titus. Pwy oedd ef? Wel, Groegwr o Gristion. Ac yr oedd Paul, wrth ddewis y gŵr hwn, yn dweud yn glir nad oedd angen i Gristnogion o wlad Twrci, Malta, Cyprus, Gwlad Groeg a'r Eidal newid eu hiaith, na'u cenedl wrth ymuno â'r Eglwys Gristnogol. A dyna, wedi'r cyfan, oedd mater llosg y Gynhadledd, fod cyfle i bob un redeg yr yrfa, gan edrych ar Iesu. Nid rhedeg yn ofer, ond rhedeg gyda'n gilydd. Yr oeddynt yn goresgyn yr holl broblemau yn y ras hon. Rhedwn yr yrfa gan mai yr un bobl ydan ni. Coch yw lliw gwaed pob un o blant y byd. Pe bai Titus yn cael ei orfodi i gael ei enwaedu gan Eglwys Jerwsalem, yna mi fyddai'r neges yn glir i bawb y tu allan i'r genedl Iddewig. Byddai disgwyl i'r Groegwyr ddod yn Iddewon er mwyn cael eu derbyn i'r Eglwys. Ond os y derbynid Titus, yna mi fyddai'r weithred hon yn dweud stori syfrdanol. Byddai yn dweud bod yr Iddewon a phobl o bob cenedl arall – Sbaenwyr, Groegwyr, Cymry, Celtiaid – yn gyfartal yn Eglwys y Duw Byw. Yr oedd tîm Paul, sef Barnabas a Titus, yn sumbolau o'r Eglwys Newydd, o ddylanwad yr Efengyl i dynnu i lawr y muriau sydd yn gwahanu pobl, ac o'r gwaith o greu undeb oedd yn medru goresgyn gwahaniaethau diwylliannol, hiliol ac ieithyddol. Diolch am y doniau amrywiol, ac am ddeiliaid o wledydd y byd sydd yn arddel yr enw Cristnogion. Y mae croeso mawr i ddisgyblion o bob dawn, cenedl, iaith a chefndir yn Eglwys Crist. Nid oedd Paul, Barnabas na Titus wedi rhedeg yn ofer wrth weithredu yn eciwmenaidd.

Yn ail, **braint yw cael gwasanaethu oddi fewn i Eglwys Crist ym mhob oes.**

Credodd aml un, yn gwbl gyfeiliornus, mai hwy oedd piau'r eglwys leol, ac weithiau mai hwy oedd piau'r enwad y perthynai yr eglwys honno iddi. Y mae Duw yn bensaer pob Eglwys yng Nghrist Iesu. Deuwn yn aelodau ar sail ein cred, ein ffydd a'n cyffes mai Iesu yw Mab Duw. Gwelir Paul wyneb yn wyneb â DAU ddosbarth, sef y Gau Arweinwyr a'r Gwir Arweinwyr. Yr oedd y Gau Arweinwyr yn herio yr hyn oedd yn angenrheidiol i lwyddiant yr Eglwys. Y rhain oedd am orfodi Titus i gael ei enwaedu fel pob Iddew o faban. Rhaid oedd iddo ddod yn Iddew os oedd am ymaelodi yn Eglwys Jerwsalem. Ond am fod y gofyniad hwnnw yn gwadu cydraddoldeb ac undeb rhwng Iddew a Groegwr, nid oedd Paul yn barod o gwbl i gymrodeddu. Galwodd hwy yn frodyr gau (*false brothers*) am eu bod yn amharod i dderbyn Titus fel Groegwr, a brawd yn y ffydd. I'r Gau Arweinwyr, hil (*race*) oedd gwraidd yr Eglwys ac nid gras. Yn wir, y mae Paul yn llym ei dafod tuag at y rhai hyn, gan eu galw yn llechgwn a oedd wedi llwyddo i ddod i mewn i'r gymdeithas arbennig fel ysbïwyr. Nid oedd eu prif deyrngarwch yn perthyn i Grist na'r Eglwys, ond i draddodiadau y Gyfraith o ddyddiau Lefiticus ac i ddiwylliant Iddewig. Ac yr oedd Paul yn barod i ddadlau mai pen draw y rhai hyn oedd caethiwed, ie caethiwed i werthoedd y byd pechadurus. Ac oni bai iddo sefyll ei dir, mi fyddai rhyddid gogoneddus yr Efengyl wedi ei llurgunio.

Y mae undeb yn ddelfryd i bob yr un ohonom. Da yw sefyll ein tir a thro arall gymrodeddu er mwyn llwyddiant. '*The truth of the Gospel is non-negotiable,*' meddai un diwinydd flynyddoedd yn ôl. Y mae'n angenrheidiol inni ddiogelu gwirioneddau'r Efengyl, yr Ymgnawdoliad a'r Croeshoeliad a'r Atgyfodiad a pheidio 'rhedeg yn ofer' wrth wneud hynny. Yr oedd Pedr ac Ioan ac Iago, brawd Iesu yn arweinwyr nodedig, ond ar brydiau heb yr arweiniad angenrheidiol. Fe ddywedodd un hanesydd:

Great works of art - the originals - are not judged by us: we are judged by them. Similarly, the gospel is not judged by great leaders. Great leaders are judged by us.

Yn drydydd, **fod galwad barhaus ar bob eglwys leol ac ar bob enwad Cristnogol i gofio cri y gorthrymedig a phobl dlawd ein cymunedau led-led y byd.**

Y mae gweithgarwch yr Eglwys yn cael ei gynnal a'i gefnogi gan wasanaeth ymarferol. Galwyd Paul, Titus a Barnabas i gofio anghenion y tlawd ymysg saint Eglwys Jeriwsalem. Y mae'r mwyafrif o'r esbonwyr y bûm yn eu hastudio wedi dehongli y cais fel apêl am arian i gynorthwyo yr eglwys yn ei hargyfwng yn ninas Jerwsalem. Ond credaf ei bod hi'n bosibl dehongli hyn yn ehangach. Yr oedd arweinwyr Eglwys Jerwsalem yn cefnogi cenhadaeth Paul i'r byd, ond ar yr un pryd yn gofyn iddo gadw mewn cof anghenion tymhorol yr Eglwys yn Jerwsalem. Yr oedd y Genhadaeth hefyd i gefnogi yr Eglwys Gristnogol-Iddewig.

Y mae'n amlwg fod Paul wrth ei fodd yn cynnal undeb yr Eglwys trwy ei gefnogaeth ymarferol, diwinyddol i'w gyd-Gristnogion. Ac y mae ganddo apeliadau yn ei lythyron i'r eglwysi yng Nghorinth, Galatia a Rhufain, i gefnogi y Fam-Eglwys yn Jeriwsalem. Gwelodd y darlun yn glir. Iddo ef, yr oedd gwaith eglwysi Rhufain, Galatia a Chorinth yn estyn llaw i gynorthwyo Eglwys Jerwsalem, yn gwireddu undeb eglwysig ar ei orau. Sonia am eglwysi ym Macedonia ac Achaia oedd wedi ymateb yn odidog, ac wedi cyfrannu i'r gronfa ar ran y tlodion ymhlith y saint yn y Ddinas Sanctaidd. Gwelsant yr angen am eu bod yn ymwybodol mai'r un teulu oeddynt i gyd:

Oherwydd os cafodd y Cenhedloedd gyfran o'r trysor ysbrydol hwn, y mae'n ddyled ar y Cenhedloedd i weini arnynt mewn pethau tymhorol. Gallaf eich sicrhau chwi, Gristnogion heddiw, nad ydym wedi rhedeg yn ofer os ydym wedi cofio anghenion y tlodion yn Syria, Yemen, Sudan, Ethiopia a Bangladesh.

Rwy'n falch fy mod yn aelod o eglwys leol sydd yn ymateb i'r angen yn lleol yn Lerpwl ac sydd wedi gofalu am genedlaethau ar ôl pobl sydd yn ddigartref trwy fudiad a phrosiect Whitechapel. Hwy sydd yn gofalu nad oes raid i neb sydd yn ddi-deulu ac yn ddi-gefn fod heb fwyd na chysgod na chynhaliaeth ar Ddydd Nadolig. Deil yr angen oddi ar ddyddiau Eglwys Jerwsalem ac y mae'n rhan o'n ffydd i gefnogi fel y gwelwn yn dda, yn lleol, yn genedlaethol ac yn fyd-eang. Ni redodd neb ohonom yn ofer.

    Daliwch afael, medd yr Iesu,
    Daliwch ataf Fi;
    Bloeddiwn ninnau'n ôl, mi ddaliwn
    Yn dy allu Di.
Yn ei enw, Amen.

Rhedeg yr yrfa

Myfyrdod byr i'w draddodi yn ystod y Sacrament o Fedydd

Testun: Hwn yw fy annwyl Fab, yn yr hwn y'm bodlonwyd. / *This is my beloved son in whom I am well pleased*. (Mathew 3: 17)

Y mae Sul cynta'r flwyddyn yn ŵyl bwysig i eglwysi'r Dwyrain – eglwysi Gwlad Groeg ac Ethiopia, yr Aifft a Syria. Gŵyl *Epiphany* y'i gelwir. A'r pwyslais mawr yn eglwysi'r Dwyrain yw ar ddiwinyddiaeth yn hytrach nag ar hanes Duw yn dyfod yn ddyn yng Nghrist Iesu. Y mae llawer enw i'w gael ar yr ŵyl – yr Ystwyll, Gŵyl Eglwysig, y Seren Ŵyl, Dydd Gŵyl yr Ystwyll. A'i ystyr yw 'amlygiad', fel y dywedwn ni y Cymry, neu *manifestation* yn Saesneg. Yn yr ŵyl hon yn y Gorllewin, y Gwŷr Doeth a gaiff y sylw, ond yn y Dwyrain, fe bwysleisir lle'r Bedydd fel yr amlygiad a'r eglurhad cyntaf a'r pwysicaf yng ngweinidogaeth yr Arglwydd Iesu Grist. Fe neilltuwyd y Bedydd a Gŵyl yr Ystwyll i gornel o'r litwrgi – y rhan amlaf fel llith i'w darllen yn y Llyfr Gweddi Gyffredin, a chan ein bod ni fel ymneilltuwyr yn esgeulus iawn o wyliau eglwysig, y mae'n dda o beth inni gael ein hatgoffa o'r calendr eglwysig ac aros y tro hwn gyda hanes bedyddio Iesu.

Y mae i'r Bedydd ei neges ar ein cyfer, ac fe arhoswn yn awr gyda'r gwirionedd a gyhoeddir wrthym. Sef , **ufudd-dod yr Arglwydd Iesu.**

Y mae angen pwysleisio hyn ar grefyddwyr pob oes – lle ufudd-dod oddi fewn i'n ffydd a'n proffes. Bu'r ufudd-dod hwn yn ddirgelwch i haneswyr yr Efengyl, a gofala Mathew ein bod ni yn deall ystyr yr ufudd-dod. Gwyddom fod Mathew wedi dibynnu cryn lawer wrth ysgrifennu ei Efengyl ar adroddiad Marc. Ond y problem oedd cysoni'r ffaith fod Ioan yn bedyddio Iesu. Deallodd Ioan hynny fel y dangosir inni yn y drydedd bennod. Ceisiodd Ioan gan Iesu gyflawni'r weithred arno ef. A bu'n rhaid i Iesu ddyfynnu geiriau o broffwydoliaeth yr Ail Eseia:

Myfi, yr Arglwydd, a'th elwais mewn cyfiawnder, ac ymaflaf yn dy law; cadwaf di hefyd, a rhoddaf di yn gyfamod pobl, ac yn oleuni cenhedloedd.

Hynny yw, y mae'r bedydd hwn yn rhan o gynllun a bwriad Duw, gan fod fy Nhad am bwysleisio yr angen am ufudd-dod.   Yn enw'r Iesu Amen

Gair i'r Plant yn yr Oedfa
(nid i gymryd mwy na deg munud)

Pwyntio at gloc y Capel wrth groesawu'r plant ar ôl dweud eu hadnodau yn oedfa bore Sul yn Bethel, Heathfield Road, Lerpwl.

Rydym ar goll heb wats neu gloc. Gwybod yr amser. Beth sydd i'w weld ym mhob man. Cloc yn y capel? Stori enwog. Abel Huws. Gwisgo wats. Cafodd ei gwneud. Sawl bys sydd iddi? Bys yr awr; y llall y munudau a'r llall, wedyn, yr eiliadau. Sut oedd pobl yn dod i ben heb gloc? Alfred Fawr – llosgi cannwyll. Clociau yn fendith.
AMSER WEDI EI RANNU. Blynyddoedd, misoedd, oriau, munudau. Duw sydd biau'r amser i gyd.

>Cymer, Arglwydd, f'einioes i
>I'w chysegru oll i Ti;
>Cymer fy munudau i fod
>Fyth yn llifo er dy glod

.

RHAID I GLOC FOD YN LÂN. Os bydd cloc yn stopio – baw yn llechu y tu mewn iddo sydd yn gyfrifol bron bob amser. Oes, y mae'n rhaid i'r cloc fod yn lân cyn y gall gadw amser. Yn yr un modd, rhaid i ninnau gael bod yn lân a phur os ydym i fodloni ein hathrawon.
DIBYNNU ARNO. Oni bai am y cloc ffyddlon, mi fyddem wedi colli llawer o bethau da mewn bywyd. Wedi methu dal y bws neu'r trên oedd i fynd â ni ar ein gwyliau, wedi colli y cyfle i weld ffrindiau neu fynd am dro i'r dref.
Y mae Iesu Grist am i ni fod yn blant arbennig. Y rhai sydd yn cerdded drosto. Y rhai sydd i'w trystio. Dibynnu arno. Duw piau'r amser; y mae'n gwybod ei fod yn rhywbeth gwerthfawr iawn. Gwnawn yn fawr ohono.

>Cysegrwn flaenffrwyth dyddiau'n hoes
>I garu'r Hwn fu ar y Groes;
>Mae mwy o bleser yn ei waith
>Na dim a fedd y ddaear faith
>Yn enw Iesu Grist, Amen.

SIARS I EGLWYSI CYMRAEG MANCEINION

a hynny wrth dderbyn y Parchedig R J Evans yn Weinidog yn 1983

Y mae cyfrifoldeb a chyfle gennym, a diolchgarwch yn ein calonnau am gael bod yma yn y gwasanaeth hwn. Yr oedd R. J. Evans a minnau yn gyd-fyfyrwyr a hyfryd iawn ydyw derbyn gwahoddiad i roddi siars i eglwysi Manceinion. Ac yn fyr ac i bwrpas, a gaf fi eich gwahodd i gofio **pwy** ydach chi. Beth sy'n wir amdanoch fel aelodau yr eglwysi hyn?

Yn gyntaf, mai **pobl y Gair ydach chi.** *You are People of the Word.*
Cefais gyfle eleni i arwain dirprwyaeth o offeiriaid a gweinidogion o Brydain i fynd ar daith i'r trefydd sydd yn gysylltiedig â Martin Luther fel Erfurt, Wittenburg ac ail-edrych ar gyfraniad aruthrol Martin Luther i Gristnogaeth. Roeddem yn dathlu pum can mlynedd ei eni ac yr oedd Gwladwriaeth Dwyrain yr Almaen, er yn arddel Comiwnyddiaeth di-Dduw, am ddathlu hynny mewn steil. Ef oedd yn gyfrifol am y Chwyldro a ddaeth i Ewrop drwy ei brotest ac y mae ei ddaliadau ar Natur yr Eglwys yn hynod o berthnasol inni heddiw. Nid corff gweledig o drefniant daearol mohoni, ond eglwys anweledig o'r holl gredinwyr, cymanfa lawn y saint, a phob un ohonynt yn offeiriaid heb arnynt angen gwasanaeth yr un enaid byw arall i gyfryngu rhyngddynt hwy a'u Creawdwr. Ni allai Luther ymwrthod yn llwyr â'r offeiriaid. Yr oedd eu hangen i arwain a chefnogi eraill i arwain a gwasanaethu a thystiolaethu. Ond o ble y cafodd Luther y cyfan hyn? Wel, yn y Gair. Dyna'r lle rydym wedi cael ein hawdurdod a'n hynni – y Gair a anwybyddwyd ac a guddiwyd ac a wyrdrowyd gan y Pabyddion yn y Canol Oesoedd, a hynny ar lwybr dychymyg dynion a merched.

Yr oedd yn rhaid ail-orseddu'r Gair. Beth yw'r Gair hwn? Wel, beth a ddeallai Luther a Calfin a'r Eglwysi Protestanaidd wrth y Gair? Nid yr Ysgrythur yn unig, ond yr Ysgrythur ynghyd â gweinyddiad y ddwy sacrament a ordeiniesid gan Grist ei Hun. Dyna waith y brawd a alwyd atoch, oherwydd y mae ef yn cario cyfrifoldeb. Cofiwch amdano bob dydd. Gweddïwch drosto ambell i nos Sul. Y mae hanes am Syr O. M. Edwards o Lanuwchllyn yn bregethwr ifanc ym 1879. Dyma rannu ei brofiad:

I preached at Llandrillo morning and night and Pennant in the afternoon. I feel wretched – the day has been a burden on me. The expression on the faces of the men that knew who were my friends told me what a miserable evangelist I am. Oh heaven! If they could experience a preacher's Sunday night, when he knows that he has come to no purpose, that not a saint has been edified, not a sinner reproved – they would not express their disapprobation so openly.

Yn ail, **pobl y gân ydach chwi.** *You are People of Song.*
Dyma sydd yn ein clymu gyda'n gilydd. Y gân orfoleddus. 'Allwn ni ddim gwadu hyn. Y mae'r llyfr emynau i ni fel y Llyfr Gweddi Gyffredin i'r Eglwyswr. Dw i'n dal i ddotio mewn aml i fan wrth weld pobl yn cario llyfrau emynau i'r oedfaon. Dod y maen nhw â'u gwaddol yn eu dwylo. Ac y mae'r gwaddol hwnnw yn cyhoeddi mai Duw yw'r Tad ac Iesu Grist yw'r Brawd Hynaf. Byddai'n hawdd gwneud rhestr o'r hanner cant o emynau sy'n ein cyfoethogi ni. Yn niwedd y ganrif ddiwethaf, fe wnaeth merch o'r enw Jane King astudiaeth o 52 o lyfrau emynau a ddefnyddid i weld pa rai o'r emynau a ymddangosai fwyaf. Daeth deg emyn i'r dosbarth cyntaf o ran cael eu defnyddio drwy'r Eglwys Fyd-eang. Dyma nhw:

All praise to Thee, my God, this night! –T. Ken
Hark! The herald angels sing – C. Wesley
Lo! He comes with clouds ascending – Wesley
Rock of Ages, cleft for me – Toplady
Abide with me, fast falls the eventide – Lyte
Awake, my soul and with the sun - T. Ken
Jerusalem the Golden – Bernard Neale
Jesus, lover of my soul – C. Wesley
Sun of my soul, Thou Saviour dear – Keble
When I survey the wondrous Cross – Watts

Ac yn y Gymraeg, y mae gennym gyfoeth dihysbydd i'n hysbrydoli ac i'n cynorthwyo yn y moliant fel disgyblion – emynau sy'n galw arnom i gofio pwy ydym ac i bwy yr ydym yn perthyn.

Ac yn olaf, **pobl y gwirionedd ydach chi.** *You are People of Truth.*
Fe soniodd Iesu am wirionedd, ond Efe ei Hun yw'r **gwirionedd.** Meddai'r

Salmydd:

Dysg i mi dy ffordd, O Arglwydd, mi a rodiaf yn dy wirionedd. Una fy nghalon i ofni dy enw. Dewisais ffordd y Gwirionedd.

Y mae digon o bobl wedi dweud am y Gwirionedd, ond does neb ond Iesu Grist wedi ymgnawdoli fel y **gwirionedd**. Ac felly, y mae gennym ein **safonau**. Y mae'n anodd i'r godinebwr ddysgu yr angen am lendid a ffyddlondeb mewn priodas, i ddyn llawn digofaint ei ddysgu am gariad. Y mae'r peth yn fethiant. A methiant ydym heb Iesu. Oherwydd y mae'n rhaid inni gydnabod, er bod y gwirionedd sydd gennym i'w gyflwyno, eto Iesu Grist yw'r unig un sy'n ymgorfforiad o'r gwirionedd. 'Myfi yw'r Gwirionedd a'r Bywyd.' Ceisio'r ffordd a wnawn. Cyhoeddi'r Gwirionedd gorau fedrwn. Cofleidio bywyd yn ei ehangder.

Y mae nofelydd arbennig yn sôn am un o'i gymeriadau, a hwnnw wedi syrthio mewn cariad. *'I never knew what life was until I saw it in your eyes.'* Dyna y mae Iesu yn ei wneud. Ef yw'r unig ffordd sydd gennym at Dduw y Tad; Ef yw'r unig wirionedd sy'n dal pwys a gwres y dydd; Ef yw'r bywyd sydd gennym na all nac angau nac einioes ei ddwyn oddi wrthym. Yng ngeiriau George Rees yr emynydd:

Tydi yw'r ffordd a mwy na'r ffordd i mi,

tydi yw ngrym.

Iesu Grist yw'r unig Waredwr. Ynddo Ef y gwelwn ni sut un ydyw Duw, ac Ef yn unig a fedr ein harwain at bresenoldeb Duw heb ofn a heb gywilydd.
 Pa les ymdrechu, f'Arglwydd, hebot ti,
 a minnau'n ddim?
Amen.

Atodiad

Cofio fy Nhad yn y Ffydd:
Y Parchedig J. Ellis Williams, Bethesda, Llanddewi Brefi

Un o freintiau pennaf bywyd yw cael gwŷr a gwragedd i gymryd diddordeb ynoch. Ac un o'r bobl a wnaeth hynny yn fwy na neb yn hanes cynifer o blant Llanddewi Brefi oedd y Gweinidog, J. E. Williams (1880-1957). Dywedir i'r nofelydd, T. Rowland Hughes sylfaenu cymeriadau y ddau weinidog, 'Mr Jones' yn *O Law i Law* a 'Mr Rogers' yn *William Jones,* ar ei edmygedd diflino o A. J. George (1879-1956), a fu'n weinidog ar y Bedyddwyr yn Llanberis a Llanrug am bymtheng mlynedd. Clywyd T. Rowland Hughes, yn ôl ei gofiannydd, yn dweud am ei Weinidog, yn fuan ar ôl iddo fynd i'r Coleg, y geiriau hyn, 'Dyna iti ddyn!' gan ychwanegu am y modd yr addasai ei hun i bob cwmni. Dywedais innau lawer tro – 'Dyna iti Weinidog!' am J. E. Williams. 'Yr oeddwn i'n meddwl y byd o Mr Jones: ef oedd fy arwr er pan oeddwn yn hogyn bach' yw'r geiriau a rydd T. Rowland Hughes yng ngenau John Davies. Mi fedrwn innau ddweud yr un geiriau am fy ngweinidog hoff. A chyn gorffen â T. Rowland Hughes, fe gofir y gân a luniodd i'r 'Hen Weinidog' ac yn arbennig y cwpled a ddyfynnwn yn aml pan fydd pethau'n galed:

Ond gwn am rai ym Mryn-y-glo
A fuasai'n marw drosto fo.

Wel, yng Nghwm-y-Glo, yn ymyl Llanberis T. Rowland Hughes y ganed yr amryddawn J. E. Williams, a hynny ar yr 21ain o Ragfyr, 1880. Presant Nadolig ardderchog! A bu yr addysg a gafodd yn debyg iawn i addysg cynifer o blant y werin yn ei gyfnod. Gadael ysgol elfennol Cwm-y-Glo am Chwarel Dinorwig. Byr fu ei dymor yno, ac fel William Jones yn nofel T. Rowland Hughes, aeth J. E. Williams i'r De i chwilio am waith. A'i gael ei hun mewn cylch ardderchog – yn Rhydaman – yn ardal y glo carreg. Aeth i weithio i'r lofa, ond fe ddaeth o dan ddylanwad Diwygiad 1904-5. Ni allai oddef byth wedyn neb yn bychanu y chwyldro crefyddol hwnnw, pan aeth 'pob rhyw reol-a-rheswm yn yfflon rhacs.' Teimlodd yntau, fel llawer un arall, fod 'düwch pechod fel parddu glo' ac fe brofodd y 'pentecosta' yn Rhydaman. Gallai J. E. Williams ddweud gyda T. H. Parry-Williams:

Gwarchod pawb! Dyna danchwa sy'n dod i'r byd
Pan fo'r Awel yn chwythu dynion a Duw ynghyd.

Ffrwyth y 'pentecosta' hwn oedd ymgysegriad i'r Weinidogaeth Gristnogol. Cerddodd y llwybrau arferol: Ysgol Watcyn Wyn yn Rhydaman ac Ysgol John Phillips yng Nghastell Newydd Emlyn, ac ar ôl hynny, y Coleg Diwinyddol yn Aberystwyth. Fe'i hordeiniwyd ym 1915, ac fe gafodd alwad i Lansawel a Rhydcymerau yng nghefn gwlad Sir Gaerfyrddin. Byr fu ei arhosiad yno a symudodd i Landdewi Brefi ym 1919, lle y bu am weddill ei weinidogaeth.

Blwyddyn o lawenydd ac o dristwch yn ei hanes fu 1919. Symud bro ond colli cymar bywyd. Priododd â Nellie Davies, Neuadd Wilym, Llechryd, ym 1916, ond bu hi farw yn Hydref 1919, a gadael dau o blant heb fam. Daeth y mab, y Parchedig Dewi Wyn Williams, yn offeiriad yn yr Eglwys yng Nghymru, a dilynodd y ferch, Mrs Eluned Ellis Jones, Bethel a Chaernarfon lwybrau ei thad fel amddiffynydd y Gymraeg, ac yn ei hoffter o farddoniaeth. Ond daeth ei chwaer ef i'r adwy – Miss Mary Williams, ac yn y blynyddoedd olaf y bu yn Llanddewi, chwaer arall, Nyrs Margaret Williams. Ni ellid meddwl am y weinidogaeth hon heb y ddwy chwaer, ac yn arbennig felly Miss Williams.

Yn Llanddewi Brefi y cyflawnodd J. Ellis Williams waith mawr ei fywyd, a bu'r graen oedd ar eglwys Bethesda hyd y naw-degau i raddau mawr yn ffrwyth dycnwch ac ymroddiad y Gweinidog. Bu yno am 38 o flynyddoedd (1919-1957) ac yn hyn o beth yr oedd yn debyg i'w ragflaenydd, y Parchedig Rhys Morgan. Y mae gweinidogaeth hir, ddylanwadol o fudd mawr. Mewn canrif bron o amser, dim ond tri gweinidog a gafodd Bethesda, a'r trydydd oedd yr hwyaf o ran blynyddoedd. Blynyddoedd braf oeddynt, a'r gweinidog yn 'frenin y fro'. Nid oedd dim byd yn digwydd yn yr ardal heb fod gweinidog Bethesda yn ei ganol. Hwn oedd yr arweinydd. I lawer ohonom, y patrwm o Weinidogaeth ydyw'r hyn a gyflawnodd y gweinidog hwn.

Credai yn gryf fod dyletswydd ar Weinidog i ymwneud â phob dim, heb anghofio gwleidyddiaeth. Cwestiwn diddorol yw hwn: A fyddai J. E. Williams wedi llwyddo pe bai'n sefyll fel Sosialydd yn hytrach na Rhyddfrydwr? Ei gefndir teuluol a'i Fethodistiaeth a'i gwnaeth yn Rhyddfrydwr, ac nid ei brofiad yn y chwarel a'r pwll glo. Ac yn Llanddewi yr oedd trwch y boblogaeth, fel yng Ngheredigion, yn Rhyddfrydwyr. Cam naturiol oedd cynrychioli y fro ar y Cyngor Sir am ddwy flynedd ar hugain fel cynghorydd, ac am naw mlynedd fel Henadur. Bu'n gadeirydd pwyllgorau y Cyngor Sir, ac yng nghanol gweinyddiaeth y Blaid Ryddfrydol.

Ond y bennod fwyaf diddorol yn hanes John Ellis Williams oedd y dau-ddegau cynnar pan rannwyd y gwersyll Rhyddfrydol yng Ngheredigion. Bu'n gefnogwr mawr i Rhys Hopkin-Morris, ac ef oedd llywydd y Rhyddfrydwyr adeg etholiad tyngedfennol 1923. Yr oedd J. E. Williams a'i gyd-weinidogion yng nghanol y frwydr. Eithriad oedd cael gweinidog ym 1920-1923 yng Ngheredigion nad oedd yn barod i annerch ar ran un o'r ddwy garfan. Y gweinidogion oedd yn arwain y Mudiad Rhyddfrydol. Yn Nhachwedd 1923, er enghraifft, fe gynorthwywyd Rhys Hopkin-Morris mewn cyfarfod gorfoleddus yn Aberteifi gan y Parchedig M. P. Morgan, Blaenannerch. Ac yn aelodau o Bwyllgor Gwaith y Blaid Ryddfrydol ym 1923, gwelir enwau yr Athro J. Young Evans, y Parchedigion Dan Evans, Hawen; T. Gwilym Evans, Aberaeron, John Green, Twrgwyn; Cribyn Jones, Llanbedr. Eithriadau oedd lleygwyr fel Harry Rees, y *Welsh Gazette,* a Miss Winstanley o Lanbadarn Fawr. Arhosais yn hwy ar hyn nag y dylaswn i, gan fod cenhedlaeth wedi codi sy'n credu mai yn y pulpud yn unig y mae lle'r pregethwr.

Ni chredai J. E. Williams mo hynny, fel y dywedodd lawer tro wrthyf. Yn wir, ni ellid ei gyfyngu i bulpud, gan fod ganddo gymaint o ddoniau. Yr oedd yn gerddor da, a bu'n arholwr Tonic sol-ffa am gyfnod hir. Dyna pam bod y Gymanfa Ganu wrth ei fodd, ac fe'i gwelid yno yn mwynhau pob munud. Roedd yn fiolynydd medrus ac yn canu'r piano a'r organ yn gampus. Fe allai'n hawdd fod wedi bod yn gerddor proffesiynol, oherwydd roedd yn wir wybodus yn y maes hwnnw.

Ysgrifennodd lawer o farddoniaeth ac enillodd yn y blynyddoedd cynnar ddeunaw cadair eisteddfodol a dwy goron. Yr oedd yn gynganeddwr da iawn, yn sgrifennu englynion, cywyddau ac awdlau o dro i dro. Ni chyhoeddwyd dim o'i waith mewn blodeugerddi, ac y mae hyn yn golled. Yr unig gân a welais o'i waith mewn llyfr ydyw'r gerdd a gyhoeddwyd yn y gyfrol *Beirdd Arfon* (Gwasg y Dryw, 1962). Ac y mae'n werth ailgyhoeddi'r tri hir-a-thoddaidd a luniodd i'w fro enedigol:

ERYRI

Yno yng ngosteg mwyndeg y mawndir,
Gwelltog heulfannau gwyllt y gylfinir,
Ar graig a chlogwyn, ar grug a chlegyr
Heuwyd hyfrydwch golud y frodir
Ac arlwy gwledd ei hedd hir-sydd nef wen
I nwyd ac awen pob enaid cywir.

Eiddof ei llus a'i mefus a'i mafon,
A lliwiau gorwych gemau'i llugaeron,
Telynau tyner gofer ac afon,

Miri ei gelltydd a'i mwyar gwylltion
I fardd hy ar fyrddau hon – ceir moethau
A dewis seigiau'r hen dywysogion.

Bro pob gorawen, bro wen fy ngeni,
Caraf bob erwig unig ohoni,
Ei hen fynyddoedd, llynnoedd a llwyni,
Ei ffridd a'i mawnog, ei phraidd a'i meini
Bro dirion pob daioni – a thegwch,
A Duw a'i heddwch fo'n nodded iddi.

Ond fe glywais ar dafod-leferydd lu o'i gerddi. A sawl marwnad, tybed a luniodd? Ni allai Rali Flynyddol Clybiau'r Ffermwyr Ieuainc ymweld â'r cylch heb fod cân o waith y Gweinidog yn cael ei darllen. Ymserchai ym mhob agwedd o'r diwylliant Cymraeg, ac yr oedd yn eisteddfodwr o'r eisteddfodwyr. Yr oedd yn ei elfen ar lwyfan yr Eisteddfod Gadeiriol Flynyddol ar Wener y Groglith, a chadwai drefn ar bawb. Yr un diddordeb oedd ganddo ar nos Fawrth yn y Cyrddau Diwylliannol aml a gynhelid yn y festri yn nhymor y gaeaf.

Ef oedd wedi hyfforddi llawer ohonom a oedd ar y llwyfan i adrodd a chanu, ac yn arbennig felly adrodd. Cofiaf fel y byddai rhywrai yn y Mans bob nos yn ymarfer, a phobl o bob rhan o Sir Aberteifi yn cael eu dysgu i adrodd. Enillodd llawer iawn ohonynt brif wobrau adrodd yn yr Eisteddfod Genedlaethol ar hyd y blynyddoedd, ac yr oedd yn arbennig o fedrus ar ddehongli barddoniaeth a chael ei ddisgyblion i gyfleu rhin y farddoniaeth ar lafar.

Yr oedd y ddrama hefyd yn agos at ei galon, a bu'n gyfrifol am gwmni drama enwog y pentref. Ysgrifennodd un ddrama, ond nis cyhoeddwyd hi.

Fel gweinidog, yr oedd yn amlochrog. Pregethai'n sylweddol dros ben, ac yr oedd ar ei ben ei hun yn ei ymdriniaeth â'r Hen Destament. Medrai addasu'r hanesion i fywyd yr ugeinfed ganrif. Nid oedd huodledd mawr yn perthyn iddo, ond gwisgai ei bregethau'n brydferth. A chlywid tinc y bardd-bregethwr yn aml ynddo.

Ei gyfraniad mawr oedd swcro doniau. Gwnâi hyn ar gyfer y Cyfarfod Gweddi, a magodd do ar ôl to o weddïwyr cyhoeddus. Ni châi neb lonydd ganddo, ac nid oedd gwrthod i fod. Clywais ef fwy nag unwaith yn galw ar berson arbennig a oedd yn amharod i gymryd rhan: 'Mr ... wnewch chi ein harwain ymhellach?' Ysgwyd pen mawr. Dim ymateb. Ond nid un i ildio i ystyfnigrwydd ysbryd oedd y Gweinidog: 'Dewch wir, dewch.' A dod a wnâi pob aelod ystyfnig i blygu glin. Dechreuais weddïo yn gyhoeddus yn bedair ar ddeg oed. Dau ohonom. A Mr Williams oedd yn gyfrifol am hyn. Rhoddodd gyfrol o weddïau a'r gyfrol *Geiriau'r Bywyd* yn ein dwylo fel canllawiau.

Yr oedd y llall – Mr Dan Jones, Bryncynon (gŵr a dreuliodd ddarn helaeth o'i fywyd yn Abercynon) yn tynnu at oedran yr addewid. Ond nid oedd gwahaniaeth am ei oedran, ac fe ddaeth yn un o weddïwyr mwyaf ysbrydoledig y Cyfarfod Gweddi.

Yr oedd y Parchedig J. E. Williams yn bencampwr am gadw'r Seiat ar nos Wener. Tyrrai rhes ohonom o'r cae chwarae i fod yn y Seiat, ac ef a'n holai yn rasol a thirion. Roedd ganddo ddiddordeb mewn plant, a gwledd fawr mewn oes ddi-deledu oedd bod ymhlith y plant yn y *Band of Hope* cyn y Cyfarfod Gweddi ar nos Lun. Ar ôl ymarfer doniau, yr egwyl yr edrychai y mwyafrif ohonom ymlaen ati oedd gwrando ar stori'r Gweinidog. Nid rhyw foeswers am eiliad neu ddwy a geid, ond stori dditectif – cystal â rhai S. O. Tudor a Meuryn – neu stori ddrychiolaeth neu stori Gari Tryfan. Yr oedd cystal â dim a geir ar y teledu y dyddiau hyn a phob un ohonom yn geg ac yn glustiau i gyd. Ni chafodd plant unrhyw eglwys well darpariaeth na difyrrwch.

Yr oedd J. E. Williams yn ysgrythurwr heb ei ail. Gwyddai ei Feibl yn drwyadl, ac yr oedd am i'w aelodau a'r genhedlaeth ifanc fagu archwaeth at Air y Bywyd. Gwnaeth imi gymwynas na allaf fyth ei phrisio – adnabyddiaeth o'r Ysgrythurau. Trefnai bob gaeaf Ddosbarth Beiblaidd ar ein cyfer, ac fe osodai waith cartref i bob un ohonom. Marciai yr ymdrechion yn ofalus, a gallaf weld o hyd y sylwadau ar ochr y dudalen mewn inc coch: 'Da iawn' neu 'Gellid gwella' ac ar ddiwedd y traethawd, nodyn calonogol ond manwl ar y gwaith. Yr oedd ganddo ffordd o gefnogi, ac fe ddysgodd wers eto i mi, mai'r peth mawr wrth ddysgu a marcio ymdrechion arall ydyw cefnogi'n garedig. Bod yn feirniadol gadarnhaol, gan roddi hwb ymlaen i bob ymdrech. Y peth hawsaf mewn bod ydyw torri calon ac ysbryd arall, a dyna wnaeth llawer un o'r athrawon a gwrddais ar fy nhaith ar ôl hynny.

Y Parchedig J. E. Williams sy'n gyfrifol am fy niddordeb mawr mewn astudiaethau Beiblaidd, gyda pharch i ysgolheictod diwinyddol ac ysgrythurol. Ef a fu'n cymell i ystyried y Weinidogaeth Gristnogol fel llwybr i'w gerdded. Gwnaeth hyn â nifer fawr ohonom. Ni lwyddodd un gweinidog yn ei enwad i godi mwy o weinidogion o'r un eglwys i'r Weinidogaeth nag a wnaeth ef, ac y mae pob un ohonynt yn medru tystio, fel finnau, i'r seiliau a gawsom gan J. E. Williams. Heblaw'r gweinidogion, fe fagodd lu o leygwyr a fu'n gaffaeliad i fwy nag un eglwys. (Cymerer y rhai a fu'n flaenoriaid yn eglwysi Henaduriaeth Llundain yn yr hanner can mlynedd diwethaf hyn fel enghraifft o'm gosodiad). Fe'n dysgodd i gyd i barchu yr ymddiriedaeth a osodid ynom gan arall, ac i feithrin safonau arbennig, ac yn bennaf ohonynt, diwydrwydd.

Yr oedd J. E. Williams yn weithiwr egnïol. Nid oedd ganddo amynedd â'r diog-weinidog. Onid oedd bywyd yn llawn o alwadau a phob dydd yn llawn i'r ymylon? Roed J. E. Williams yn meddu ar ddiddordeb mawr mewn natur, planhigion o bob math, adar ac anifeiliaid yn arbennig. Pan ddeuai hamdden, fe'i ceid ef yn yr ardd, ac yr oedd yn arddwr nodedig. Pleser oedd ei weld yn grafftio y coed ffrwythau. Clywais ei fod yn bysgotwr crefftus yn y blynyddoedd cyn y ddau Ryfel Byd, ond ni welais ef erioed ar lan y Teifi. Ac yn rhyfedd iawn, i ŵr mor sensitif, yr oedd yn saethwr bron hyd y diwedd. Nis cofiaf ef yn cymryd gwyliau go iawn fel y gwnawn ni y dyddiau hyn. Cyfrifai y gwahoddiadau a gâi i bregethu hwnt ac yma yn ddigon iddo. Hoffai ei ymweliad blynyddol bron â chapeli Llundain, ac ambell i daith i Gyfarfodydd Pregethu yng nghymoedd y De; byddai hynny'n ddigon o seibiant iddo o afael Ceredigion a Llanddewi Brefi arno.

Yr oedd mor gydwybodol ac yn meddwl am ofalon hwn a'r llall. Mewn profedigaeth a llawenydd fel ei gilydd yr oedd yn rasol ei ysbryd ac yn hael ei galon. Yr oedd yn gymodwr heb ei ail, a chadwodd eglwys Bethesda yn un teulu trwy gydol y blynyddoedd. Cafodd ambell un pigog yn awr ac yn y man, ond fe lwyddodd i'w gadw yn y gorlan. Ac am gyfnod hir, ef oedd llefarydd y plwyf, ac ato ef y deuai yr uchelgeisiol am swydd a'r ofnus un a fethai ddeall y Saesneg biwrocrataidd ar ffurflenni o fyd y Llywodraeth Leol, y Dreth Incwm a llawer ffurflen arall i ofyn am gyfarwyddyd.

Beth am y dyn ei hun? Disgrifiais ei lafur a'i egni, y llwyddiant a'r dyfalbarhad a welwyd am flynyddoedd. O ran ymddangosiad, yr oedd yn ŵr hardd, ac yn arbennig felly yn ôl yr ychydig luniau ohono a welais yn ei flynyddoedd cynnar fel Gweinidog. Dyna lle roedd gyda'i wallt du a gwynder glân ei groen, ei goler glerigol (bron bob amser) a'i wên agos-atoch. Ni allech beidio â'i hoffi, ac yn y pulpud safai'n dyst glew i'r gwirionedd ei hun.

Yr oedd yn hoff o gwmnïa. Ac yn ei flynyddoedd olaf, cefais lawer i egwyl yn ei gwmni. Benthycais gyfrolau ganddo ar gyfer Arholiadau Bwrdd y Weinidogaeth, a chymerai gryn drafferth yn fy holi am y gwaith. Ond eto, gŵr llesg ydoedd yn y blynyddoedd hynny – cafodd fwy nag un driniaeth. Ac yr oedd y pentref cyfan yn gofidio am hyn, ac yntau yn ddiolchgar am garedigrwydd ardal gyfan. Loes calon i'r mwyafrif o bobl yn y cylch oedd ei benderfyniad ym 1957 i roddi'r gorau i'w Weinidogaeth fugeiliol, a hynny ar ôl 42 o flynyddoedd. Siom mwy oedd deall ei fod am ymadael am y pentref y canodd ef a'i ferch mor fendigedig amdano. Ond yr oedd rheswm am y symud – i fynd yn nes at Eluned a'r teulu, a hefyd gan fod y chwaer â bwthyn drws nesa ganddi yn wag ym mhentref Penmorfa ger Porthmadog. Yr oedd golygfa braf o gefn y tŷ, ac yr oedd yn ôl yn Arfon ei febyd, y fro y canodd mor gelfydd amdani.

Gelwais arno droeon ym Mhenmorfa, fel y gwnâi llawer o bobl Llanddewi. Ond yn Llanddewi yr oedd o hyd. Symudodd ef ddim oddi yno, na'i chwaer chwaith, o ran eu hysbryd a'u meddwl. Yr oedd cysgod Craig-y-Foelallt a ffrydiau afon Brefi yn dal i'w gysgodi a chanu cân iddo, ac yr oedd hynt a helynt aelodau Bethesda yn ei suo i gysgu'r nos a symudiadau y plant ar wasgar yn llenwi ei feddwl â chwestiynau. Bugail ydoedd oedd yn methu â bod yn dawel am fod ei braidd yn bell oddi wrtho, ac am iddo ei glymu ei hunan gymaint â hwy. Rhyfeddai, fel finnau, i'r eglwys ddewis olynydd a ymwadai mor llwyr â'r Efengyl gyflawn y bu ef yn lladmerydd mor egnïol iddi.

Ym Mhenmorfa y bu farw, a hynny ar yr 17eg o Hydref, 1959. Claddwyd ef ym mynwent Bethel, Golan, ger Porthmadog, a bûm ddwywaith hyd yn hyn uwchben ei fedd, yn diolch o waelod fy mod am fywyd a gwaith John Ellis Williams.

Hyd yn hyn, yr allanolion y bûm yn sôn amdanynt, ond y mae'n rhaid crybwyll mai'r hyn a'i gwnaeth yr hyn ydoedd fel dyn a Bugail Llanddewi Brefi oedd ei berthynas â'r Arglwydd Iesu Grist. Am mai Arglwydd Bywyd cyfan ydoedd Iesu – Crist y Cosmos a Christ y Ddaear – cysegrodd ei ddoniau i wasanaethu ei gyd-ddyn, ei genedl, ei enwad â'i weledigaeth ogoneddus am y bywyd llawn. Yr oedd bywyd yn werth ei fyw. Cadwodd (ar wahân i ambell lithriad mewn awr wan) i bledio bod bywyd yn ogoneddus a'n bod yn ddyledus i dechnoleg a gwyddoniaeth. Ond y tu ôl i'r cwbl yr oedd Duw a'i Fab, Iesu Grist, yr 'Alffa a'r Omega' fel y galwai Iesu ar dro. Gofalodd yn ei bregethau coeth ein dysgu fod dau ddrws gan grefydd yn y byd, sef cariad at Dduw a chariad at ddyn. Y peth pwysig oedd cadw y drysau hyn ar agor, a pheidio â rhoi'r sylw yn gyfangwbl i un drws ar draul y llall. Cadwodd yr Eglwys yn iach yng nghanol ei brysurdeb gyda'r Cyngor Sir, a galwadau dyn cyhoeddus ar bwyllgorau o bob math. Yr Eglwys oedd i ddod yn gyntaf, a chredai J. E. Williams y dylai Cristnogaeth lefeinio bywyd ardal gyfan. Dyna'i gyfraniad arbennig, ac yn y 'dosbarth derbyn' ceid golwg ar y ddiwinyddiaeth hon o hyd ac o hyd:

> Dyna'r ffordd i garu'r Iesu –
> Caru dynion a'u gwas'naethu.

Fe ddysgodd un o'i blant yn y ffydd i gredu bod y penillion hyn yn gyfystyr â chredu a gweithredu'r Efengyl:

> O! na allwn garu'r Iesu
> Yn fwy ffyddlon, a'i was'naethu,
> Dweud yn dda mewn gair amdano,
> Rhoi fy hun yn gwbwl iddo.

A thrachefn

> Ehanga 'mryd, a gwared fi
> Rhag culni o bob rhyw,
> Rho imi weld pob mab i Ti
> Yn frawd i mi, O! Dduw.

Yr oedd John Ellis Williams yn enghraifft ardderchog o'r pulpud Cymraeg ar ei orau, ac y mae'n anodd meddwl am Weinidog mwy amryddawn yng nghefn gwlad Ceredigion (yn yr ugeinfed ganrif) nag ef. 'Dyma iti Weinidog!'